21世纪本科应用型经管规划教材

国际金融

（第4版）

International Finance

陈建忠 曹金飞 余敏丽◎编著

電子工業出版社
Publishing House of Electronics Industry
北京·BEIJING

图书在版编目（CIP）数据

国际金融 / 陈建忠，曹金飞，余敏丽编著. —4版. —北京：电子工业出版社，2017.7
21世纪本科应用型经管规划教材
ISBN 978-7-121-31729-3

Ⅰ. ①国… Ⅱ. ①陈… ②曹… ③余… Ⅲ. ①国际金融－高等学校－教材 Ⅳ. ①F831

中国版本图书馆CIP数据核字(2017)第120983号

策划编辑：刘露明
责任编辑：刘淑敏
印　　刷：涿州市京南印刷厂
装　　订：涿州市京南印刷厂
出版发行：电子工业出版社
　　　　　北京市海淀区万寿路173信箱　邮编 100036
开　　本：787×1092　1/16　印张：16.25　字数：406千字
版　　次：2005年7月第1版
　　　　　2017年7月第4版
印　　次：2021年1月第3次印刷
定　　价：46.00元

凡所购买电子工业出版社图书有缺损问题，请向购买书店调换。若书店售缺，请与本社发行部联系，联系及邮购电话：（010）88254888，88258888。
质量投诉请发邮件至zlts@phei.com.cn，盗版侵权举报请发邮件至dbqq@phei. com.cn。
本书咨询联系方式：（010）88254199，sjb@phei.com.cn。

出版说明

21 世纪既是一个竞争日益激烈的世纪，也是一个充满机遇的世纪。《中共中央国务院关于深化教育改革全面推进素质教育的决定》指出："当今世界，科学技术突飞猛进，知识经济已见端倪，国力竞争日趋激烈。教育在综合国力的形成中处于基础地位，国力的强弱越来越取决于劳动者的素质，取决于各类人才的质量和数量，这对于培养和造就中国21 世纪的一代新人提出了更加迫切的要求。"为了密切配合国务院及教育部对中国教育改革的部署，更好地满足社会经济发展的需求，适应大跨度的生产技术及不同地区发展区域经济对多种类型的人才需求，解决传统人才培养层次单一化与社会需求多样化的矛盾，中国高等教育的人才培养与教学模式正在发生着巨大的变化，有相当数量的高等院校正在由传统的学术研究型"精英教育"向实践应用型"大众教育"转变，它们以培养面向生产、建设、管理、服务第一线的高素质应用型人才为主要目标，积极主动为地方经济建设、区域社会和行业发展服务，以本科教学和学生基本素质与工程技术与管理应用能力培养为主导，强调学用结合、学做结合、学创结合、产学研合作教育，培养多元化的实用型人才。

教材既是教学的主要依据，也是教学改革的重要组成部分。教学改革的种种设想和试验，大多要通过教材建设来具体体现；教材建设反过来又推动和促进教学改革。面对高等教育对象的扩展、教学模式的变革、教材组织形式的变化和教学服务方式的转变，为了更好地适应当前中国高等教育这种大跨度发展的需要，满足中国高校从精英教育向大众化教育的重大转移阶段中社会对高校应用型人才培养的各类要求，电子工业出版社组织了全国近 100 所以培养应用型人才为主的高等院校进行深入的研讨，确立了一系列应用型本科教材出版规划，21 世纪本科应用型经管规划教材就是其中之一。其指导思想和目标是新教材要体现教育思想和教育观念的转变，依据教学内容、教学方法和教学手段的现状和趋势精心策划，建设一批符合新型人才培养目标、适应新型人才培养模式的应用型系列精品教材。其具体特点是：

1. 强调教材为人才培养目标服务，与教学方法匹配。
2. 有明确的具有高等教育水平的技术能力及反映这些技术能力内涵的理论知识的目标系统。
3. 有完成理论教学、具有应用型教育特色的教学方法和达到一定运用能力的训练方法。
4. 在保证理论知识达到本科教育水平的基础上，注意使读者掌握基本概念和结论的实际意义，掌握基本方法，把重点放在概念、方法和结论的实际应用上。
5. 技术能力的掌握必须通过专门的实践训练，要有配合这类训练的案例或实训材料。
6. 教材内容紧随技术、经济发展变化或区域经济的需求而调整。
7. 教材内容具有一定的弹性，内容应尽量采用模块化组织。

8. 以问题引出概念与知识，多用具有实际应用价值的示例、案例，促进对概念方法的理解。

9. 文、图、表有机结合，使教材具有很强的可读性，同时便于学生理解与记忆。

10. 充分利用现代信息网络技术平台，以教材为中心，提供一个全方位的教学服务体系。配备分别面向教师教学与学生学习的支持性资源，为老师选书及购书提供便捷周到的服务（可在电子工业出版社华信教学资源网 www.hxedu.com.cn 查询下载和提出需求）。

编写高质量的教材是一项任重而道远的长期工作，我们希望全国高等院校的师生在教学实践中积极提出意见与建议，以便我们对已出版的教材不断修订，同时也欢迎工作在教学第一线的老师积极给我们投稿，使我们不断完善整个教材体系，为社会奉献更新、更多、更好的高质量教材。

21 世纪本科应用型经管规划教材出版编委会

E-mail: lmliu@phei.com.cn

前 言

《国际金融》(第3版)自2012年出版以来，获得了广大师生和读者的好评。基于国际金融学科的发展方向和应用型本科院校国际金融教学与人才培养的需要，以及全球金融危机和金融创新等因素引起的国际金融市场的波动，我们结合近年来教学科研的新成果，本书对第3版进行了增补和修订：一是更新或者替换了资料、数据和有关案例，如《国际收支和国际投资头寸手册》(第6版)对统计原则及概念的调整内容，中国国际收支平衡表、人民币国际使用的政策框架、我国货币互换情况、中国外汇储备规模、特别提款权(SDR)的最新定价问题、欧元区成员国的变化、亚洲投资银行、黄金价格走势图等内容。我们运用具有代表性的资料和案例，结合国际金融领域的前沿理论及中国金融的实际热点问题进行分析，以加深读者对国际金融理论与政策的理解，如欧洲债务危机，从希腊危机看欧洲一体化前景，国际货币基金组织(IMF)对欧债危机的援助，世界银行的贷款管理机制及其对亚投行的借鉴等实际案例。二是在有些章节中增减了相关内容，如主要外国债券中删去德国马克外国债券，删除亚洲区域货币合作与人民币亚洲化等，增加欧债危机、中国人民银行和其他中央银行或货币当局双边本币互换情况，在附录中删除了模拟试卷，增加了外汇交易业务实训等操作内容。三是部分案例及知识拓展增加资料来源的微信公众号或者二维码。四是每章增加问题导入内容，增加资料来源的微信公众号或者二维码。

由于部分编者工作单位的调动和修订时间的紧迫性，本书的增补和修订工作由陈建忠副教授、曹金飞博士、余敏丽博士完成。

由于编者水平有限，虽然做了不少努力，书中难免有错漏之处，敬请读者批评指正。

目 录

第 1 章　国际收支

学习目标

☑ 掌握国际收支的含义，以及国际收支平衡表的分类和编制原则。
☑ 掌握国际收支分析方法、弹性论和乘数论的主要内容。
☑ 了解吸收论、货币论及国际收支的自动调节机制。
☑ 能够运用所学的理论分析实际的国际收支问题。

案例导入

目前，全球国际收支失衡是一个在世界范围内引起广泛关注的话题。它对世界经济和各国经济的发展均带来了深远影响。20 世纪 90 年代以来，全球范围内的国际收支失衡主要表现为美国、澳大利亚、英国等国的经济项目逆差的不断增加和中国等新兴经济体、日本、德国、石油输出国等国的经常项目顺差的不断增加。

请思考以下问题：影响未来全球经济和中国经济的国际收支失衡是如何产生的？日益严重的失衡将给全球经济和世界各国带来怎样的风险？各国应如何制定相应的政策以解决国际收支失衡问题？

资料来源：陈雨露，王芳. 国际金融（第 5 版）学习指导书[M]. 北京：中国人民大学出版社，2015.

1.1　国际收支及国际收支平衡表

1.1.1　国际收支的含义

国际收支是国际金融中最重要、使用频率最高的核心概念之一。在不同的场合，国际收支概念所表达的含义有所不同，而且其含义随着国际经济交往的不断扩大而不断发展和丰富。

1．国际货币基金组织对国际收支的定义

国际货币基金组织（International Monetary Fund，IMF）在《国际收支手册》中对国际收支做了如下定义：

国际收支是某一时期的统计表，它表明：

1）某一经济体同世界其余国家或地区之间在商品、劳务及收益方面的交易。

2）该经济体所持有的货币、黄金、特别提款权及对世界其他国家或地区的债权、债务的所有权的变化和其他变化。

3）为平衡不能相互抵消的上述交易和变化的任何账目所需的无偿转让与对应项目。

国际货币基金组织最新定义的国际收支概念可概括为，国际收支是以统计报表的方式，对特定时期内一国的居民与非居民之间的各项经济交易的系统记录。

2．理解概念需要把握的几点

1）这一概念不再以支付为基础，而是以交易为基础，即只要是一国居民与外国居民之间的国际经济交易，就是国际收支的内容，即使未实现现金收付的国际经济交易，也要计入国际收支。

2）国际收支是一个流量的概念，当人们提及国际收支时，需要指明是属于哪段时期的，各国通常以1年为报告期。

3）一国国际收支所记载的经济交易必须是在该国居民与非居民之间发生的。

判断一项经济交易是否应包括在国际收支范围内，所依据的不是交易双方的国籍，而是交易的双方是否是分属于不同国家的居民。同一国家居民之间的交易不属于国际经济交易，非同一国家居民之间的交易才属于国际经济交易。这里需要指出的是，公民与居民并不是同一个概念。公民是一个法律概念；居民则以居住地为标准，包括个人、政府、非营利性团体和企业4类。即使外国公民，只要他在本国长时期（一般在1年以上）从事生产、消费行为，也属于本国的居民。按照这样的原则，国际货币基金组织做了如下规定：移民属于其工作所在国家的居民；逗留时期在1年以上的留学生、旅游者也属于所在国的居民；官方外交使节、驻外军事人员一律算是所在国的非居民。至于非个人居民、各级政府、非营利性私人团体，均属于所在国的居民，企业（无论公有的还是私有的）也属于从事经济活动所在国的居民。但是，国际性机构是任何国家的非居民，如联合国、国际货币基金组织、世界银行等。

1.1.2　国际收支平衡表

1．国际收支平衡表的编制原则

根据IMF《国际收支和国际投资头寸手册》（第6版）（以下简称《手册》第6版）制定的标准，国际收支平衡表是反映某个时期内一个国家或地区与世界其他国家或地区间的经济交易的统计报表。国际收支统计以权责发生制为统计原则，采用的是复式记账法。

中国国际收支表是反映特定时期内我国（不含中国香港、澳门和台湾，下同）与世界其他国家或地区的经济交易的统计报表。

2．国际收支平衡表的指标说明

根据《手册》第6版，国际收支平衡表包括经常账户、资本与金融账户。具体项目的含义如下：

1）经常账户：包括货物和服务、初次收入和二次收入。

- 货物和服务：包括货物和服务两部分。
  - 货物：指经济所有权在我国居民与非居民之间发生转移的货物交易。贷方记录货物出口，借方记录货物进口。货物账户数据主要来源于海关进出口统计，但与海关统计存在以下主要区别：一是国际收支中的货物只记录所有权发生了转移的货物（如一般贸易、进料加工贸易等贸易方式的货物），所有权未发生转移的货物（如来料加工或出料加工贸易）不纳入货物统计，而纳入服务贸易统计；

二是国际收支统计要求进出口货值均按离岸价格记录，海关出口货值为离岸价格，但进口货值为到岸价格，因此国际收支统计会从海关进口货值中调出国际运保费支出，并纳入服务贸易统计；三是补充了部分进出口退运等数据；四是补充了海关未统计的转手买卖下的货物净出口数据。

— 服务：包括加工服务，维护和维修服务，运输，旅行，建设，保险和养老金服务，金融服务，知识产权使用费，电信、计算机和信息服务，其他商业服务，个人、文化和娱乐服务，以及别处未提及的政府服务。贷方记录所提供的服务，借方记录所接受的服务。

- 加工服务：又称“对他人拥有的实物投入的制造服务”，指货物的所有权没有在所有者和加工方之间发生转移，加工方仅提供加工、装配、包装等服务，并从货物所有者处收取加工服务费用。贷方记录我国居民为非居民拥有的实物提供的加工服务。借方记录我国居民接受非居民的加工服务。
- 维护和维修服务：指居民或非居民向对方所拥有的货物和设备（如船舶、飞机及其他运输工具）提供的维修和保养工作。贷方记录我国居民向非居民提供的维护和维修服务。借方记录我国居民接受的非居民维护和维修服务。
- 运输：指将人和物体从一个地点运送至另一个地点的过程，以及相关辅助、附属服务及邮政和邮递服务。贷方记录居民向非居民提供的国际运输、邮政快递等服务。借方记录居民接受的非居民国际运输、邮政快递等服务。
- 旅行：指旅行者在其作为非居民的经济体旅行期间消费的物品和购买的服务。贷方记录我国居民向在我国境内停留不足 1 年的非居民及停留期限不限的非居民留学人员和就医人员提供的货物和服务。借方记录我国居民境外旅行、留学或就医期间购买的非居民货物和服务。
- 建设：指建筑形式的固定资产的建立、翻修、维修或扩建，工程性质的土地改良、道路、桥梁和水坝等工程建筑，相关的安装、组装、油漆、管道施工、拆迁和工程管理等，以及场地准备、测量和爆破等专项服务。贷方记录我国居民在经济领土之外提供的建设服务。借方记录我国居民在我国经济领土内接受的非居民建设服务。
- 保险和养老金服务：指各种保险服务，以及同保险交易有关的代理商的佣金。贷方记录我国居民向非居民提供的人寿保险和年金、非人寿保险、再保险、标准化担保服务及相关辅助服务。借方记录我国居民接受非居民的人寿保险和年金、非人寿保险、再保险、标准化担保服务及相关辅助服务。
- 金融服务：指金融中介和辅助服务，但不包括保险和养老金服务项目所涉及的服务。贷方记录我国居民向非居民提供的金融中介和辅助服务。借方记录我国居民接受非居民的金融中介和辅助服务。
- 知识产权使用费：指居民和非居民之间经许可使用无形的、非生产/非金融资产和专有权，以及经特许安排使用已问世的原作或原型的行为。贷方记录我国居民向非居民提供的知识产权相关服务。借方记录我国居民使用的非居民知识产权服务。

◆ 电信、计算机和信息服务：指居民和非居民之间的通信服务，以及与计算机数据和新闻有关的服务交易，但不包括以电话、计算机和互联网为媒介交付的商业服务。贷方记录我国居民向非居民提供的电信服务、计算机服务和信息服务。借方记录我国居民接受非居民提供的电信服务、计算机服务和信息服务。

◆ 其他商业服务：指居民和非居民之间其他类型的服务，包括研发服务、专业和管理咨询服务、技术和贸易相关的服务等。贷方记录我国居民向非居民提供的其他商业服务。借方记录我国居民接受的非居民其他商业服务。

◆ 个人、文化和娱乐服务：指居民和非居民之间与个人、文化和娱乐有关的服务交易，包括视听和相关服务（电影、收音机、电视节目和音乐录制品），以及其他个人、文化娱乐服务（健康、教育等）。贷方记录我国居民向非居民提供的相关服务。借方记录我国居民接受的非居民相关服务。

◆ 别处未提及的政府服务：指在其他货物和服务类别中未包括的政府和国际组织提供和购买的各项货物和服务。贷方记录我国居民向非居民提供的别处未涵盖的货物和服务。借方记录我国居民向非居民购买的别处未涵盖的货物和服务。

● 初次收入：指由于提供劳务、金融资产和出租自然资源而获得的回报，包括雇员报酬、投资收益和其他初次收入三部分。

— 雇员报酬：指根据企业与雇员的雇佣关系，因雇员在生产过程中的劳务投入而获得的酬金回报。贷方记录我国居民个人从非居民雇主处获得的薪资、津贴、福利及社保缴款等。借方记录我国居民雇主向非居民雇员支付的薪资、津贴、福利及社保缴款等。

— 投资收益：指因金融资产投资而获得的利润、股息（红利）、再投资收益和利息，但金融资产投资的资本利得或损失不是投资收益，而是金融账户统计范畴。贷方记录我国居民因拥有对非居民的金融资产权益或债权而获得的利润、股息、再投资收益或利息。借方记录我国因对非居民投资者有金融负债而向非居民支付的利润、股息、再投资收益或利息。

— 其他初次收入：指将自然资源让渡给另一主体使用而获得的租金收入，以及跨境产品和生产的征税和补贴。贷方记录我国居民从非居民获得的相关收入。借方记录我国居民向非居民进行的相关支付。

● 二次收入：指居民与非居民之间的经常转移，包括现金和实物。贷方记录我国居民从非居民处获得的经常转移，借方记录我国居民向非居民提供的经常转移。

2）资本与金融账户：包括资本账户和金融账户。

● 资本账户：指居民与非居民之间的资本转移，以及居民与非居民之间非生产非金融资产的取得和处置。贷方记录我国居民获得非居民提供的资本转移，以及处置非生产非金融资产获得的收入。借方记录我国居民向非居民提供的资本转移，以及取得非生产非金融资产支出的金额。

● 金融账户：指发生在居民与非居民之间、涉及金融资产与负债的各类交易。根据会计记账原则，当期对外金融资产净增加记录为负值，净减少记录为正值；当期对外负债净增加记录为正值，净减少记录为负值。金融账户细分为非储备性质的金融账户和国际储备资产。

— 非储备性质的金融账户包括直接投资、证券投资、金融衍生工具和其他投资。

◆ 直接投资：以投资者寻求在本国以外运行企业获取有效发言权为目的的投资，包括直接投资资产和直接投资负债两部分。相关投资工具可划分为股权和关联企业债务。股权包括股权和投资基金份额，以及再投资收益。关联企业债务包括关联企业间可流通和不可流通的债权和债务。

直接投资资产：指我国作为直接投资者对在外直接投资企业的净资产，作为直接投资企业对直接投资者的净资产，以及对境外联属企业的净资产。

直接投资负债：指我国作为直接投资企业对外国直接投资者的净负债，作为直接投资企业对直接投资者的净负债，以及对境外联属企业的净负债。

◆ 证券投资：包括证券投资资产和证券投资负债。相关投资工具可划分为股权和债券。股权包括股权和投资基金份额，记录在证券投资项下的股权和投资基金份额均应可流通（可交易）。股权通常以股份、股票、参股、存托凭证或类似单据作为凭证。投资基金份额指投资者持有的共同基金等集合投资产品的份额。债券指可流通的债务工具，是证明其持有人（债权人）有权在未来某个（些）时点向其发行人（债务人）收回本金或收取利息的凭证，包括可转让存单、商业票据、公司债券、有资产担保的证券、货币市场工具及通常在金融市场上交易的类似工具。

证券投资资产：记录我国居民投资非居民发行或管理的股权、投资基金份额的当期净交易额。

证券投资负债：记录非居民投资于我国居民发行或管理的股权、投资基金份额的当期净交易额。

◆ 金融衍生工具：又称金融衍生工具和雇员认股权，用于记录我国居民与非居民金融工具和雇员认股权交易情况，包括金融衍生工具资产和金融衍生工具负债。

金融衍生工具资产：又称金融衍生工具和雇员认股权资产，用于记录我国居民作为金融衍生工具和雇员认股权资产方，与非居民的交易。

金融衍生工具负债：又称金融衍生工具和雇员认股权负债，用于记录我国居民作为金融衍生工具和雇员认股权负债方，与非居民的交易。

◆ 其他投资：指除直接投资、证券投资、金融衍生工具和储备资产外，居民与非居民之间的其他金融交易，包括其他股权、货币和存款、贷款、保险和养老金、贸易信贷和其他（资产/负债）。

其他股权：指不以证券投资形式（上市和非上市股份）存在的、未包括在直接投资项下的股权，通常包括在准公司或非公司制企业中表决权小于 10% 的股权（如分支机构、信托、有限责任和其他合伙企业，以及房地产和其他自然资源中的所有权名义单位）及在国际组织中的股份等。资产项记录我国居民投资于非居民的其他股权。负债项记录非居民投资于我国居民的其他股权。

货币和存款：货币包括由中央银行或政府发行或授权的、有固定面值的纸币或硬币。存款是指对中央银行、中央银行以外的存款性公司及某些情况下其他机构单位的、由存单表示的所有债权。资产项记录我国居民持有外币及开在非居民处的存款资产变动。负债项记录非居民持有的人民币及开在我国居民处的存款变动。

贷款：指通过债权人直接借给债务人资金而形成的金融资产，其合约不可转让。贷款包括普通贷款、贸易融资、透支、金融租赁、证券回购和黄金掉期等。资产项记录我国居民对非居民的贷款债权变动。负债项记录我国居民对非居民的贷款债务变动。

保险和养老金：又称保险、养老金和标准化担保计划，主要包括非人寿保险技术准备金、人寿保险和年金权益、养老金权益及启动标准化担保的准备金。资产项记录我国居民作为保单持有人或受益人所享有的资产或权益。负债项记录我国作为保险公司、养老金或标准化担保发行者所承担的负债。

贸易信贷：又称贸易信贷和预付款，是因款项支付与货物所有权转移或服务提供非同步进行而与直接对方形成的金融债权债务。比如，相关债权债务不是发生在货物或服务的直接交易双方，即不是基于商业信用而是通过第三方或银行信用形式发生，则不纳入本项统计，而纳入贷款或其他项目统计。资产项记录我国居民与非居民之间因贸易等行为发生的应收款或预付款。负债项记录我国居民与非居民之间因贸易等行为发生的应付款或预收款。

其他（资产/负债）：指除直接投资、证券投资、金融衍生工具、储备资产、其他股权、货币和存款、贷款、保险准备金、贸易信贷、特别提款权负债外的对非居民的其他金融债权或债务。资产项记录债权，负债项记录债务。

特别提款权负债：指作为基金组织成员国分配的特别提款权，是成员国的负债。

— 储备资产：指我国中央银行拥有的对外资产，包括外汇、货币黄金、特别提款权、在基金组织的储备头寸。

- ◆ 货币黄金：指我国中央银行作为国际储备持有的黄金。
- ◆ 特别提款权：是国际货币基金组织根据会员国认缴的份额分配的、可用于偿还国际货币基金组织债务、弥补会员国政府之间国际收支赤字的一种账面资产。
- ◆ 在国际货币基金组织的储备头寸：指在国际货币基金组织普通账户中，会员国可自由提取使用的资产。
- ◆ 外汇储备：指我国中央银行持有的可用作国际清偿的流动性资产和债权。
- ◆ 其他储备资产：指不包括在以上储备资产中的、我国中央银行持有的可用作国际清偿的流动性资产和债权。

3）净误差与遗漏：国际收支平衡表采用复式记账法编制，由于统计资料来源和时点不同等原因，会形成经常账户与资本和金融账户不平衡状况，形成统计残差项，称为净误差与遗漏。

3．国际收支平衡表的记账分析

（1）分析

国际收支平衡表是按照复式记账法来编制的。复式记账法是国际会计的通行准则，其基本原理是，任何一笔交易发生，必然涉及借方和贷方两个方面，即有借必有贷、借贷必相等。贷方交易是接受外国居民支付的交易，借方交易是对外国居民进行支付的交易。在一国的国际收支平衡表中，贷方交易记作正号（+），借方交易则记作负号（–）。对此，有两个经验法则：

- 凡是引起本国外汇收入的交易记入贷方，凡是引起本国外汇支出的交易记入借方。
- 凡是引起本国市场外汇供给的交易记入贷方，凡是引起本国市场外汇需求的交易记入借方。

因此，记入贷方的交易包括商品与劳务的出口、来自外国居民的单方面转让及资本流入。资本流入可以有两种形式，即外国在本国的资产增加（本国负债增加）或本国的海外资产减少。前者为外国居民持有的本国货币、本国证券、在本国的存款和直接投资增加；后者为本国居民持有的国外货币、国外证券、在国外存款和直接投资减少。

记入借方的交易包括商品和劳务的进口、对外国居民的单方面转移及资本流出。资本流出也可分为两种形式，即本国的海外资产增加或在本国的外国资产的减少，因为两者都包含向外国居民的支付。

（2）举例

【实例 1-1】

依据下列 6 笔经济交易做会计分录并编制中国某年度国际收支平衡表（见表 1-1）。

表 1-1　中国某年度国际收支平衡表　　单位：万美元

项　目	借方（–）	贷方（+）
货物项目	—	500+700
服务项目	—	200
经常性转移项目	5	—
经常项目合计	5	1 400
证券投资项目	400	—
其他投资	500+200+700+500	400+5
资本与金融项目合计	2 300	405
储备资产项目	—	500
总计	2 305	2 305

1）中国出口价值为 500 万美元的商品，国外进口商以当地银行短期存款支付贷款。

借：本国在外国银行存款　500 万美元

　贷：商品出口　　　　　　500 万美元

2）国外旅游者在中国旅游，中国旅游部门在该年收到各种类型的外汇旅行支票为 200 万美元。

借：本国银行存款　200 万美元

　贷：服务进口　　　　　200 万美元

3）中国居民向定居在国外原亲属汇款5万美元。

借：经常性转移　5万美元

　贷：本国银行存款　　　5万美元

4）中国进口部门该年共进口国外商品700万美元，国外出口商将这笔款项存入中国银行短期账户。

借：本国银行存款　700万美元

　贷：商品进口　　　　　　700万美元

5）国外居民购买中国某公司的长期债券400万美元，用在中国银行的存款支付。

借：证券投资　400万美元

　贷：本国银行存款　　　400万美元

6）IMF将与500万美元等值的特别提款权换成人民币，存入中国银行该基金账户。

借：本国银行存款　500万美元

　贷：储备资产　　　　　500万美元

（3）注意事项

编制国际收支平衡表时需要注意的是，经济交易记录日期必须以所有权变更日期为标准。在国际经济交易中，签订合同、货物装运、结算、交货、付款等一般是在不同日期进行的，为了统一各国的记录口径，国际货币基金组织做出明确规定，必须采用所有权变更原则。

按照国际货币基金组织的规定，国际收支平衡表中记录的各种经济交易应包括：

1）在编表时期内全部结清部分。若一笔经济交易在国际收支平衡表编制时期内结清，则理所当然可以如实记录。

2）在这一时期内已经到期必须结清部分（不管实际上是否结清）。例如，在编制表时期内已到期应予支付的利息，实际上并未支付，则应在到期日记录，未付的利息作为新的负债记录。又如，某项劳务已提供，但这一时期内尚未获得收入，则应按劳务提供日期登记，未获得收入作为债权记录。

3）在这一时期内已经发生（指所有权已变更）但须跨期结算部分。例如，涉及贸易信用的预付货款或延付货款，这类贸易发生时，所有权已变更，因而应在交易发生日期进行记录。就预付货款而言，应在借方记录货物债权、贷方记录支付的货款。就预付货款而言，应在借方记录获得的货款、贷方记录货款负债。收到货物或支付货款时，再冲转债权或货款负债。

知识拓展

2015—2016年中国国际收支平衡表（分季度简表）

单位：亿美元

项　目	2015 第1季度	2015 第2季度	2015 第3季度	2015 第4季度	2016 第1季度
1. 经常账户	**853**	**880**	**655**	**919**	**393**
贷方	6 252	6 729	6 810	7 139	5 486
借方	−5 399	−5 850	−6 155	−6 220	−5 093

续表

项　目	2015 第 1 季度	2015 第 2 季度	2015 第 3 季度	2015 第 4 季度	2016 第 1 季度
1.A 货物和服务	**773**	**936**	**958**	**1 180**	**463**
贷方	5 512	5 990	6 298	6 492	4 905
借方	−4 739	−5 055	−5 341	−5 312	−4 442
1.A.a 货物	**1 166**	**1 352**	**1 573**	**1 579**	**1 039**
贷方	4 836	5 276	5 598	5 717	4 256
借方	−3 671	−3 924	−4 025	−4 138	−3 217
1.A.b 服务	**−393**	**−417**	**−615**	**−399**	**−576**
贷方	676	714	700	775	649
借方	−1 068	−1 131	−1 316	−1 174	−1 226
1.A.b.1 加工服务	50	47	52	54	43
贷方	50	48	52	54	44
借方	0	0	0	0	0
1.A.b.2 维护和维修服务	4	7	7	5	11
贷方	7	10	10	9	14
借方	−3	−3	−3	−4	−4
1.A.b.3 运输	−75	−90	−107	−98	−78
贷方	97	101	94	94	80
借方	−172	−191	−201	−192	−158
1.A.b.4 旅行	−415	−389	−582	−394	−554
贷方	254	292	286	309	249
借方	−669	−681	−868	−704	−802
1.A.b.5 建设	18	13	12	22	8
贷方	43	39	34	50	31
借方	−25	−26	−23	−28	−23
1.A.b.6 保险和养老金服务	−10	−11	−10	−13	−25
贷方	10	10	15	15	8
借方	−20	−21	−25	−28	−33
1.A.b.7 金融服务	0	−4	0	1	2
贷方	5	6	5	7	7
借方	−5	−10	−5	−6	−5
1.A.b.8 知识产权使用费	−40	−59	−55	−56	−49
贷方	5	1	3	2	2
借方	−45	−61	−58	−57	−51
1.A.b.9 电信、计算机和信息服务	29	30	31	42	35
贷方	54	60	58	74	62
借方	−24	−30	−27	−32	−27
1.A.b.10 其他商业服务	53	47	44	45	38
贷方	147	143	139	156	146

续表

项　目	2015 第1季度	2015 第2季度	2015 第3季度	2015 第4季度	2016 第1季度
借方	−94	−96	−95	−111	−108
1.A.b.11 个人、文化和娱乐服务	−2	−2	−3	−4	−3
贷方	2	2	2	2	2
借方	−4	−4	−5	−6	−5
1.A.b.12 别处未提及的政府服务	−4	−5	−4	−2	−5
贷方	2	2	2	4	3
借方	−7	−7	−6	−6	−8
1.B 初次收入	**73**	**−51**	**−251**	**−225**	**−41**
贷方	644	650	419	565	502
借方	−571	−701	−670	−790	−543
1.B.1 雇员报酬	77	73	63	60	56
贷方	92	87	77	75	71
借方	−14	−14	−14	−15	−15
1.B.2 投资收益	−6	−126	−316	−286	−98
贷方	550	561	339	488	430
借方	−556	−687	−655	−774	−527
1.B.3 其他初次收入	2	2	2	1	1
贷方	2	2	3	1	1
借方	0	0	0	0	0
1.C 二次收入	**7**	**−5**	**−52**	**−36**	**−28**
贷方	95	89	93	82	79
借方	−89	−94	−145	−119	−108
2. 资本和金融账户	**−323**	**−573**	**−21**	**−506**	**−2**
2.1 资本账户	**2**	**1**	**0**	**0**	**−1**
贷方	2	1	1	1	2
借方	−1	0	−1	−1	−3
2.2 金融账户	**−325**	**−575**	**−21**	**−506**	**0**
资产	−11	−1 254	748	26	134
负债	−314	680	−769	−532	−135
2.2.1 非储备性质的金融账户	**−1 127**	**−444**	**−1 626**	**−1 659**	**−1 233**
资产	−813	−1 123	−857	−1 127	−1 098
负债	−314	680	−769	−532	−135
2.2.1.1 直接投资	361	247	−67	80	−163
2.2.1.1.1 资产	−324	−385	−508	−661	−574
2.2.1.1.1.1 股权	−318	−363	−367	−404	−277
2.2.1.1.1.2 关联企业债务	−6	−23	−141	−257	−297
2.2.1.1.2 负债	685	632	441	741	411
2.2.1.1.2.1 股权	588	520	426	661	446

续表

项　目	2015 第 1 季度	2015 第 2 季度	2015 第 3 季度	2015 第 4 季度	2016 第 1 季度
2.2.1.1.2.2 关联企业债务	96	112	14	80	−35
2.2.1.2 证券投资	−81	−160	−172	−252	−409
2.2.1.2.1 资产	−252	−321	−1	−159	−220
2.2.1.2.1.1 股权	−133	−193	24	−95	−123
2.2.1.2.1.2 债券	−119	−128	−25	−64	−98
2.2.1.2.2 负债	170	161	−171	−93	−189
2.2.1.2.2.1 股权	62	150	−57	−5	42
2.2.1.2.2.2 债券	108	11	−114	−87	−230
2.2.1.3 金融衍生工具	−8	1	−14	0	10
2.2.1.3.1 资产	−10	−13	−12	0	−17
2.2.1.3.2 负债	2	14	−2	0	27
2.2.1.4 其他投资	−1 398	−533	−1 373	−1 487	−672
2.2.1.4.1 资产	−227	−405	−337	−307	−287
2.2.1.4.1.1 其他股权	0	0	0	0	0
2.2.1.4.1.2 货币和存款	−200	47	−524	−325	4
2.2.1.4.1.3 贷款	−185	−356	−309	375	−204
2.2.1.4.1.4 保险和养老金	−27	−30	17	7	−2
2.2.1.4.1.5 贸易信贷	176	−46	−400	−190	307
2.2.1.4.1.6 其他	8	−21	878	−173	−392
2.2.1.4.2 负债	−1 171	−128	−1 036	−1 181	−385
2.2.1.4.2.1 其他股权	0	0	0	0	0
2.2.1.4.2.2 货币和存款	−342	168	−509	−542	70
2.2.1.4.2.3 贷款	−580	−179	−375	−533	−349
2.2.1.4.2.4 保险和养老金	6	8	5	5	1
2.2.1.4.2.5 贸易信贷	−221	−136	−140	−126	−340
2.2.1.4.2.6 其他	−34	11	−16	15	233
2.2.1.4.2.7 特别提款权	0	0	0	0	0
2.2.2 储备资产	**802**	**−131**	**1 605**	**1 153**	**1 233**
2.2.2.1 货币黄金	0	0	0	0	0
2.2.2.2 特别提款权	0	−4	1	0	0
2.2.2.3 在国际货币基金组织的储备头寸	7	2	−1	1	−60
2.2.2.4 外汇储备	795	−130	1 606	1 151	1 293
2.2.2.5 其他储备资产	0	0	0	0	0
3.净误差与遗漏	**−530**	**−306**	**−634**	**−413**	**−392**

注：1．本表采用《国际收支和国际投资头寸手册》（第 6 版）编制。

2．资料来源：国家外汇管理局网站 http://www.safe.gov.cn。

1.2 国际收支分析

1.2.1 国际收支平衡

国际收支平衡表是根据复式记账原理来编制的，故借方总额与贷方总额最终必然相等。尽管某个项目或某些项目会出现借方金额大于贷方金额或者贷方金额大于借方金额的情况，但这些赤字额或盈余额必然会由其余项目的盈余额或赤字额抵消。比如，经常账户与资本账户中任何一个出现赤字或盈余，势必会伴随另一个账户的盈余或赤字，而且经常账户差额与资本账户差额之和正好为零。

然而，这种平衡仅仅是形式上的平衡。按照交易的动机或目的，国际收支平衡表中所记录的交易有自主性交易和补偿性交易之分。

1．自主性交易

自主性交易是指那些基于商业（利润）动机或其他考虑而独立发生的交易，如商品、劳务、技术交流、收益转移、无偿转让、各种形式的对外直接投资、证券投资等。商品、劳务的交易是因国际间商品价格、成本的不同和劳务技术的差异而发生的。单向、无偿转移包括两大类：一是私人无偿转移，如侨汇、遗产继承、捐赠和资助性汇款等；二是各级政府的无偿转移，如战争赔款、政府间的军事援助、经济援助和捐赠，以及政府与国际组织间定期缴纳的费用、国际组织为执行某项政策而向各国政府提供的转移等。长期资本流动则是因国内外投资预期收益率不同而发生的。显然，这些交易完全没有考虑一国国际收支是否因此发生不平衡的情况，故属于自主性交易。

2．补偿性交易

补偿性交易也称调节性交易，它是指为调节自主性交易所产生的国际收支差额而进行的各项交易，包括国际资金融通、资本吸收引进、国际储备动用等。通过补偿性交易的调节作用，虽然能使国际收支的不平衡状态达到平衡，但仍有其局限性。这些局限性主要表现为，将国际收支平衡表上的收支不平衡作为调节的主要目标，充其量只能实现国际收支在会计上的平衡，不一定或不可能解决该国国民经济发展中的不平衡。尽管一国国际收支会计意义上的平衡不是国际收支平衡最完善的定义，但国际收支会计意义上差额大小和差额持续时间的长短，也直接决定该国货币市场汇率的涨跌和国际储备地位的消长。

一个国家的国际收支是否平衡，实际上看的是自主性交易所产生的借贷金额是否相等。因此，如果在国际收支平衡表上画出一条水平线，在这一水平线之上放上所有的自主性交易项目，在此水平线之下放上一切补偿性交易项目，那么当水平线上差额为零时，则国际收支处于平衡状态。当水平线上项目借方金额大于贷方金额时，则国际收支出现赤字；当水平线上项目贷方金额大于借方金额时，则称国际收支出现盈余。由于会计上的国际收支是一个恒等式，自主性交易差额与补偿性交易差额之和为零。对国际收支不平衡的测度也可以使用补偿性交易项目来分析，即用水平线之下项目的借贷资金对比来进行。如果补偿性交易项目的借方金额大于贷方金额，就可以说国际收支处于盈余状态，反之则称国际收支赤字。

▶▶ 1.2.2 国际收支平衡表的差额分析

如前所述，国际收支平衡表是采用复式记账原理入账的，某些项目或账户可能出现盈余或赤字，这需要由其他项目或账户的赤字或盈余来抵消，这就形成了不同项目差额之间的关系。常用的国际收支局部差额的名称及相互关系如表 1-2 所示。

表 1-2 国际收支局部差额的名称及相互关系

差额的名称及相互关系	借方（–）	贷方（+）
+ 商品出口		
– 商品进口		
= 贸易差额		
+ 无形收入		
– 无形支出		
+ 单方面转移收入		
– 单方面转移支出		
= 经常账户差额		
+ 长期资本流入		
– 长期资本流出		
= 基本差额		
+ 私人短期资本流入		
– 私人短期资本流出		
= 官方结算差额		
+ 官方贷款		
– 官方借款		
= 综合差额		
– 储备增加		
+ 储备减少		
= 零		

1. 贸易差额

将水平线置于商品贸易项目之下，水平线之上的项目就是商品进出口流量的净差额，即贸易差额。在当今的国际经贸活动中，劳务贸易流量已占经常项目相当高的比重，本书将商品贸易流量与劳务贸易流量分开的做法是不太科学的，特别是在劳务贸易流量已占经常账户相当大的比重的今天更是如此。其唯一的理由是，商品贸易流量的资料每个季度（甚至每个月）都可以从海关迅速获得。由于商品贸易流量的资料极易获得，这使其在了解一国国际收支状况的动向方面具有一定的参考作用。

贸易差额分析反映了该国商品在国际市场上的竞争能力，并在一定程度上表现了该国的经济实力。

2. 经常账户差额

将水平线置于经常账户之下，水平线之上的商品、劳务和单方面转移的借贷方净差额就是经常账户差额。这是衡量国际收支状况的一个最重要的差额，反映了实际资源在一国与他国之间的转让净额，或者说反映了一国国外财富净额的变化。由于一国拥有多少可支配使用的实际资源对经济增长或发展十分重要，因此经常账户差额常常被用来表示一国的国际收支目标。

3．基本差额

将商品贸易、劳务贸易、单方面转移收支及长期资本流动置于水平线之上得出的贷方和借方净差额就是基本差额。这里将短期资本流动排除在外，是因为该项目在国际收支平衡表中最不可信，具有多变、灵活的特点。在汇率和政治条件动荡的时期，短期资本常常无规律地从一个国家迅速转移到另一个国家，而将其排除在外得出的基本差额可以表示一国国际收支状况的长期趋势。一般认为，一国国际收支的基本差额出现赤字，则说明该国国际收支地位有长期恶化的趋势。基本差额可作为货币当局是否需要采取调节政策的依据。

4．官方结算差额

将私人短期资本流动加入基本差额之中，便可得到官方结算差额。这一差额区分开了自主性交易与补偿性交易。在汇率固定的条件下，官方结算差额可以衡量外汇市场上本国货币遭受的压力。若官方结算差额为正，表明本国货币处于强势地位；若为负，货币当局就必须为外汇市场的自主性交易差额提供相等数额的补偿资金来稳定汇率。补偿资金来源于增加对外国货币当局的负债或减少官方黄金和外汇储备。因此，在固定汇率制下，该差额是衡量货币当局对外汇市场的干预程度及国际收支平衡程度的最好指标。

5．综合差额

将水平线置于官方借贷项目之下，水平线之上的项目差额就是综合差额。综合差额综合了官方结算差额与官方借贷差额。在固定汇率条件下，它也可作为衡量本国货币在外汇市场上遭受的压力，或者国际收支失衡的程度，只不过它反映的是为消除国际收支失衡和稳定外汇市场而必须增减的官方储备资产情况。在浮动汇率条件下，国际收支的失衡除一部分由官方储备资产的变动弥补外，其余部分将以本国货币汇率变动的形式反映出来，这样就不能简单地用官方储备资产的变动或官方储备项目中净贷方差额数量来衡量国际收支的失衡程度。官方储备的变动只反映货币当局干预外汇市场、影响汇率水平及其变化的程度，而不再反映国际收支失衡的程度。

上面论述了5种国际收支差额分析，不同的差额分析适用于不同的场合，人们可以根据所要分析问题的不同而采用不同的差额分析。

当然，这里必须指出的是，以上5种国际收支差额分析都存在一定的问题。经常账户差额分析只能反映该国所有贸易的成果，以及该国的经济地位和竞争能力，并不能反映货币当局官方储备资产和对外负债变动方面的真正原因。因为经常账户盈余并不能保证官方储备水平不下降，也不能说明对外官方负债会减少。这是由于它没有涉及资本流动与官方借贷问题。基本差额分析原本是为了同易变的短期资本相区别，反映国际收支的长期倾向，但是我们知道短期资本流量与长期资本流量有可能发生转化。一方面，一些名义上被列为长期资本流动的资本交易其实具有短期的性质，如购买的长期债券即将到期，或者将长期债券和股票转售出去；另一方面，一些被列为短期资本流动的交易又具有长期的性质，如短期贷款不断被延期等。所以，区分长期资本与短期资本，在统计上与概念上都是十分困难的。官方结算差额分析原本是用来反映自主性交易与官方融通性交易的区别的，但这种分析反映的国际收支状况本身会造成国际收支状况改善的错觉，如一国可以用提高国内利率的办法来吸引资本流入，以抵消经常账户中长期资本项目的赤字。

1.3　国际收支理论

国际收支理论是国际金融学的重要组成部分，它随经济形势的变化与思潮的更替而发生演变。最早的国际收支理论可追溯到 18 世纪大卫·休谟的物价—现金（铸币）流动机制学说。到了现代，特别是 20 世纪 30 年代，金本位制崩溃，各国国际收支陷入了极度混乱的局面，经济学家便对国际收支进行了新的理论探索，如国际收支的弹性论、乘数论、吸收论、货币论等。这些理论大大丰富了国际收支的理论分析，也为货币当局调整国际收支的行为提供了重大的理论依据。表 1-3 列举了国际收支各种理论形成的时间及代表人物，下面将逐一介绍。

表 1-3　国际收支各种理论形成的时间及代表人物

学说（理论）	形成时间	代表人物
物价—现金（铸币）流动机制学说	18 世纪	大卫·休谟
弹性论	20 世纪 30 年代	琼·罗宾逊
乘数论	20 世纪 30～40 年代	哈罗德
吸收论	20 世纪 50 年代	西德尼·亚历山大
货币论	20 世纪 60 年代	哈里·约翰逊，雅各布·弗兰克

1.3.1　弹性论

弹性论主要是由英国剑桥大学经济学家琼·罗宾逊在马歇尔微观经济学和局部均衡分析方法的基础上发展起来的，它着重考虑了货币贬值取得成功的条件及其对贸易收支和贸易条件的影响。

1. 弹性论的前提假定

弹性论把汇率水平的调整作为调节国际收支不平衡的基本手段，在分析汇率变动对国际收支的调节之前做了 3 个前提假定。

1）假定其他一切条件（利率、商品价格、国民收入等）不变，只考虑汇率变动对进出口商品的影响。由此说明，此理论运用的是局部均衡的分析方法。

2）假定贸易商品的供给几乎有完全的弹性。这里的供给弹性有 4 个，即出口商品的供给弹性、与出口商品相竞争的外国商品的供给弹性、进口商品国外供给弹性和与进口商品竞争的国内商品的供给弹性。这一假定说明，既然贸易商品的供给具有完全弹性，那么贸易收支的变化完全取决于贸易商品的需求变化。

3）假定没有资本移动。这种情况下，国际收支等同于贸易收支，即国际收支=出口商品值−进口商品值。

2. 弹性论的主要内容

（1）货币贬值改善贸易收支的条件

弹性论从汇率变动对进出口商品的价格效应出发，分析了汇率变动对国际收支不平衡调节的实质，并得出了汇率贬值改善贸易收支的充分条件。该学说认为，汇率变动对国际收支的影响，就是考察汇率对出口总值和进口总值的影响。出口总值等于出口价格乘以出口数量，进口总值等于进口价格乘以进口数量。而一国货币贬值的价格效应是，以本币表示的本国出口商品价格下跌，以外币表示的外国进口商品价格上涨，因此贬值可以使出口增加、进口减少。但货币贬值后外汇收入是否增加，取决于出口商品的需求价格弹性（以 E_X 表示）。$E_X>1$ 时，外汇收入增加；$E_X<1$ 时，外汇收入减少；$E_X=1$ 时，外汇收入不变。货币贬值能否改善一国贸易收支取决于马歇尔—勒纳条件，即只有出口商品的需求价格弹性和进口商品的需求价格弹性（以 E_M 表示）之和大于 1，贸易收支才能改善。也就是说，货币贬值取得成功的必要条件为 $E_X+E_M>1$。在实际经济生活中，短期内，由于货币贬值存在时滞效应，即“J 曲线”效应，所以即使满足马歇尔—勒纳条件，贬值之后贸易收支仍会先恶化，然后才能逐步改善，整个过程用曲线表示出来，成字母 J 形。

（2）货币贬值对贬值国贸易条件的影响

贸易条件是指出口商品价格指数与进口商品价格指数的比值。用公式表示贸易条件，即 $T=P_X/P_M$。其中，T 表示贸易条件，P_X 表示出口商品价格指数，P_M 表示进口商品价格指数。T 上升说明贸易条件改善，T 下降说明贸易条件恶化。货币贬值将带来相对价格的变化，它究竟是改善贸易条件还是恶化贸易条件，取决于进出口商品的供求弹性，而且这在不同的国家也是有差异的。

3．对弹性论的评价

弹性论反映了世界市场的一些实际情况，尤其是纠正了货币贬值一定能改善贸易收支的片面看法，指出只有在一定的进出口供求弹性条件下，货币贬值才能改善贸易收支，这些直到目前仍具有现实意义。但弹性论也存在如下 3 个方面的局限性：

1）弹性论是建立在局部分析基础之上的，忽略了汇率调节所引起的收入效应和支出效应。实际上，货币贬值的结果使出口开始增加，以此为起点，国民收入、进口等也会随之增加。

2）本国进口减少意味着外国国民收入和进口（本国的出口）也趋向减少，因此弹性论对贬值效应的分析是不全面的。此外，弹性论只是一种比较静态的分析，而在现实世界中，贬值对经常账户收支赤字的调节是一个动态过程。由于在国际贸易中对价格变动做出的需求变动的效应存在“滞后”，经常账户收支在贬值初期反而恶化，只有经过一段时期后，经常账户收支才能有所改善，而贬值导致经常账户收支出现更大改善的“正常结果”则需要更长的时间。

3）弹性论没有考虑国际资本流动的影响。在资本流动规模巨大的今天，它仍有一定的局限性。

1.3.2 乘数论

20 世纪 30 年代至 40 年代，随着凯恩斯主义的兴起，运用凯恩斯经济学原理研究国际收支问题成为十分自然的事情。以哈罗德等为代表的经济学家相对成功地运用凯恩斯的乘数论对汇率变动的影响进行分析，揭示了国际收支的收入调节机制，并形成了国际收支的乘数论。

1．乘数论的主要内容

凯恩斯的“乘数论”原本反映国内投资和储蓄自身变化与国民收入变化之间的关系，即由于“乘数”的作用，国内投资的增加或减少会使国民收入总量成相应倍数的增加或减少，而国内储蓄的增加或减少会使国民收入总量成相应倍数的减少或增加。乘数论就是凯恩斯主义者将“乘数理论”推广到开放经济情况下，把国际收支与国民收入联系起来进行研究的一种理论。其主要内容有如下 3 个方面：

1）一国的出口具有和国内投资同样的效应，可以增加国民收入总量；一国的进口具有和国内储蓄同样的效应，会减少国民收入总量。当一国商品、劳务出口时，从国外获得的货币收入会使产业部门（企业主和工人）收入增加，这些部门总收入的增加又会引起它们对消费品需求（包括对进口和国内消费品的需求）的增加，从而引起从事国内消费品生产部门的收入和就业扩大，并使进口增加，如此推算下去，国民收入增量将为出口增量的若干倍。

2）出口增量所诱发的国民收入增量的倍数大小，主要依赖于两个因素：一是边际进口倾向，即在出口增量诱发的国民收入增量中用于增购进口品所占的比例；二是边际储蓄倾向，即国民收入增量中转入储蓄部分的比例。边际进口倾向和边际储蓄倾向越小，则外贸乘数越大，国民收入增加幅度也越大；反之，边际进口倾向和边际储蓄倾向越大，则外贸乘数越小，国民收入增加的幅度也越小。由于扩大出口而增加的国民收入中总有一部分用于购买本国产品，因此换句话说，外贸乘数必大于 1。

3）当出口增加导致国际收支顺差时，若外贸乘数大，边际进口倾向小，则该国会长期保持顺差；若外贸乘数小，边际进口倾向大，则顺差很快会因进口的增加而抵消。当出口萎缩导致国际收支逆差时，若外贸乘数大，边际进口倾向小，则进口缩减程度小，国际收支逆差更大；若外贸乘数小，边际进口倾向大，则进口缩减程度大，有利于调节逆差。因此，当一国国际收支出现顺差时，国内政策应促使边际进口倾向变小，从而有利于缓和持续性的顺差；当一国国际收支出现逆差时，国内政策应促使边际进口倾向变大，从而使国际收支逆差得到缓和。

2．对乘数论的评价

乘数论把国际收支与国民收入相联系，把外贸乘数对国民收入的扩大或紧缩的倍数作用同一国内部经济有机结合起来，提出了独特的国际收支不平衡调节政策，这对于以后国际收支调节理论的研究和政府政策的制定都具有一定的意义。但这一理论是建立在凯恩斯“乘数论”的基础上的，模型中没有考虑货币量和价格因素的作用，它所假定的是汇率稳定、价格不变、出口具有弹性等，这样就容易得出如下结论：逆差的调节作用是减少国内消费，顺差的调节作用是扩大国内消费。若上述假定不能实现，则调节效果就较差。另外，乘数论同样没有考虑资本流动，因此它关于收入对国际收支的影响分析得并不全面。虽然收入上升会刺激进口增长，经常项目可能会出现逆差，但收入上升往往意味着经济繁荣，由此可能会吸引国际资本流入，带来资本项目的顺差，这样就抵消了经常项目逆差的不利影响。因此，这一理论同样具有局限性。

▶▶ 1.3.3　吸收论

吸收论的代表人物是美国经济学家西德尼・亚历山大，他在凯恩斯宏观经济学的基础上于1952年提出此理论。该理论从凯恩斯的国民收入方程式入手，着重考察总收入与总支出对国际收支的影响，并以此为基础提出了国际收支调节的相应政策主张。

1. 吸收论的主要内容

（1）基本理论

按照凯恩斯的理论，国民收入与国民支出的关系可以表达为国民收入（Y）=国民支出（E）。在封闭经济条件下，国民支出（E）=消费（C）+投资（I）=国民收入（Y）；在开放经济条件下，需把对外贸易考虑进去，则国民收入（Y）=消费（C）+投资（I）+[出口（X）－进口（M）]，即 $X-M=Y-(C+I)$。（$X-M$）为贸易收支差额，用NX表示，以此作为国际收支差额的代表；（$C+I$）为国内总支出，即国民收入中被国内吸收的部分，用 D 表示。那么，国际收支差额可表示为 $NX=Y-D$。

当国民收入大于总吸收时，国际收支为顺差；当国民收入小于总吸收时，国际收支为逆差；当国民收入等于总吸收时，国际收支为平衡。

（2）政策主张

根据上述基本理论，吸收论所主张的国际收支调节政策，无非就是改变总收入与总吸收（支出）的政策，即支出转换政策与支出增减政策。当国际收支出现逆差时，表明一国的总需求超过总供给，即总吸收超过总收入。这时，就应当运用紧缩性的财政货币政策来减少对贸易商品（进口）的过度需求，以纠正国际收支的逆差。但紧缩性的财政货币政策在减少进口需求的同时会减少对贸易商品的需求和降低总收入，因此还必须运用支出转换政策来消除紧缩性财政政策的不利影响，使进口需求减少的同时，收入能得到增加。这样就使贸易商品的供求相等，非贸易商品的供求也相等，需求减少的同时收入增加。就整个国民经济而言，总吸收等于总收入，才能达到内部平衡与外部平衡。

吸收论特别重视从宏观经济的整体角度来考察贬值对国际收支的影响。首先，关于贬值效果的分析也是吸收论最主要的内容。它认为，贬值要起到改善国际收支的作用，必须有闲置资源的存在。只有存在闲置资源时，贬值后，闲置资源流入出口品生产部门，出口才能扩大。其次，出口扩大会引起国民收入和国内吸收同时增加，只有边际吸收倾向小于1，即吸收的增长小于收入的增长，贬值才能最终改善国际收支。例如，出口扩大时，出口部门的投资和消费会增长，收入也会增长。“乘数”的作用，又会引起整个社会投资、消费和收入成倍地增长。这里讲的边际吸收倾向，是指每增加的单位收入中，用于吸收的百分比。只有当这个百分比小于1时，整个社会增加的总收入才会大于总吸收，国际收支才能得到改善。

2. 对吸收论的评价

1）吸收论是从总收入与总吸收的相对关系中来考察国际收支失衡的原因并提出国际收支调节政策的，而不是从相对价格关系出发来研究问题，这是它与弹性论的重大差别所在。就理论基础和分析方法而言，吸收论是建立在凯恩斯的宏观经济学基础之上的，采用的是一般均衡分析方法；而弹性论则是建立在马歇尔等人建立的微观经济学基础之上的，采用的是局部均衡的分析方法。

2）就货币贬值效应来讲，吸收论是从贬值对国民收入和国内吸收的相对影响中来考察贬值对国际收支的影响的；弹性论则是从价格与需求的相对关系中来考察贬值对国际收支的影响的。

3）吸收论含有强烈的政策搭配取向。当国际收支出现逆差时，在采用货币贬值的同时，若国内存在闲置资源（衰退和非充分就业时），应采用扩张型财政货币政策来增加收入（生产和出口）；若国内各项资源已达到充分就业状态、经济处于膨胀时，则应采用紧缩型财政货币政策来减少吸收（需求），从而使内部经济和外部经济同时达到平衡。

4）吸收论的主要缺陷是假定贬值是出口增加的唯一原因，并以贸易收支代替国际收支。因此，从宏观角度看，它具有不够全面和自相矛盾的地方。不过，吸收论在国际收支调节理论的发展过程中具有承前启后的作用。一方面，它指出了弹性论的缺点，但吸纳了弹性论的某些合理内容；另一方面，它指出了国际收支失衡的宏观原因并注意到了国际收支失衡的货币方面的因素。因此，吸收论成为 20 世纪 70 年代出现的国际收支调节的货币论的先驱。

1.3.4　货币论

货币论的创造者主要是美国芝加哥大学和英国伦敦经济学院的哈里·约翰逊及他的学生雅各布·弗兰克。货币论是建立在 20 世纪 60 年代在美国兴起的货币主义学说基础之上的，它从货币的角度而不是从商品的角度来考察国际收支失衡的原因并提出相应的政策主张。

1. 货币论的假定前提

1）货币需求是收入、价格等变量的稳定函数。货币需求在长时期内是稳定的，它是实际收入的线性函数，即

$$M_d / P = kY$$

式中，M_d表示名义货币需求量；P 表示价格水平；M_d / P 则表示实际货币余额需求；k 表示货币收入流通速度的倒数，它是一个常数；Y 表示实际收入。

2）贸易商品的价格是由世界市场决定的。从长期来看，一国的价格水平和利率水平接近世界市场水平。

3）从长期看，货币需求是稳定的，所以货币供给不影响实物产量。

4）购买力平价理论在长时期内始终成立。

5）各国货币当局对国际资本流动不采取“冲销政策”。所谓“冲销政策”，是指各国执行既定的货币供应量政策，不受国际资本流动的影响。各国货币当局之所以不采取这一政策，是因为它们无力采取或不愿意采取。

6）从长期来看，一国处于充分就业的均衡状态。

2. 货币论的主要内容

（1）货币论概述

国际收支是一种货币现象，国际收支逆差实际上就是一国国内的名义货币供应量超过了名义货币需求量。由于货币供应不影响实物产量，在价格不变的情况下，多余的货币就要寻找出路。对个人和企业来讲，这就会增加货币支出，以重新调整它们的实际货币余额；对整个国家来讲，实际货币余额的调整表现为货币外流，即国际收支逆差。反之，当一国

国内的名义货币供应量小于名义货币需求量时，在价格不变的情况下，货币供应的缺口就要寻找来源。对个人和企业来讲，这就要减少货币支出，以便实际货币余额维持在所希望的水平；对整个国家来说，减少支出维持实际货币余额的过程，表现为货币内流，即国际收支盈余。国际收支问题实际上反映的是实际货币余额（货币存量）对名义货币供应量的调整过程。当国内名义货币供应量与实际经济变量（国民收入、产量等）所决定的实际货币余额需求相一致时，国际收支便处于平衡状态。

（2）货币论考察了货币汇率贬值对国际收支的影响

货币论认为，在充分就业的情形下，贬值将引起国内商品的价格上涨，导致货币需求扩大或实际货币余额减少，支出因而会被压缩，从而对经济具有紧缩作用。此时，若国内的名义货币供应量不增加，则贬值国只有通过国际收支盈余来补充短缺的货币余额，从而达到改善国际收支的目的；否则，若贬值国的国内货币供应量也增加，则不一定能改善国际收支逆差状况。

（3）货币论提出了自己的政策主张

1）所有的国际收支不平衡在本质上都是货币的不平衡。因此，国际收支的不平衡都可以由国内货币政策来解决。

2）国内货币政策主要是指货币供应政策。因为政府可能操纵的是货币供应量的规模，而货币需求受政府的影响很小，是实际收入的稳定函数。一般来说，膨胀性货币政策可以减少国际收支顺差，而紧缩性的货币政策可以减少国际收支逆差。

3）为平衡国际收支而采取贬值、进口限额、关税、外汇管制等贸易和金融干预措施。只有当它们的作用是提高货币需求，尤其是提高国内价格水平时，才能改善国际收支。不过，这种作用是暂时的。

3．对货币论的评价

（1）意义

1）自从凯恩斯主义统治西方经济学界以后，货币因素就被人们所淡忘——凯恩斯主义在其国际收支分析中只强调实际因素，几乎没有涉及货币因素。国际收支货币分析理论的兴起，使被遗忘的货币因素在国际收支调整中得到了应有的重视。

2）货币论将国内货币供应总量的变化与国际收支的状态看作一个十分完整的统一体，它们相互制约又相互渗透。

3）较弹性论与吸收论的进步之处是，货币论考虑到了资本在国际间移动对国际收支的影响。

4）从实践上看，这些理论的某些观点已为国际货币基金组织所接受。比如，国际货币基金组织要求会员国严格控制信贷，就是基于货币供应决定国际收支这一基本认识的。

（2）不足

货币论也存在诸多不足。该理论研究的是长期货币供求平衡在国际收支上的平衡效果，即长期的国际收支调节问题，却忽视了短期国际收支不平衡所带来的影响。这是货币论的一个缺陷。另外，影响国际收支变化的因素并非像货币分析理论所认为的那样，完全是由货币这个单纯的因素所引起的。国际收支是各国宏观经济的综合反映，影响其变化的因素是众多的，单一因素绝不能解释国际收支的变动。

1.4 国际收支调节

1.4.1 国际收支不平衡的原因

国际收支不平衡的现象是经常的、绝对的，而平衡却是偶然的。因此，国际收支的调节是必然的。为了顺利而有效地调节国际收支，必须先研究国际收支不平衡的原因，然后才能采取与之相适应的措施进行调节。各国发生国际收支不平衡的原因纷繁而复杂，这些原因一般可分为以下 6 种情况。

1．周期性不平衡

周期性不平衡是指一国经济周期波动引起该国国民收入、价格水平、生产和就业发生变化而导致的国际收支不平衡。周期性不平衡是世界各国国际收支不平衡中常见的原因。因为在经济发展过程中，各国经济不同程度地处于周期波动之中，周而复始地出现繁荣、衰退、萧条、复苏景象，而经济周期的不同阶段对国际收支会产生不同的影响。在经济衰退阶段，国民收入减少、总需求下降、物价下跌，会促使出口增长、进口减少，从而出现顺差；而在经济繁荣阶段，国民收入增加、总需求上升、物价上涨，则会促使进口增加、出口减少，从而出现逆差。第二次世界大战以来，由于各国的经济关系日益密切，各国的生产活动和国民收入受世界经济的影响也日益增强。

2．货币性不平衡

货币性不平衡是指一国货币价值变动(通货膨胀或通货紧缩)引起国内物价水平变化，从而使该国一般物价水平与其他国家比较相对地发生变动，由此引起的国际收支失衡。例如，一国发生通货膨胀，其出口商品成本必然上升，使用外国货币计价的本国出口商品的价格就会上涨，从而会削弱本国商品在国际市场上的竞争能力，客观上起到了抑制出口的作用。相反，由于国内商品物价普遍上升，相比较而言，进口商品就显得便宜，这在一定程度上鼓励了外国商品的进口，从而出现贸易收支的逆差。这里还需注意的是，通货膨胀还会引起该国货币汇率一定程度的贬值。但一般来说，此时汇率贬值的幅度要比物价上涨的幅度小得多，因而其影响也小得多，它只能缓和但不会改变通货膨胀对国际收支的影响。货币性不平衡可以是短期的，也可以是中期的或长期的。

3．结构性不平衡

结构性不平衡是指当国际分工格局或国际需求结构等国际经济结构发生变化时，一国的产业结构及相应的生产要素配置不能完全适应这种变化，从而发生国际收支失衡。

由于地理环境、资源分布、劳动生产率等经济条件和历史条件的不同，导致世界各国各自的经济布局和产业结构不同，从而形成各自不同的进出口商品和地区结构，以及各国的产业、外贸结构，这些综合形成了国际分工格局。若在原有的国际分工格局下，一国的进出口尚能平衡。但在某一时期，若世界市场对该国的出口需求或对该国进口的供给发生变化，则该国势必要改变其经济结构以适应这种国际变化，即原有的相对平衡和经济秩序受到冲击。若该国经济结构不能灵活调整以适应国际分工格局的变化，则会产生国际收支的结构性不平衡。

改变结构性不平衡需要重新组织生产，并对生产要素的使用进行重新组合，以适应需求和供给的新结构，否则这种不平衡现象难以克服。而生产的重新组合阻力较大，进展缓慢，因此结构性不平衡具有长期性特点，扭转起来相当困难。结构性不平衡在发展中国家尤为普遍。因为发展中国家进出口商品具有以下两个特点：一是产品出口需求的收入弹性低，而产品进口需求的收入弹性高，所以出口难以大幅度增加，而进口则能大幅度增加；二是产品出口需求的价格弹性大，而产品进口需求的价格弹性小，于是进口价格上涨快于出口价格上涨，贸易条件恶化。

4．收入性不平衡

收入性不平衡是指由于各种经济条件的恶化使得国民收入发生较大变动而引起的国际收支不平衡。国民收入变动的原因很多，一种是前面所述的经济周期波动，另一种则是经济增长率的变化。而收入性不平衡就是指这类原因产生的国际收支的不平衡。一般来说，国民收入大幅度增加，全社会消费水平就会提高，社会总需求也会扩大。在开放型经济下，社会总需求的扩大，通常不一定会表现为价格上涨，而表现为进口增加，从而导致国际收支出现逆差；反之，当经济增长率较低时，国民收入就会减少，国际收支出现顺差。

5．不稳定的投机和资本外逃造成的不平衡

在短期资本流动中，不稳定的投机与资本外逃是造成国际收支失衡的另一个原因。此外，它们还会激化业已存在的失衡。投机性资本流动是指利用利率差别和预期的汇率变动来谋利的资本流动。它主要取决于两个因素，即各国货币之间的力量对比（也就是汇价的对比）和各国相对的利率水平。投机可能是稳定的，也可能是不稳定的。稳定性投机与市场力量相反，当某种货币的需求下降时，投机者就买进该货币，从而有助于稳定汇率；而不稳定的投机会使汇率累进恶化，造成投资贬值，贬值又会进一步刺激投机，从而使外汇市场变得混乱。资本外逃与投机的动机不同，它不是希望获利，而是害怕损失。当一国面临货币贬值、外汇管制、政治动荡或战争的前景时，在这个国家拥有资产的居民与非居民就要把其资本全部转移到他们认为稳定的国家，造成该国资本大量外流。不稳定的投机与资本外逃具有突发性、数量大的特点，在国际资本流动迅速的今天，往往成为一国国际收支失衡的一个重要原因。

6．临时性不平衡

临时性不平衡是指短期的、由不确定或偶然因素引起的国际收支不平衡，如洪水、地震、骚乱、战争等因素带来的贸易条件的恶化及国际收支平衡的困难。但这种性质的国际收支不平衡程度一般较轻，持续时间也不长。

1.4.2 国际收支失衡自动调节机制

国际收支失衡的表现形式为对外支付大于收入，或者对外支付小于收入。前者为国际收支逆差，后者为国际收支顺差。国际收支的逆差或顺差会引起国内某些经济变量的变动，这些变动反过来又会影响国际收支。国际收支自动调节是指由国际收支失衡引起的国内经济变量变动对国际收支的反作用过程。需要说明的是，国际收支自动调节只有在纯粹的自由经济中才能产生理论上所描述的那些作用，政府的某些宏观经济政策会干扰自动调节过程，使其作用下降、扭曲或根本不起作用。在不同的货币制度下，自动调节机制也有所差异。下面对几个重要的变量加以介绍。

1. 国际金本位制度下的国际收支自动调节机制

在国际间普遍实行金本位制的条件下，一个国家的国际收支可通过物价的涨跌和现金（黄金）的输出、输入自动恢复平衡，这一自动调节规律称为“物价—现金（铸币）流动机制”。它是由英国经济学家大卫·休谟于 1752 年提出的，所以又称“休谟机制”。

“物价—现金（铸币）流动机制”自动调节国际收支的具体过程如下：在金本位制度下，一国国际收支出现赤字就意味着本国黄金的净输出，黄金外流导致国内黄金存量下降，货币供给就会减少，从而引起国内物价水平下跌。物价水平下跌后，本国商品在国外市场上的竞争能力就会提高，外国商品在本国市场的竞争能力就会下降，于是出口增加、进口减少，使国际收支赤字减少或消除。同样，国际收支盈余也是不能持久的，因为黄金内流扩大了国内的货币供给，造成物价水平上涨，而物价上涨不利于出口、有利于进口，从而使盈余趋于消失。

2. 纸币流通条件下的国际收支自动调节机制

在纸币流通条件下，黄金流动虽已不复存在，然而价格、汇率、利率、国民收入等经济变量对于国际收支自动恢复平衡仍发挥着一定作用。

（1）价格的自动调节机制

当一国的国际收支出现顺差时，由于外汇支付手段的增多，容易导致国内信用膨胀、利率下降，投资与消费也会相应上升，国内需求量扩大，从而对货币形成一种膨胀性压力，使国内物价与出口商品价格随之上涨，进而削弱出口商品的国际竞争力，导致出口减少、进口增加，使原来的国际收支顺差逐渐消除。

（2）汇率的自动调节机制

汇率调节国际收支是通过货币的升值、贬值来消除顺差或逆差，从而恢复国际收支平衡的。

当一国国际收支出现顺差时，外汇供给大于外汇需求，本币汇率上升，进口商品以本币计算的价格下跌，而出口商品以外币计算的价格上涨，因此出口减少、进口增加，贸易顺差减少，国际收支不平衡得到缓和；当一国国际收支出现逆差时，外汇需求大于外汇供给，本币汇率下降，出口商品以外币计算的价格下跌，而以本币计算的进口商品的价格上涨，于是刺激出口、抑制进口，贸易收支逆差逐渐减少，国际收支不平衡得到缓和。

（3）国民收入的自动调节机制

国民收入的自动调节机制是指在一国国际收支不平衡时，该国的国民收入、社会总需求会发生变动，而这些变动反过来又会减弱国际收支的不平衡。

一国国际收支出现顺差会使其外汇收入增加，从而使信用膨胀、利率下降、总需求上升，国民收入也随之增加，因而导致进口需求上升、贸易顺差减少，国际收支恢复平衡；一国国际收支出现逆差会使其外汇支出增加，引起国内信用紧缩、利率上升、总需求下降，国民收入也随之减少，因而使进口需求下降、贸易逆差逐渐缩小，国际收支不平衡也会得到缓和。

（4）利率的自动调节机制

利率的自动调节机制是指一国国际收支不平衡会影响利率的水平，而利率水平的变动反过来又会对国际收支不平衡起到一定的调节作用。

当一国国际收支出现顺差时，表明该国银行所持有的外国货币存款或其他外国资产增多，因此导致银行信用膨胀，使国内金融市场的银根趋于松动，利率水平逐渐下降。而利率水平的下降表明本国金融资产的收益率下降，从而对本国金融资产的需求相对减少，对外国金融资产的需求随之上升，资本外流增加、内流减少，资本账户顺差逐渐减少，甚至出现逆差。另外，利率下降使国内投资成本下降，消费机会成本下降，从而国内总需求上升，国外商品的进口需求也随之增加，出口减少。这样，贸易顺差也会减少，整个国际收支趋于平衡。

当一国国际收支出现逆差时，表明该国银行所持有的外国货币或其他外国资产减少，于是就会发生信用紧缩情况，银根相应地趋紧，利率随市场供求关系的变化而上升，导致本国资本不再外流，同时外国资本也纷纷流入本国以谋求高利。因此，国际收支中的资本项目逆差就可以减少而向顺差方面转化。另外，利率提高会减少社会的总需求，进口减少，出口增加，贸易逆差也逐渐改善，国际收支逆差减少。

3．政府对国际收支失衡采取的调节政策

国际收支的政府政策调节是指国际收支不平衡的国家通过改变其宏观经济政策和加强国际间的经济合作，主动地对本国的国际收支进行调节，以使其恢复平衡。人为的政策调节相对来说比较有力，但也容易产生负面作用。因为它往往只考虑了外部的平衡而忽视了内部的平衡。

（1）财政政策

当一国出现国际收支逆差时，政府可采取紧缩的财政政策，即削减政府开支或提高税收，迫使投资和消费减少，从而有利于出口、压缩进口，改善贸易收支及国际收支。在国际收支出现大量顺差时，政府则可实行扩张性的财政政策，即扩大政府开支或减少税收，以扩大总需求、增加进口及非贸易支出，从而减少贸易收支和国际收支的顺差。

（2）货币政策

货币政策也称金融政策，包括变动再贴现率、调整法定存款准备金率和公开市场业务。就调节国际收支而言，主要采用改变再贴现率借以影响市场利率的政策。中央银行提高再贴现率后，市场利率随之上升，投资和消费受到抑制，物价开始下跌，从而可以扩大出口、减少进口，贸易收支得到改善。

（3）外汇政策

1）调整汇率。一国可通过提高或降低本国对外国货币的汇率来消除国际收支的不平衡。若一国发生国际收支的逆差，该国可使本国货币贬值，以增强本国商品在国外的竞争力，扩大出口；同时，由于国外商品的本币价格上升，进口减少，国际收支逐步恢复平衡。若一国发生国际收支顺差，该国可使本国货币升值，刺激进口、减少出口，二者共同作用于贸易收入，使贸易顺差减少，从而使国际收支恢复平衡。

2）外汇管制。外汇管制是国家通过法令规定对各项外汇的收入、支出、存款、兑换、外汇买卖及国际结算等进行管理。其目的在于节约国家外汇支出，增加外汇收入，以改善国际收支失衡状态。

（4）外贸政策

为改善国际收支失衡状态，很多国家都实行了“奖出限入”的保护性贸易政策。例如，为出口商提供直接补贴或间接补贴以鼓励出口，同时采用高关税、进口配额制、进口许可证等限制进口。

（5）产业结构调整和发展政策

调整国际收支还应考虑到社会总供给的条件。因此，一国可通过调整国内的产业结构及鼓励利用高科技的政策措施来改善国内的经济结构和产业结构，提高劳动生产率和产品质量，从而增强出口商品的竞争能力，以适应世界市场需求的变化。

（6）融资政策

当一国国际收支出现逆差时，政府在动用官方储备的同时，还可通过各种渠道从国际市场筹措资金。这样，一方面可以弥补逆差，另一方面可以缓解由于采取其他调整政策给国内经济发展带来的较大压力。

以上政策大致可划分为两个类别：支出变动型政策和支出转换型政策。

支出变动型政策旨在通过改变社会总需求或总支出来改变进出口商品、劳务及资本的输出、输入状况，从而达到调节国际收支的目的。财政政策与货币政策基本上属于此类。

支出转换型政策是指不改变社会总需求和总支出而改变需求与支出方向的政策。例如，以经济手段实现转换的产业结构调整和发展政策、汇率政策、关税政策，以法律手段实现转换的外汇管制、外贸管制等政策，都属于此类。汇率政策和关税政策是通过改变进口商品和劳务的相对价格来达到支出转换的目的的，而直接管制则通过改变进口商品和劳务的可能性来达到支出转换的目的，从而调节国际收支。

融资政策与以上两类政策具有一定的互补性和替代性。例如，当国际收支发生逆差时，一国政府既可以采取支出变动型政策来加以调节，也可以采用融资的办法，或采用两者相结合的办法，加以调节。在逆差额既定的情况下，较多地使用资金融通，便可较少地使用需求调节。反之，较多地使用需求调节，则可较少地使用资金融通。

4. 内外均衡的冲突与政策搭配

当代世界各国的宏观经济目标一般包括内部均衡和外部均衡两个方面。内部均衡一般是指充分就业、物价稳定及促进经济增长；而外部均衡通常是指国际收支平衡。当国际收支平衡遭到破坏时，用自动调节机制来牺牲内部均衡以恢复外部均衡是比较容易做到的，但这并非理想的情形，金本位制度就有这种缺点；反之，只建立内部均衡而对国际收支失衡置之不理也不是解决问题的良策，因为外部失衡将会导致外汇储备的枯竭，从而影响进口的需求。

内部均衡和外部均衡的矛盾及政策搭配，是英国经济学家詹姆斯·米德于 1951 年在其名著《国际收支》中提出来的。米德认为，开放宏观经济的运行，有时会使内部均衡与外部均衡产生相互矛盾的情况（这一现象被称为“米德冲突”）。要解决这个矛盾，同时实现两个均衡，就要采用两种独立的政策进行适当的搭配。一种政策用于实现内部均衡；另一种政策用于实现国际收支平衡。一种政策工具只能用来对付一种目标。若用一种政策工具同时对付两个相互独立的政策目标，则两个目标都不能被充分实现。因此，要充分实现多种相互独立的政策目标，就应有多种不同的政策工具。

一国经济发展过程中，内部均衡与外部均衡的关系常表现为以下的情形：经济衰退、失业增加，国际收支逆差；经济衰退、失业增加，国际收支顺差；通货膨胀，国际收支顺差；通货膨胀，国际收支逆差。我们知道，当经济处于衰退期时，社会总需求下降，进口需求也随之下降，国际收支应朝顺差的方向发展；当经济处于通货膨胀时，国内货币成本和商品价格上升，出口相对困难，进口相对便宜，国际收支应朝逆差方向发展。显然，以上 4 种情形中，第一种和第三种属于内外冲突的情形。在这样的情况下，要同时达到内部经济与外部收支的均衡，就必须采用两种政策并进行适当的搭配，才能解决问题。

根据政策搭配的基本思想，西方经济学家在之后的研究中提出了许多搭配方法。其中，罗伯特·蒙代尔提出的用财政政策和货币政策搭配解决内部均衡与外部均衡的冲突，以及索尔特与斯旺提出的用支出转换型和支出变更型政策的搭配来解决内外部均衡的矛盾尤为著名。

（1）财政政策与货币政策的搭配

蒙代尔认为，每种政策应实施在其最具影响力的目标上。不同开放宏观经济情况下财政政策与货币政策的搭配如表 1-4 所示。

表 1-4　不同开放宏观经济情况下财政政策与货币政策的搭配

开放宏观经济情况	财政政策	货币政策
通货膨胀/国际收支顺差	紧缩	扩张
通货膨胀/国际收支逆差	紧缩	紧缩
失业、衰退/国际收支顺差	扩张	扩张
失业、衰退/国际收支逆差	扩张	紧缩

（2）支出转换型与支出变动型政策的搭配

不同开放宏观经济情况下支出转换型与支出变动型政策的搭配如表 1-5 所示。

表 1-5　不同开放宏观经济情况下支出转换型与支出变更型政策的搭配

开放宏观经济情况	实现内部均衡的政策	实现外部均衡的政策
通货膨胀/国际收支逆差	紧缩（减少国内支出）	贬值
通货膨胀/国际收支顺差	紧缩（减少国内支出）	升值
经济衰退/国际收支顺差	扩张（扩大国内支出）	升值
经济衰退/国际收支逆差	扩张（扩大国内支出）	贬值

财政政策与货币政策搭配、支出转换型与支出变动型政策的搭配，仅仅是政策搭配中的两个范例。实际上，经济生活远远要比理论上的论述复杂得多。决定政策取向时，不仅要考虑本国经济的需要，还要顾及外国可能做出的反应。所以，理论上的必要性与实际上的可行性往往会不一致，这也就是国际收支政策调节的复杂性。

本章小结

本章分析了国际收支的含义、国际收支平衡表的编制原则和组成部分，并进行了国际收支平衡表的差额分析，包括贸易收支差额、经常项目收支差额、资本和金融账户差额及综合差额；还分析了主要的国际收支理论，包括弹性论、乘数论、吸收论、货币论的主要内容及评价；最后分析了国际收支失衡的原因，以及国际收支的自动调节和政策调节。

练习题

1. 名词解释

国际收支　国际收支平衡表　自主性交易　支出变动型政策　支出转换型政策

2. 不定项选择题

（1）外商到中国投资建厂、办企业，这部分资金的流入，在贷方项目中应记入中国国际收支中的（　　）。

A. 单方转移项目　　B. 劳务收支项目

C. 长期投资项目　　D. 其他投资项目

（2）当处于通货膨胀和国际收支逆差的经济状况时，应采用的政策搭配是（　　）。

A. 紧缩国内支出，本币升值　　B. 扩张国内支出，本币贬值

C. 扩张国内支出，本币升值　　D. 紧缩国内支出，本币贬值

（3）当一笔资金非正常流出中国后，有关部门未能统计到，这在国际收支处理上应当登录在（　　）。

A. 金融项目借方　　B. 金融项目贷方

C. 错误与遗漏借方　　D. 错误与遗漏贷方

（4）一般而言，一国国际收支出现顺差会使（　　）。

A. 货币坚挺　　B. 货币疲软　　C. 物价下跌　　D. 通货紧缩

（5）下列说法中错误的是（　　）。

A. 本币贬值有利于改善一国的旅游和其他劳务收入

B. 本币贬值有利于增加单方面转移的收入

C. 本币贬值可能引发国内通货膨胀

D. 本币贬值在进口商品需求弹性充分的条件下阻碍进口的增加

（6）经常项目主要包括（　　）。

A. 货物和服务　　B. 初次收入账户　　C. 支出　　D. 二次收入账户

（7）国际收支理论主要有（　　）。

A. 吸收分析理论　　B. 贸易乘数理论

C. 价格–现金流动机制　　D. 弹性分析理论

（8）国际收支平衡表的差额主要有（　　）。

A. 贸易收支差额　　B. 经常项目差额

C. 基本国际收支差额　　D. 商品、服务和收益差额

3. 简答题

（1）国际收支平衡表的编制原则是什么？

（2）国际收支失衡的原因有哪些？

（3）弹性论的主要内容是什么？

第2章　外汇与汇率

学习目标

☑ 掌握外汇的含义、汇率的标价方法、影响汇率变化的主要因素和汇率变动的经济效应。

☑ 了解汇率决定理论和汇率制度。

☑ 了解人民币汇率的主要内容及货币自由兑换问题。

☑ 了解外汇管制的主要内容及方法。

案例导入

2016 年 6 月 27 日，是英国脱欧之后，中国的第一个完整的交易日。沪深股市开盘之前，出现了两个大消息：一是央行宣布人民币对美元中间价贬值 599 个基点，报 6.637 5，创下 2010 年 12 月 31 日以来的最低点；二是通过逆回购的方式，向市场净投放了 1 000 亿元的现金支持。

请思考以下问题：人民币汇率以后的走势是什么？普通人要不要换购美元？哪些人的利益将受损？人民币贬值的原因是什么？

资料来源：金融晨读 2016-07-01，微信公众号：jinrongchd。

2.1　基本概念

2.1.1　外汇的概念

外汇是指以外国货币表示的并可用于国际结算的信用票据、支付凭证、有价证券及外币现钞。外汇分为狭义和广义两种。

1．狭义的外汇

狭义的外汇是指以外币表示的可用于国际结算的支付手段。它包括以下 3 个特征。

(1) 相对性(外)

本币、黄金不能视为外汇。

(2) 可国际支付性(汇)

支付方式上，外汇必须是国际结算的某种工具；支付能力上，外汇必须是真实的，如空头支票、拒付汇票等就不能视为外汇。

(3) 可兑换性(兑)

以非自由兑换外币所表示的支付手段不能视为外汇。

狭义的外汇概念强调对外汇兑，主要用于银行业务。狭义的外汇仅指外汇票据（汇票、支票、本票）和外汇存款，其中外汇存款是主体。

2. 广义的外汇

广义的外汇是指以外币表示的可以用于国际清偿的支付手段和资产。广义的外汇概念强调对外债权，适用于国家的外汇管理。

广义的外汇包括：

1）外国货币，包括纸币、铸币。

2）外币支付凭证，包括票据、银行存款凭证、邮政储蓄凭证等。

3）外币有价证券，包括政府债券、公司债券、股票等。

4）特别提款权、欧洲货币单位。

5）其他外汇资产。

以下是几种主要货币的代码，如表2-1所示。

表2-1 主要货币的代码

货币名称	简　　写	ISO 货币符号	辅币及进位	钞票面额（主币）
人民币元	Yuan，￥	CNY	1元=10角=100分	1，2，5，10，20，50，100
日元	Yen，Yen	JPY	1日元=100钱（Sen）	500，1 000，5 000，10 000
港元	Dollar，HK$	HKD	1元=100分（Cents）	10，50，100，500，1 000
新加坡元	Dollar，S$	SGD	1元=100分	1，5，10，20，50，105
韩元	Won，W	KRW	1圆=100钱（Jeon）	500，1 000，5 000，10 000
印度尼西亚盾（卢比）	Rupiah，Rp	IDR	1盾=100仙（Sen）	1，5，10，25，50，100，500，1 000，5 000，10 000
马来西亚林吉特	Malayian Dollar，M$，Mal$	MYR	1林吉特=100分（Cent）	1，5，10，20，100，500，1 000
菲律宾比索	Peso，P	PHP	1比索=100分	2，5，10，20，50，100，500
泰铢	Thai，Baht，B	THB	1铢=100萨当（Satang）	1，5，10，20，100，500
印度卢比	Rupee，Rs/Re	INR	1卢比=100派士（Paise）	1，2，5，10，20，50，100
越南盾	Dong，D	VND	1盾=10角（Hao）=100分（Xu）	1，2，5，10
欧元	Euro，€	EUR	1欧元=100分	5，10，20，50，100，200，500

续表

货币名称	简　写	ISO 货币符号	辅币及进位	钞票面额（主币）
英镑	Pound Sterling，£，£stg	GBP	1 英镑=100 新便士（New Pence）	1，5，10，20，50
瑞典克朗	Swedish Krona/Kronor，SKr	SEK	1 克朗=100 欧尔	5，10，50，100，1 000，10 000
芬兰马克	Finnish Markka，FMK	FIM	1 马克=100 盆尼	1，5，10，50，100，500
瑞士法郎	Swiss France SF	CHF	1 法郎=100 生丁（Centime）	10，20，50，100，500，1 000
荷兰盾	Guilder，Gld	NLG	1 荷兰盾=100 分	1，2.5，5，10，25，50，100，1 000
加拿大元	Canadian Dollar，Can$	CAD	1 元=100 分	1，2，5，10，20，50，100
美元	United States Dollar，US$	USD	1 美元=100 分	1，2，5，10，20，50，100
古巴比索	Cuban Peso，Cub$	CUP	1 比索=100 分	1，5，10，20，50，100
澳大利亚元	Australian Dollars，$A	AUD	1 澳元=100 分	1，2，5，10，20，50，100
新西兰元	New Zealand Dollar，$NZ	NZD	1 新西兰元=100 分	1，2，5，10，20，50，100

资料来源：1. 中国银行国际金融研究所. 各国货币手册：1990 年版［M］. 北京：中国金融出版社，1991.

2. 中国银行国际金融研究所. 世界货币手册：1990 年版［M］. 北京：中国金融出版社，1991.

2.1.2　汇率及汇率的标价方法

1. 汇率的含义

汇率又称汇价、外汇牌价或外汇行市，它是两国货币之间的相对比价，或者说是一国货币折算成另一国货币的比率。

外汇是一种特殊商品，而汇率就是这种特殊商品的价格。汇率具有双向表示的特点，既可以用外币表示本币的价格，又可以用本币表示外币的价格。

2. 汇率的标价方法

汇率的标价方法根据作为标准的货币不同可分为直接标价法、间接标价法和美元标价法。

（1）直接标价法

直接标价法（Direct Quotation）是以一定单位（1 个或 100 个、10 000 个单位等）的外国货币为基准，折成若干单位的本国货币来表示汇率的方法。直接标价法下，以外币为基准货币，以本币为报价货币。

这种标价方法的特点是，外币数额固定不变，折合本币的数额随外汇汇率的变化而变化。若本币数额增加，则表示外币升值、本币贬值；若本币数额减少，则表示外币贬值、本币升值。

目前，中国和世界上绝大多数国家都采用直接标价法来表示汇率。

（2）间接标价法

间接标价法（Indirect Quotation）是以一定单位（一般为 1 个单位）的本国货币为基准，折成若干单位的外国货币来表示汇率的方法。间接标价法下，以本币为基准货币，以外币为报价货币。

这种标价方法的特点是，本币数额固定不变，折合外币的数额随外汇汇率的变化而变化。若外币数额增加，则表示本币升值、外币贬值；若外币数额减少，则表示本币贬值、外币升值。

英国一直使用间接标价法，美国从 1978 年 9 月 1 日起也改用间接标价法，但美元对英镑等少数几种货币的汇率仍然采用直接标价法。

（3）美元标价法

1）产生原因。直接标价法和间接标价法用于客户市场，即本币与外币之间的兑换（国内市场）；而美元标价法（US Dollar Quotation）用于同业市场，即美元与其他货币之间的兑换（国际市场）。

2）标价方法。各国货币直接针对美元来报（不论在哪个国家）。美元是基准货币，其他货币是报价货币。

▶▶ 2.1.3 汇率的种类

1. 按银行买卖外汇价格的不同，汇率分为买入汇率、卖出汇率和现钞汇率

（1）买入汇率、卖出汇率、现钞汇率的定义

1）买入汇率又称买入价，是指银行向同业或客户买入外汇时所使用的汇率。直接标价法下（Buying Rate），较低的汇率是买入价。间接标价法下，较高的汇率是买入价。

2）卖出汇率（Selling Rate）又称卖出价，是指银行向同业或客户卖出外汇时所使用的汇率。直接标价法下，较高的汇率是卖出价；间接标价法下，较低的汇率是卖出价。

3）现钞汇率（Bank Notes Rate）是指银行收兑外币现钞时所使用的汇率。现钞卖出价一般等同于外汇的卖出价，但现钞买入价低于外汇的买入价。这是因为费用高（包括运费、保险费、保管费、包装费等）、供求关系很不稳定、每笔交易的金额小。

汇率表示方法如下：

- 汇率用 5～6 位数字来表示，如 US$1=Can$0.981 3。
- 汇率最后一位数字的单位为基本点，简称点。
- 双向报价，买卖价之间用一根短横线或斜线分开，且前一数字小、后一数字大，如 US$1=Can$0.981 1/0.981 5。
- 简便报价，如 US$ / Can$:11/15 或 US$1=Can$0.981 1 / 15。

（2）买卖价的判断原则

买卖价的判断原则有站在（报价）银行的角度、买卖的是外汇、对（报价）银行有利。

【实例 2-1】

瑞典某银行的报价为 US$1=SKr6.481 8/6.485 2。因为美元是外汇，从对该银行有利

的角度，该银行的报价应为，该银行愿意用6.481 8瑞典克朗从对方处买入1美元，也愿意按6.485 2瑞典克朗的价格向对方出售1美元。故6.481 8为买入汇率，6.485 2为卖出汇率。若该汇率为美国某银行的报价，因为瑞典克朗是外汇，所以该银行的报价应为，该银行愿意用1美元从对方处买入6.485 2瑞典克朗，也愿意按1美元的价格向对方出售6.481 8瑞典克朗。故6.485 2为买入汇率，6.481 8为卖出汇率。

（3）兑换收益

兑换收益一般为1‰～5‰。

（4）中间汇率

中间汇率是银行外汇买入价和卖出价的平均数。中间汇率一般不挂牌公布，常用于对汇率的报道、分析和预测，供比较、参考之用。

知识拓展

中国银行主要外汇牌价表（2016年7月19日11点14分发布）

货币名称	现汇买入价	现钞买入价	现汇卖出价	现钞卖出价	中行折算价
阿联酋迪拉姆	—	175.99	—	188.75	182.41
澳大利亚元	502.3	486.8	505.82	505.82	506.91
巴西里亚尔	—	197.64	—	216.16	205.99
加拿大元	514.04	498.17	518.16	518.16	516.29
瑞士法郎	679.46	658.5	684.24	684.24	681.89
丹麦克朗	99.35	96.28	100.15	100.15	99.69
欧元	739.46	716.64	744.66	744.66	741.67
英镑	882.37	855.14	888.57	888.57	888.85
港币	86.21	85.52	86.54	86.54	86.36
印度尼西亚卢比	—	0.049 4	—	0.053	0.051 2
印度卢比	—	9.368 1	—	10.564 1	9.966 8
日元	6.306 7	6.112 1	6.351 1	6.351 1	6.312 6
韩国元	0.585 5	0.565	0.590 3	0.611 7	0.589 7
澳门元	83.73	80.92	84.05	86.74	83.85
林吉特	168.07	—	169.25	—	169.05
挪威克朗	78.93	76.5	79.57	79.57	79.28
新西兰元	469.46	454.97	472.76	475.59	471.46
菲律宾比索	14.25	13.81	14.37	14.81	14.3
卢布	10.6	9.95	10.68	10.68	10.66
瑞典克朗	77.95	75.54	78.57	78.57	78.23
新加坡元	494.11	478.87	497.59	497.59	496.77
泰国铢	19.07	18.48	19.23	19.82	19.15
新台币	—	20.2	—	21.66	20.94

资料来源：1. 中国银行网站http://www.boc.cn/。

2. 以100单位的外国货币折算成人民币的数量。

2．按外汇买卖交割期限的不同，汇率分为即期汇率和远期汇率

（1）即期汇率和远期汇率的定义

1）即期汇率（Spot Exchange Rate）又称现汇汇率，是指外汇买卖的双方在成交后的 2 个营业日内办理交割手续时所使用的汇率。

2）远期汇率（Forward Exchange Rate）又称期汇汇率，是指外汇买卖的双方事先约定，据以在未来约定的期限办理交割时所使用的汇率。

（2）远期汇率的报价方法

1）与即期汇率报价方法相同，即直接将各种不同交割期限的远期买入价、卖出价表示出来，如

即期汇率：£1=US$2.040 6/15

1 个月的远期汇率：£1=US$2.040 6/56

这种方法通常用于银行对客户的报价上。在银行同业交易中，瑞士、日本等国也采用这种报价方法。

2）只报出即期汇率和各期的远期差价，然后根据即期汇率和远期差价来计算远期汇率，即远期差价=远期汇率–即期汇率。远期差价用点数来表示，如

即期汇率：£1=US$2.040 6/15

1 个月远期点数： 20/35

远期差价有 3 种情形：升水、贴水、平价。升水表示外汇远期升值；贴水表示外汇远期贬值；平价表示汇率远期不变。

（3）升水举例

【实例 2-2】

直接标价法下升水举例如下。

日本外汇市场 即期汇率：

USD1=JPY117.14/18，

1 个月远期汇率：USD1=JPY117.54/68。

说明美元的远期汇率高于即期汇率，美元升水，升水点数为 40/50。

间接标价法下升水举例如下。

纽约市场 即期汇率：

USD1=SF1.179 5/1.181 2，

1 个月远期汇率：USD1=SF1.177 5/1.180 2。

说明瑞士法郎的远期汇率高于即期汇率，瑞士法郎升水，升水点数为 20/10。

（4）结论

在根据即期汇率和远期差价计算远期汇率时，远期汇率=即期汇率+“前小后大”或远期汇率=即期汇率–“前大后小”。

3．按制定汇率方法的不同，汇率分为基本汇率和套算汇率

（1）基本汇率

本币对关键货币的汇率，称为基本汇率。关键货币应具备以下特点：在本国国际收支中使用最多；在外汇储备中所占比重最大；可以自由兑换且为国际上普遍接受。

（2）套算汇率

套算汇率（Cross Rate）又称交叉汇率，是指两种货币通过各自对第三种货币的汇率而算得的汇率。它有两种含义：一是各国在制定基本汇率后，本币对其他外币的汇率就可以通过基本汇率套算出来；二是由于世界主要外汇市场只按美元标价法公布汇率，而不能直接反映其他货币之间的汇率，因而美元以外的其他货币之间的汇率，必须通过这些货币各自对美元的汇率进行套算。

套算汇率的方法是同边相乘法和交叉相除法。当两种汇率的标价方法相同时，要将竖号左右的相应数字交叉相除；当两种汇率的标价方法不同时，要将竖号左右的相应数字同边相乘。

【实例 2-3】

英镑汇率：£1=US$2.0408 / 17；加元汇率：US$1=Can$0.9811 / 25。要求套算£/ Can$的汇率。

思路：要将英镑兑换成加元，应先将英镑兑换成美元，再将美元兑换成加元。由于两个市场汇率的标价方法不同，则应采用同边相乘法。

£1→US$2.0408→Can$2.0408 × 0.9811

£1←US$2.0417←Can$2.0417 × 0.9825

可得：£1=Can$（2.0408 × 0.9811）÷（2.0417 × 0.9825）=Can$ 2.0022/2.0059

【实例 2-4】

瑞士法郎汇率：US$1=SF1.1792/1.1816；瑞典克朗汇率：US$1= SKr6.4816 / 6.4835。要求套算 SF/SKr 的汇率。

思路：由于两个市场汇率的标价方法相同，因此要采用交叉相除法。

可得：SF1=SKr5.4854 / 5.4982（说明：小数除以大数，即 6.4816÷1.1816 =5.4854；大数除以小数，即 6.4835÷1.1792=5.4982）

4．按银行汇兑方式的不同，汇率分为电汇汇率、信汇汇率和票汇汇率

（1）电汇汇率

电汇汇率是指银行卖出外汇时，以电信方式通知其国外分行或代理行时所使用的汇率。由于以电汇方式付款速度快，银行可利用客户在途资金的时间短，且国际电信费用较高，所以电汇汇率一般较高。但由于电汇调拨资金速度快，可加速国际资金周转，因此在外汇交易中占有绝大部分的比重。电汇汇率已成为基础汇率，其他汇率都是以电汇汇率为基础计算出来的。各国公布的外汇牌价一般是电汇汇率。

（2）信汇汇率

信汇汇率是指银行卖出外汇时开具付款委托书，以信函方式通知其国外分行或代理行时所使用的汇率。由于信汇的邮寄速度慢，银行可利用客户在途资金的时间较长，所以信汇汇率比电汇汇率低。

（3）票汇汇率

票汇汇率是指银行卖出外汇时，开具以其国外分行或代理行为付款人汇票时所使用的汇率。汇票开立后，交付给汇款人，由汇款人自带或邮寄给收款人，收款人拿到汇票后，即可向付款银行提示或取款。由于以汇票方式付款，银行可利用客户在途资金的时间较长，所以票汇汇率也比电汇汇率低。

5. 按衡量货币价值角度的不同，汇率分为名义汇率、实际汇率和有效汇率

（1）名义汇率

名义汇率（Nominal Exchange Rate）又称现实汇率或公布汇率，是指在外汇市场上由外汇的供求关系所决定的两种货币之间的汇率。名义汇率并不能完全反映两种货币实际所代表的价值量的比值，它只是外汇银行进行外汇买卖时所使用的汇率。

（2）实际汇率

实际汇率（Effective Exchange Rate）又称真实汇率，是指将名义汇率按两国同一时期的物价变动情况进行调整后所得到的汇率。计算实际汇率主要是为了分析汇率的变动与两国通货膨胀率的偏离程度，并可进一步说明有关国家产品的国际竞争能力。各国政府为达到增加出口和限制进口，经常对各类出口商品进行财政补贴或减免税收，对进口则征收各种类型的附加税。实际汇率便是名义汇率与这些补贴和税收的之和或之差，用公式表示如下：

实际汇率=名义汇率±财政补贴和税收减免

实际汇率在研究汇率调整、倾销调查与反倾销措施、考察货币的实际购买力时，常常被用到。

实际汇率的另一种概念是指名义汇率减去通货膨胀率，用公式表式如下：

实际汇率=名义汇率−通货膨胀率

第二种概念的实际汇率旨在解答通货膨胀对名义汇率的影响；同时，它在货币实际购买力的研究中也常被用到。

（3）有效汇率

有效汇率（Effective Exchange Rate）是一种以某个变量为权重计算的加权平均汇率，通常以一国与样本国双边贸易额占该国对所有样本国全部对外贸易额的比重为权数。有效汇率是一个非常重要的经济指标，以贸易比重为权数计算的有效汇率所反映的是一国货币汇率在国际贸易中的总体竞争力和总体波动幅度，通常用于度量一国商品贸易的国际竞争力，也用于研究货币危机的预警指标，还用于研究一个国家相对于另一个国家居民生活水平的高低。

有效汇率分为名义有效汇率和实际有效汇率。名义有效汇率是指以一国对外贸易伙伴国与该国的贸易额在该国对外贸易总额中的比重为权数，将各贸易伙伴国的名义汇率进行加权平均而得到的汇率指数。如果以名义有效汇率为基础，剔除通货膨胀对一国和各样本国货币购买力的影响，则可以得到实际有效汇率。实际有效汇率不仅考虑了一国对各样本国双边名义汇率的相对变动情况，而且剔除了通货膨胀对货币本身价值变动的影响，能够综合地反映本国货币的对外价值和相对购买力。在测算有效汇率时，研究人员往往根据自己的特殊目的来选择样本货币范围、变量指标和加权平均数的计算方法及基期。样本货币范围、变量指标和加权平均数的计算方法及基期不同，计算的有效汇率一定存在差异。有效汇率常用的计算公式：

$$R^* = \sum_{i=1}^{n} x_i r_i$$

式中，R^*指实际有效汇率；r_i是该国货币与第i个国家的货币之间的双边名义汇率；x_i是第i个国家在该国对外贸易中的比重。

通过对实际有效汇率的制定和计算，可深入了解各国间的双边贸易量和各自在世界范围内的贸易量、贸易在各国经济中的比重、贸易商品的构成和进出口商品的价格弹性等，还可估计汇率变动对本国进出口贸易及其差额的影响，以及对其他国家的进出口贸易及其差额的影响，以谋求对策。

2.2 影响汇率变化的主要因素和经济效应

2.2.1 影响汇率变化的主要因素

1. 国际收支状况

国际收支是对一国对外经济交易的汇总，它主要反映一国的外汇收支状况。当一国的国际收支顺差时，该国的外汇就会供过于求，从而导致外汇贬值、本币升值；而当一国的国际收支逆差时，该国的外汇就会供不应求，从而导致外汇升值、本币贬值。

2. 通货膨胀率差异

通货膨胀意味着该国货币的对内贬值，而一国货币的对内贬值必然导致对外贬值。

3. 经济增长率差异

当一国处于经济高速增长的初期时，进口一般比较旺盛。一方面是由于经济增长初期对国外先进技术和设备的需求扩大；另一方面是由于本国居民的收入增长，导致对进口消费品的需求增加，使得外汇供不应求，本币贬值。

4. 利率差异

利率是资本的价格，两国间利率的差异将引起短期资本的流动。在一国经济基本正常时，当本国利率高于外国利率时，将导致资本流入、外汇供应充分、本币升值；当本国利率低于外国利率时，将导致资本流出、外汇供应紧张、本币贬值。

5. 中央银行的干预

中央银行通过在外汇市场大量买卖某种货币，可以直接影响外汇市场上这种货币的供求关系，对该货币汇率的短期走势有明显的影响。中央银行买入某种货币时，将使该货币在短期内需求增加，从而该货币升值；而中央银行卖出某种货币时，将使该货币在短期内供应增加，从而该货币贬值。中央银行进行外汇干预前，应建立外汇平准基金，并储备一定规模的外汇。

6．重大的国际事件

重大政治事件和重大政策改变会影响国际经济交易和资本的流动，从而引起汇率变化。比如，美国的“9・11”事件使人们一度对美元失去信心，人们大量抛售美元，引起美元汇率下跌。

目前，美元在外汇市场仍占统治地位，一般规律是，美国以外的政治危机会促使美元汇率上涨；如果美国出现政治危机，则美元首当其冲受到影响，汇率下跌。

7．心理因素

心理因素是指人们根据新闻、传闻等对汇率走势所做出的主观判断。

上述各种影响汇率变动的因素之间具有错综复杂的关系：有时是多种因素同时起作用，有时是某种因素起主导作用，有时某些因素的作用会相互抵消，有时一种因素的主要作用会被另一种因素迅速取代。在对汇率实际变动进行分析的时候，必须注意对有关因素进行综合分析考查，以期获得较为切实的结论。

▶▶ 2.2.2　汇率变化的经济效应

本币汇率变动分为本币升值和本币贬值两种情况。由于本币升值的影响与本币贬值的影响基本相反，下面以本币贬值为例说明汇率变动对国内经济的影响。

1．对本国国际收支的影响

（1）对本国贸易收支的影响

本币贬值有利于本国的商品出口。这是因为当本币贬值后，本国出口商品的外币价格下降，增加了本国出口商品在国际市场的价格竞争力，扩大了外国进口商对本国出口商品的需求，导致本国出口增加。分析本币贬值对本国贸易收支的影响时，还应注意下面 3 个问题：

1）弹性问题。本币贬值之所以对进出口产生影响，是因为本币贬值后进出口商品的相对价格发生了变化，导致出口量增加、进口量减少，最后使得出口额增加、进口额减少。但这一过程能否实现，取决于进出口商品的价格发生涨跌后进出口量的变化情况。

2）时滞问题。本币贬值后，即使具备马歇尔—勒纳条件，贸易收支的改善也不会立即见效，而是存在一定的时滞。

3）时效问题。这是指本币贬值后贸易收支改善的时间效力能持续多久。

（2）对本国非贸易收支的影响

本币贬值可以改善本国的非贸易收支。以国际旅游为例，本币贬值后，单位外币兑换到的本币数额增加，外币在本国的购买力相对提高，使得外国旅游者在本国旅游时的费用开支减少，增加了外国旅游者来本国旅游的吸引力，从而使本国的旅游外汇收入增加；而本币贬值后，由于兑换单位外币所需的本币数额增加，本国出国旅游者的费用开支增加，使本国的旅游外汇支出减少。

（3）对本国资本流动的影响

根据流动的期限，可将资本划分为中长期资本和短期资本。

本币贬值可以改善本国的中长期资本流动状况。一方面是由于本币贬值后，外国投资者在本国投资的成本降低，有利于吸引外资流入；另一方面是由于本币贬值使本国居民对外投资的成本增加，可以抑制资本外流。

本币贬值一般不利于本国的短期资本流动。

2．对本国物价的影响

本币贬值一般会带来本国物价的上涨，这主要体现在以下3个方面：

1）本币贬值后，以本币表示的进口商品的价格将上涨。

2）本币贬值后，商品出口增加，当国内该商品的生产能力没有相应增加时，新增加的出口将会直接减少本国的商品可供量，从而导致物价上涨；随着国外对本国劳务需求的增加，本国的劳务价格也将上涨。

3）本币贬值后，出口增加、进口减少，使得外汇存量增加，带来本币的发行增加，从而引起物价上涨。

3．对本国证券市场的影响

本币贬值将使本国证券市场的价格下跌，这主要体现在以下2个方面：

1）本币贬值前，投资者为避免损失，将会抛售本国证券，引起本国证券价格下跌。

2）本币贬值后，由于本国物价上涨，外国投资者在本国的实际投资利润将会减少，为寻求更高的投资回报，外国投资者将减少在本国的投资，引起本国证券价格下跌。

4．对本国就业和国民收入的影响

本币贬值会带来本国就业和国民收入的增加，这主要体现在以下3个方面：

1）本币贬值将使出口增加，在本国存在闲置生产要素的前提下，出口增加将导致就业和国民收入增加。

2）本币贬值将使进口减少，在进口减少的同时，又将促进本国进口替代行业的发展，从而增加就业和国民收入。

3）本币贬值将吸引中长期资本的流入，从而增加本国的就业和国民收入。

5．对国际经济关系的影响

本币贬值会通过商品的竞争能力、出口规模、就业水平和国民收入等方面的相对变化，直接影响该国与贸易伙伴国之间的经济关系。大量事实证明，一国货币贬值带来的国际收支状况改善和经济增长加快，很可能使其贸易伙伴国的国际收支恶化和经济增长放慢。如果一国为摆脱国内经济衰退而实行贬值，它就可能把衰退注入其他国家，因为除汇率外，其生产、成本、效率等其他条件并没有改变。出于一国私利而进行的贬值，往往会激起国际社会的强烈不满，或者引起各国货币的竞争性贬值，或者招致其他国家贸易保护主义政策的报复，其结果是恶化国际经济关系，对贬值国和世界经济发展都是有害的。按照国际货币基金组织章程的规定，会员国只有在经过充分的多边协商后，才能采取较大的贬值行动。

应用案例

人民币汇率创近6年新低，你的钱该怎么办?

自2016年6月24日英国脱欧公投结果出来以后，美元持续走强，人民币则进入了“跌跌不休”的状态。

6月18日，人民币对美元汇率跌破6.7整数关口，当天人民币对美元汇率中间价继续下行，据央行网站公布的数据显示，当天人民币对美元汇率中间价报6.697 1元，较头一天调降10个点，创了2010年11月以来的新低。

去年同期的人民币汇率中间价在6.2左右。也就是说，现在兑换1万美元，要比去年多花近5 000元人民币。而人民币连续贬值，留学、旅游和海淘也受到不同程度的影响。

人民币对美元汇率，刷新5年多新低。

与此同时，央行17日再下调人民币对美元中间价156个基点，报6.696 1，创了逾5年半新低。数据显示，从6月23日起，央行开始连续多次调低中间价，从6.565 8到17日的6.696 1，不到1个月的时间，贬去1 300多点。

业内人士指出，从6月24日起，人民币汇率就受到英国脱欧的持续影响，连续贬值。“上周五在土耳其出现军事政变企图后，作为避险资金的美元再度走强，人民币此轮贬值主要是受到外围因素影响。”一位银行业分析人士称。

对于人民币汇率的走势，机构间分歧较大。有分析师表示，6.7附近是央行希望暂时得以控制的关口，人民币保持震荡或适当回调。而外资机构则普遍认为人民币将继续贬值，美银美林日前发表的研报中预测在岸人民币今年底可能跌至7.0。

值得注意的是，Wind数据显示，过去一年里，人民币对日元的贬值幅度最高，达27.54%，对欧元、美元分别为9.58%和7.79%；主要货币中，人民币仅对英镑较去年升值8.68%。

人民币贬值，五类人受影响。可不要以为不出国门，人民币贬值就跟我们没有关系了，我们来看看人民币贬值与我们普通人有哪些关联吧。

第一类：股民。人民币贬值或伴随A股下跌。

有分析师称，历史上，人民币与A股走势多数存在高度相关。在人民币升值的大趋势下，人民币贬值或伴随着A股的下跌。

两者有关联的原因是：一方面，人民币贬值引发本币资产估值下降，导致金融、地产等相关板块走弱，拖累整体大盘；另一方面，人民币贬值预期一旦形成，将导致热钱流出，A股所处的流动性环境会迅速趋紧。

第二类：房产投资者。人民币贬值或影响房产投资。

有房产的人们资产或将缩水。有一个“巧合”：人民币持续升值的9年，也是中国房地产价格持续上涨的9年，拥有房产的人资产也迅速升值。房产升值的预期，又激发了更多人买房的欲望。

而人民币贬值，就会有投资者担心，会有资产撤出房产，尤其是那些早期从海外涌入国内的资金，会因人民币贬值而流出中国，或不敢再轻易进入中国市场，多种作用助推国内住房资产价格下跌。

第三类：留学生。人民币急跌，增加赴美留学费用。

对于赴美留学的学子而言，人民币贬值意味着一夜之间父母要多花好多钱。银行人士透露，人民币此轮急跌，也造成一些留学生家长的恐慌。兑换美元的家长也比平时多了很多。

专家建议，短期内有使用外汇打算的客户，可以观察几天汇率波动，找个相对低位入手即可，分批分段来分摊风险。特别是有留学打算的客户，外汇资金用量比较大，可以先换汇做外币理财。

第四类：海淘族。人民币贬值，海淘族“很受伤”。

海外代购市场火热，价格是关键因素之一。从境外海淘的商品价格一般会比在国内专柜购买的便宜30%左右，有的甚至能便宜一半，这也是不少海淘族舍近求远的原因。

不过，人民币贬值，很多海淘族会感觉“亏了”，因为同一种商品他们需要比以前支付更多的人民币。近期，不少做海外代购的商家已经感受到了订单量的减少。

第五类：出境游的人。出境游报价提高，购物费用增加。

对普通百姓来讲，人民币贬值影响最大的大概就是出国旅游了。数据显示，2015 年，我国内地公民出境游达到 1.2 亿人次，人民币此轮贬值，已经让部分旅行社为了摊薄成本而提高了境外游的报价，尤其是去往美国的线路。而在境外购买化妆品、名包、名表的人，也不得不多掏腰包了。

外币理财如何帮你守住钱袋子？

人民币贬值令不少投资者开始担心起手中资产的保值问题，不少市民已经开始关注外币理财。

“最近来银行咨询外币理财的人比之前多了不少，主要就是一些白领。”银行工作人员说。“外币理财的年化收益率并不高，以美元为例，年化收益率基本都在2%左右，比起人民币理财产品平均近4%的收益率没有优势。但是，这部分投资者看重的就是美元对人民币升值的收益，加起来的话也接近10%的年化收益了。”

不过，普通居民购汇额度受限，每人每年最多可以购买等额 5 万美元的外汇，这对于资产较多的投资者就是杯水车薪。

“对于高净值客户，我们会建议他们通过投资海外的人民币合格境内机构投资者（QDII）基金配置美元资产，这没有限额，能赚取美元债券和储蓄的收益的同时，还不受购汇额度限制。此外，储蓄类保单也可以对冲人民币的贬值风险，这些境外保单以美元或港元结算，回报率与美元利率有正相关关系，在美元对人民币升值的情况下也能提高投资回报率。”银行工作人员说。

资料来源：央视财经，2016 年 7 月 19 日。

微信号：cctvyscj。

2.3 汇率决定理论

2.3.1 汇率的决定与调整

各国货币之间有可比性，在于它们都具有或代表一定的价值。从本质上说，货币具有或代表的价值是决定汇率的基础。不同时期两种货币的兑换比率即汇率有差异，是因为两种单位货币代表的价值量不同所致。在不同的货币制度下，货币所具有或代表的价值量的测定不同，或者说价值量的具体表现形式不同，因此决定汇率的基础也有所不同。

1. 金本位制度下汇率的决定与调整

（1）金本位制度下汇率的决定

金本位制度下，各国的货币一般都规定有法定含金量。比如，当时 1 英镑的法定含金量为 7.322 38 克纯金，1 美元的法定含金量为 1.504 63 克纯金。两种货币法定含金量之比，叫作铸币平价。比如，英镑与美元的铸币平价为 7.322 38 ÷ 1.504 63 = 4.866 5。

（2）金本位制度下汇率的调整

由铸币平价所决定的兑换比率，只是两国货币兑换的基本标准，并不是外汇市场上的汇率。外汇市场上的汇率受外汇供求关系的影响，围绕铸币平价上下波动。但这种波动并不是漫无边际的，而是在一定幅度内上下波动，其波动幅度受黄金输送点的制约。现以英（出口商）美（进口商）发生的一笔交易为例说明这种被动。如果英镑的价格过高，即价格大于铸币平价加上运送黄金所需要的各种费用（包括包装费、运输费、保险费和运送期间的利息损失等），由于金本位制度下黄金可以自由输出、输入，所以美国进口商宁愿以运送黄金的方式完成结算，而不愿采取支付外汇的方式。同样，如果英镑的价格过低，即价格小于铸币平价减去运送黄金所需要的各种费用，则英国的出口商就不可能以该价格收到外汇，而只能收到黄金。这样，通过黄金的输入与输出实现了汇率向铸币平价的回归，并形成了以铸币平价为基础、以黄金输出点（铸币平价 + 费用）为波动上限、以黄金输入点（铸币平价–费用）为波动下限的汇率形成及调节机制。

2. 纸币流通条件下汇率的决定与调整

纸币是价值符号，最初是金属货币的代表，代表金属货币执行流通手段的职能。但目前纸币是主权国家发行强制通用的货币，世界各国普遍实行纸币本位货币制度。纸币已经与贵金属或黄金脱钩，不再代表或代替金属流通。那么，在纸币流通条件下，决定汇率的基础是什么呢？汇率又是如何调整呢？

（1）纸币流通条件下汇率的决定

纸币流通条件下，在不同的阶段，纸币的内在价值有不同的外在表现。

在实行纸币制度的初期，各国都参照金本位时期的做法，规定本币的含金量。因此，两国纸币的含金量应当是决定汇率的依据。但是由于纸币不能自由兑换黄金，于是各国纷纷超过本国黄金储备量的限制，超量发行纸币，导致通货膨胀。在通货膨胀的情形下，纸币所代表的价值减少，汇率也相应下跌。

第二次世界大战结束后建立的布雷顿森林体系规定，美元与黄金挂钩，即 35 美元兑换 1 盎司黄金，其他国家的货币也分别规定了含金量，并通过含金量计算出了各种货币与美元的平价，而且平价一经确定不得轻易变动。因此，布雷顿森林体系下的汇率由各国货币与美元的平价决定。

1973 年以后，布雷顿森林体系崩溃，纸币与黄金完全脱钩，各国不再规定纸币的含金量。由于货币的内在价值主要由货币发行国的经济发展水平来决定，因此两国的经济发展水平应该是决定两国货币汇率的基础。

（2）纸币流通条件下汇率的调整

在实行纸币制度的初期，各国政府通过对外汇市场的干预和外汇管制等方法来调整汇率。在布雷顿森林体系下，国际货币基金组织要求会员国有义务将汇率的波动幅度控制在平价的 ±1%范围内（1971 年 12 月后，将这一范围又扩大到 ±2.25%）。布雷顿森林体系崩溃后，国际社会不再规定汇率波动的范围，汇率的调整以市场供求调节为主，各国政府也通过外汇市场干预等手段来调整汇率。

关于纸币本位制度下的汇率的决定有多种说法。一般认为，任何纸币，只有在它现实地作为价值的代表、发挥交易媒介作用、实现自己的购买力时，才奠定了不同货币之间可以比较、可以兑换的基础。因此，在纸币流通条件下，汇率实际上是两国货币以各自代表的价值量为基础形成的交换比率。而纸币价值量的具体表现就是在既定的世界价格水平上购买商品的能力，即纸币的购买力。因此，在纸币本位制度下，纸币所代表的价值量或纸币的购买力是决定汇率的基础。这一理论被称为购买力平价理论。

▶▶ 2.3.2 购买力平价理论

1. 研究背景

购买力平价理论是一种通过研究和比较两国货币之间的购买力关系来确定两国货币汇率的理论。

2. 主要内容

（1）绝对购买力平价

两国物价水平之比即两国货币的汇率。它说明某一时点上汇率的决定因素。

设 P_a 为 a 国的物价水平，P_b 为 b 国的物价水平，R 为 a 国直接标价法下的汇率，则：

$$R = \frac{P_a}{P_b}$$

绝对购买力平价以一价定律为前提，认为自由贸易将使各国的任何产品的价格相等。

（2）相对购买力平价

当期汇率等于基期汇率乘以两国通货膨胀率之商。它说明某一时期汇率变动的原因在于两国物价水平的相对变动。

设 R_1、R_0 为当期汇率和基期汇率；P_{a1}、P_{a0} 为 a 国的当期物价水平和基期物价水平；P_{b1}、P_{b0} 为 b 国的当期物价水平和基期物价水平，则：

$$R_1 = R_0 \times \frac{P_{a1} / P_{a0}}{P_{b1} / P_{b0}}$$

知识拓展

巨无霸指数

一个测量购买力平价的简单而幽默的例子就是巨无霸指数。

这个指标由于《经济学人》杂志的使用而闻名于世。《经济学人》杂志将麦当劳在各国的分店中卖的巨无霸汉堡包的价格进行了比较。算法是以一个以当地货币计算的巨无霸价格，除以另一个以当地货币计算的巨无霸价格。该商数用来跟实际的汇率比较：要是商数比汇率低，就表示第一国货币的汇价被低估了（根据购买力平价理论）；相反，要是商数比汇率高，则第一国货币的汇价被高估了。

【实例 2-5】

如果一个汉堡包在美国值 2.00 美元，而在英国值 1.00 英镑，那么根据购买力平价理论，汇率一定是 2 美元/英镑。如果盛行市场汇率是 1.7 美元/英镑，那么英镑就被称为低估通货，美元则被称为高估通货。此理论假设这两种货币将最终向 2∶1 的关系变化。

3．购买力平价理论的局限性与不足

购买力平价理论存在局限性，主要是它在现实操作上较为困难、实用性有限。就绝对购买力平价的汇率而言，由于它是以两国货币在同一时期各自在国内的购买力水平之比来决定的，因而要受两国物价水平的影响。然而，这所谓的物价水平究竟以批发价为依据还是以零售价为依据，是难以确定的问题。就相对购买力平价的汇率而言，由于它是以某一基期的汇率为依据而计算出来的报告期的汇率，应选择哪个时点为基期来计算基期汇率就难以确定。如果基期选择不当，则会使对当期相对购买力平价的均衡汇率的确定发生系统的偏差。

购买力平价理论的主要不足还在于其假设商品能被自由交易，并且不计关税、配额和赋税等交易成本。另一个不足是它只适用于商品，却忽视了服务，而服务恰恰可以有非常显著的价值差距的空间。另外，除了通货膨胀率和利率差异之外，还有其他若干因素影响着汇率，如经济数字发布/报告、资产市场及政局发展。20 世纪 90 年代之前，购买力平价理论缺少事实依据来证明其有效性；90 年代之后，此理论似乎只适用于长周期（3～5 年），在如此跨度的周期中，价格最终向平价靠拢。

▶▶ 2.3.3　利率平价理论

1．利率平价理论的研究背景

利率平价理论是一种通过比较两国短期利率差异，从而揭示两国货币远期汇率的理论。利率平价理论也被称为远期汇率理论。在浮动汇率制度下，一国货币对外汇汇率的变动要受到多种因素的影响。利率平价理论认为，两国之间的即期汇率与远期汇率的关系与两国的利率有密切的联系。该理论的主要出发点就是，投资者投资于国内所得到的短期利率收益，应该与按即期汇率折成外汇在国外投资并按远期汇率买回本国货币所得到的短期投资收益相等。一旦出现由于两国利率之差引起的投资收益的差异，投资者就会进行套利活动，其结果是使远期汇率固定在某一特定的均衡水平。

2．利率平价理论的主要内容

1）利率高的货币远期贴水，利率低的货币远期升水。

2）升（贴）水率约等于两国的利差。

【实例 2-6】

设 a 国的 3 个月短期利率为 I_a，b 国的 3 个月短期利率为 I_b，两国即期汇率为 R_0，远期汇率为 R_t。某投资者拥有 a 国货币金额 P_a 作为投资对象，他既可以将 P_a 存放入 a 国银行，3 个月后的收入为 $P_a(1+I_a)$；也可以按即期汇率将 P_a 兑换成 b 国货币，存入 b 国银行，其收入为 $P_a(1+I_b)/R_0$，再按远期汇率折成 a 国货币，那么从 b 国投资取得的 a 国货币收入应为 $P_aR_t(1+I_b)/R_0$。根据利率平价理论，这两种投资收益应该相等，即 $P_a(1+I_a)=P_aR_t(1+I_b)/R_0$，由此推导出 $R_t-R_0=R_0(I_a-I_b)/(1+I_b)$，即 $I_a-I_b=(R_t-R_0)/R_0+(R_t-R_0)I_b/R_0$。由于 $(R_t-R_0)I_b/R_0$ 是很小的数字，可忽略不计，则得 $I_a-I_b=(R_t-R_0)/R_0$，即升（贴）水率约等于两国的利差。若 $I_a>I_b$，则远期外汇汇率升水；若 $I_a<I_b$，则远期外汇汇率贴水。

2.3.4 其他汇率理论

1．国际借贷说

国际借贷说是比较早的汇率理论，在第一次世界大战前甚为流行。该理论认为汇率决定于外汇的供给与需求，而外汇的供求又是由国际借贷所引起的。商品的进出口、债券的买卖、利润与捐赠的收付、旅游支出和资本交易等都会引起国际借贷关系。在国际借贷关系中，只有已进入支付阶段的借贷，即国际收支，才会影响外汇的供求关系。当一国的外汇收入大于外汇支出，即国际收支出现顺差时，外汇的供大于求，因而汇率下降；当国际收支出现逆差时，外汇的需求大于供给，因而汇率上升；如果外汇收支相等，于是汇率处于均衡状态，不会发生变动。由于该学说强调国际收支在汇率决定中的作用，故又被称为“国际收支说”。

把国际收支说作为确定两国汇率的依据，要受到一些条件的限制。首先，两国必须都具备比较发达的外汇市场，国际收支的顺、逆差能够比较真实地反映在外汇市场的供求上；其次，在两国的国际收支都处于均衡状态的条件下，根据该理论就无法确定汇率的实际水平。

2．资产市场说

进入 20 世纪 70 年代以后，工业国家实施了浮动汇率制，欧洲货币市场规模迅速扩大，各国金融政策进一步向自由化转换，国际资本流动量越来越大、流动频率也越来越快。同时，外汇汇率经常出现较大幅度的变动，且不能经常反映各国国际收支的动向，利用传统的国际收支分析法无法解释汇率变动的原因、进而一些经济学家发现人们的资产选择行为与汇率的变化关系密切。资产选择是指投资者调整其有价证券和货币资产，从而选择一套收益和风险对比关系的最佳方案。资产市场说认为各国货币的比价决定于各种外币资产的增减，各种外币资产的增减是由于投资者调整其外币资产的比例关系造成的，这种调整往往引起资金在国际间的大量流动，对汇率将产生很大影响。

资产市场说为汇率普遍浮动时期的汇率波动异常现象提供了一个新的解释，但是把资产市场说作为确定两国汇率的依据，其限制条件更加严格，即要求国内国际金融市场十分发达、短期资本移动对利差变动敏感、资本管制和外汇管制比较松、自由浮动汇率制度普遍实行。

2.4 汇率制度与汇率政策

2.4.1 汇率制度的选择

1. 影响一国汇率制度选择的主要因素

汇率制度的选择是个非常复杂的问题，许多结论在理论界也是存在诸多争议的，因此本书在这里的介绍只是初步的。

影响一国汇率制度选择的主要因素可归结为以下 4 个方面。

(1) 本国经济的结构性特征

如果一国是小国，那么它就较适宜采用固定性较高的汇率制度，因为这种国家一般与少数几个大国的贸易依存度较高。汇率的浮动会给它的国际贸易带来不便，而且其经济内部价格调整的成本较低。相反，如果一国是大国，则一般以实行浮动性较强的汇率制度为宜，因为大国的对外贸易多元化，很难选择一种基准货币实施固定汇率；同时，大国经济内部调整的成本较高，并倾向于追求独立的经济政策。

(2) 特定的政策目的

这方面最突出的例子之一就是固定汇率有利于控制国内的通货膨胀。政府面临高通胀问题时，采用浮动汇率制往往会产生恶性循环。例如，本国高通胀使本国货币不断贬值，本国货币贬值通过成本机制、收入工资机制等因素反过来进一步加剧了本国的通货膨胀。而在固定汇率制下，政府政策的可信性增强，在此基础上的宏观政策调整比较容易收到效果。又如，一国为防止从外国输入通货膨胀而往往选择浮动汇率政策。因为浮动汇率制下一国的货币政策自主权较强，从而赋予了一国抵御通货膨胀于国门之外、同时选择适合本国通胀率的权利。可见，政策意图在汇率制度的选择上也发挥着重要的作用。再如，出口导向型与进口替代型国家对汇率制度的选择也是不一样的。

(3) 地区性经济合作情况

一国与其他国家的经济合作情况也对汇率制度的选择有着重要影响。例如，当两国存在非常密切的贸易往来时，两国间货币保持固定汇率比较有利于相互间经济关系的发展。尤其是在区域内的各个国家，其经济往来的特点往往对它们的汇率制度选择有着非常重要的影响。

(4) 国际、国内经济条件的制约

一国在选择汇率制度时还必须考虑国际条件的制约。例如，在国际资金流动数量非常庞大的背景下，对于一国内部金融市场与外界联系非常紧密的国家来说，如果本国对外汇市场干预的实力因各种条件限制而不是非常强，采用固定性较强的汇率制度的难度无疑是相当大的。

2. 汇率制度的含义及类型

汇率制度又称汇率安排，是指一国货币当局对本国汇率变动的基本方式所做出的一系列安排或规定。按照汇率波动有无平价及汇率波动幅度的大小，可将汇率制度分为固定汇率制度和浮动汇率制度。

（1）固定汇率制度

1）固定汇率制度的含义及分类。固定汇率制度是指两国货币的比价基本固定，实际汇率只能围绕平价在很小的范围内上下波动的汇率制度。如果在外汇市场上两国汇率的波动超过一定幅度，有关国家的货币当局则有义务出来干涉。从历史发展来看，固定汇率制度又分为金本位制度下的固定汇率制度和布雷顿森林体系下的固定汇率制度。

2）不同本位制下的固定汇率制度的特点。不同本位制下的固定汇率制度有其各自的特点。金本位制度下的固定汇率制度，是以各国货币的含金量为基础、汇率的波动受黄金输送点限制的汇率制度。它是典型的固定汇率制度，具有自动恢复到中心汇率的特点。19世纪后期至第一次世界大战前，是金本位制度下的固定汇率制度的全盛时期。此后，随着金本位制度的彻底崩溃，以金本位制度为基础的固定汇率制度也随之消亡。

金本位制度崩溃以后，各国普遍实行了纸币流通制度，货币的发行和流通不再以黄金作为基础。

布雷顿森林体系下的固定汇率制度是依据1944年7月通过的《布雷顿森林协定》建立的以美元和黄金为双本位的国际货币体系。它执行了从1945年下半年至1973年年初近30年的时间，是一种靠制度约束的强制的固定汇率制度。根据规定，各国官方有义务维持按照法定含金量确定的各种货币之间的比价，在波动幅度内保持其相对固定不变。这一固定汇率制度可概括为“双挂钩、一固定、上下限、政府干预”的体系。

- “双挂钩”有两个方面的含义。一是美元与黄金挂钩。根据国际货币基金组织的规定，成员国确认美国规定的35美元兑换1盎司黄金的官价，而美国政府则承担准许外国政府或中央银行按照黄金官价用美元向美国兑换黄金的义务。二是其他国家的货币与美元挂钩。其他各国或规定本国货币的含金量，或直接规定本国货币对美元的汇率。例如，1946年12月18日，1英镑的法定含金量为3.581 34克纯金，而1美元的法定含金量为0.888 671克纯金，则英镑对美元的平价为3.581 34/0.888 671=4.03，即英镑对美元的货币平价为GBP1=USD4.03。
- “一固定”是指本国货币的平价一经国际货币基金组织确认就基本固定，不得随意变动，只有当成员国的国际收支发生根本性不平衡时，才可以变动其货币平价。
- “上下限”是指外汇市场上实际汇率的变动幅度不得超过平价上下各 1%，如英镑对美元的货币平价为 1∶4.03，则外汇市场上英镑对美元汇率波动幅度的上下限为4.03×（1+1%）或4.03×（1−1%），即允许英镑对美元的汇率在3.989 7~4.070 3波动。1971年12月，国际货币基金组织又将实际汇率围绕平价波动的幅度扩大到上下各2.25%。
- “政府干预”是指外汇市场上的实际汇率围绕平价波动，当波动幅度超过规定的界限时，各国政府有义务采用各种干预措施，使汇率的变动幅度控制在平价规定的范围内。

现在也有许多国家实行相对固定的汇率。它们往往将自己的货币与某种货币的比价保持相对固定不变，有的称为钉住汇率制，但对其他的货币则随钉住货币的变动而变动。例如，中国实际实行的是变相的钉住汇率制。

3）固定汇率制度的优缺点。固定汇率制度的优点。固定汇率制度使两国货币比价基本固定，或者汇率的波动范围被限制在一定幅度之内，这便于经营国际贸易、国际信贷与国际投资的经济主体进行成本和利润的核算，使其面临的汇率波动的风险损失较小。

固定汇率制度的缺点。在外汇市场动荡时期，固定汇率制度易于招致国际游资的冲击，引起国际外汇制度的动荡与混乱。当一国国际收支恶化，外汇汇率上涨时，该国为了维持汇率的界限则不得不抛出黄金外汇储备，从而引起黄金的大量流失和外汇储备的急剧缩减。如果黄金外汇储备急剧流失后仍不能平抑汇价，该国最后有可能采取法定贬值的措施。一国法定贬值又会引起与其经济关系密切的国家同时采取贬值措施，从而导致整个汇率制度和货币制度的极度混乱与动荡。

（2）浮动汇率制度

1973 年 2 月，美国宣布不再维持黄金与美元的兑换和美元的再次贬值，这标志着固定汇率制度的崩溃。之后，主要资本主义国家普遍实行浮动汇率制度。1976 年，国际货币基金组织召开的牙买加会议确认了浮动汇率的合法性，从此汇率制度进入多元化时代。

1）浮动汇率制度的含义。浮动汇率制度是指对本国货币与外国货币的比价不加以固定，也不规定汇率波动的界限，而听任外汇市场根据供求关系状况的变化自发决定本币对外币的汇率。外币供过于求，外币汇率就下跌；外币供不应求，外币汇率就上涨。西方国家政府不再承担把汇率维持在某种界限的义务，表面上对外汇市场不加干预。

2）浮动汇率制度的分类。从政府是否对市场汇率进行干预的角度划分，浮动汇率制度可以分为自由浮动和管理浮动两类。

- 自由浮动又称清洁浮动，是指一国政府对汇率不进行任何干预，市场汇率完全听任外汇市场的供求变化而自由波动的汇率浮动方式。由于汇率的波动直接影响一国经济的稳定与发展，各国政府都不愿意听任汇率长期在供求关系的影响下无限制地波动。因此，纯粹的自由浮动只是相对的、暂时的。
- 管理浮动，是指一国政府从本国利益出发对汇率的波动进行不同程度干预的汇率浮动方式。在现行的货币体系下，各国实际上实行的都是管理浮动。

从浮动汇率浮动的形式划分，浮动汇率制度可分为单独浮动和联合浮动两类。

- 单独浮动又称独立浮动，是指一国货币汇率的浮动是单独进行的，不与其他国家的货币汇率发生任何联系。采用这种浮动方式的国家最初主要是发达国家（如美国、日本、加拿大、瑞士等），现在越来越多的新兴工业化国家和发展中国家也选用这一方式。
- 联合浮动，是指某些国家组成集团来实行浮动汇率制度。例如，原欧共体中的一国货币对其外部国家的货币汇率发生一定幅度的波动，则欧共体中的其他国家也会对该外部国家的汇率发生大致相同幅度的波动。

3）浮动汇率制度的优缺点。浮动汇率制度的优点。实行浮动汇率可防止国际游资对某些主要国家货币的冲击，防止外汇储备的大量流失，使货币公开贬值与升值的危机得以避免。从这个角度看，它在一定程度上可保持国家货币制度的相对稳定。

浮动汇率制度的缺点。汇率频繁与剧烈的波动会使进行国际贸易、国际信贷与国际投资等国际经济交易的经济主体难于核算成本和利润，面临较大的汇率波动的风险。同时，浮动汇率制度也为外汇投机提供了土壤和条件，助长了国际金融市场的外汇投机活动。

（3）其他汇率制度

1）爬行钉住制。爬行钉住制是指汇率可以做经常、小幅度调整的固定汇率制度。这一制度有两个特征：首先，实施国负有维持某种平价的义务，这使得它属于固定汇率制这一大类；其次，这一平价可以经常、小幅度地调整，这又使得它与一般的可调整的钉住制相区别，因为后者的平价调整是很偶然的，而且幅度很大。

20世纪60年代，爬行钉住制在国际范围内引起了学术界较为广泛的重视。自那时起，一些国家就采用这一制度，如智利（1965—1970年，1973—1979年）、秘鲁（1976—1977年）等，但国家不多。

2）汇率目标区制。汇率目标区制可分广义和狭义两种。广义的汇率目标区制是泛指将汇率浮动限制在一定区域内的汇率制度；狭义的汇率目标区制是特指美国学者威廉姆森于20世纪80年代初提出的以限制汇率波动范围为核心的，包括中心汇率及变动幅度的确定方法。本书在此分析的主要是广义的汇率目标区制。

汇率目标区制不同于其他类型的汇率制度。从它与管理浮动汇率制的比较看，区别有两点：第一，在目标区中，当局在一定时期内对汇率波动制定出比较确定的区间限制；第二，在目标区中，当局要更为关注汇率变动，必要时要利用货币政策等措施将汇率变动尽可能地限制在目标区内。它与可调整钉住制的主要区别在于，目标区下汇率允许变动的范围更大。

依据目标区区域的幅度、目标区调整的频率、目标区的公开程度及对目标区进行维持的承诺程度，目标区可分为严格的目标区与宽松的目标区两种类型。前者的目标区区域较小、变动极少、目标区域公开，政府负有较大的维持目标区的义务；后者则是目标区区域较大、经常进行调整、目标区域保密。政府只是有限度地将货币政策运用于对汇率目标区的维持。

汇率目标区制在进入20世纪90年代后引起了研究者的特殊兴趣。这是因为，在新形势下，目标区域内的汇率变动具有某些非常重要的特征。下面进行简要介绍。

假定目标区是完全可信的，也就是说交易者确信汇率将永远在目标区以内变动，政府在汇率变动至目标区的上下限时进行干预，经济基本面的变动完全是随机的。那么，当汇率的变动逐渐接近目标区边缘时，交易者将会预期汇率很快做反向调整，重新趋近于中心汇率。这一预期将会产生稳定性作用，汇率的变动在不存在政府干预时也不会超过目标区范围，而是保持在目标区边缘且常常会自动向中心汇率调整。目标区下的市场汇率围绕着中心汇率上下变动，当离开中心汇率至一定程度后便会自发与之趋近，这一情形宛如热恋中的情侣短暂分离一段时间后便会尽可能地抗拒进一步的分离、急于寻求重新相聚，所以称为“蜜月效应”。

汇率目标区下的汇率变动还存在另外一种情况，那就是由于经济基本面向某一方向的变动程度很大，并且已表现为长期的趋势、市场交易者普遍预期汇率目标区的中心汇率将做较大的调整，此时汇率目标区不再具有普遍的可信性。这种情况下，投机发生，市场汇率变动将不再自动倾向于中心汇率。相反，两种力量的较量使此时的汇率变动非常剧烈，而且一般会超过浮动汇率制下的正常汇率变动程度。与前面的分析相对应，这一汇率变动情况正如情侣在长期共同生活中发现爱情已褪去了玫瑰色的光芒，双方存在根本上的性格不合而不再指望将婚姻关系维持下去，一些小事都会使他们大动干戈，所以称为“离婚效应”。

可以看出，汇率目标区制是对汇率制度可信性与灵活性的一种折中，这导致它的汇率变动也具有双重特征。显然，这种双重特征对达成开放经济内外均衡的同时有利也有弊，怎样运用目标区制因而也成为当代国际金融理论与政策讨论的一个热门话题。

3）货币局制。货币局制是指在法律中明确规定本国货币与某一外国可兑换货币保持固定的兑换率，并且对本国货币的发行做特殊限制以保证履行这一法定的汇率制度。货币局制通常要求货币发行必须以一定（通常是百分之百）的该外国货币作为准备金，并且要求在货币流通中始终满足这一准备金要求。这一制度中的货币当局被称为货币局，而不是中央银行。因为在这种制度下，货币发行量的多少不再完全听任货币当局的主观愿望或经济运行的实际状况，而是取决于可用做准备的外币数量的多少，货币当局失去了货币发行的主动权。当然，在货币当局的建立过程中，各国常常会根据具体情况对之进行一定的修改。中国香港特别行政区实行的就是货币局制（联系汇率制）。

国际货币基金组织对汇率制度十分重视，提出了对汇率制度的划分方法。1999 年起，国际货币基金组织将汇率制度细分为如下 8 类。

- 无法定货币的汇率安排。即将另一国货币作为单一法定货币流通，如巴拿马将美元作为法定货币并允许在巴拿马境内自由流通；或属于货币联盟的成员，与联盟中的其他成员共用同一种法定货币，如欧元区统一使用欧元。
- 货币发行局制度。即从法律上隐含地承诺本国货币按固定汇率兑换某种特定的外币，同时限制官方的货币发行，以确保履行法定义务，如阿根廷和中国香港特别行政区。
- 传统的钉住汇率安排。即将货币（公开或实际）按固定汇率钉住一种主要货币或是一揽子货币，汇率围绕中心汇率上下波动幅度不超过 1%，如马来西亚。中国目前由于人民币汇率波动区间较窄，也被划归为此类汇率安排。
- 平行钉住的汇率安排。即货币的价值围绕公开或实际的固定钉住汇率波动，上下波动范围大于 1%，如冰岛。
- 爬行钉住的汇率安排。即按照预先宣布的固定汇率，或者根据若干量化指标的变动，定期小幅调整币值，如尼加拉瓜。
- 爬行区间浮动的汇率安排。即货币在一定范围内围绕中心汇率上下波动，同时根据预先宣布的固定汇率或若干量化指标的变动，定期调整中心汇率，如波兰。
- 无区间的有管理浮动汇率。即货币行政当局在不特别指明、不提前宣布汇率目标的情况下，通过积极干预外汇市场来影响汇率变动，如新加坡。
- 自由浮动的汇率安排，如美国、日本。

2.4.2 复汇率制

1. 复汇率制的概念与分类

（1）复汇率制的概念

复汇率制是指一国实行两种或两种以上汇率的制度。双重汇率制、多重汇率制都属于复汇率制的范畴。

复汇率制是建立在货币兑换管制基础上的。当对货币兑换进行管制时，方式之一是限制货币兑换的数量，方式之二是限制货币兑换的价格，不同情况的兑换适用不同的汇率。所以，复汇率制是实行兑换管制的工具之一，复汇率制的取消也被视为自由兑换的必要条件。

需要注意的是，这里所说的复汇率制不包括外汇管制下外汇黑市上的“市场汇率”与官方汇率并存的现象，而是指外汇管制当局人为地、主动地制定和利用多种汇率，尽管外汇黑市汇率与官方汇率并存实际上也构成复汇率。

（2）复汇率制的分类

复汇率制按其表现形式有公开的和隐蔽的两种。

1）公开的复汇率制。公开的复汇率制就是政府明确公布针对不同交易所适用的不同汇率。例如，可针对经常账户交易和资本与金融账户交易，公布适用前者的贸易及非贸易汇率与适用后者的金融汇率。再如，还可以针对贸易中的进口与出口及其中相应的商品种类来规定不同汇率，如出口采用一种汇率，进口采用另一种汇率；生活必需品进口用一种汇率，奢侈品进口采用另一种汇率。实践中，这种复汇率形式是极其复杂的，有的国家复汇率多达几十种，高低相差几十倍。

2）隐蔽的复汇率制。隐蔽的复汇率的表现形式有许多种。

首先，对出口按商品类别给予不同的财政补贴（或税收减免），或者对进口按类别课以不同的附加税，都将导致不同的实际汇率。

其次，采用影子汇率。影子汇率是指附加在不同种类进出口商品之后的一个不同的折算系数。该系数值的确定除了要考虑该类产品的进出口成本外，还取决于政府的政策意图。例如，某类商品的国内平均单位生产成本是 8 元人民币，国外售价是 1 美元，而官方汇率为 1 美元等于 6 元人民币，则通过官方汇率只能弥补该单位产品的 6 元生产成本。为鼓励出口，就在该类产品的官方汇率之后附加上一个 1.34 的折算系数（$1.34 \times 6 = 8.04$）。这样，当该产品出口后，1 美元的收入便可换到 8.04 元人民币。由于不同种类的进出口商品比例具有不同的影子汇率，故影子汇率构成实际上的复汇率。

最后，一国在已存在官方汇率和市场汇率两种汇率的条件下，对不同企业或不同的出口商品实行不同的收汇留成比例。允许企业将其留成外汇在平行市场或调剂市场上按市场汇率换成本国货币，等于变相地给予补贴。留成比例高的企业得到的变相补贴就多，留成比例低的企业所得变相补贴就少，没有留成的企业就得不到补贴。从表 2-2 中可以知道，有多少留成比例，实际上就有多少种汇率。

表 2-2 外汇留成比例与复汇率的关系

企业	出口收汇	留成比例	按官方汇率$1/￥8 折算的本币收入	按市场汇率$1/￥9 折算的本币收入	本币总收入	实际平均汇率
A	$100	50%	￥400	￥450	￥850	$1/￥8.5
B	$100	20%	￥640	￥180	￥820	$1/￥8.2
C	$100	0	￥800	0	￥800	$1/￥8

2. 复汇率制的利弊

同其他直接管制政策一样，复汇率制对经济的影响也具有两面性。

(1) 复汇率制的作用

1）维持一定数量的国际储备。假定一国实行的是无管制的单一固定汇率制，政府通过外汇市场干预来维持固定汇率。当该国政府执行扩张性货币政策时，为了维持币值，该国对外汇市场实行干预，国际储备将不断减少，为防止国际储备枯竭，该国政府采用复汇率制，并在原有官方外汇市场外设定一个汇率可自由浮动的第二外汇市场。对于各项国际收支交易，只有政府核准的一小部分可在官方外汇市场上以官方汇率交易，其余的都必须在新的市场上进行。这样，对外汇的需求压力就被转移到新的外汇市场上。由于政府的干预，就形成了这一市场上本币汇率贬值却不会带来国际储备减少的效果。

2）隔绝源于外国的冲击。如果一国对经常账户交易采用统一的固定汇率而对资本与金融账户交易采用浮动汇率，就可以通过金融汇率的灵活变动来吸收源于外国的冲击，尤其是源于外国金融市场的冲击。当这一金融汇率的变动不对本国商品市场产生影响时，本国实际部门就可以与外部冲击相隔绝。在国际资金流动问题非常突出的情况下，频繁的、过度的汇率变动会对本国的进出口乃至整个宏观经济产生非常不利的影响。因此，采用复汇率制是一种比较有效的选择。

3）达到商业政策的目的。政府实行复汇率制的重要原因是充分发挥汇率的价格杠杆作用，体现政府对不同交易的不同态度。这表现在两个方面。首先，复汇率制可以针对进出口商品价格弹性的差异进行区别对待，从而改善进出口状况。例如，对于外国需求弹性小的出口品、本国垄断的某种必需品可以实行本币高估的汇率，从而通过出口将负担转嫁到外国消费者身上。再如，对于外国需求弹性大、国际市场上竞争比较激烈的商品，则可以实行本币低估，从而增加出口。其次，复汇率制可以体现国家对特定产业及商品的态度。一国可以利用复汇率制对某些行业或商品的生产给予特殊鼓励，而对另外的某些行业的生产或商品进口予以限制。例如，对生活必需品的进口采用本币高估的汇率，对奢侈品进口采用本币低估的汇率，这样就可以达到抑制奢侈品进口、鼓励必需品进口的目的。

4）实现财政目的。政府可以在不同的外汇市场上以不同的汇率买进或卖出外汇，获得其中的差价，增加财政收入。更为重要的是，复汇率制实际上是一种变相的财政手段，针对某些交易采用不同的汇率实际上意味着政府的征税措施。在单一汇率制下，政府要想达到同等效果，只有通过统一的征税措施才可以实现。如果政府财政收入不足而又希望只对某些交易征税以增加收入，复汇率制就成为优先的选择。

(2) 复汇率制的弊端

1）管理成本较高。汇率种类繁多，势必涉及大量的人力成本。管理人员主观知识上的缺陷、信息不通，都会导致复汇率的错误运用，使经济运行的整体效益下降。

2）扭曲价格。众多的汇率导致众多的价格，使价格关系变得复杂和扭曲。

3）导致不公平竞争。复汇率使不同企业处在不同的竞争地位，不利于公平竞争关系的建立和透明的市场关系的形成。另外，复汇率容易引起国际社会的非议甚至报复，不利于国际经济合作的发展。从世界各国的历史来看，复汇率被采用的频率相当高，但是被中止的频率也相当高。换言之，复汇率被经常性地作为一种权宜之计或过渡措施来加以利用，较少有国家长期地使用某种特定形式的复汇率制度。

2.4.3 人民币汇率制度及货币自由兑换

1. 人民币汇率制度

人民币汇率制度改革分为 4 个阶段：1979—1984 年，人民币经历了从单一汇率到复汇率再到单一汇率的变迁；1985—1993 年，官方牌价与外汇调剂价格并存，向复汇率回归；1994 年，实行有管理的浮动汇率制；2005 年，建立健全以市场供求为基础的、有管理的浮动汇率制度，放弃与美元挂钩，引入参考一篮子货币。2005 年 7 月，中国人民银行宣布人民币从原本紧钉美元的汇率制度，改为参考一篮子货币。所谓参考一篮子货币，是指某一个国家根据贸易与投资密切程度，选择数种主要货币，不同货币设定不同权重后组成一篮子货币，设定浮动范围。

（1）人民币汇率制度的主要内容

自 2005 年 7 月 21 日起，中国开始实行以市场供求为基础、参考一篮子货币进行调节、有管理的浮动汇率制度。本次汇率机制改革的主要内容包括以下 3 个方面。

一是汇率调控的方式。实行以市场供求为基础、参考一篮子货币进行调节、有管理的浮动汇率制度。人民币汇率不再钉住单一美元，而是参考一篮子货币、根据市场供求关系进行浮动。这里的“一篮子货币”是指按照中国对外经济发展的实际情况，选择若干种主要货币，赋予相应的权重，组成一个货币篮子。同时，根据国内外经济金融形势，以市场供求为基础，参考一篮子货币计算人民币多边汇率指数的变化，对人民币汇率进行管理和调节，维护人民币汇率在合理均衡水平上的基本稳定。

二是中间价的确定和日浮动区间。中国人民银行于每个工作日闭市后公布当日银行间外汇市场美元等交易货币对人民币汇率的收盘价，作为下一个工作日该货币对人民币交易的中间价格。现阶段，每日银行间外汇市场美元对人民币的交易价仍在人民银行公布的美元交易中间价 0.3%的幅度内浮动，非美元货币对人民币的交易价在中国人民银行公布的该货币交易中间价 3%的幅度内浮动。

三是起始汇率的调整。2005 年 7 月 21 日 19 时，美元对人民币交易价格调整为 1 美元兑 8.11 元人民币，作为次日银行间外汇市场上外汇指定银行间交易的中间价，外汇指定银行可自此时起调整对客户的挂牌汇价。这是一次性地小幅升值 2%，并不是指人民币汇率第一步调整 2%，事后还会有进一步的调整。因为人民币汇率制度改革重在人民币汇率形成机制的改革，而非人民币汇率水平在数量上的增减。2006 年 1 月 4 日起，中国又进行人民币汇率形成机制改革，除在银行间即期外汇市场保留竞价撮合交易方式外，还引入了询价交易定价方式和做市商制度。这具体包括以下内容：中国人民银行授权中国外汇交易中心于每个工作日上午 9 点 15 分公布当日人民币对美元、欧元、日元和港元的外汇中间价；人民币对美元汇率中间价的形成方式将由此前根据银行间外汇市场以撮合方式产生的收盘价确定，改为由中国外汇交易中心于每日银行间外汇市场开盘前，向所有银行间外汇市场做市商询价，并将全部做市商报价去掉最高价和最低价后，作为人民币兑美元汇率中间价的计算样本，进行加权平均计算出当日人民币对美元汇率中间价，加权的权重值由中国外汇交易中心根据报价方在银行间外汇市场的交易量及报价情况等指标综合而定；人民币对欧元、日元和港元汇率的中间价，由中国外汇交易中心分别根据当日人民币对美元汇率中间价与当日上午 9 时国际外汇市场欧元、日元和港元对美元的汇率套算而定。2005 年 11 月，建立银行间做市商制度，规定银行间外汇市场的做市商可在银行间即期竞价和询价外汇市场上，以不超过规定浮动幅度的价格连续对人民币与世界主要交易货币的买卖双向报价，并按报价与交易对手议成成交价。

人民币汇率的决定因素主要是外汇市场的供求关系。中国人民银行根据前一日全国银行间外汇交易市场形成的外汇收盘价，参照国际金融市场上西方主要货币汇率的变动情况，每日公布人民币对美元及其他主要货币的汇率。各外汇指定银行和经营外汇业务的其他金融机构以此为依据，在中国人民银行规定的浮动范围内自行确定挂牌汇率，对客户买卖外汇。为保持各银行挂牌汇率的基本一致和相对稳定，中国人民银行通过银行间外汇交易市场相机买卖外汇来实施公开市场业务操作。

人民币对林吉特、卢布汇率中间价采取间接标价法，即 100 元人民币折合多少林吉特、卢布。目前人民币对 20 种外币定有汇率，分别是美元（USD）、港元（HKD）、日元（JPY）、欧元（EUR）、英镑（GBP）、瑞士法郎（CHF）、加拿大元（CAD）、澳大利亚元（AUD）、新加坡元（SGD）、丹麦克朗（DKK）、挪威克朗（NOK）、瑞典克朗（SEK）、澳门元（MOP）、新西兰元（NZD）、韩元（KRW）、卢布（RUB）、林吉特（MYR）、南非兰特（ZAR）、菲律宾比索（PHP）、泰国铢（THB）。

中国人民银行宣布，2012 年 4 月 16 日起，银行间即期外汇市场人民币兑美元汇率浮动幅度由 5‰放宽至 1%，外汇指定银行为客户提供当日美元最高现汇卖出价与最低现汇买入价之差不得超过当日汇率中间价的幅度由 1%扩大至 2%。

外汇指定银行对对外挂牌的同一外币汇价实行买卖的双档价，即标出银行买入价和卖出价，买卖差价为 5‰；此外，还挂有外币现钞买卖价，外汇银行买入外币现钞价一般比买入外汇价低，外币现钞卖出价与外汇卖出价相同。

为了适应对外贸易中使用人民币计价结算的需要，中国银行于 1971 年开始增加了远期人民币买卖业务，并规定可用 15 种外币向中国银行办理远期人民币买卖业务。远期人民币买卖汇价不用升水、贴水和平价表示，而是按即期汇率加收一定比例的远期费办理。

（2）人民币汇率改革的目标

中国经济体制改革的长远目标是建立社会主义市场经济体系。市场经济机制运行要求建立一个自由、开放的外汇市场来实现外汇资源的有效配置，客观上要求取消外汇管制，实现人民币的完全可自由兑换，这也是人民币汇率改革的长远目标。货币的完全可自由兑换包括经常项目和资本项目下的自由兑换两个部分。

通过 1994 年以来外汇体制改革的一系列举措，中国已于 1996 年 12 月 1 日起，接受《国际货币基金组织协定》第八条规定的义务，实现了人民币经常项目下的可兑换，但对资本账户下的外汇收支仍实行比较严格的管制。因此，人民币还不是完全可自由兑换货币。当前世界经济、金融发展的主潮流是经济一体化和金融自由化，中国加入世界贸易组织后，经济体制逐步与国际接轨，对外开放进入一个新的阶段，对人民币资本项目可兑换提出了更高的要求。根据《中共中央关于建立社会主义市场经济体制若干问题的决议》提出的要"逐步使人民币成为可兑换货币"的精神，人民币汇率改革下一步的重点是在完善改革成果的基础上，逐步放松资本项目管制，最终实现包括资本项目可兑换在内的人民币自由兑换。

但资本项目可兑换有利也有弊。从发达资本主义国家的历史经验看，货币的自由兑换往往要经历数十年的过程，它们都是首先实现经常项目可兑换，同时完善资本项目的管理，最终在时机成熟后实现货币的完全可兑换。因此，人民币完全自由兑换目标的实现将是一个较长的过程。

知识拓展

人民币国际使用的政策框架

2009年以来，经国务院批准，人民银行逐步取消人民币用于跨境交易计价结算的限制，基本建立了人民币国际使用的政策框架，有力地促进了贸易投资便利化。

1．经常项目跨境人民币业务政策

2009年7月，跨境贸易人民币结算试点从上海市和广东省四城市（广州、深圳、珠海、东莞）起步。经2010年6月和2011年8月两次扩大试点，跨境贸易人民币结算境内地域范围扩大至全国，业务范围涵盖货物贸易、服务贸易和其他经常项目，境外地域范围没有限制。2012年6月起，境内所有从事货物贸易、服务贸易及其他经常项目的企业均可选择以人民币进行计价结算。2013年7月，经常项目跨境人民币结算业务办理流程进一步简化，相关业务办理效率切实提高。2013年12月，人民币购售业务由额度管理调整为宏观审慎管理，有力地支持了货物贸易人民币结算业务发展。2014年3月，人民银行会同相关部委下放了出口货物贸易重点监管企业名单审核权限，简化了管理流程。2014年6月，全国范围内开始开展个人货物贸易、服务贸易跨境人民币结算业务，支持银行业金融机构与支付机构合作开展跨境人民币结算业务。2014年11月，跨国企业集团开展经常项目跨境人民币集中收付业务。

2．资本项目跨境人民币业务政策

直接投资人民币结算。2011年1月，境内机构可以使用人民币进行对外直接投资。2011年10月，境外投资者可以使用人民币到境内开展直接投资。2013年9月，境外投资者可以使用人民币在境内设立、并购和参股金融机构。2014年6月，直接投资跨境人民币结算业务办理流程进一步简化。2014年11月，符合一定条件的跨国企业集团可以开展跨境双向人民币资金池业务。

人民币跨境融资。2011年10月，境内银行可以开展境外项目人民币贷款业务。2013年7月，境内银行可以开展跨境人民币贸易融资资产跨境转让业务，境内非金融机构可以开展人民币境外放款业务和对外提供人民币担保，放宽境内代理行对境外参加行的人民币账户融资期限和限额。2014年9月，明确境外非金融企业在境内银行间债券市场发行人民币债务融资工具的跨境人民币结算政策。

人民币证券投资。2010 年 8 月，境外中央银行或货币当局、境外人民币清算行和境外参加行等境外机构可以进入银行间债券市场投资。2011 年 12 月，人民币合格境外机构投资者（RQFII）制度出台，规定符合一定条件的境内基金管理公司和证券公司的香港子公司可以运用其在香港募集的人民币资金在经批准的投资额度内开展境内证券投资业务。2013 年 3 月，人民银行、证监会、外汇局修订 RQFII 试点办法，扩大试点机构范围，放宽投资比例限制。2014 年 11 月，人民币合格境内机构投资者（RQDII）制度出台，规定合格的境内机构投资者可以运用来自境内的人民币资金投资境外金融市场的人民币计价产品。同月，沪港股票市场交易互联互通机制正式启动，两地投资者可以买卖在对方交易所上市的股票。2015 年 5 月，已获准进入银行间债券市场的境外人民币清算行和境外参加行可以开展债券回购交易。

2．货币自由兑换

(1) 货币自由兑换的基本概念与分类

本国货币的自由兑换是指在外汇市场上能自由地用本国货币购买（兑换）某种外国货币，或者用某种外国货币购买（兑换）本国货币。现实生活中，大多数国家对上述自由兑换行为进行了一定的限制，从而形成了不同含义的货币自由兑换。

按产生货币兑换需要的国际间经济交易的性质划分，货币自由兑换可以分为经常账户下的自由兑换和资本与金融账户下的自由兑换两种。

经常账户下的自由兑换是指对经常账户外汇支付和转移的汇兑实行无限制的兑换。《国际货币基金组织章程》第八条第二、三、四款规定，凡是能对经常性支付不加限制、不实行歧视性货币措施或多重汇率、能够兑付外国持有的在经常性交易中所取得的本国货币的国家，该国货币就是可自由兑换货币。这一经常性支付的含义为：① 所有与对外贸易、其他经常性业务、包括服务在内及正常的短期银行信贷业务有关的对外支付；② 应付的贷款利息和其他投资收入；③ 数额不大的偿还贷款本金或摊提直接投资折旧的支付；④ 数额不大的家庭生活费用汇款。可见，国际货币基金组织此处所指的自由兑换实际上是经常账户下的货币自由兑换，因此实现了经常账户下货币自由兑换的国家又被称为“第八条款国”。根据国际货币基金组织统计，在基金组织的 182 个成员中，已有 148 个国家和地区接受了第八条，实现了经常账户下的自由兑换。

需要指出的是，《国际货币基金组织章程》第八条对会员国在商品贸易方面所实行的限制并没有约束力，虽然对进口所实行的数量限制会对收支产生间接的限制作用，但对贸易的限制并不构成第八条所指的对支付的限制。因为对贸易的限制是为了国际收支目的而采取的，虽然贸易管制和汇兑管制都属于外汇管制的范畴，但两者的直接作用对象不同，因而贸易自由与兑换自由是两个不同的概念。例如，贸易进口受进口许可证的限制，只要企业在取得许可证等有关证明材料后能合法购得外汇或对外进行支付，就不构成兑换限制；另外，不允许施加兑换限制仅仅针对付款行为而不针对收款行为，因此国际货币基金组织的条款并不排除强迫居民将外汇收入结售给国家的可能。

资本与金融账户下的自由兑换是指对资本流入和流出的兑换均无限制。第二次世界大战后初期，各国都对资金流动实施了严格的控制。随着经济的发展，一些发达国家逐步取消了对资本与金融账户的管制，国际资金的流动迅速带来了金融市场的全球一体化，这一趋势的发展又呼唤着各国对资本与金融账户管制的进一步放松。在 1997 年的中国香港年会上，国际货币基金组织就确定了将以推动各国实行资本与金融账户下的自由兑换为今后的目标。

但是，资本与金融账户兑换比经常账户兑换难得多。根据国际货币基金组织的《汇率安排与外汇管制：1997 年年报》，128 个成员对资本市场交易实行限制，112 个成员对货币市场交易实行限制，144 个成员对直接投资实行限制，并且有许多成员对一部分或全部资本与金融账户交易使用歧视性汇率。实行资本与金融账户自由兑换的成员中，绝大多数是工业化国家，发展中国家和地区所占比例很少。经过 3 年的调整，这种情况并没有发生实质性的变化。

根据进行货币兑换的主体，自由兑换可分为企业用汇的自由兑换和个人用汇的自由兑换。一般来说，企业用汇的自由兑换比个人用汇的自由兑换更容易实现。另外，个人用汇的自由兑换中还存在着一种内部自由兑换，即本国居民可以自由买卖外汇，但个人所买得的外汇只准存在该国境内的银行，不能汇往国外，也不能用于对外支付。

一国货币要实现完全自由兑换，一般来说，要经历经常项目的有条件兑换、经常项目自由兑换、经常项目自由兑换加上资本与金融项目的有条件兑换、经常项目自由兑换加上资本与金融项目自由兑换这样几个阶段。

（2）货币自由兑换的条件

概括地讲，一国货币能成功地实行自由兑换（特别是资本与金融账户下的自由兑换），应基本达到以下 4 个条件。

1）健康的宏观经济状况。货币自由兑换后，商品与资本的跨国流动会对宏观经济形成各种形式的冲击。这就要求宏观经济不仅在自由兑换前保持稳定，还应具有自由兑换后能对各种冲击进行及时调整的能力。一国宏观经济情况是否健康，可以从如下 3 个方面考察。

第一，稳定的宏观经济形势，既没有严重通货膨胀等经济过热现象，也不存在大量失业等经济萧条问题。政府的财政赤字处于可控制的范围内，金融领域不存在银行巨额不良资产、乱集资等混乱现象。实现货币自由兑换前后相当长的一段时期内，宏观经济必须保持这样的稳定，并从制度上建立起防止产生各种经济不稳定状况的制约机制。

第二，有效的经济自发调节机制，即市场机制。经济自发调节机制的有效与否取决于市场的发育程度，一般要求一国具有一体化的、有深度的、有效率的市场体系。具体而言，市场上的价格应能充分反映真实供求状况，不存在扭曲因素，能对市场上各种因素的变动做出灵敏的、及时的反应；能与国际市场上的价格状况保持某种一致，不会产生过大的差异；同时，市场参与者是理性的。

第三，成熟的宏观调控能力。在货币自由兑换的进程中及其实现之后，政府必须能娴熟地运用各种宏观政策工具对经济进行调控，有效地应付各种复杂的局面。

2）健全的微观经济主体。宏观经济状况是以微观经济主体的状况为前提的，而且从长远看取决于后者。一国的微观经济主体主要是企业（包括金融企业），在一国实现货币自由兑换后，企业将面临非常激烈的来自国外同类企业的竞争，它们的生存与发展状况直接决定了货币自由兑换的可行性。因此，对微观经济主体的塑造也是极为重要的。

从一般企业来看，对它的要求体现在制度与技术两个方面，两者之间相互联系。从制度上看，要求企业是真正的自负盈亏、自我约束的利益主体，能够对价格变动做出及时反应；从技术上看，要求企业具有较高的劳动生产率，其产品在国际范围内具有一定的竞争力，可以防止因企业的竞争力低下而恶化国际收支。

一国商业银行的经营状况对实现资本与金融账户下自由兑换的意义也很重大。一国商业银行应该经营状况良好、资本充足、不良资产控制在一定限度内。否则，在资本与金融账户自由兑换后，存在着大量不良资产的银行会通过向国外借款以维持运转，这极易造成一国因对外过度借贷而引起外债偿付困难。更为严重的是，在国外金融机构可以与本国金融机构开展竞争的情况下，本国银行的不良资产将会诱使居民将存款大量提出并转存到国外银行，这将加剧本国商业银行经营状况的恶化。上述情况极易使一国出现债务危机、货币危机等一系列问题，从而构成货币自由兑换的巨大障碍。

3）合理的经济结构和国际收支的可维持性。从货币自由兑换的条件来看，合理的经济结构主要体现为国际收支的可维持性。在货币自由兑换后，政府很难以直接管制的方式强有力地控制各种国际间的经济交易，因此国际收支的可维持性问题格外突出。国际收支结构可维持性的要求之一是消除外汇短缺，即实现外汇收支在趋势上的大体平衡，尤其是要将经常账户中的外汇短缺基本解除，否则在资本与金融账户开放后，经济意义上的外汇短缺将转化为统计意义上的收支失衡，导致持续的经常账户赤字及外汇债务的上升，有的情况下还会演变为资本逃避。国际收支可维持性的要求之二是政府具有充足的国际融资能力或国际储备。因为在货币自由兑换后，一国将面临国际资金流动，尤其是短期投机资金的频繁冲击，如果不拥有及时从国际金融市场上获取大量资金的能力，势必要求持有相当数量的国际储备以维持外汇市场的稳定。

4）恰当的汇率制度与汇率水平。汇率水平恰当不仅是货币自由兑换的前提，也是货币自由兑换后保持汇率稳定的重要条件。在货币自由兑换的条件下，汇率的高估和低估极易引起投机，从而破坏宏观经济和金融市场的稳定。而汇率水平能否经常保持恰当则是与汇率制度分不开的。一般来说，在资本可以自由流动时，选择具有更多浮动汇率特征的汇率制度更为合适。

总来体说，一国货币的自由兑换，特别是资本与金融账户下的自由兑换，与该国的经济发展水平有着直接联系，货币自由兑换是各国共同努力的方向。

知识拓展

中国人民银行和其他中央银行或货币当局双边本币互换一览表

（截至2016年3月）

序号	国　别	协议签署时间	互换规模	期限
1	韩国	2009.4.20	1 800亿元人民币/38万亿韩元	3年
		2011.10.26（续签）	3 600亿元人民币/64万亿韩元（续签）	
		2014.10.11（续签）	3 600亿元人民币/64万亿韩元（续签）	

续表

序号	国别	协议签署时间	互换规模	期限
2	中国香港	2009.1.20	2 000 亿元人民币/2 270 亿港元	3 年
		2011.11.22（续签）	4 000 亿元人民币/4 900 亿港元（续签）	
		2014.11.22（续签）	4 000 亿元人民币/5 050 亿港元（续签）	
3	马来西亚	2009.2.8	800 亿元人民币/400 亿马来西亚林吉特	3 年
		2012.2.8（续签）	1 800 亿元人民币/900 亿马来西亚林吉特（续签）	
		2015.4.17（续签）	1 800 亿元人民币/900 亿马来西亚林吉特（续签）	
4	白俄罗斯	2009.3.11	200 亿元人民币/8 万亿白俄罗斯卢布	3 年
		2015.5.10（续签）	70 亿元人民币/16 万亿白俄罗斯卢布（续签）	
5	印度尼西亚	2009.3.23	1 000 亿元人民币/175 万亿印度尼西亚卢比	3 年
		2013.10.1（续签）	1 000 亿元人民币/175 万亿印度尼西亚卢比（续签）	
6	阿根廷	2009.4.2	700 亿元人民币/380 亿阿根廷比索	3 年
		2014.7.18（续签）	700 亿元人民币/900 亿阿根廷比索（续签）	
7	冰岛	2010.6.9	35 亿元人民币/660 亿冰岛克郎	3 年
		2013.9.11（续签）	35 亿元人民币/660 亿冰岛克郎（续签）	
8	新加坡	2010.7.23	1 500 亿元人民币/300 亿新加坡元	3 年
		2013.3.7（续签）	3 000 亿元人民币/600 亿新加坡元（续签）	
9	新西兰	2011.4.18	250 亿元人民币/50 亿新西兰元	3 年
		2014.4.25（续签）		
10	乌兹别克斯坦（已失效）	2011.4.19	7 亿元人民币/167 0 亿乌兹别克苏姆	3 年
11	蒙古国	2011.5.6	50 亿元人民币/1 万亿蒙古图格里克	3 年
			100 亿元人民币/2 万亿蒙古图格里克（扩大）	
		2014.8.21（续签）	150 亿元人民币/4.5 万亿蒙古图格里克（续签）	
12	哈萨克斯坦	2011.6.13	70 亿元人民币/1 500 亿哈萨克坚戈	3 年
		2014.12.14（续签）	70 亿元人民币/2 000 亿哈萨克坚戈	
13	泰国	2011.12.22	700 亿元人民币/3 200 亿泰铢	3 年
		2014.12.22（续签）	700 亿元人民币/3 700 亿泰铢	
14	巴基斯坦	2011.12.23	100 亿元人民币/1 400 亿巴基斯坦卢比	3 年
		2014.12.23（续签）	100 亿元人民币/1 650 亿巴基斯坦卢比（续签）	
15	阿联酋	2012.1.17	350 亿元人民币/200 亿阿联酋迪拉姆	3 年
		2015.12.14（续签）	350 亿元人民币/200 亿阿联酋迪拉姆	
16	土耳其	2012.2.21	100 亿元人民币/30 亿土耳其里拉	3 年
		2015.9.26（续签）	120 亿元人民币/50 亿土耳其里拉（续签）	
17	澳大利亚	2012.3.22	2 000 亿元人民币/300 亿澳大利亚元	3 年
		2015.3.30（续签）	2 000 亿元人民币/400 亿澳大利亚元（续签）	
18	乌克兰	2012.6.26	150 亿元人民币/190 亿乌克兰格里夫纳	3 年
		2015.5.15（续签）	150 亿元人民币/540 亿乌克兰格里夫纳（续签）	
19	巴西（已失效）	2013.3.26	1 900 亿元人民币/600 亿巴西雷亚尔	3 年
20	英国	2013.6.22	2 000 亿元人民币/200 亿英镑	3 年
		2015.10.20（续签）	3 500 亿元人民币/350 亿英镑（续签）	

续表

序号	国　别	协议签署时间	互换规模	期限
21	匈牙利	2013.9.9	100 亿元人民币/3 750 亿匈牙利福林	3 年
22	阿尔巴尼亚	2013.9.12	20 亿元人民币/358 亿阿尔巴尼亚列克	3 年
23	欧央行	2013.10.8	3 500 亿元人民币/450 亿欧元	3 年
24	瑞士	2014.7.21	1 500 亿元人民币/210 亿瑞士法郎	3 年
25	斯里兰卡	2014.9.16	100 亿元人民币/2 250 亿斯里兰卡卢比	3 年
26	俄罗斯	2014.10.13	1 500 亿元人民币/8150 亿卢布	3 年
27	卡塔尔	2014.11.3	350 亿元人民币/208 亿元里亚尔	3 年
28	加拿大	2014.11.8	2 000 亿元人民币/300 亿加元	3 年
29	苏里南	2015.3.18	10 亿元人民币/5.2 亿苏里南元	3 年
30	亚美尼亚	2015.3.25	10 亿元人民币/770 亿德拉姆	3 年
31	南非	2015.4.10	300 亿元人民币/540 亿南非兰特	3 年
32	智利	2015.5.25	220 亿元人民币/22 000 亿智利比索	3 年
33	塔吉克斯坦	2015.9.3	30 亿元人民币/30 亿索摩尼	3 年
总金额			33 142 亿元人民币	

资料来源：中国人民银行网站：中国人民银行/货币政策二司/人民币国际化 http://www.pbc.gov.cn/huobizhengceersi/214481/214511/index.html。

2.5　外汇管制

2.5.1　外汇管制的概念、目的、机构与对象

1. 外汇管制的概念

外汇管制也称外汇管理，是指一个国家或地区通过法律、法令、条例等形式对外汇资金的收入和支出、汇入和汇出、本币与外币的兑换方式及兑换比例进行干预和控制。

根据国际货币基金组织的有关文件，外汇管制的概念有狭义和广义之分。狭义的外汇管制是指一国政府对居民从国外购买经常项目下的商品或劳务所需外汇的支付或拨付转移，利用各种手段加以限制、阻碍或推迟。广义的外汇管制是指一国政府对居民和非居民的外汇获取、持有、使用及在国际支付或转移中使用本币或外币所采取的管制措施与政策规定。

2. 外汇管制的目的

各国经济条件不同，实施外汇管制的目的也不同。即使同一个国家，在不同经济时期实行外汇管制的目的也会有所不同。但具体分析起来，下述几种目的基本上是一致的。

1）动员、积累和统一分配外汇资金。资本主义国家在战争、政局动荡、经济危机时期，发展中国家在经济恢复、发展时期，一般采取由政府统一管理外汇的措施，以便将有限的外汇资金集中由国家分配使用，防止资金外逃。

2）奖出限入、改善国际收支。一般国家都通过各种措施鼓励本国商品和劳务的出口，限制外国商品和劳务的进口。目的是促进进口替代品的生产，增加外汇收入，减少外汇支付以改善国际收支状况，增强本国的出口竞争能力。

3）稳定汇率、控制外汇行市。通过外汇管制，抑制国际游资对本国经济的冲击，同时

政府可操纵汇率，使其保持在对本国经济有利的水平上。

4）保护民族工业的发展。采取关税和非关税等保护性政策以促进本国新兴工业部门生产的发展和扩大就业，同时鼓励这些部门进口所需的材料、设备，以加快整个经济的发展。

5）稳定物价。通过放松或加强外汇管制，可以扩大或减少进口，调节国内市场的供需，起到稳定物价的作用。

3. 外汇管制机构

实行外汇管制的国家，一般都是由政府授权中央银行作为外汇管制机关。意大利专设了外汇管理局负责外汇管制工作；英国政府指定财政部为决定外汇政策的权力机关，而英格兰银行是代表财政部执行外汇管制的行政管理部门；日本由大藏省负责外汇管制工作；中国则是由外汇管理局负责外汇管理工作。

4. 外汇管制的对象

外汇管制的对象包括对人、对物、对地区、对行业和对国别5种。

1）对人的管制，包括法人和自然人。人按居住地或营业地区的不同可划分为居民和非居民。一般来讲，对居民的管理较严，对非居民的管理较松。

2）对物的管制，即外汇管制的资产财物。其中包括外币、支付工具（如汇票、期票、支票、旅行支票与旅行信用证）、有价证券（如股票债券等）。对黄金、白银等贵金属及本国货币的输出、输入的管制，也属于对物的管制。

3）对地区的管制，是指对本国不同地区实行不同的管制。一般对保税区、经济特区、开发区等实行较松的管制。

4）对行业的管制，是指对不同的行业实行不同的管制。比如，中国对传统的出口行业采取较严的管理，对高新技术和重工业出口采取相对优惠的政策；对高新技术和人民生活必需品的进口采取比较优惠的政策，对非生活必需品或高耗能或不利于生态环境保护的产品进口采取较严的管理政策。

5）对国别的管制，是指针对不同的国家或地区采取不同的管制方法。

2.5.2 外汇管制的内容、方法与范围

1. 外汇管制的内容

(1) 外汇资金收入与运用管制

收入指贸易出口、非贸易出口和资本输入引起的外汇收入。通常对贸易和非贸易的管制较松，对资本输入的管制较严。

对贸易和非贸易出口收汇管制的主要内容是，规定出口商必须按全部或一部分出口贸易所得的外汇收入，按官方汇率结售给政府或政府指定的银行以保证出口收汇的集中。

对资本输入的管制，主要是区别对待短期资本和长期资本。各国对短期资本的输入均采取比较严厉的管制措施。对长期资本输入实施期限结构、投入方向等限定条件方面的管制，避免还款期限太过集中、投资方向不符合本国经济发展的情况。

对外汇资金运用的管制，主要是对贸易和非贸易的进口付汇和资本输出用汇的管制。经济欠发达国家大都实行比较严格的用汇管制。尤其在资本输出管制方面，发展中国家大都实行严格的管制，一般不允许个人和企业自由输出（或汇出）外汇资金。一般来讲，实

行计划经济体制的国家和经济欠发达国家，出口创汇能力低下，外汇资金短缺，国内外价格体系严重脱节，为了集中分配、使用有限的外汇资金，这些国家大都实行较严格的外汇管制。但是，近年来随着区域经济一体化和贸易集团化趋势的出现，不少发展中国家逐步放松了用汇管制，积极向海外投资，以期带动本国出口的增长。

(2) 货币兑换管制

对外汇资金收入与运用的管制是以货币兑换管制为前提的。如果一国货币可自由兑换和划拨，则难以实施对外汇资金收入与运用的管制。因此，货币兑换管制是外汇管制的最基本、最主要的内容。实施货币兑换管制主要基于以下几方面的原因：一是外汇资金短缺；二是金融秩序混乱或失控；三是国内外经济体制不同；四是国内外价格体系存在较大差异。

(3) 汇率管制

汇率管制涉及汇率水平、汇率种类和汇率制度3个方面的内容。

汇率水平管制是对本国货币与外国货币的比价水平进行的管制，包括比价水平的确定和调整。

汇率种类管制是指实行单一汇率制或实行复汇率制。实行严格的外汇管制的国家，必然存在复汇率。

汇率制度管制是指采用浮动汇率制、固定汇率制还是介于两者之间的其他某种汇率制度，如有管理的浮动汇率、爬行钉住的汇率制度、较大波动幅度的固定汇率制等。在现实世界各国，完全浮动或完全固定的汇率制度是没有的，多数国家实行有管理的浮动汇率制度。

2. 外汇管制的方法

(1) 直接管制

直接管制是指对外汇交易和汇率实行直接的干预和控制。按照实行方式，直接管制又可分为行政管制、数量管制和成本管制3种类型。

1）行政管制。行政管制是政府以行政手段对外汇买卖、外汇资产、外汇资金来源和运用实行监督与控制，如政府垄断外汇买卖、管制外汇资产、管制进出口外汇和控制资本输出、输入等。

2）数量管制。数量管制是政府对外汇收支进行数量调节和控制，如对贸易外汇买卖实行外汇配额制、外汇分成制、外汇结售证制和对非贸易外汇实行限额制等。

3）成本管制。成本管制也称价格管制，是指通过调整汇率来影响外汇供求关系。它是运用经济手段对外汇收支进行管制的，如实行复汇率制等。

(2) 间接管制

间接管制是通过对国际收支经常项目和资本项目的控制，从而影响外汇收支，稳定汇率。其主要方式是对进出口贸易外汇的管制，对资本输出、输入的管制，以及对黄金、现钞输出、输入的管制。

3. 外汇管制的范围

实行外汇管制的国家一般对贸易外汇收支、非贸易外汇收支、资本输出和输入、汇率、银行账户存款，以及黄金、现钞输出和输入等分别采取一定的管制措施。

（1）对贸易外汇的管制

贸易收支在国际收支的经常项目中占有很大比重，而且是关系到一国国际收支平衡状况的关键性项目，所以它往往是管制的重点。

1）对出口外汇的管制。实行外汇管制的国家，出口商需向外汇管制机构申报出口价格、金额、结算货币、收汇方式和期限。如前所述，出口收取的外汇需按官价结售给指定的外汇银行，以防止隐匿出口外汇收入和本国资金外逃，保证国家集中外汇收入，统一使用。有的国家为了鼓励出口，实行出口收汇分成制度，企业留成外汇可用于进口支付或在自由市场高价出售。有的国家把结售出口收汇和颁发出口许可证两项措施结合进行。

国际货币基金组织要求会员国不得对经常项目进行管制。有些国家则采取变相的办法，隐蔽地提高出口外汇收入的结售价，以此达到在经常项目上奖出限入的目的。比如，由政府出面对某些出口商给予现款补贴、对农产品出口的国内外差价损失由政府给予补贴、对出口收入给予税收优惠、以优惠利率贴现出口商的汇票、对某些商品出口另给外汇补助、由政府机构承保汇率风险等。

2）对进口外汇的管制。规定进口所需外汇，需向外汇管制机构申请，经批准后由外汇指定银行办理售汇。有的国家的进口外汇的批准手续与颁发进口许可证结合进行。为限制某些商品进口，减少外汇支出，同时实行限量进口、征收进口税和附加税、进口预存保证金、规定进口支付条件、实行国家对某些进口产品的专营等措施。

（2）对非贸易外汇的管制

非贸易外汇收支包括：与贸易收支有关的运输、保险、佣金；与资本输出、输入有关的股利、利息、专利费、许可证费、特许权费及技术劳务费等收支；与文化交流有关的版权、稿费、奖学金、留学生费用等收支；与外交有关的驻外机构的经费收支及旅游费用和赡家汇款外汇收支。有的国家对个人所需的费用（如差旅费、留学生费用等），规定了一定的限额，在限额以内由指定银行直接供给外汇；对对外贸易的从属费用（如运费、保险费、佣金等），基本上按贸易外汇管制条件处理，一般无须通过审批手续即可由指定银行供给外汇。各国根据其国际收支状况，往往在不同时期实行宽严不同的非贸易外汇管制。比较而言，主要西方国家的非贸易外汇管制较松，而发展中国家则偏严。近年来，发展中国家对技术进口的费用支出与外汇投资收入的汇出等方面都有放松的倾向，对旅游方面的外汇管制也进行了调整。

（3）对资本输出和输入的管制

各国都重视对资本输出和输入的管制，但由于各自情况不同，决定了它们对资本输出和输入管制的目的、要求和措施也不同。

发展中国家常常把输入资本作为发展本国经济的一项资金来源。它们根据本国外汇收支的具体情况，对资本输入时而采取放宽、时而采取控制的政策。较常采取的措施包括：规定输入资本的额度、期限与投资方向；从国外借款，需按一定比例并规定一定期限存放在管汇银行；银行从国外借款不能超过其资本和准备金的一定比例；规定借款部门的利率和附加利率的水平；规定接受外国投资的最低额度。

进入20世纪80年代后，由于国际金融市场放松了管制，对资本流动赋税课征的办法有所改进，融资工具不断创新，国际资本市场一体化与竞争性增强，发达国家普遍放松了对资本流动的管制，以促进资本外流，抵销经常账户的巨额顺差，增强本国金融市场的竞争力。

（4）对汇率的管制

对汇率的管制措施主要有以下两种。

1）运用外汇平准基金干预外汇市场。近几年来，西方主要国家频繁地联合干预外汇市场以稳定货币汇率，主要方法是由中央银行进入外汇市场，通过买卖外汇制止货币汇率的急剧波动。

2）实行复汇率制。一个国家的货币对外汇率存在两个或两个以上的汇率，即除了官方市场和官定汇率外，还存在着自由市场与市场汇率。这是因为指定银行按官方汇率出售的外汇数额有限，并且把外汇主要分配给与国家有关的大企业集团，一般企业需要的外汇得不到满足，常常要出高价到自由市场去购买。另外，出口商或其他外汇持有者为了获得更多的收入，尽力逃避官定汇率，把自己的外汇收入结售给指定银行，尽可能在自由市场按自由汇率出售。官定汇率一般都高估了本国货币的价值，而自由汇率反映了本国货币的实际价值，两者同时并存的局面即复汇率的初级形式，这是价值规律发挥作用的结果。实行外汇管制的国家还对此主动地加以利用。复汇率制的具体形式有法定差汇率、外汇转移证制度、官定汇率与市场汇率混合使用等。

复汇率制是一种损人利己的汇率制度，必然遭到他国的抵制和报复。国际货币基金组织规定不允许其成员国实行复汇率制。现在总的趋势是，大多数国家已经取消或努力创造条件逐步取消复汇率制。

（5）对银行账户存款的管制

国际结算大多是通过银行存款账户的划转调拨进行的。银行账户存款在居民与非居民之间及非居民与非居民之间的调拨和外汇收支有着直接的关系。因此，实行外汇管制的国家根据银行账户存款属于居民或非居民及非居民所属的国别和存款的来源，规定了不同的管制办法，如对非居民存款的管制有自由账户、有限制账户和封锁账户 3 种类型账户的管制措施。

（6）对黄金、现钞输出和输入的管制

实行外汇管制的国家一般禁止私人输出黄金，个别国家禁止私人输入黄金。若出于平衡国际收支的需要急需输出、输入黄金时，则由本国中央银行或指定银行办理。有的国家把白银、铂金等贵金属的输出、输入也列为外汇管制的内容。

本国货币出入国境，在一定程度上影响该国的货币流通和金融稳定。实行外汇管制的国家唯恐现钞输出一方面会被用于商品进口和资本外逃，另一方面将导致本国货币汇率在国外市场上进一步下跌，因此对本国现钞的输出都规定了一个最高限额。限额内可以自由携带出境，超过限额须经外汇管制机构核准。对本国现钞的输入，有的国家规定限额，有的则不加管制，但对输入的现钞规定了用途。对本国现钞的输入所规定的限额，一般与输出限额相同。对外币现钞携入国境，各国都有限制，一般都规定必须向海关申报，携出时不得超过原申报的数额。

本章小结

本章先分析了外汇及汇率的基本概念，然后分析了汇率变化的影响因素和汇率变化的经济效应。分析汇率理论时主要分析了购买力平价理论和利率平价理论，分析了固定汇率制、浮动汇率制并介绍了其他汇率制度，最后分析了复汇率制和人民币汇率制度及货币在经常项目和资本项目下的自由兑换问题。

外汇管制是指一个国家或地区通过法律、法令、条例等形式对外汇资金的收入和支出、汇入和汇出、本币与外币的兑换方式及兑换比例进行干预和控制。外汇管制的主要内容包括对外汇资金收入与运用管制、货币兑换管制和汇率管制。

练习题

1. 名词解释

外汇　汇率　直接标价法　间接标价法　固定汇率制　浮动汇率制　复汇率制　货币自由兑换

2. 不定项选择题

（1）以下哪种资产属于外汇的范畴？（　　）

A. 外币有价证券　B. 外汇支付凭证　C. 外国货币　D. 外币存款凭证

（2）以下哪个（些）国家采用的是间接标价法？（　　）

A. 美国　B. 德国　C. 意大利　D. 英国

（3）根据外汇交易中支付方式来划分，汇率的种类包括（　　）。

A. 电汇汇率　B. 即期汇率　C. 信汇汇率　D. 票汇汇率

（4）一般情况下，当本国货币升值时，其汇率就会上涨，从而使其出口商品以外国货币表示的价格就上涨，这就（　　）。

A. 有利于该国扩大出口，对进口没有什么影响

B. 有利于该国扩大出口，有利于该国扩大进口

C. 有利于该国扩大进口，不利于该国扩大出口

D. 不利于该国的进出口的增加

（5）影响一国货币汇率最基本的因素是该国的国际收支状况，一般来讲（　　）。

A. 如果一国国际收支有顺差，即表示该国外汇形势好，该国货币汇价就可能下跌

B. 如果一国国际收支有逆差，即表示该国外汇形势不好，该国货币汇价就可能上涨

C. 如果一国国际收支趋于平衡，即表示该国外汇形势尚好，该国货币汇价就可能趋向平稳

D. 该国的国际收支情况对该国货币的汇率产生的影响不大

（6）一般情况下，一国货币贬值后，该国出口产品以外币表示的价格可能（　　）。

A. 下跌　B. 上涨　C. 不变　D. 先涨后跌

（7）在间接标价法下，汇率的数字变大反映了（　　）。

A. 外币币值上升　　B. 本币币值上升　　C. 本币币值下降 D. 外币币值下降

（8）一般情况下，远期汇率升（贴）水年率总是与（　　）趋向一致。

A. 国际利率水平　　B. 两种货币的利率差异

C. 两国通货膨胀率　　D. 两国经济增长率差异

3. 简答题

（1）影响汇率变动的主要因素是什么？

（2）试述固定汇率制度的主要优缺点。

4. 计算题

（1）如果纽约市场上年利率为 14%，伦敦市场的年利率为 10%，伦敦外汇市场的即期汇率为 GBP1=USD2.40，求 3 个月的远期汇率。

（2）已知 US$1=SF1.186 0/70，3 个月远期 56/45，US$1=JPY117/119，3 个月远期 216/203，求瑞士法郎兑日元 3 个月的远期汇率。

（3）已知 US$1=SF1.186 0/70，1 个月远期 37/28，£1=US$2.040 3/10，1 个月远期 18/ 26，求英镑兑瑞士法郎 1 个月的远期汇率。

第3章　外汇市场与外汇交易

学习目标

☑ 了解外汇市场的构成、交易规则和交易模式。
☑ 熟悉远期汇率的报价方法。
☑ 掌握套汇交易、套利交易、外汇期货交易、外汇期权交易、互换交易的计算方法。
☑ 区分不同的外汇交易方式的异同及作用。
☑ 掌握与外汇市场和外汇交易相关的关键概念。

案例导入

2016年6月底到7月初1周左右的时间，人民币对多种外汇或升或降。自英国脱欧公投以来，人民币对英镑大幅升值9%，不过对于美元、日元等出现2%左右的贬值。近一年来，日元、美元和欧元对人民币升值幅度不少，日元对人民币升值高达22%。

请思考以下问题：暑期来临，我们如何跟着外汇的变化出国旅游或留学？如何套汇或者换汇获利？

资料来源：中金在线外汇网，微信公众号：forex-cnfol-com。

3.1　外汇市场

外汇市场是进行外汇交易的场所，是国际金融市场的有机构成部分。在外汇市场，各种经营外汇业务的机构和个人，通过各种通信工具进行外汇买卖。

3.1.1　外汇市场的组织形式和参与者

1．外汇市场的组织形式

外汇交易中按照有无固定交易场所划分，外汇市场分为具体的市场和抽象的市场两种类型。具体的外汇市场是指从事交易的当事人必须在固定的交易场所和规定的营业时间里进行外汇买卖，如法国的巴黎、德国的法兰克福、比利时的布鲁塞尔等地就属此类市场。抽象的外汇市场是指由电话、电报、电传和计算机终端通信网络所形成的市场。此类市场没有固定的交易场所，也没有固定的开盘、收盘时间，如美国、英国和瑞士等国的外汇市场就没有具体的交易场所，也不挂牌标明所有货币汇率的行情，市场参与者之间均通过某种电信工具来询价、报价并安排成交。上述市场形式上的区别主要是由于英美等国与欧洲大陆国家长期以来在商业传统和习惯做法上存在着不同。但由于伦敦和纽约是世界上最大的两个外汇市场，所以人们一般将典型的外汇市场理解为抽象的外汇市场。当然，抽象的外汇市场也包括银行为满足客户零星交易的需要而设置的交易柜台。

2. 外汇市场的参与者

（1）外汇银行

由中央银行指定或授权经营外汇业务的银行通常称作外汇银行。外汇银行包括专营和兼营外汇业务的本国商业银行，外国设在本国的分支行、代办处，以及其他兼营外汇业务的金融机构。外汇银行不仅是外汇买卖的主要中介人，而且本身也对客户进行外汇买卖。

（2）外汇经纪人

外汇经纪人是介绍外汇买卖的中介人。他们须经中央银行批准后方能经营外汇中介业务。经纪人在批发环节将想要买进某种货币的银行和想要卖出该种货币的银行联系在一起，促成交易，并根据成交金额向双方收取佣金。有了外汇经纪人，便可以提高外汇交易的效率。

（3）中央银行

各国中央银行均持有相当数量的外汇余额作为国际储备资产的重要构成部分。中央银行通过参与外汇市场的外汇买卖干预外汇市场，防止国际游资对本国外汇市场的冲击，使本国货币的汇率稳定在本国所希望的水平上或波动的幅度内，以实现本国货币金融政策的意图。可见，中央银行既是外汇市场的参与者，又是外汇市场的实际操纵者。

（4）零售客户

这类市场参与者有的是为了实施某项经济交易而买卖外汇的，如进出口商、跨国公司、参与国际融资的企业或公司等；有的是为了调整资产结构或利用国际金融市场的不均衡状况而进行外汇交易的，如买卖外国证券、进行套利套汇以赚取投机利润或避险保值。此外，还有其他零星的外汇供求者，如国际旅游者、出国留学生、汇出或收入侨汇者、提供或接受外币捐赠的机构和个人等。上述各种外汇供求者中，最重要的是跨国公司，因为跨国公司的全球经营战略涉及许多种货币的收入和支出，所以它们进入外汇市场非常频繁。

▶▶ 3.1.2　外汇市场的交易规则和交易模式

1. 外汇市场的交易规则

1）由于美元在国际上的特殊地位，外汇市场采用的是以美元为中心的报价方法。即除了有特殊说明之外，所有报出的汇率都是针对美元的。

2）为了使外汇交易能顺利进行，交易各方大多采用统一的标价方法。除了英镑、澳大利亚元、新西兰元和欧元等货币采用间接标价法外，其他货币的交易均采用直接标价法。

3）外汇交易讲究效率，报价时力求精简。按交易惯例，银行一般只报汇率的最后两位数。

4）外汇交易报价及媒体所显示的参考汇率都以 100 万元或更大的金额作为交易单位，它主要适用于银行同业之间的大额外汇买卖，对一般客户的买卖不适用。

5）接受客户询价后，银行有义务报出买入和卖出两个价格。

6）一般而言，交易的金额以被报价货币为单位，除非报价时有特别的声明。

2．外汇市场的交易模式

（1）直接交易

直接交易是指外汇交易在银行之间直接进行。这种交易模式的惯例是，其他银行欲同本银行进行外汇交易时，可以直接向本银行询价，本银行交易员向对方报出买价和卖价，由对方决定是买进还是卖出。一旦确认买卖，双方即进行交割和账务清算。

银行间直接进行交易，询价银行得到的只是一种报价，不一定是最好的价格。为寻求最好的价格，就需向多家银行询价，通过比较，选择其中认为最好的报价。显然，这比较烦琐。对实力相对较弱的银行来说，直接交易容易被大银行操纵和控制。但这种模式可以省去经纪人介入所需支付的佣金，可以降低交易成本。直接交易模式比较适合大银行间的外汇交易。

（2）间接交易

间接交易是指银行间的外汇交易通过外汇经纪人进行。间接交易中，银行需向经纪人支付佣金，但节省了在直接交易情况下为询价所要付出的时间和费用，避免了因信息来源不全面、不及时而可能发生的在不利价格条件下成交所导致的损失。尤其在当今行情迅速变化的外汇市场上，经纪人的加入可使银行在最短的时间内获得最新、最好的报价信息，从而做出最有利的决策。

3.2 即期外汇交易与远期外汇交易

即期外汇交易和远期外汇交易是外汇市场上的两大基本交易形式。其中，即期外汇交易在全部交易量中占了大部分，它主要用于进出口贸易和资本输出、输入所引起的国际结算；远期外汇交易则主要用于防范外汇风险或用于外汇投机。

3.2.1 即期外汇交易

即期外汇交易又称现汇交易，是交易双方以当时外汇市场的价格成交，并在成交后的2个营业日内履行资金划拨和实际收付义务，即办理资金交割的业务。一般来说，零售客户的外币现钞、旅行支票及其他小额外汇交易，大都在当日成交和收付。银行同业间的外汇买卖，按国际惯例通常在交易的次日或2个营业日内收付。假定星期三纽约花旗银行和日本东京银行通过电话达成一笔外汇买卖业务，花旗银行愿意按US$1=JPY103.60汇率卖出100万美元，东京银行也愿意按同样的汇率卖出10 360万日元，成交后的第二个营业日即星期四，花旗银行和东京银行分别按照对方的要求将卖出的货币汇入对方指定的银行账户上，则此笔交易即告终。

即期外汇交易是按买卖外汇的当日汇率成交的，故其使用的汇率称为即期汇率。即期外汇买卖对进出口商来说，除用于临时性支付货款或从事投机需要外，大多数情况用于调整头寸结构。而对外汇银行来说，进行即期交易主要是为了及时补进“空头”、抛出“多头”，以轧平头寸。

3.2.2　远期外汇交易

远期外汇交易也称期汇交易，是指外汇买卖成交后，并不立即交割，而是按交易合约规定的币种、金额、汇率和交割日期到期办理交割。远期交易涉及不同的交割期限，最常见的为 30 天、60 天和 90 天，一般不超过 1 年。买卖远期外汇所使用的汇率叫远期汇率。远期汇率对即期汇率的差价幅度，对一些经常交易的货币来说，其年率大约在 3%以内。

1．远期外汇交易的作用

远期外汇交易是国际贸易、金融活动中的保值工具，对在贸易、投资、套汇套利等活动中发生于未来时刻的外汇收付。远期外汇交易能即时固定未来交割所用的汇率，避免汇率波动可能产生的价值损失，有利于准确核算生产、经营和投资活动中的成本和收益。

银行能利用远期外汇交易调整外汇资金的头寸结构，远期外汇买卖还能改变每种期限内各种货币的持有额。

远期外汇交易也为外汇投机活动提供了机会。投机者预测某种外汇的未来汇率将高于到期汇率，他会买入远期外汇，如果预测正确，到期就可以以更高的价格将买入的外汇售出，获得差额利润。例如，预测未来汇率将低于到期远期汇率，他会卖出远期外汇，只要到期日或到期前汇率果然跌至远期汇率之下，便可以低价买入远期合约中卖出的外汇，同样能获得差额利润。

【实例 3-1】

现以美元兑瑞士法郎的行情为例，说明国际贸易投机活动中远期外汇交易的运用。

假设即期汇率：US$1=SF1.536 0 / 70

6 个月远期：40 / 30

美国进口商从瑞士购买价值 500 万瑞士法郎的货物，付款期为 6 个月。为避免美元贬值的风险，按 US$1=SF1.532 0 的汇率买进 6 个月到期的 500 万瑞士法郎（到期应付 326.37 万美元），若到期瑞士法郎的即期汇率升至 US$1=SF1.527 0，则进口商利用远期交易可降低近 1.07 万美元（500/1.527 0 – 326.37）的换汇成本。在此 6 个月期间，进口商还可关注远期汇价行情，当瑞士法郎升值偏高时，出售远期瑞士法郎就能获利。如第三个月的远期瑞士法郎售价达 USD1=CHF1.527 0 时，进口商卖出 3 个月远期瑞士法郎，到期收入 327.44 万美元，与原 6 个月远期瑞士法郎相抵，获利 1.07 万美元。第三个月后，进口商又可视行情变化再度买入远期瑞士法郎，用于支付货款。

与此相反，6 个月后将收到 500 万瑞士法郎的瑞士出口商却担心美元升值会使其出口收入受损，按 US$1=SF1.534 0 的汇价售出 500 万的 6 个月远期瑞士法郎，确保 325.94 万美元的出口收入，若到期即期汇率为 US$1=SF1.539 0，出口商则因远期交易避免了 1.06 万美元（325.94–500/1.539 0）的损失。6 个月内，出口商还可利用美元升值偏高的机会，买回瑞士法郎。假设第二个月后，4 个月远期瑞士法郎买价为 US$1=SF1.539 0，出口商售出 325.94 万美元，买回 501.62 万瑞士法郎，与原 6 个月远期合约同时到期，获利 1.62 万瑞士法郎。第二个月后，出口商仍能利用美元回落行情再出售瑞士法郎，为出口收入保值。

利用远期外汇交易进行投机活动，在操作上与上述交易相似，所不同的是，上述交易的主要目的是避险保值，而投机仅关注远期汇率与到期即期汇率的差异及未到期期间的行情变化，低买高卖，从中获利。利用远期市场投机，不必拥有大量资金，只需交付一定量的保证金，即可进行“买空”“卖空”，从中获利。当远期投机者预期某种货币将来会大幅度贬值时，他就在远期市场出售该货币的远期，希望将来这种货币贬值后低价买入获取利益，这种先卖后买的投机交易被称为“卖空”。反之，远期投机者预期某种货币将大幅度升值时，他就会买入该货币的远期，希望将来该货币升值后高价卖出获取利益，这种先买后卖的交易被称为“买空”。

远期交易除了以上所述的固定交割日的交易外，还有一种未固定交割日的交易，即择期交易。这种交易的方法是，顾客和银行签订合同，根据合同，顾客可以在今后未确定的日期以事先确定的汇率买进或卖出一定数量的外国货币。例如，进出口商不能具体确定货款的收付日期，在与银行签订了择期合同后，进出口商可根据合约规定，选择在有效期内的任一天办理交割。择期交易在交割日上对顾客有利而对银行不利，为此银行在择期交易中使用的是对顾客相对不利的汇率，即选择从择期开始到结束期间最不利于顾客的汇率作为择期交易的汇率。

2. 远期汇率的标价法

（1）直接标明远期汇价

瑞士、日本等国采用直接标出远期汇价的实际汇率的方法。采用这种方法标出的远期汇率，一目了然，一看就懂。例如，苏黎世外汇市场某日美元对瑞士法郎的汇价（每1美元合瑞士法郎）如下所示：

即期：　1.175 5 / 65

1个月：1.177 1 / 85

2个月：1.188 7 / 98

3个月：1.191 1 / 25

4个月：1.204 5 / 95

从以上价目可立即看出美元对瑞士法郎各个期限的实际汇价，并可测算出各个期限的汇价和即期汇价的差额。

（2）用升水、贴水、平价标出远期汇价

这种标价法是在即期汇率基础上，用升水、贴水或平价来表示远期汇价。升水表示远期汇率比即期汇率高；贴水表示远期汇率比即期汇率低；平价表示两者等价。英国、美国、德国、法国等国家采用此法。但是，外汇市场在挂牌公布远期外汇汇价时，实际不直接标出升水或贴水字样，而是用点数来表示。所谓点数，就是表明货币比价数字中的小数点以后的4位数。一般情况下，汇率在一天内即在小数点后的第3位数变动，即变动几十个点，不会达到或超过上百点。因为银行买卖外汇有买入价和卖出价两栏数字，所以表示远期汇率的点数也有两栏数，分别代表买入价和卖出价。直接标价法下买入价在先、卖出价在后，间接标价法下则相反。如果远期汇率第一栏点数大于第二栏点数，计算远期汇率的方法是用相应的即期汇率减去远期汇率的点数；如果远期汇率的第一栏点数小于第二栏点数，计算远期汇率时要将相应的即期汇率加上远期汇率的点数。

直接标价法下，远期点数左低右高，说明远期外汇是升水，其实际远期汇率的计算方法是用相应的即期汇率加上远期汇率的点数；远期点数左高右低，说明远期外汇是贴水，其实际汇率的计算方法是用相应的即期汇率减去远期汇率的点数。

【实例 3-2】

苏黎世外汇市场

即期：US$1=SF1.508 6 / 91

3 个月远期：10 / 15

美元对瑞士法郎的远期点数为 10/15，左栏点数小于右栏点数（左低右高），说明远期美元是升水。其实际远期汇率是在相应的即期汇率数字上加上远期点数，则 3 个月美元对瑞士法郎的实际汇率是：

US$1=SF（1.508 6+0.001 0）/（1.509 1+0.001 5）=SF1.509 6 / 1.510 6

若 3 个月远期是 15 / 10，左栏点数大于右栏点数（左高右低），说明远期美元是贴水。其实际远期汇率是在相应的即期汇率数字上减去远期点数，则 3 个月美元对瑞士法郎的实际汇率是：

US$1=SF（1.508 6–0.001 5）/（1.509 1–0.001 0）=SF1.507 1 / 1.508 1

间接标价法下，远期点数左低右高，也用相应的即期汇率加上远期汇率的点数，说明远期外汇是贴水；如果远期点数左高右低，也用相应的即期汇率减去远期汇率的点数，说明远期外汇是升水。

3.3　掉期交易

3.3.1　掉期交易的含义及种类

1．掉期交易的含义

掉期交易是指外汇交易者在买进或卖出某种期限的外汇的同时，卖出或买进数额相同的另一种期限的同种外汇，以避免汇率风险或套取汇率、利率差额的外汇交易。例如，按 1 美元等于 1.733 9 加元的即期汇率卖出 100 万美元，买进 1 733 900 加元（美元兑加元），同时在远期市场上按 1 美元兑 1.762 7 加元的远期汇率买进 3 个月远期的 100 万美元，这就是掉期交易。掉期交易是同时买入和卖出同种货币、同等数额而期限不同的外汇，因此掉期交易不会改变交易者的外汇持有额。但所买进的货币和卖出的货币在期限上有所不同，结果导致交易者所持有的货币的期限结构发生了变化，这正是掉期交易的含义所在。

2．掉期交易的种类

（1）按交易对象的不同划分

按交易对象的不同，掉期交易可分为纯粹的掉期交易和操纵性的掉期交易。

1）纯粹的掉期交易，即同时向同一对象买进和卖出不同交割日的等额外汇的交易，即交易的买和卖发生在相同的两个交易者之间。这一交易中，掉期率是由双方直接商定的，一旦达成协议，即按约定的即期汇率和远期汇率成交。

2)操纵性的掉期交易，指两笔交易的对手并不相同的掉期交易。它包括两个交易行为。

（2）按交易方式的不同划分

按交易方式的不同，掉期交易可分为即期对远期掉期交易、隔日掉期交易、远期对远期掉期交易3种类型。

1）即期对远期掉期交易，是指一笔为即期交易而另一笔为远期交易的掉期交易。

2）隔日掉期交易，是指一笔交易在成交后次日交割而另一笔于成交后的次次日交割的掉期交易。

3）远期对远期掉期交易，是指两笔交易均在超过2个营业日后才交割的掉期交易，即在买进某货币较短的远期的同时，卖出该货币较长的远期。

3.3.2 掉期交易的作用

掉期交易能为国际贸易和国际投资活动提供有效的保值。出口商收到外汇和使用外汇的时间不同时，为防贬值损失，可以利用远期对远期掉期交易，卖出收到日到期的较短的远期外汇，兑换成升水货币或高利率货币，买入使用日到期的远期外汇。这样，既保证了用汇需要，又可赚取利差或汇差。投资者将资金调往海外时，为防汇率波动损害未来资本回收，可以在买入即期外汇的同时，卖出远期外汇。

银行利用掉期交易调节外汇资产结构，以消除与客户单独进行即期、远期交易产生的头寸暴露，平衡外汇交易中的交割期限结构。客户与银行间外汇交易中各种各样的金额、期限、方向，能在一定程度上相互抵消。但是，如果某些期限的外汇头寸暴露，银行将承担汇率风险。为抛补头寸，可以通过银行间借款或买卖。然而，银行间交易必须达到相当的数量和规模，才能获得较有利的报价和利率，而且增加各种期限的借款会改变银行资产负债结构，给银行的资本比率、负债管理带来压力，采用掉期交易则具有更好的适用性和灵活性。

【实例3-3】

银行3个月远期美元多头100万，6个月远期美元空头100万。银行对两种头寸分别进行抵补，需要安排多笔交易，付出较高成本，而利用不同期限配合的远期交易，卖出3个月100万美元期汇，同时买入6个月100万美元期汇，能以一笔交易和较低费用实现抵补。此外，银行也可以利用掉期交易，从汇率变化和利差中获利。

3.3.3 掉期交易的成本

掉期交易中，即期外汇的交易使用即期汇率，远期外汇的交易使用远期汇率。由于两笔交易数量相等、方向相反，成本只决定于两笔交易所用汇率的差额，这称作掉期率，以点报价。

【实例3-3】中，美元与人民币即期汇率是7.5012，远期汇率是7.5126，故掉期率是0.011 4，即114点。为使掉期率能与各种货币的借贷利率相比较，需将掉期率换算成百分比的年率，即掉期成本年率。转换公式为：

$$掉期成本年率 = \frac{掉期率 \times 12}{即期或远期汇率 \times 月数} \times 100\%$$

上述公式中，若远期汇率升水，则分母用即期汇率；若远期汇率贴水，则分母用远期汇率。

【实例 3-3】中，假定以 1:7.5012 的低价卖出美元现汇，而以 1:7.5126 的高价买入 3 个月的美元期汇，这笔交易的掉期率是 114 点。换算成掉期成本年率是：

$$(0.0144 \div 7.5012) \times (12 \div 3) \times 100\% = 0.77\%$$

用于掉期率的基数是选择即期汇率还是远期汇率，取决于投资评价中的实际需要。

3.4　套汇交易与套利交易

3.4.1　套汇交易

套汇交易是指利用汇率的地域差异，在不同的外汇市场上同时进行外汇买卖，以套取汇率差价的外汇交易。

汇率的地域差异是指汇率在同一时间不同地区的外汇市场上出现差异，这是进行套汇的必要前提。虽然现代先进的电子通信手段、发达的全球通信网络和交易者机敏迅速的反应已使各地区外汇市场间的外汇报价差别大为缩减，但各地外汇市场上供求条件不同，各国货币的币值升跌受各种因素的综合影响，个别国家或地区的政治、经济和金融领域的变化都会给当地外汇市场带来直接或间接的冲击。改变各种外汇市场的供求关系，使汇率行为一反常态，脱离与国际市场的均衡关系，汇率的地域差异被暂时拉开，都为套汇提供了机会。

套汇属于外汇市场上的投机活动，但与某些破坏性的外汇投机不同，套汇活动通过资金在各地市场、各种货币间的流动和转移，能有效地消除汇率的地域差异，成为实现和维持国际外汇市场汇率均衡的重要力量。

按交易方式分，套汇交易可分为直接套汇和间接套汇两种形式。

1. 直接套汇

直接套汇也称两角套汇，是利用两种货币在两个外汇市场上的报价差别，以低价买进、高价卖出的方法同时在两地市场上进行外汇买卖、套取汇差的交易。直接套汇按纯粹以获利为目的和以其他商业金融活动为背景，可以分为积极型直接套汇和非积极型直接套汇两种。

(1) 积极型直接套汇

积极型直接套汇是完全以赚取汇率差额利润为目的的套汇活动。

【实例 3-4】

设某日纽约外汇市场即期汇率为 US$1=HK$7.727 5 / 85，中国香港外汇市场该汇率为 7.737 5 / 85，若不计其他费用，香港某银行进行 100 万美元的套汇交易。其操作方法是，电告纽约，卖出 772.75 万港元，买进 100 万美元；同时在香港卖出 100 万美元，收入 773.85 万港元，套得汇差 1.1 万港元。若要计算交易成本，则只要成本低于 1.1 万港元，套汇者就能获利。

（2）非积极型直接套汇

非积极型直接套汇是指由于本身资金国际转移的需要或以此为目的，利用两地市场汇率不均衡套汇获利，降低汇兑成本。

【实例 3-5】

设某日纽约外汇市场即期汇率为 US$1=HK$7.727 5 / 85，中国香港外汇市场该汇率为 7.729 0 / 300，若 100 万美元套汇的附加费用为 3 000 港元，香港银行不能套汇，因为该银行在纽约支出 772.75 万港元，买入 100 万美元；同时在香港卖出 100 万美元，收回 773 万港元，虽可获 2 500 港元的收入，但不足以抵偿其 3 000 港元的成本。若该香港银行需要电汇至纽约 100 万美元，有两种选择：一是在香港买 100 万美元并电汇到纽约；二是将 772.75 万港元电汇到纽约，在纽约买进 100 万美元。显然，前者比后者的代价要高出 2 500 港元，故该银行会选择后一种电汇方式。

2. 间接套汇

间接套汇也称多角套汇，指套汇者利用多种货币间套算汇率与各市场上实际报价的差异，同时在各个外汇市场上进行外汇买卖，以套取汇差的外汇交易。间接套汇是以不同外汇市场上不同货币之间的交叉汇率或套汇汇率与实际汇率出现差异为必要条件，因此也称交叉套汇。间接套汇中以三角套汇最为常见，即从三地外汇市场上套取汇差。

【实例 3-6】

设纽约、伦敦、中国香港 3 个外汇市场同时报出如下汇价：

纽约：US$1 = £0.640 0 / 10

伦敦：£1 = HK$12.20 / 50

中国香港：US$1 = HK$7.750 0 / 800

根据以上外汇行市，要判断套汇是否可行，只需计算 3 种货币之间的交叉汇率或套汇汇率与实际汇率是否均衡。若交叉汇率均衡，则不能套汇；若不均衡，则可以套汇。根据以上中国香港、纽约两个外汇市场的行市，套算出英镑对港元的汇率为：

£1 = HK$（7.750 0 ÷ 0.641 0）/（7.780 0÷0.640 0）=HK$12.090 5 / 1 563

将根据以上中国香港和纽约两个市场的外汇行市套算出的英镑对港元的套算汇率和伦敦市场报出的英镑对港元的实际汇率（£1=HK$12.20/50）相比较，两者存在着较大的差异，说明套汇可行。我们可以在中国香港和纽约两个市场通过套汇将港元兑成英镑，再在伦敦市场抛售英镑，即可获得汇差收入。例如，投资者以 1 000 万港元进行套汇，在中国香港买进 128.534 7 万美元（1 000÷7.780 0），再在纽约买入 82.262 2 万英镑（128.534 7×0.640 0），最后在伦敦买回 1 003.599 万港元（82.262 2×12.20），从而获得 3.599 万港元的套汇利润。

判断交叉汇率和实际汇率是否存在差异，只需将交叉汇率和 1 相比较。如果交叉汇率等于 1，说明汇率均衡，不能套汇；如果不等于 1，说明汇率不均衡，套汇可行。【实例 3-6】中：

交叉汇率=［（1÷7.780 0）× 0.640 0］× 12.20=1.003 6

交叉汇率（1.003 6）>1，套汇可行

间接套汇中，还需注意掌握正确的套汇方向。【实例 3-6】中，用港元作为初始投放货币，从投放港元到收回港元，只有两个套汇方向。一是从中国香港开始用港元兑美元，再在纽约用美元兑英镑，最后在伦敦将英镑兑成港元，按照这一套汇方向计算的交叉汇率大于 1（如前所述），说明套汇可行，且方向正确；二是从伦敦开始用港元兑英镑，再在纽约用英镑兑美元，最后在香港将美元兑成港元，按此方向计算的交叉汇率是 0.967 2（1÷12.50÷0.641 0× 7.750 0），虽然表明三地汇率不均衡，可以套汇，但套汇方向不正确。

▶▶ 3.4.2　套利交易

套利交易又称时间套汇，是指交易者利用货币市场上利率差与外汇市场上远期升水、贴水幅度不一致而进行对自己有利的资金转移，从中赚取利率差或汇率差的行为。

套利可分为不抛补套利和抛补套利两种方式。

1. 不抛补套利

不抛补套利是建立在对汇率预期的基础上的，其成功与失败取决于交易者对汇率预测的准确程度。其具体做法依预测结果而定：如果预测未来一段时间内汇率稳定不变（预期即期汇率变动为 0），则可将资金从利率低的国家调往利率高的国家以套取利差；如果两国利率相等，则应将资金从预期汇率下降的国家调往汇率将上升的国家以套取汇差；如果两国间利率差大于高利率货币的预期贬值幅度，那么应将资金从利率低的国家调往利率高的国家以套取利差；如果利率差小于高利率货币的预期贬值幅度，则应将资金从利率高的国家调往利率低的国家以套取汇差；如果利率差与高利率货币预期的贬值幅度相等，则说明不可进行套利交易，因为此时利率差所得将会被汇率差所失抵消。

由于汇率的预测结果不一定与实际吻合，因此不抛补套利实际上是一种投机行为。

2. 抛补套利

抛补套利是一种套利和掉期相结合的套利交易，即套利者将资金从一国调往另一国以套取利差（或汇差）时，通过远期外汇市场卖出远期外汇进行抛补保值的外汇交易。显然，进行抛补套利可以在无风险的条件下获取收益。当然，抛补套利者在获得套利收益的同时需要支付一定成本，即掉期成本，而掉期成本的高低取决于两种货币之间的升水、贴水程度。

【实例 3-7】

设某时间有如下行市。

货币市场上：英镑和美元 1 年期的存款利率分别为 13%和 11%。

外汇市场上：即期£1 = US$2.004 0/50，一年期 200 / 190。

根据以上行市，可知掉期成本年率（汇率差换算成的年率）：

$$掉期成本年率=\frac{掉期率\times 12}{即期或远期汇率\times 月数}\times 100\%$$

$$=[(2.005\,0-1.984\,0)\div 2.005\,0]\times 100\%$$

$$=1.05\%$$

利率差（2%）大于掉期成本年率（1.05%），可将美元兑换成英镑存放以套取利差收入。

设一美国套利者用美元兑1万英镑进行1年期的抛补套利，其损益情况计算如下：

在现汇市场购买10 000英镑（支付20 050美元）按13%的利率存放1年，到期得本息：

10 000 ×（1+13%）= 11 300（英镑）

将11 300英镑本息在1年的远期市场上出售（掉期保值），到时可收回：

11 300 × 1.984 0 = 22 419.2（美元）

若将20 050美元存放国内，到期可得本息：

20 050 ×（1 + 11%）= 22 255.5（美元）

套利净收益为：

22 419.2 − 22 255.5 = 163.7（美元）

抛补套利交易中，一般是将货币资金从利率低的国家调往利率高的国家以套取利差收入，但也有将资金从利率高的国家调往利率低的国家以套取汇差的情况，这取决于掉期成本和两地利率差相比较的结果。如果利率差大于掉期成本年率，则应将资金从利率低的国家调往利率高的国家以套取利差，如【实例3-7】；如果利率差小于掉期成本年率，则应将资金从利率高的国家调往利率低的国家以套取汇差。同时，买进现汇时，在远期外汇市场卖出期汇，进行掉期保值。两地利率差和掉期成本年率相同时，不能进行套利活动。

【实例3-8】

设某时间存在如下行市。

货币市场上：英镑和美元1年期的存款利率分别为13%和11%。

外汇市场上：即期£1=US$2.004 0/50，一年期600/550。

利率差= 13% − 11% = 2%

掉期成本年率=［(2.005 0 − 1.944 0）÷ 2.005 0］× 100% = 3%

因为利率差（2%）小于掉期成本年率（3%），故应做反向套利，即将利率高的英镑兑换成利率低的美元存放。

假设套利资本为10 000英镑。

- 在即期市场上出售10 000英镑，买入20 040美元，按11%的利率存1年，到期可得本息：

20 040 ×（1 + 11%）= 22 244.4（美元）

- 同时卖出一年期22 244.4美元的本息（掉期保值），到时可收回：

22 244.4 ÷ 1.950 0 = 11 407.38（英镑）

- 若将10 000英镑存在国内，到期可得本息：

10 000 × (1 + 13%) = 11 300（英镑）

- 套利总收益为：

11 407.38 − 11 300 = 107.38（英镑）

3.5　外汇期货交易与期权交易

3.5.1　外汇期货交易

外汇期货是 20 世纪 70 年代在传统的商品期货基础上发展起来的一种新型的金融期货业务。1972 年 5 月，美国芝加哥商品交易所（CME）设立了一个独立的交易所——国际货币市场（IMM）。1972 年 5 月 16 日开业第一天，只有 320 份合约成交；到 1976 年，交易量达 20 万份；到 1988 年，交易量猛增至 2 500 万份。该交易所的金融期货量占世界交易量的一大半，交易币种有英镑、加拿大元、日元、瑞士法郎等货币。

1982 年 9 月，英国成立伦敦国际金融期货交易所（LIFF），经营英镑、德国马克、瑞士法郎、日元和美元。此后，澳大利亚、加拿大、荷兰、新加坡等国也相继成立了外汇期货交易所。到目前为止，金融期货交易规模已经后来居上，远远超过传统商品期货交易规模。金融期货在期货总交易量中的比重由 1976 年的 1%上升至 1987 年的 77%。目前，外汇期货交易仍主要集中在芝加哥国际货币市场和伦敦国际金融期货交易所。

1．外汇期货交易的概念

外汇期货交易是指在固定的货币交易场所，买卖双方通过外汇期货经纪人与交易所之间按照标准合同金额和相对固定的交割日期签订货币期货合同，交付押金和手续费，在未来的某一特定日期，以当前所约定的价格交付某种特定标准数量货币的外汇交易。

外汇期货合约的买卖完全基于市场参与者对该种货币价格走势的预测。若投资者先买进外汇期货合约，则外汇期货合约价格上涨时，投资者再卖出合约获利。同理，若投资者先出售外汇期货合约，则外汇期货合约价格下跌时，投资者再买进合约获利；反之，投资者买进外汇期货合约后价格下跌，或者投资者卖出外汇期货合约后价格上涨，投资者将亏损。

2．外汇期货市场的结构

（1）期货交易所

期货交易所是一个自主管理的非营利性机构，它主要提供交易场所与设施，制定交易规则，监督和管理交易活动和发布有关信息等，以维持期货市场的正常运转。为了弥补支出及维持营业所需要的间接费用，交易所向会员收取包括交易所会费（席位费）、契约交易费等费用。交易所本身从事如下工作：

- 建立交易所会员共同遵守的交易方式、交易程序与记账标准。
- 定期检查与评价会员的财务实力。
- 设立稽核部，定期审查会员的交易行为及经营记录。
- 调解会员间纠纷，仲裁会员的违规行为。
- 收集与传播市场信息。

- 为会员提供交易担保。

（2）清算所

每个交易所都要指定一个清算所负责期货合同的交易与登记工作。清算所可以是独立组织，也可以是交易所的附属公司；既可以为交易所的全部会员所拥有，也可以为交易所的部分会员所拥有。清算所是营利性机构。交易所的会员要想成为清算会员，必须单独申请。若非清算所会员的交易所会员必须与清算会员建立账户关系，通过清算会员清算并缴纳一定佣金。如果买卖双方的委托单中有交易数量与金额不相符之处，清算所有权拒绝清算，并责成场内经纪人调查和纠正。如果场内经纪人不能解决，则由仲裁机构裁决。

当一天营业结束时，清算所会给每个清算会员提供交易状况表，清算会员要在规定的时间内核对交易记录，不实之处立即告知清算所。从总体上看，每个清算所登记的合约必然包括买卖双向行为，所以，一些清算会员未平仓的卖出头寸必然等于另一些清算会员未平仓的买进头寸，清算所的账户余额平衡。

一旦期货合约交易在清算所登记后，市场参与者就不再考虑交割信用问题。清算所作为期货合约买卖的中介，它既是期货合约买方的卖方，又是卖方的买方，即信用风险由清算所承担。

（3）佣金商

期货佣金商是代表企业、金融机构或一般公众进行期货和期权交易的经纪型公司。它可以专营期权和期货业务，也可兼营其他各类金融服务与投资业务；代理客户做期货交易中，既可以专做套期保值业务或专做投机业务，也可以两者兼而做之。期货佣金商必须是经注册登记的期货交易所会员。期货佣金商的基本职能是代表那些不拥有交易所会员资格的客户下达指令、征收客户履约保证金、提供交易记录、传递市场信息和市场研究报告、对客户交易进行咨询。在为客户办理这些业务时，佣金商一般要收取数目不大的佣金。

（4）客户

参与外汇期货交易的人，主要是一般工商户、金融机构或个人。根据参加外汇期货交易的目的，可将其归类为套期保值者和投机者。套期保值者主要是为了对手存外汇或主要收、付的外汇债权债务进行保值；而投机者主要是从外汇期货交易中获利，若外汇期货价格与投机者的预测一致，则盈利，反之则亏损。按投机方式不同，可将投机者分为3类。

- 基差交易者，其交易目的是谋取现货与期货间价差变动的收益。
- 价差交易者，以谋取两个期间价差变动的收益为目的。
- 头寸交易者，按照时间的长短又可将头寸交易者分为3类：抢帽子者，即根据自己对短期期货价格变动趋势的预测（几分钟或几天），频繁改变自己所持有的未平仓合约的头寸，以谋取短期期货价差收益为动机的投机者（这类投机者所占比重较大，为市场提供了流动性）；日交易者，指窥视某个营业日中的价格变动，从其差价中获利但持有头寸一般不过夜的投机者；头寸交易者，是指中线或长线投机者，资金实力较雄厚，持有头寸通常为数日、数周甚至数月。外汇期货交易的客户分类，如图 3-1 所示。

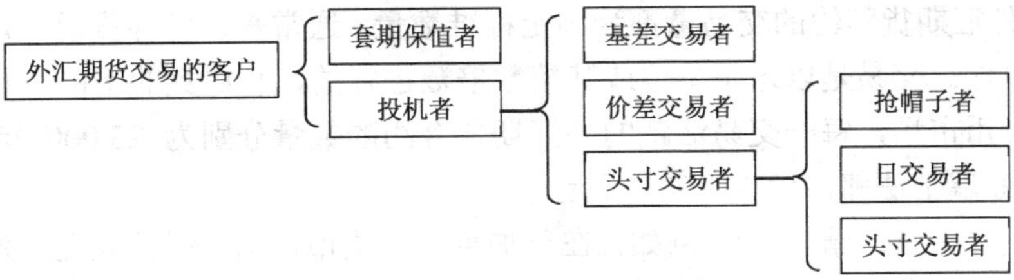

图 3-1　外汇期货交易的客户分类

套期保值者和投机者是期货市场不可缺少的组成部分。没有套期保值者，就不会产生期货市场；没有众多的投机者，套期保值也无法有效地实现保值的目的。这是因为市场上若只有想转移价格风险的人而没有愿意承担风险的人，则当套期保值者为避免价格下跌（上涨）而卖出（买进）期货时，就会无人购买（卖出）。所以，一个完善而发达的期货市场，要想获得较高的保值率，就需要有大量的投机者参与。

3．外汇期货交易的有关规定

为了维持外汇期货市场的秩序，并使期货交易者的信用风险减至最低程度，参与期货交易的买卖双方均应遵守下述有关交易规定：

1）每笔交易均由交易所分别与买卖双方签订合约，即由期货交易所担任买卖双方的交易对手，并由交易所保证期货交易的顺利进行，买卖双方互不见面，免去了互相证信的麻烦，也为期货交易提供了信用保证。

2）每笔买卖成交时，买卖双方即需确定交易价格，并按照有关规定缴纳保证金，缴存于具有交易所清算会员资格的货币期货经纪商，经纪商再依照规定的比例将客户的部分保证金转存于清算所或期货交易所。因此，交易所内的交易均由清算会员保证，交易当事人则可不必顾及对方的信用程度，但清算会员需收取若干交易手续费，以作为保证的代价。保证金分为初始保证金和维持保证金两类。

初始保证金是交易开始时缴纳的保证金，即在开户手续办理之初，客户就须在其清算会员公司的保证金账户内存入一笔现金，这笔现金称作初始保证金。应缴保证金的数量由清算所与交易所共同决定，根据期货价格的最大波动情况进行调整。

维持保证金是指给账户增加货币以前允许保证金下降的最低水平，如果账户余额低于维持保证金水平，必须追缴现金使账户余额重新达到初始保证金的水平。

3）凡未平仓的每笔期货交易均须按当日市场收盘价格逐日清算，并以市价决定期货市场价格，按逐日追随市价的结算方式来反映盈亏，进而调整初始保证金金额。若市场价格变化对客户有利，即将每日盈余部分加计于客户的初始保证金账户内；当市场价格变化对客户不利，即将每日亏损部分从客户的初始保证金账户内扣除。当保证金余额低于期货交易所所规定的维持保证金水平时，由具有期货交易所清算会员资格的期货经纪商通知客户补缴保证金，补足到初始保证金的水平，否则期货交易所就将期货契约予以拍卖。

4）外汇期货交易中执行最小价格波动幅度和最大价格波动幅度制度，即执行限价。一方面，如果某一期货价格的变化超过了最大价格波动幅度的规定，这一交易将立即停止。另一方面，期货交易所要求价格波动不能小于最小价格波幅。这样，既可避免期货参与者在每一交易日内承担过高的风险，也可防止发生联手操纵的不法行为。

5）每笔外汇期货契约的交易量都为固定标准数量，通常是以各种货币一定的金额作为交易的签约单位。交易是以这个单位或其整数倍数进行的，有尾数的不能交易。例如，在芝加哥国际货币市场，每一交易活跃的外汇期货合约的数量分别为 25 000 英镑、100 000 加元、125 000 瑞士法郎、12 500 000 日元。

6）规定了标准的交割日期。例如，在芝加哥国际货币市场，每种成交的外汇期货合约的交割日最多有 9 个月，即 1 月、3 月、4 月、6 月、7 月、9 月、10 月、12 月，以及现货月份的第三个星期三。

7）外汇期货是以每单位外币（日元为每 100 日元）兑换多少美元来报价的，即实行美元报价制度。

4．外汇期货的功能

（1）外汇期货的套期保值

套期保值是指利用期货市场来减轻或消除未来现货市场风险的活动。也就是说，为了使实际的或预期的现货头寸避免汇率变动的不利影响，要进行与现货头寸相反方向的外汇期货交易。根据套期保值所采取的方向不同，外汇期货的套期保值可以分为多头套期保值和空头套期保值。

1）多头套期保值。多头套期也称买期保值，就是在期货市场上先买入某种外汇期货，建立多头部位，然后卖出期货对冲，轧平头寸，结束多头部位，以避免汇率波动的风险。

【实例 3-9】

假设一美国进口商于某年 6 月 14 日签订合约，从英国进口价值为 125 000 英镑的货物，约定在同年 9 月 14 日付款提货。签约时即期汇率为£1=US$1.60，按签约时的即期汇率计算，125 000 英镑的进口货款折合 200 000 美元。假设进口商预期 3 个月后英镑将升值，为转移英镑升值引起的汇兑损失风险，进口商便指示外汇期货经纪商代购 9 月 6 日交割的英镑合同 5 张（每张为 25 000 英镑），假设这笔交易成立后，英镑期货收盘价格直到 7 月 31 日才变动，以£1=US$1.625 收盘。于是，期货交易所的清算中心便当即要求英镑的卖方经纪商通知其委托人（卖方）补缴其差价，并通过英镑买方的经纪商付给美国进口商。到了 9 月 14 日，美国进口商要支付英镑货款时，若即期汇率也升至£1=US$1.645，同时当月交割的英镑期货价格也升至£1=US$1.645。这时，由于美国进口商于 6 月 14 日购买的期货需于 9 月 16 日交割，便可以把其所得先于 9 月 14 日提前售出以平仓，通过清算所的外汇经纪商收回其原始保证金，再加上变卖的所得，随后再按£1=US$1.645 的即期汇价补进 125 000 英镑，用于支付货款。现把上述交易过程说明如下。

- 在外汇期货市场，6 月 14 日买进 5 张合约英镑，每张合约为 25 000 英镑，共计 125 000 英镑。

汇率：£1=US$1.6

价值：200 000 美元（$1.6 \times 25\,000$）

9 月 14 日卖出 5 张英镑合约，每张合约为 25 000 英镑，共计 125 000 英镑。

汇率：£1=US$1.645

价值：205 625 美元（$1.645 \times 125\,000$）

盈利：5 625 美元（205 625 – 200 000）

- 在即期外汇市场，9 月 14 日买进 125 000 英镑支付货款。

汇率：£1=US$1.645

价值：205 625 美元

若美国进口商未在期货市场从事避险操作，相对于 3 个月前（6 月 14 日）的即期汇率，进口商会有 5 625 美元（125 000 × 1.645 – 125 000 × 1.60）的损失，由于进行了多头套期保值交易，使美国进口商避免了汇兑风险损失，固定了进口成本。

2）空头套期保值。空头套期保值也称卖期保值，是指在期货市场上先卖出某种外汇期货，建立空头部位，然后买入期货进行对冲，结束空头部位，以避免汇率波动的风险。

【实例 3-10】

假设一美国公司分别在瑞士和美国有两家子公司，其中瑞士子公司急需资金使用，预计 6 个月后资金状况将好转，而美国子公司正好有多余资金。于是，美国子公司在 3 月 15 日按当时即期汇率 US$1=SF1.201 2 买进 250 000 瑞士法郎现汇调往瑞士子公司以解急，并同时按 US$1=SF1.186 5 的外汇期货价格卖出 6 个月的瑞士法郎期货合约 2 份，每份合约为 125 000 瑞士法郎；假设到 9 月 15 日的瑞士法郎即期汇率跌至 US$1=SF1.208 6，而瑞士法郎的期货价格跌至 US$1=SF1.199 2，该公司即卖出 250 000 瑞士法郎的即期外汇，买进 2 张瑞士法郎合约期货以平仓。现将以上交易过程表述如下。

- 在即期外汇市场

3 月 15 日：买进 250 000 瑞士法郎

汇率：US$1=SF1.201 2

价值：208 125.2 美元（250 000÷1.201 2）

9 月 15 日：卖出 250 000 瑞士法郎

汇率：US$1=SF1.208 6

价值：206 850.9 美元（250 000÷1.208 6）

损失：1 274.3 美元（132 901–132 753）

- 在期货市场

3 月 15 日：卖出 2 张合约瑞士法郎期货，每张合约为 125 000 瑞士法郎，共计 250 000 瑞士法郎

汇率：US$1=SF1.186 5

价值：210 703.8 美元（250 000÷1.186 5）

9 月 15 日：买回 2 张瑞士法郎期货合约，每张合约为 125 000 瑞士法郎，共计 250 000 瑞士法郎

汇率 US$1=SF1.199 2

价值：208 472.3 美元（250 000÷1.199 2）

收益：2 231.5 美元（210 703.8–208 472.3）

由此可见，由于美国子公司在购买现汇的同时做了空头外汇套期保值，因此不仅避

免了瑞士法郎贴水可能造成的1 274.3美元的损失，而且从中获利957.2美元（2 231.5–1 274.3）。

（2）外汇期货投机

外汇期货投机是指在对未来汇率走势做出分析预期的前提下，通过买卖期货合同以获利的行为。目前，外汇期货市场上的投机方式最常用的有两种：简单的买空卖空和通过买卖不同交割月份的期货合同进行跨期交易。

1）简单的买空卖空投机方式。

投机者利用不同时间外汇期货合约价格波动的差异，通过先买后卖（低价买入、高价卖出）或者先卖后买（高价卖出、低价买入）的方式来获取投机利润。

【实例3-11】

某年的6月1日，美元对日元的汇率为US$1=JPY120，期货市场10月交割的日元期货汇率为JPY100=US$0.833 4。某投机商判定日元将升值，美元相对日元不断疲软。于是，他先在外汇期货市场上购买10月到期的日元期货10张合约计12 500万日元（1张日元期货合约为1 250万日元）。如到期交割，他将支付104.17万美元（12 500×0.833 4）。到了9月1日美元对日元的汇率为US$1=JPY118，于是，他将手头的这10份合约抛出，得到105.93万美元（12 500÷118）。这样，他通过买空式投机，赚取利润1.76万美元（105.93–104.17）。

2）跨期交易投机方式。在同一交易日、不同交割期限的期货合约的汇率水平是不相同的，跨期交易投机活动正是利用这一现象通过买卖不同交割月份的期货合约进行投机获利的。

【实例3-12】

假设某年的3月1日，9月交割的日元期货合约报价为JPY100=US$0.951 5，12月割的日元期货合约报价为JPY100=US$0.941 5，某投机商判断日元将逐渐疲软，这两种不同交割月份的日元期货价之间的0.01差距将拉大，于是他先买进10张9月到期的日元期货合约，如到期交割，将支付118.94万美元（12 500 × 0.009 515）。与此同时，他又抛出10张12月交割的日元期货合约，如到期交割，将得到117.69万美元（12 500 × 0.009 415）。到了6月1日，若二者之间的差价真的被拉大，假定分别为JPY100= US$0.931 5和JPY100=US$0.911 5，该投机商再抛出10张9月到期的日元期货合约，得到116.44万美元，买进10张12月到期的日元期货合约，支付113.94万美元。这样，通过两次买进和卖出期货合约，该投机商可获投机利润1.25万美元（117.69–118.94+116.44–113.94）。

所有的市场参与者中，实际上很难区分谁是保值者、谁是投机者，投机和保值对于期货市场的发展具有同等重要的意义。如果说保值是市场的稳定剂，那么投机就是市场的润滑剂，它有力地促进了市场的流动性，同时使汇率的波动不断趋于平衡。

▶▶ 3.5.2 外汇期权交易

外汇期权交易是在外汇期货交易基础上发展起来的又一金融交易新品种。1983 年，芝加哥商品交易所第一次将外汇期权作为交易品种在国际货币市场挂牌上市。在整个 20 世纪 80 年代，期权交易发展相当迅速，现在的外汇期权交易可分为交易所场内交易和以银行为主体的场外交易两大块。到 20 世纪 90 年代初，场外交易占全部外汇期权交易额的 80%以上。

1. 外汇期权的概念

外汇期权是指期权的买方支付给期权的卖方一笔期权费后，即可获得一种在合同到期日或期满前按预先确定的汇率，即执行价格购买或出售某种货币的权利。因此，外汇期权的交易对象并非货币本身，而是一项将来可以买卖货币的权利。期权的购买者在交付期权费后，即可在合同规定的时间内具有购买还是不购买、出售还是不出售某种货币的选择权。

2. 外汇期权的特点

(1) 期权是一种权利的买卖

期权的购买者购买的是在合同规定期内是否买卖某种货币的选择权，期权的出卖者在收取期权费后即承担根据买方的决定履行买卖货币的责任。

(2) 期权有很强的时效性

期权必须在期权合约规定的某日或某日以前行使；超过规定的有效期限，期权合约即自动失效，期权购买者所拥有的权利随之消失。

(3) 以小博大，风险较小

购买期权具有风险有限而收益无限的特点。就购买期权者来说，他所承担的最大风险是为购买期权所支付的权利金即期权费，当期权的购买者在有利价的情况下行使期权时，则可能取得无限的收益；而期权出卖者可能获得的最大利润就是权利金，一旦期权购买者在有利价时行使期权而期权出卖者履行义务时，后者可能遭受无限的风险损失。

3. 外汇期权的种类

(1) 根据履约期限，可分为美式期权和欧式期权

1）美式期权。买方可以在成交日至期权到期日之间的任何时间要求卖方履约。

2）欧式期权。买方在到期日之前不能要求卖方履约，只能在到期日当天才可要求执行期权。

在交易所内进行交易的期权多为美式期权，而场外交易的期权多数是欧式期权。在其他内容相同的情况下，美式期权的价格高于欧式期权。

(2) 根据期权的内容，可分为买权和卖权

1）买权。买权又称看涨期权，是指在外汇期权交易中，看涨期权的持有者拥有了在未来特定期限内按期权合约所确定的执行价格买入外汇的权利。因而，当人们预测某种外汇的未来汇率将趋于坚挺时，通过购买看涨期权，可以保证自己仍可在未来时限内以较低的价格买入该种外汇而不受升值影响。

2）卖权。卖权又称看跌期权。外汇看跌期权赋予其持有者在未来特定期限内有权按期权合约所确定的执行价格抛售外汇的权利。因而，它的购买者是那些预测某种外汇未来汇率走势将趋于疲软状态的交易商。它保证了这些交易商在该种外汇价格下跌时不受损失。

(3) 根据执行价（协定价）与市场价的关系，可分为平价期权、有利价期权和不利价期权

1）平价期权，即期权的执行价与市场价一致。

2）有利价期权，即期权买权的执行价低于市场价、卖权的执行价高于市场价。此期间期权的买方若执行该期权，即可获得执行价与市场价之间的差价收益。

3）不利价期权，即买权的执行价高于市场价、卖权的执行价低于市场价。此时期权买方若执行该期权，则会面临执行价与市场价之间的差价损失。

以上提到的市场价通常被理解为当前外汇市场的远期汇率。因为欧式期权上有在到期日才能被执行的规定，以到期日这一天的远期汇率同期权的执行价进行比较，才能说明期权的价格关系和盈亏情况。但有时也会使用另一种方式来说明价格关系：以当前外汇市场即期汇率水平同执行价格相比较。为了区别这两种不同的方式，执行价格等于远期汇率时称为远期平价，执行价格等于即期汇率时称为即期平价。

例如，如果美元兑日元远期汇率为 110，对于美元买权日元卖权 US$ CALL JPY PUT 而言，如果执行价格定为 100，则为有利价期权；如果执行价格定为 120，则为不利价期权；如果执行价格定为 110，则为平价期权。

如果美元兑马克远期汇率为 1.60，对于美元卖权马克买权 US$ PUT DM CALL 而言，如果执行价格定为 1.65，则为有利价期权；如果执行价格定为 1.55，则为不利价期权；如果执行价格定为 1.60，则为平价期权。

4．外汇期权的有关规定

1）所有的汇率均以美元来表示，即实行美元报价制，如 1 英镑等于多少美元或 1 马克等于多少美元等。

2）期权到期日是期权买方做出履约决定的最后期限，买方做出履约的决定需在到期日的截止时间之前，如果超过这一时限，买方未通知卖方要求履约，即表明买方已放弃这一权利。

3）交易量通常为固定的标准数量，每张合约的数量分别为 25 000 英镑、125 000 马克、125 000 瑞士法郎、12 500 000 日元、250 000 法国法郎或 100 000 加元等。

4）协定价格又称执行价格或履约价格，是期权交易双方所约定的期权有效期内双方交割时采用的汇率。只有当期权购买者要求行使期权时，才会据此汇率进行实际的货币收付。

5）期权费是期权的买方支付给期权的卖方作为获取选择权的一种代价。期权费的表示通常有两种方式：一种是按照协定价格的百分比表示；另一种是按协定价换算的每单位某种货币的其他数量表示。例如，一个协定价格为每英镑 2 美元的看涨期权，其期权费可标为 5%，也可标为每英镑 0.1 美元。无论买方是否履约，期权费都不能退还。

5．外汇期权的运用

外汇期权交易的主要功能是避免汇率风险，不论是买权还是卖权，都可看作一种避免汇率出现不利变动带来损失的保值手段。

(1) 买入看涨期权

看涨期权是指在外汇期权交易中，期权购买者获得了在未来特定期限内按协定价格买入外汇的权利。因而，当人们预测某种外汇的未来的市场价格将走高时，就会购买看涨期

权。如果市场价格朝着预测的方向变动时，购买者的收益可能是无限的；但当市场价格朝着预测相反方向变动即市价趋跌时，则购买者的最大的损失仅是支付有限的期权费；当市场价格变化到执行价与期权费之和时，购买者则不盈不亏，此时称为盈亏平衡点。

【实例 3-13】

假设买入英镑看涨期权的协定价格为£1=US$1.50，期权行市为£1=US$0.025，购买一张标准的英镑期权合约是 25 000 英镑。这样，购买者要利用外汇看涨期权建立上限价（盈亏平衡点）1.525 美元（1.5+0.025）。当英镑行市高于£1=US$1.525 时，行使协定价（£1=US$1.5）的看涨期权才有利可图，且英镑行市涨幅越高，期权购买者获利越丰，甚至收益可能是无限的；但如果英镑行市不涨反跌，跌到低于 US$1.525 时，买入英镑看涨期权者便不会行使该期权，因为他可以直接到现货市场以更便宜的价格去购买英镑，他的最大损失仅是 625 美元（25 000×0.025）的期权费。所以，购买看涨期权的风险是有限的。当英镑行市的变动和盈亏平衡点趋于一致时，期权买入者不盈不亏，选择行使或放弃期权均可。

（2）买入看跌期权

看跌期权是指在外汇期权交易中，期权购买者获得了在未来特定的期限内按协定价格卖出某种外汇的权利。因而，当人们预期某种外汇未来的市场价格将走低时，就会购买看跌期权。这样，当市场价格朝着下跌方向变动时，其收益可能是无限的；当市场价格朝着与预测相反的方向变化，即市场价格上升时，购买者的损失是有限的，最大的损失仅是支付的期权费。当市场价格变化到协定价与期权费之差时，购买者正好不盈不亏，此时即盈亏平衡点。

【实例 3-14】

协定价格为£1=US$1.5 的英镑买入看跌期权，期权行市是£1=US$0.025，一张标准英镑期权合约是 25 000 英镑。这样，购买者要利用英镑看跌期权建立下限价（盈亏平衡点）1.475 美元（1.5−0.025）。当英镑行市低于£1=US$1.475 时，行使协定价£1=US$1.50 的英镑看跌期权时才有利，且下跌幅度越大收益越丰，甚至收益是无限的；但如果英镑行市不跌反涨，将不会行使期权，因为直接到现货市场出售英镑将会获得更多美元。这时，买入看跌期权者损失的仅是支付的期权费；当英镑行市变动到和下限价一致时，则不盈不亏，行使和放弃英镑买入看跌期权均可。

（3）卖出看涨期权

卖出看涨期权是指期权合约的卖方在收取一定的期权费后给买方以按协定价购买某种外汇的权利。出售此类期权合约者通常预测市场价格将下跌。当市价朝着出售者预期的方向变动时，出售者的最大收益是收取的期权费；但当市场价格朝着相反方向变化即向上升时，出售者的风险是无限的；当市场价格变化到协定价与期权费之和时，出售者不亏不盈，此时即盈亏平衡点。

【实例3-15】

卖出瑞士法郎看涨期权的协定价格为 SF1=US$0.854 7，期权费行市为SF1=US$0.025 0。据此，出售看涨期权者要利用瑞士法郎看涨期权建立上限价（盈亏平衡点）。这样，一个标准合同出售者的最大风险为无限，最大收益是收取的期权费，盈亏平衡点是0.879 7美元（0.854 7+0.025）。当瑞士法郎市场价小于或等于0.879 7美元时，出售者可赚取期权费3 125美元（0.025×125 000）；当瑞士法郎市场价大于0.854 7美元而小于0.879 7美元时，卖出看涨期权者出售每瑞士法郎，只能收取0.854 7美元，因而受到损失，但加上收取的期权费，从总体上看仍然能获利；当市场价大于0.879 7美元时，卖出看涨期权者将遭受无限的损失。如果市场价升至0.879 8美元时，行使期权每瑞士法郎损失0.025 1美元，加上收取的期权费0.025美元，每瑞士法郎仍然损失0.000 1美元，出售一张标准的瑞士法郎期权合约将损失12.5美元，损失的大小视瑞士法郎行市上涨的幅度而定。所以，当瑞士法郎行市上涨超过盈亏平衡点时，卖出看涨外汇期权者的风险损失可能是无限的；只有当瑞士法郎行市的变动和盈亏平衡点（0.879 7美元）相一致时，瑞士法郎期权的出售者才不盈不亏。

（4）卖出看跌期权

卖出看跌期权是指期权合约的卖方在收取一定的期权费后给买方以按协定价格出售某种外汇的权利。出售这种期权合约者通常预测市场价格将上升。当市场价格朝着下跌方向变化时，出售者有无限的风险；当市场价格朝着上升方向变化时，出售者的最大收益就是收取的期权费；当市场价格变化到协定价格与期权费之差（盈亏平衡点）时，出售者将不盈不亏。

【实例3-16】

出售瑞士法郎看跌期权的协定价格为SF1=US$0.850 0，瑞士法郎看跌期权的期权行市为SF1=US$0.020 0。

瑞士法郎期权一个标准合约出售者的最大风险为无限，最大收益是收取的期权费2 500美元（0.02×125 000），盈亏平衡点是0.83美元（0.850 0–0.02）。当瑞士法郎的市场价跌至小于0.83美元时，出售者可能面临无限的风险，当购买者行使看跌期权时，出售者有责任按协定价格0.85美元买入瑞士法郎。若市场价格为0.82美元时，出售者将损失0.03美元（0.85–0.82），加上收取的期权费0.02美元，出售者仍将亏损0.01美元。瑞士法郎市价跌幅越大，损失越重，甚至是无限的；当瑞士法郎市价大于或等于0.83美元而小于盈亏平衡点0.85美元时，出售者将获利。因为购买者行使看跌期权时，出售者有责任按协定价格0.85美元买入瑞士法郎，虽然和市场价比较出现差价损失，但加上期权费收入仍将获益。假设瑞士法郎市价跌至0.84美元，出售者每瑞士法郎将亏损0.01美元（0.85–0.84），但加上收取的期权费0.02美元，仍可获利0.01美元，则出售一张标准的瑞士法郎看跌期权可获利1 250美元；当瑞士法郎市价变动至和盈亏平衡点0.83美元一致时，出售者不盈不亏。因为此时行使期权虽有0.02美元的差价损失，但刚好和收取的期权费0.02美元相抵消。

当然，在外汇期权实务中，由于从期权费收付到实际行使期权之间有着不确定的时间差，因而涉及利息因素。另外，当购买期权和行使期权时，还可能有佣金或其他附加费用支出，因此外汇期权交易中确定上、下限价（盈亏平衡点）时要做相应调整。

6. 外汇期权的价值构成

和商品的价格由其价值决定的原理一样，外汇期权的价格即期权费的决定也是由外汇期权的价值决定的。从理论上分析，外汇期权的价值由两个部分构成：内在价值和时间价值。

（1）内在价值

期权的内在价值也称隐含价值，是指一项期权如果被立即执行就可以获得的收益。这种收益来自期权的执行价格与市场价格之间的差额，是因期权价处于有利价状态而产生的收益。

对于一项确定了执行价格的外汇期权而言，其内在价值的大小取决于市场价格同执行价格之间的差额，内在价值将随着市场价格的波动而改变。当期权处于有利价状态时，其内在价值大于零；当期权处于平价或不利价时，其内在价值为零。

下面通过对买权和卖权的分析，说明期权内在价值的变化。

【实例 3-17】

US$CALLJPYPUT 美元买权日元卖权，金额 1 000 万美元，执行价格为 US$1=JPY110。

- 当目前市场远期汇率为 US$1=JPY115 时，远期汇率大于执行价格，为有利价期权，该期权的内在价值是 5 000 万日元：

[（115−110）× 1 000] = 5 000（万日元）

- 当目前市场远期汇率为 US$1=JPY110 时，远期汇率等于执行价格，为平价期权，该期权的内在价值为零。
- 当目前市场远期汇率为 US$1=JPY105 时，远期汇率小于执行价格，为不利价期权，该期权的内在价值同样为零。

该期权的内在价值随市场汇率的变动情况如图 3-2 所示。

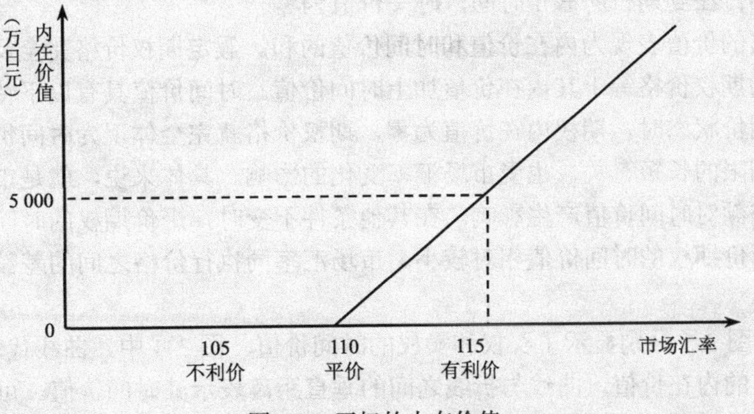

图 3-2　买权的内在价值

【实例 3-18】

£ PUT US$ CALL 英镑卖权美元买权，金额 1 000 万英镑，执行价格为£1=US$1.55。

- 当目前市场远期汇率为 1.53 时，远期汇率小于执行价格，为有利期权，该期权的内在价值是 20 万美元：

[（1.55 – 1.53）× 1 000] = 20（万美元）

- 当目前市场远期汇率为 1.55 时，远期汇率等于执行价格，为平价期权，该期权的内在价值为零。
- 当目前市场远期汇率为 1.57 时，远期汇率大于执行价格，为不利价期权，该期权的内在价值同样为零。

该期权的内在价值随市场汇率变动情况如图 3-3 所示。

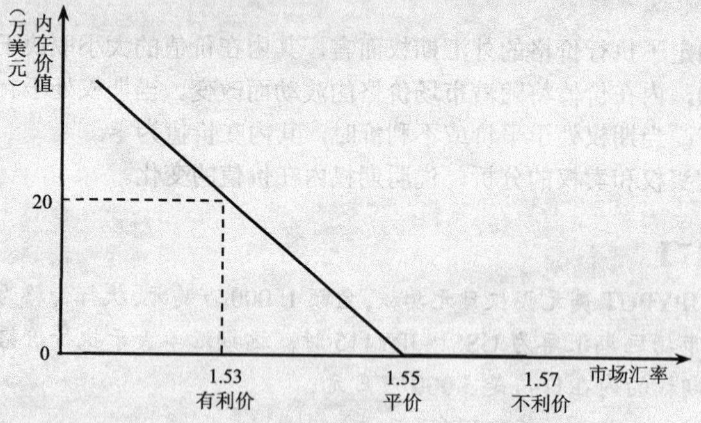

图 3-3 卖权的内在价值

（2）时间价值

时间价值是指一项外汇期权因存在市场汇率朝有利价方向变动的可能性而具有的价值。之所以称其为时间价值，是由于这部分价值的大小取决于期权有效期限的长短，而且有效期限越长，时间价值越大。随着时间的推移，时间价值会逐渐减少。期权距离到期日越近，时间价值越小；在到期日的截止时间，时间价值为零。

一项期权的价值表现为内在价值和时间价值的和。假定期权价格完全反映期权价值，我们可以认为期权价格等于其内在价值加上时间价值。时间价值具有以下特点：当期权处于平价或不利价状态时，期权内在价值为零，期权价格就完全体现为时间价值。时间价值不仅与有效期限的长短有关，也受市场汇率变化的影响。具体来说，就是市场汇率同执行价格之间的差额对时间价值产生影响。在其他条件不变时，平价期权的时间价值较大，而有利价和不利价期权的时间价值相对较小。市场汇率同执行价格之间的差额越大，时间价值越小。

图 3-4 和图 3-5 分别显示了买权和卖权的时间价值。图 3-4 中，曲线代表期权的价值，折线代表期权的内在价值，曲线与折线之间的垂直距离表示其时间价值。可以看出，当执行价格等于市场汇率时，期权的时间价值最大。

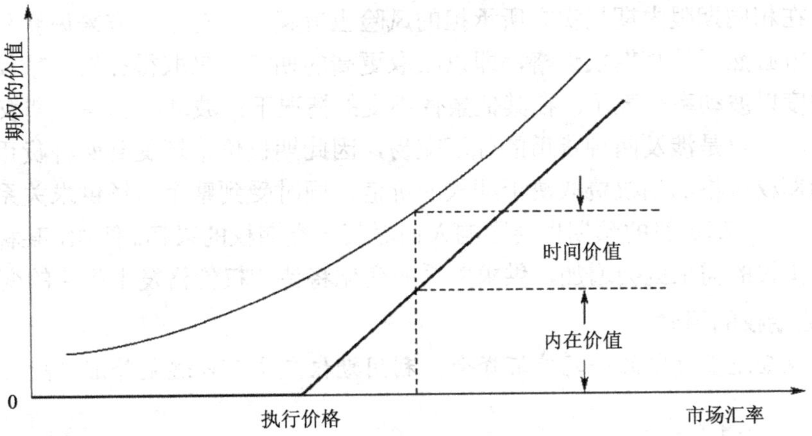

图 3-4　买权的时间价值

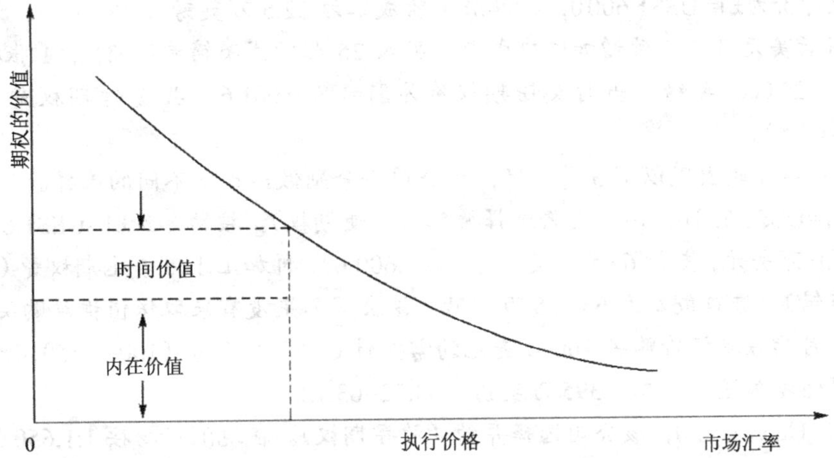

图 3-5　卖权的时间价值

7．决定期权价格的主要因素

期权的价格取决于两个方面的因素：一是期权本身的内容；二是市场因素。期权本身的内容可由交易双方自由选择，包括执行价格、有效期限、期权类型等。市场因素则包括汇率、利率等多重因素。

（1）期权本身的内容

从期权本身的内容看，在确定期权的内容时，执行价格的高低决定了一项期权是有利价、不利价或是平价。执行价格不同，期权费也就不同。此外，确定期权的期限也是决定期权时间价值的重要因素之一。从交易日至到期日这段期限的长短决定了期权时间价值的大小：期限越长，时间价值越大，期权的价格也就越高。

（2）市场因素

从市场因素看，市场汇率的波动影响期权内在价值，期权内在价值发生变化影响期权价格的变化。交易中，期权的执行价格一旦确定，市场汇率的变化成为影响期权内在价值的重要因素，且汇率的波动程度越大，期权价格就越高。因为期权交易所涉及的汇率波动程度越大，在相同期限内期权卖方所承担的风险也就越大，对于买方来说获利的机会也越大，因此卖方必然要抬高期权价格，即以收取更高的期权费来取得补偿。期权交易中，汇率的波动程度以波动率来表示。在其他条件不变的情况下，波动率越高，期权费就越高。

由于外汇期权是涉及两种货币的外汇交易，因此期权价格还受到两种货币利率变化的影响。作为期权价格的期权费取决于期权的价值，同时受到整个市场供求关系的影响。此外，外汇市场对汇率走势的预期也会影响人们对某一类期权的兴趣。例如，某种货币看涨，则该货币的买权的需求就会增加，供求关系的变化将使期权价格发生相应的变化。

8．外汇期权的用途

（1）对现金流量确定的一笔外汇资金，利用期权交易可以避免外汇风险

【实例 3-19】

英国某公司从美国进口价值 100 万美元的设备，3 个月后付款，当日 3 个月英镑期权合约执行价为£1=US$1.6000，折算成英镑成本为 62.5 万英镑（100÷1.6）。该公司为避免 3 个月后美元升值导致增加进口成本，买入 25 张欧式英镑看跌期权，1 张标准英镑期权合约为 25 000 英镑，当时英镑期权价为£1=US$0.001 6，共支付期权费 1 万美元（0.001 6×62.5）。

3 个月后可能出现以下 3 种情况，该公司将分别做出如下不同的选择。

- £1=US$1.5500，该公司将选择履约（行使期权）。按协定价£1=US$1.600 0 买入 100 万美元，支付 62.5 万英镑（100÷1.600 0），再加上 1 万美元期权费（折合 6 250 英镑），进口成本为 63.125 万英镑。该公司如果没有采取保值措施购买期权，3 个月后按现汇价购买 100 万美元约需支付 64.52 万英镑（100÷1.55），比不买期权保值增加进口成本 1.395 万英镑（64.52–63.125）。
- £1=US$1.650 0，该公司选择弃约（放弃期权）。在现汇市场按 1:1.650 0 的汇价只需支付约 60.61 万英镑（100÷1.650 0）购买 100 万美元用以支付货款，再加上 6 250 英镑期权费，实际进口成本为 61.235 万英镑（60.61+ 0.625），比行使期权可降低成本 1.8 9 万英镑（63.125–61.235）。
- £1=US$1.600 0，市场价和执行价同价，该公司没有因为汇率变动而发生盈亏，其损失是为避免风险付出的保险费（期权费）。

（2）对现金流量不确定的外汇资金，仍可利用期权交易避免外汇风险

【实例 3-20】

瑞典某公司投标出口价值为 100 万美元的机器设备，3 个月后开标。为防止中标后美元贬值，公司购买美元看跌期权合约，期权总金额为 100 万美元，期权价格为 US$1=SKr0.02，协定价格为 US$1=SKr5.500 0，按此汇率，100 万美元货款折算成 550 万瑞典克朗（5.5×100）。

假定 3 个月后中标，市场汇率出现以下 3 种情况，该公司将分别做出如下选择。

- US$1=SKr5.450 0，该公司将行使期权，按协定价 1:5.55 的价格卖出 100 万美元，买入 550 万瑞典克朗，扣除期权费 2 万瑞典克朗（0.02×100），实际收入为 548

万瑞典克朗。如不做期权保值，按 1:5.450 0 的汇率在现汇市场出售 100 万美元，只能兑得 545 万瑞典克朗，比不买美元期权损失 3 万瑞典克朗（548–545）。

- US$1=SKr5.580 0，该公司将放弃期权合约，在现汇市场按 1:5.5800 的价格出售 100 万美元，可收入 558 万瑞典克朗，比按协定价执行期权增加收入 8 万瑞典克朗（558–550）。
- US$1=SKr5.500 0，汇率不变，公司未发生盈亏，行使期权和放弃期权都一样，损失的仅是支付的期权费。

如果 3 个月后公司未中标，市场汇率出现以下 3 种情况，该公司将分别做出如下选择。

- US$1= SKr 5.450 0，公司可执行期权，将 100 万美元按协定价 1:5.500 0 卖出，买入 550 万瑞典克朗，再按 1:5.450 0 的市场价在现汇市场买入 100 万美元，支付 545 万瑞典克朗，获利 5 万瑞典克朗，扣除 2 万法郎期权费，仍可获利 3 万瑞典克朗。
- US$1= SKr 5.580 0，该公司可放弃行使期权，损失的仅是 2 万克朗的期权费。如果在这种情况下，公司所进行的是远期或期货保值，那么公司将承担空头的风险，其损失为 8 万瑞典克朗：

［100 × （5.580 0–5.500 0）］= 8（万瑞典克朗）

- US$1= SKr 5.500 0，公司执行或放弃期权均可，损失的仅是 2 万瑞典克朗的期权费。

3.6　互换交易与远期利率协议

3.6.1　互换交易

1. 互换交易的含义及作用

（1）互换交易的含义

互换交易是交易双方预先约定汇率和利率等条件，在一定期限内相互交换一组资金，达到以回避风险为目的的一种交易。

外汇互换是继外汇期货、期权后创设的又一新的金融工具，为规避中长期的汇率和利率风险提供了有利的工具，有金融市场上的“集成电路”的称誉。作为一种高效的风险管理手段，互换交易的对象可以是资产，也可以是负债；可以是本金，也可以是利息。根据交易内容的不同，可以将互换交易简单地分为货币互换和利率互换，在此基础上又产生了货币利率交叉互换、互换期权等。

（2）互换交易的作用

利用互换交易，交易双方可利用各自的筹资优势，达到降低筹资成本的目的；在债务资产管理中，运用互换交易，可以防范和转嫁长期利率和汇率风险；运用互换交易，筹资者可以比较容易地获得任何期限、币种和利率的资金；利用互换交易，可以调整财务结构，使资产负债实现最佳搭配，从而达到分散风险的目的。互换交易属表外业务，它不会使企业负债增加，但可以使借款人间接进入某些优惠市场，利用有利利率降低融资成本，换成所需要的货币。

2. 货币互换

货币互换是指交易双方在一定期限内将一定数量的一种货币与另一种货币进行交换，以避免各方所承担的风险，并降低成本。

货币互换包括固定利率货币互换、固定利率与浮动利率货币互换和浮动利率与浮动利率货币互换3种情况。下面重点介绍固定利率货币互换的原理。

固定利率货币互换是指双方当事人各以自己持有的货币的固定利率的利息与对方持有的另一种货币的固定利率的利息相交换，以便把一种货币的债务有效地转换为另一种货币（能得到充分保值的固定利率的货币）的债务。这种交易一般包括“本金初期互换→利息互换→到期本金再次互换”3个基本步骤。

按照互换市场的标准做法，第一步，双方按商定的汇率互换本金。这种互换可以是名义上的，也可以是实实在在的本金的相互划拨；最重要的是确定各自本金的金额，以便将来计付利息或再换回该本金。第二步，交易双方按交易开始时商定的各自的固定利率，相互用对方的货币向对方支付利息。合约到期日，再进行第三步，即双方换回交易开始时互换的本金。下面举例来说明固定利率互换交易的原理。

【实例3-21】

假定A公司是美国的一家跨国公司。它想利用货币互换的方式资助其在英国的子公司B，向B公司提供一笔英国英镑的优惠贷款，而美国跨国公司并无英镑优惠利率的筹资能力。与此同时，一家英国C公司需用美元资金进行海外投资，却无美元优惠利率的筹资能力。这时，A公司与C公司即可通过货币互换得到各自所需的货币和低成本的融资条件，并可有效地避免汇率和利率变动可能遭受的风险损失。其基本做法可用图3-6、图3-7、图3-8来说明。

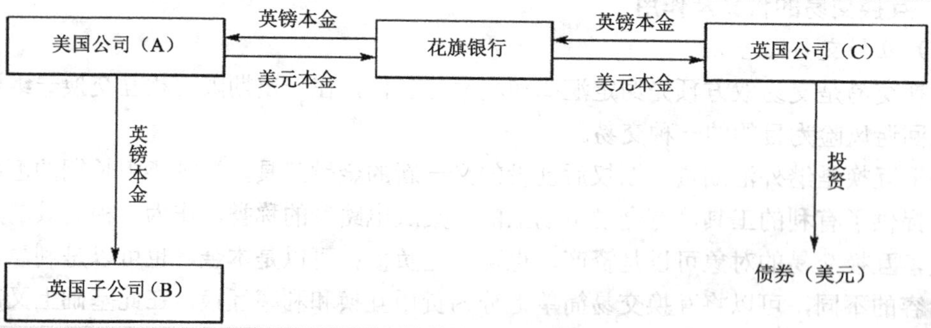

图3-6 本金初次互换

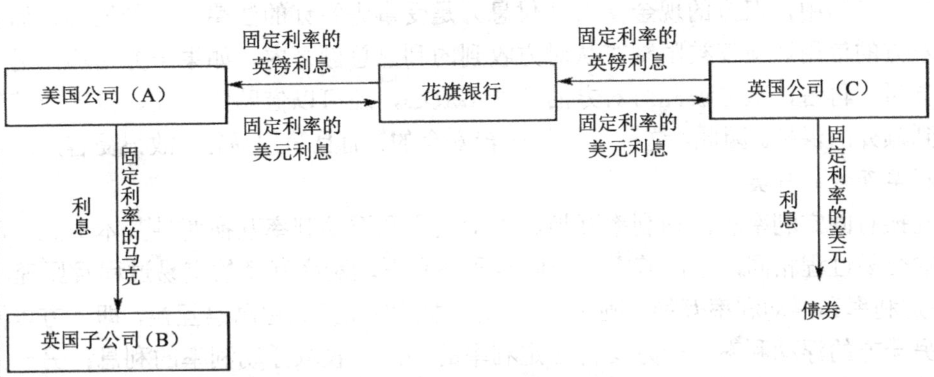

图 3-7　利息互换

交易当天，A 公司按即期汇率以美元同花旗银行掉换相当于将要贷给 B 公司的本金金额的英国英镑，然后以公司间贷款方式转拨给 B 公司。作为交易媒介的花旗银行在与 A 公司互换货币的同时又安排了与一家英国公司 C 的资产互换交易，即代理 C 公司购买了这笔由 A 公司提供的美元资产，然后通过固定利率货币互换交易，将其转换为充分保值的固定利率英国英镑。

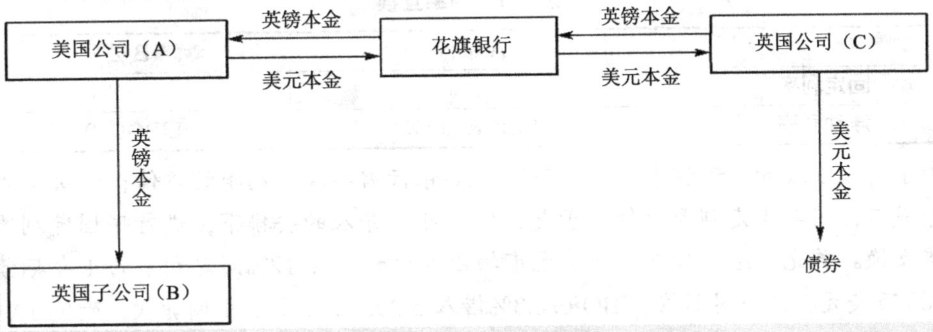

图 3-8　到期本金再次互换

互换期间，A 公司将向 B 公司贷款获得的利息额，在付息日完全支付给花旗银行，向后者收取相应的固定利率的美元利息（实际上由 C 公司提供，花旗银行只是起媒介作用）。

货币互换中，重要的是考虑两种货币间存在的利差，银行可以从中得利，A、C 两家公司也可各得所需。

3．利率互换

（1）利率互换的含义

利率互换交易与货币互换不同，它是指持有同种货币的交易双方，以协定的本金为计息基础，一方以一种利率换取另一方的另一种利率。双方仅交换利息，而不进行本金的互换。通过这种交易，当事人可将其某种利率的资产或负债换成另一种利率的资产或负债（或者相反）。交易双方的目的都在于降低借用资金的利息开支并得到自己所希望的利息支付方式（固定或浮动）。利率互换也需要以银行或其他金融机构为媒介来进行。

利率互换交易中，双方的现金支付（付息）是受事先签订的法律合同制约的，而且本金不动，双方的信用风险仅被限制在从对方收到的利息总额之内，如果一方违约，另一方也可停止支付。再者，双方彼此对对方的信誉不放心，还可以借助信用证、抵押或其他担保方式得到额外的保护。因此，这种交易是比较安全的，而且简便易行，故很受客户欢迎。

（2）利率互换的种类

利率互换有固定利率和浮动利率互换、浮动利率和浮动利率互换两种基本形式。两种利率互换的交易过程相同，下面着重介绍固定利率和浮动利率互换的交易过程及原理。

1）固定利率和浮动利率互换。固定利率和浮动利率互换又称息票互换，即一方以固定利率换取另一方的浮动利率。一方支付固定利率的利息，收取浮动利率的利息；另一方则相反，按固定利率收取利息，按浮动利率支付利息。

【实例 3-22】

假设有A银行在欧洲美元市场筹资，固定利率为12%，浮动利率为6个月期LIBOR（伦敦银行同业拆借利率）加10个基本点（6个月期伦敦银行同业拆放利率加0.1%），B公司筹资的固定利率为13%，浮动利率为6个月期LIBOR加30个基本点。它们的筹资成本如表3-1所示。

表3-1 利率互换

	A银行	B公司
固定利率	12%	13%
浮动利率	LIBOR+0.1%	LIBOR+0.3%

为了与已发放的浮动利率贷款相匹配，A银行需要浮动利率的负债；B公司为了锁定财务成本，需要固定利率负债。于是，它们在中介人的安排下，进行了固定利率和浮动利率互换。首先，A银行在欧洲美元市场以发行利率为12%固定利率的1年期债券筹资5 000万美元；B公司则按LIBOR+0.3%借入5 000万美元1年期贷款，确定了利率互换的本金基础；中介人收取一定的手续费，利率水平由双方共同商定。具体情况如图3-9所示。

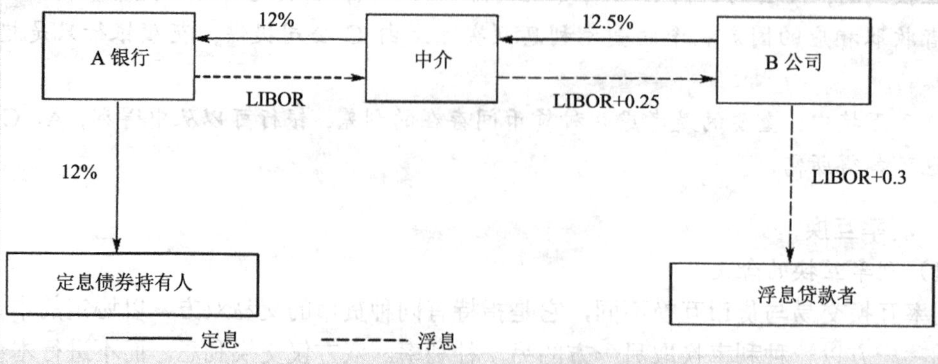

图3-9 固定利率和浮动利率互换

互换后实际筹资成本发生了变化，具体情况如表3-2所示。

表 3-2　利率互换结果

	A 银行	B 公司	中　介
互换前	直接借浮动利率 LIBOR + 0.1%	直接借固定利率 13%	无收益
互换后	浮动利率 LIBOR	固定利率为 12% + LIBOR + 0.3% −（LIBOR+0.25%）=12.05%	收益为 12.5%−12% + LIBOR −（LIBOR+0.25%）= 0.25%
结　果	节约利率成本 0.1%	节约利率成本 0.95%	获利 0.25%

上述例子表明，固定利率和浮动利率互换不仅能方便地改善资产负债结构，而且可以利用交易者筹资成本的差异，共同降低筹资成本。

2）浮动利率和浮动利率互换。浮动利率和浮动利率互换通常是由一种浮动利率指数加上某一数值组成。常用的浮动利率指数有 6 个月期 LIBOR、美国商业票据利率、银行存款证利率、信托票据和银行承兑票据利率等。如果利率互换双方直接以不同期限的浮动利率指数作为浮动利率，或者一方以 LIBOR 作为浮动利率而另一方直接以银行承兑票据利率作为浮动利率，这就形成了浮动利率互换的特殊形式——基础利率互换。这一利率互换形式的用途已越来越广泛。

浮动利率互换虽不能全部消除风险，但能有效地降低利率风险，已被西方商业银行广泛用于资产负债管理中。

▶▶ 3.6.2　远期利率协议

1. 远期利率协议的含义

远期利率协议是买卖双方商定将来一定时间的协定利率，并规定某种利率作为参照利率，在未来清算日，按规定的期限和本金，由一方或另一方支付协议利率和参照利率利息差额的一种远期合约。

远期利率协议是为防范将来利率波动而预先将利率固定下来的一种金融工具。远期利率协议的买方是为了防止利率上升的风险，希望现在就确定将来的利率；远期利率协议的卖方却是为了防止利率下跌而避免其资产遭受损失。

远期利率协议是一种新型的金融期货。和标准的期货相比，远期利率协议不是在固定的交易场所而是在场外交易市场成交的，没有固定的份额标准，可以适用于一切可兑换货币，交易金额和交割日期均不受限制，也不需要保证金，因此远期利率协议与一般期货相比具有更灵活、更简便的特点。远期利率协议的不足之处是，不能像期货那样可以通过买进和卖出同一笔期货进行对冲，买入后不能出售而只能与另一笔远期利率协议对冲。此外，远期利率协议的信用风险比期货大得多，因为期货的结算是通过统一的清算机构进行的，而远期利率协议的风险大小取决于交易对方的信誉。如果一笔远期利率协议的一方违约，另一方就会有一定的风险。

2．远期利率协议的报价

远期利率协议的报价与货币市场中的货币拆放利率表达方式类似，但多了合约指定的远期期限。例如，（3×6，8%）表示期限为 3 个月后起息的 6 个月期的协议利率为 8%。利息的计算方法一般与拆放市场的惯例相同。所不同的是，差额的支付是在协议期限的首天而不是到期日进行的，交付金额参照利率贴现方法计算。一般远期利率协议以伦敦银行同业拆放利率（LIBOR）作为参照利率。到交割日，先计算远期利率协议中规定的协议利率和参照利率的差额，将差额乘上协议中规定的期限和本金，然后按参照利率进行贴现，得出的金额就是交付金额。用公式表示：

$$A=(L-F)DP\div(B\times100+LD)$$

式中 A——交付金额；

L——参照利率（通常为 LIBOR）；

F——协议利率；

D——期限天数；

P——本金；

B——1 年的天数（西方一般以 360 天计）。

当 LIBOR 高于协议利率时，则 A 为正数，卖方将向买方支付 LIBOR 与协议利率的利差数；当 LIBOR 低于协议利率时，则 A 为负数，买方将向卖方支付协议利率与 LIBOR 的利差数。如前所述，利差数都是按贴现金额方式支付。

【实例 3-23】

某公司 3 个月后需筹集一笔金额为 1 000 万美元的 3 个月短期资金，预期市场利率不久将会上升。为避免筹资成本加大的风险而买进了一个 3 个月对 6 个月的远期利率协议，参照利率为 3 个月 LIBOR，协议利率为 8%。到交割日，3 个月 LIBOR 为 9%，这样将由该协议的卖方支付给该公司协议利率与 3 个月 LIBOR 之间的利差。按照上面的计算公式，该公司收取的利差：

$A=[(9-8)\times90\times10\,000\,000]\div(360\times100+9\times90)=-24\,449.88$（美元）

该公司实际筹资金额为：

$10\,000\,000-24\,449.88=9\,975\,550.12$（美元）

该公司 3 个月到期支付的利息为：

$9\,975\,550.12\times9\%\times90/360=224\,449.88$（美元）

则该公司支付的本息和为：

$9\,975\,550.12+224\,449.88=10\,200\,000$（美元）

该公司实际支付利息为：

$224\,449.88-24\,449.88=200\,000$（美元）

该公司实际承担的利率仍然为：

$[200\,000\times360\div(10\,000\,000\times90)]\times100\%=8\%$

如果到了交割日，3 个月 LIBOR 为 7%，这时该公司将向协议的卖方支付协议价和 LIBOR 之间的利差。按照上面的计算公式，该公司支付的利差金额：

A=［（7−8）×90×10 000 000］÷（360×100+7×90）=−24 570.02（美元）

负号代表由买方支付利差，则该公司实际筹集资金为：

10 000 000+24 570.02=10 024 570.02（美元）

该公司 3 个月到期支付利息为：

10 024 570.02×7%×90÷360=175 429.98（美元）

该公司支付的本息和为：

10 024 570.02+175 429.98=10 200 000（美元）

该公司实际支付的利息是：

10 200 000−10 000 000=200 000（美元）

该公司实际承担的利率仍为：

［200 000×360÷（10 000 000×90）］×100%=8%

从上述两种情况分析，可以看出该公司购买了远期利率协议后，不论未来利率如何变化，都可以达到固定利率成本的目的。当然，未来市场利率变动的幅度大小对远期利率协议的保值程度是有影响的。

本章小结

外汇交易是指不同货币之间按照一定的汇率所进行的交换。绝大部分外汇交易所产生的货币收付，并未发生实际的资产运送，而是由银行通过账户转账结算进行并最终实现的。

外汇交易有即期外汇交易、远期外汇交易、择期交易、套汇交易、套利交易、外汇期货交易、期权交易、掉期交易、货币与利率互换交易和远期利率协议等多种交易形式。随着国际经济的发展、经济全球化进程的加快，国际金融业取得了日新月异的发展，外汇交易更加频繁，并不断派生出新的交易工具和金融业务。国际金融业的创新和发展，反过来又推动着国际经济的发展，促进了经济全球化的进程。

练习题

1．名词解释

外汇市场　掉期交易　套汇交易　套利交易　外汇期货　外汇期权　互换交易

2．不定项选择题

（1）外汇市场的参与者包括（　　）。

A．商业银行　　B．投资银行　　C．中央银行

D．外汇投机者　　E．持有外汇的个人

（2）外汇市场的交易产品，主要有（　　）传统类型。

A．即期交易　　B．远期交易　　C．期货交易　　D．掉期交易

（3）商业银行在经营外汇业务中，如果卖出多于买进，则称为（　　）。

A. 多头　　B. 空头　　C. 升水　　D. 贴水

（4）银行购买外币现钞的价格要（　　）。

A. 低于外汇买入价　　B. 高于外汇买入价

C. 等于外汇买入价　　D. 等于中间汇率

（5）衍生金融工具市场交易的对象是（　　）。

A. 外汇　　B. 债券　　C. 股票　　D. 金融合约

（6）一般情况下，即期外汇交易的交割日定为（　　）。

A. 成交当天　　B. 成交后第一个营业日

C. 成交后第二个营业日　　D. 成交后一个星期内

（7）预期将来汇率的变化，为赚取汇率涨落的利润而进行的外汇买卖，称为（　　）交易。

A. 外汇投资　　B. 外汇投机

C. 掉期业务　　D. 择期业务

（8）即期外汇交易的报价采取的是（　　）。

A. 单向报价原则　　B. 双向报价原则

C. 直接标价法原则　　D. 间接标价法原则

（9）远期外汇交易是由于（　　）而产生的。

A. 金融交易者的投机　　B. 为了避免外汇风险

C. 与即期交易有所区别　　D. 银行的业务需要

3. 简答题

（1）外汇市场有哪些作用？

（2）抛补套利的原理是什么？

（3）外汇期权有何特点？

4. 计算题

（1）假设同一时间伦敦外汇市场现汇价为£1=US$1.537 0/80，纽约外汇市场现汇价为US$1=£0.651 0/15。某套汇者拥有100万英镑在两地进行套汇，求套汇利润。

（2）设有如下行市：

伦敦：现汇价£1=US$1.537 0/90，3个月远期汇率：50/40

英镑3个月期利率：12%，纽约：美元3个月期利率：9%

某套利者用美元买进1万英镑在伦敦做3个月期投放，为避免风险，同时进行掉期交易。列式计算：① 套利是否可行？② 计算盈亏情况。

第 4 章　外汇风险管理

学习目标

☑ 理解外汇风险的含义。
☑ 理解并熟练掌握外汇管理的各种方法。
☑ 熟练运用各种外汇风险管理方法规避企业外汇风险。

案例导入

2016 年 7 月 16 日，土耳其发生不到 6 小时的政变惊魂，使得全球金融市场动荡不安。当风险事件来袭时，土耳其里拉对美元下跌近 5%，创 8 年最大跌幅；具有避险功能的美国 10 期国债收益率瞬间跳水，金价瞬间从 1 326 美元/盎司暴涨到 1 337 美元/盎司。

请回答以下问题：突发事件带来巨大的不确定性，投资者或者外贸企业如何回避外汇风险？

资料来源：华尔街前沿 2016-07-17，微信公众号：hejqianyan。

长按指纹，选择“识别图中二维码”，关注我们

4.1　外汇风险的含义、种类及构成要素

4.1.1　外汇风险的含义

外汇风险（Foreign Exchange Risk）是指经济实体以外币计价或衡量的资产与负债、收入与支出及未来经营活动可望形成的现金流的本币价值因有关货币汇率的上下波动而产生损益的可能性。对外汇风险的认识要把握以下几点：

1）外汇风险是由于汇率变动而给企业带来的经济损失或盈利的可能性，具有不确定性的特点，主要包括风险是否发生的不确定性、发生时间的不确定性及后果的不确定性等。

2）外汇风险发生在不同货币进行兑换或折算的情况下。

3）外汇风险起因于未曾预料到的外汇汇率的波动。

4）从外汇买卖的角度看，买卖盈亏未能抵消的那部分，就面临着外汇风险。这部分承受外汇风险的外币金额称为外汇敞口（Foreign Exchange Exposure）。

4.1.2 外汇风险的种类

按风险的形成机制及对企业的影响程度，可以将外汇风险分为会计风险、交易风险和经济风险。

1．会计风险

会计风险（Accounting Risk）又称折算风险或转换风险（Translation Risk），是指由企业对财务报表进行会计处理所引起的不同货币的折算中，因汇率的波动而出现账面收益或损失的可能性。公司在编制报表时，为了把原来用外币计量的资产、负债和所有者权益合并到本币账户内，必须把这些用外币计量的项目的金额用本币重新表述。这个过程中，汇率变动会给公司带来收益或损失。

【实例 4-1】

中国某跨国公司在S国有一家分公司，该分公司2015年12月31日的资产负债表如表4-1所示。

表4-1　2015年12月31日S国分公司资产负债表

单位：1 000美元

资　产	金　额	负债和所有者权益	金　额
现　金	40 000	负　债	100 000
应收账款	60 000	权　益	160 000
厂房及设备	120 000		
存　货	40 000		
合　计	260 000		260 000

该跨国公司在准备编制合并财务报表时，总要按某个特定汇率将资产负债表的金额折算为以人民币计价的资产负债表，假定采用12月28日美元对人民币的现汇价USD1=RMB6.314 6（该年最后一个交易日汇率中间价）计算，那么折算后以人民币计价的资产负债表如表4-2所示。

表4-2　2015年12月31日S国分公司资产负债表

单位：1 000元人民币

资　产	金　额	负债和所有者权益	金　额
现　金	252 584	负　债	631 460
应收账款	378 876	权　益	1 010 336
厂房及设备	757 752		
存　货	252 584		
合　计	1 641 796		1 641 796

假如2016年1月1日（该年首个交易日汇率中间价）汇率变为USD1=RMB6.300 9，那么折算后的资产负债表如表4-3所示。

表 4-3　2016 年 1 月 1 日 S 国分公司资产负债表

单位：1 000 元人民币

资　产	金　额	负债和所有者权益	金　额
现　金	252 036	负　债	630 090
应收账款	378 054	权　益	1 008 114
厂房及设备	756 108		
存　货	252 036		
合　计	1 638 234		1 638 234

从上述两个资产负债表中可以看出，由于汇率的变动，折算成人民币计价的资产由 1 641 796 元降至 1 638 234 元，一天中减少 3 562 元，权益也发生了相应的变化。这就是会计风险。这项损失纯粹是外汇折算所致，是汇率变动造成资产和权益的账面价值下降。

2．交易风险

交易风险（Transaction Risk）是指在运用外币计价的交易中，由于两种货币之间汇率变动引起应收资产与应付债务价值的变化，使交易者蒙受损失的可能性。

交易风险大致有以下几种情况：

1）以即期或延期付款为条件的商品或劳务的进出口，在货物装运或劳务提供后到收到货款或劳务费用这一段间隔时间里，由于汇率变动所发生的风险，其中主要涉及企业以外币计价的应收款或应付款。

【实例 4-2】

假设中国一家企业某日从美国某公司进口一批价值 100 万美元的货物，付款期限为 90 天。按成交当日美元对人民币的现汇价 USD1=RMB6.838 8 计算，该企业应付账款为 6 838 800 元人民币。但 90 天后付款时，汇率升至 USD1=RMB6.842 8，由于人民币对美元贬值，使该企业增加了进口成本 4 000 元（6 842 800–6 838 800）。

2）外汇银行在进行外汇买卖中，由于外汇买进和卖出的不平衡也会出现交易风险。外汇银行买入外汇大于卖出外汇的多头部分要冒该种外币汇率下跌的风险；而卖出外汇大于买入外汇的空头部分要冒该种外币汇率上涨的风险。在银行进行远期外汇交易中，即使买进与卖出的币种和金额相同，但如果交割期不一致，仍然存在风险。

【实例 4-3】

某银行预测欧元对美元的汇率呈上涨趋势，于是买进 3 月期远期 100 万欧元，远期汇率为 EUR1=USD1.557 4。若 3 个月后欧元不仅没有上涨反而下跌了，3 个月后即期汇率为 EUR1=USD1.544 4，则该银行持有的 100 万欧元的外汇头寸将出现损失 1.3 万美元。

3）以外币计价的国际信贷活动中，在债权债务未清偿了结之前存在的交易风险。主要是由于信贷活动中借款和还款货币的币种不同而带来的风险。

【实例 4-4】

中国某金融机构在日本筹集一笔总额 100 亿日元的资金，以此向国内某企业发放 10 年期美元固定利率贷款，按当日汇率 USD1 = JPY110 计，100 亿日元折合 9 091 万美元。10 年后，若汇率变成 USD1 = JPY90，此时仅 100 亿日元本金就升值至 1.111 1 亿美元。而该金融机构到期收回本金 9 091 万美元与利息 1 287 万美元（按年率 1.4%计），总计 1.037 8 亿美元，折合 93.402 亿日元，连借款的本金都无法如数偿还。

3. 经济风险

经济风险（Economic Risk）又称经营风险（Operating Risk），是指难以预料的汇率变动引起企业未来一定期间收益或现金流量变化的一种潜在风险。经济风险通过汇率的变动对生产成本、销售价格及产销数量产生影响，使企业最终收益发生变化。

经济风险定义中的汇率变化仅指意料之外的汇率变动，而不包括意料之内的汇率变动。这是因为企业在经营决策时，已经把意料到的汇率变动进行了相应的处理。

【实例 4-5】

日本某公司是一家利用进口原料从事生产的企业。由于日元发生意料之外的贬值，一方面，日元贬值引发该公司产品出口数量上升；另一方面，日元贬值使该企业以本币表示的进口投入品的价格上升，造成生产成本上升。该公司的销售收益将因日元发生意料之外的贬值而发生变化。

4.1.3 外汇风险的构成要素及特征

1. 外汇风险的构成要素

通过对外汇风险概念的分析和对外汇风险种类的了解可以看出，之所以会存在外汇风险，主要是由于以下几个因素的作用：本币、外币、时间。

（1）本币

本币是衡量一国对外经贸单位生产经营活动的共同指标。所有对外经贸单位在生产经营活动中所发生的外币收付业务，一般都要折算为本币，才能结清债权债务关系并对其经营成果进行考核。

（2）外币

对外经贸单位在其国际化业务活动中往往以外币作为计价货币，因此就存在本币和外币的折算问题。不同的外币和本币的折算率不同，因而外汇风险也就不同。

（3）时间

一般来说，一笔应收或应付外币账款的时间结构对外汇风险的大小有正向影响：时间越长，汇率波动的可能性和幅度就越大；外汇风险就越大；反之，外汇风险就越小。

2. 外汇风险的特征

（1）发生的或然性

这是指外汇风险可能发生也可能不发生，不具有必然性。

（2）盈亏的不确定性

这指外汇风险给持有外汇或有外汇需求的经济实体带来的可能是损失也可能是盈利，它取决于在汇率变动时经济实体是债权地位还是债务地位。

（3）多空双方收益的相对性

这是指外汇风险给一方带来的是损失，给另一方带来的必然是盈利。

4.2　外汇风险管理的策略、基本原则与方法

外汇风险客观存在，各种风险有各自的特点，它们或者从不同方面或者综合起来影响参与外汇交易者的利益。对于涉足外汇市场的交易者来说，进行外汇管理显得十分必要。

4.2.1　外汇风险管理的策略

1. 完全弥补策略

完全弥补策略是指企业在涉外业务中尽可能地通过各种手段消除实际业务中发生的一切敞口头寸，以避免汇率波动可能带来的风险损失的一种外汇风险管理策略。

2. 完全不弥补策略

完全不弥补策略是指企业对外汇风险采取听之任之的态度，承担一切外汇风险的一种风险管理战略。

3. 混合型策略

混合型策略是指企业对某些外汇敞口头寸采取保值弥补措施，而对另一些外汇敞口头寸则不采取任何保值措施的一种外汇风险管理策略。

4.2.2　外汇风险管理的基本原则

1. 分类防范原则

对于不同类型和不同传递机制的外汇风险，应采取不同的策略进行分类防范。

2. 因地制宜原则

根据不同的情况选择不同的外汇风险管理战略。对于预测能力较强的企业，或者在汇率相对稳定的时期，企业可以选择完全不弥补或混合型战略，从而节约风险管理成本；而对于预测能力较小的企业，或者在汇率波动频繁的时期，企业应选择完全弥补策略，从而减少汇率变动的损失风险。

3. 全面重视原则

外汇风险有不同的种类，不同的风险对企业的影响也有差异，有的是有利的影响，有的是不利的影响，这要求发生涉外经济业务的政府部门、企业或个人对自身经济活动中的外汇风险高度重视，涉外企业和跨国公司需要对外汇买卖、国际结算、会计折算、企业未来资金运营、国际筹资成本及跨国投资收益等项目下的外汇风险保持清醒的头脑，避免顾此失彼，从而造成重大的损失。

4. 管理多样化原则

这要求涉外企业灵活多样地进行外汇风险管理。企业的经营范围、背景特点、管理

风格各不相同，涉及的外币的波动性、外币净头寸、外币之间的相关性、外汇风险的大小都不一样，因此每个企业都应该具体情况具体分析，寻找最适合自身风险状况和管理需要的外汇风险战术及具体的管理方法，而不能长期只采用一种外汇风险管理方法。

5．收益最大化原则

这要求涉外企业精确核算外汇风险管理的成本和收益。外汇风险管理本质上是一种风险的转移或分摊。例如，采用远期外汇交易、期权、互换、期货等金融工具进行套期保值，都要支付一定的成本，以此为代价来锁定未来的收益或支出，使企业的现金流量免受汇率波动的影响。一般地，外汇风险管理支付的成本越小，进行风险管理后得到的收益越大。

4.2.3 外汇风险管理的方法

1．计价货币选择法

在国际经济交往中，选择使用什么货币计价结算，将直接影响债权、债务双方各自的经济利益。选择计价货币一般应遵循以下原则。

（1）本币计价法

经济主体在涉外业务中一律选择本币作为计价货币，这样可以避免因货币兑换而可能带来的风险。这种方法并不是消除了外汇风险，而是将外汇风险转嫁给了交易对方，一般仅适用于美、欧、日等主要发达国家或地区。

【实例4-6】

中国某企业向英国某公司出口人民币底价为133.65万元的商品，约定用人民币计价结算。成交日英镑对人民币的汇率是GBP1=RMB13.365 0。中国出口商预测英镑汇率将下跌，即以人民币133.65万元报价。若3个月后英镑汇率跌至GBP1=RMB 13.345 0，按此汇率计算，该批商品约折合10.015万英镑。该企业可收入外汇150英镑。

（2）可自由兑换货币计价法

选择自由兑换货币（美元、欧元、日元、英镑等）作为计价货币，由于这些货币流动性较大，经济主体在预测汇率变动对自己不利时，可以迅速通过外汇买卖将外汇风险转嫁出去。

（3）收硬付软法

经济主体在涉外交往中，凡是自己有外汇收入的交易都采取以硬货币（未来趋向升值的货币）计价的方式；凡是自己需要支出的交易都采取以软货币（未来趋向贬值的货币）计价的方式。

【实例4-7】

中国某企业从日本银行贷款，计价货币可以选择美元或日元，当时两种货币之间的汇率为USD1=JPY110，而且美元有进一步升值的趋势。假定该企业向日本公司贷款11 000万日元（价值100万美元），并约定还款时以日元进行结算。如果还款日两种货币的汇率为USD1=JPY120，不考虑利息，则到时仅需支付本金91.666 7万美元。

（4）多种货币计价法

多种货币计价法也称“篮子货币计价法”，是指经济主体在涉外业务中使用 2 种以上货币来计价以消除外汇汇率波动风险的方法。

【实例 4-8】

中国某公司采取延期付款（3 个月）向美国公司出口一批货物，价值人民币 1 370 万元，目前美元、欧元与人民币之间的汇率分别为 USD1=RMB6.850 0、EUR1=RMB10.580 0。为了防止美元贬值给该公司带来损失，公司采取两种货币计价法，这批货物的价格为 100 万美元+64.744 8 万欧元，假定 3 个月后公司收汇后的汇率分别为 USD1=RMB6.840 0、EUR1=RMB10.600 0，则该公司共实现收入 1 370.294 9 万元。由于采取了多种货币计价法，该公司并没有因为美元的贬值而遭受损失。

2．提前收付或拖延收付法

提前收付或拖延收付（迟收早付或迟付早收）法是根据汇率变动情况，更改货币收付日期的一种防范风险的方法。例如，对于将要收取外汇的企业来说，预测汇率上升则应尽量推迟收汇，预测汇率下跌则应提前收汇；对于将要付出外汇的企业来说，外汇汇率看涨即提前付汇，外汇汇率看跌则推迟付汇。

3．平衡法

经济主体在安排涉外业务时，进行两笔相同货币、相同金额、相同期限但资金流动相反的交易，使两笔交易面临的汇率变化相互抵消，这叫平衡法。

【实例 4-9】

中国某公司从国外进口原材料，生产产品用于出口。该公司出口一批价值 500 万美元的货物，预计 3 个月以后收到货款。为了避免美元贬值的损失，该公司可设法进口价值 500 万美元的原材料，并使两笔交易货款的收付日期一致，从而消除美元涨跌的风险。

4．组对法

组队法是指经济主体将某种货币由于资金流动而带来的风险，通过相同金额、相同时间但流向相反的另一种货币的资金流动来抵消的方法。其实质是不同货币之间的对冲，但要求相互对冲的两种货币的汇率走势应保持一致。

【实例 4-10】

假设在较长一段时间内欧元与日元的汇率变动具有正相关关系，某企业出口一批货物，将在 6 个月后收到 1 000 万日元的货款。为避免日元贬值的风险，该企业进口一批相同价值的货物，但用欧元计价，并尽可能使欧元与日元的收付日期安排一致，从而使欧元与日元的资金流动实现对冲，规避外汇风险。

5．加列保值条款法

保值条款是指以条款形式将保值方法列入贸易合同，成为合同内容的组成部分，从而对贸易双方均具有约束力的保值措施。保值条款通常包括以下几种条款。

（1）外汇保值条款

合同规定以软币（汇率趋跌货币）支付，以硬币（汇率稳定或趋升货币）保值，包括以下3种类型。

1）以硬币计价，用软币支付。支付时按计价货币与支付货币的现行汇率进行折算支付。

【实例4-11】

假设中国某出口商向美国出口一批商品，商定用美元支付。为避免美元汇率下跌遭受损失，经与进口方商定，在贸易合同中加列用欧元计价保值的条款。出口商品货款为100万欧元，签约时欧元对美元的汇率为EUR1=USD1.557 4，则100万欧元折合1 557 400美元。若支付时欧元对美元汇率升至EUR1=USD1.561 4，则100万欧元折合1 561 400美元。按合同规定，此时美国进口商应向中国出口商支付1 561 400美元而非1 557 400美元，从而使我方避免了4 000美元的损失。

2）计价和支付都用软币，但合同规定该货币与另一硬币的比价。如果支付时这一比价发生变化，则原货价按这一比价变动的幅度进行调整。

【实例4-12】

某公司出口一批价值550万日元的商品，签订合同时，计价货币与支付货币均为日元，但确定日元与美元的比价为USD1=JPY110。若合同到期时，两种货币的市场汇率变为USD1=JPY120，则支付金额根据市场汇率的变化比例调整为600万日元。

3）确定软币对某种硬币的变动幅度，签订合同时，合同双方商定支付货币与另一硬币的商定汇率，并规定汇率变动的幅度。届时，若支付货币对硬币的比价变动超过这一幅度，则对货价做相应调整；没有超过这一幅度，则按原货价支付。

【实例4-13】

某公司出口一批价值为20万美元的货物，计价货币为美元，而支付货币为日元。签订合同时，商定美元与日元的比价为USD1=JPY110，同时商定汇率变动率为2%。若合同到期时，美元与日元的市场汇率为USD1=JPY112，则支付金额仍为2 200万日元；若美元与日元的市场汇率为USD1=JPY115，则支付金额为2 300万日元。

（2）黄金保值条款

这是指经济主体在签订合同时将支付货币按当时的黄金市场价格转化为黄金的盎司数量，到实际支付时，再按黄金的市场价格折算成支付货币的金额进行支付。

（3）滑动价格保值条款

滑动价格保值条款是指在贸易合同中用专门条款规定的价格只是参考价格而非交货价格，待交货时再按当时国际市场上的价格或生产费用的变化加以调整。国际贸易中，成套设备交货期长且金额大。报价中，为避免遭受汇率变动，以及原材料价格、工资、费用等成本因素的变动可能造成的风险损失，出口商会在签订贸易合同时与出口商商定，在合同中加列滑动价格保值条款。

（4）综合货币单位保值条款

综合货币单位保值条款也称“篮子货币”保值条款，是指在签订合同时规定某种“篮子”货币对支付货币的比价。支付时，若这一比价有所变动，则根据变动幅度对原货价做相应调整。

（5）物价指数保值条款

物价指数保值条款即以消费品物价指数或商定的某一种商品价格指数来保值，进出口商品货价根据价格指数变动情况做相应调整。在汇率变动和物价指数变动脱节的情况下，采用物价指数保值更为恰当。

6. 对销贸易法

对销贸易法是一种将进口和出口相互联系进行货物交换的贸易方法。对销贸易法的具体形式很多，其中能较好地避免外汇风险的有易货贸易、清算协定贸易和转手贸易。

7. 国际信贷法

国际信贷法是指在中长期国际支付活动中，企业利用国际信贷形式来实现资金融通和规避外汇风险的目的的方法。国际信贷法主要有出口信贷（Export Credit）、出口押汇（Bill Purchased）、打包放款（Packing Credit）、福费庭（Forfaiting）、保付代理（Factoring）等方法。

8. 汇率保险法

从保险学角度看，汇率风险属投机风险而非纯粹风险，属不可保风险，但现在有不少国家开设了外汇保险机构承保汇率风险。在西方国家，开设此类保险业务的目的是为本国企业增强国际竞争能力、占有和扩大国际市场服务的。进出口企业按比例交付一定保险费投保后，在保险有效期内将汇率变动的风险转嫁给保险公司。

9. 外汇交易法

涉外企业在采取以上方法进行风险规避时，往往是把汇率风险转嫁给了交易对方，容易遭到交易对方的反对。而外汇交易法主要是企业通过外汇市场进行外汇交易来消除外汇风险，因其与交易对方无关，所以是一种容易实施的方法，在国际上被普遍使用。

本章小结

外汇风险是指是指经济实体以外币计价或衡量的资产与负债、收入与支出及未来经营活动可望形成的现金流量的本币价值因有关货币汇率的上下波动而产生损益的可能性。本币、外币、时间是构成外汇风险的 3 个因素。外汇风险分为会计风险、交易风险和经济风险 3 种类型。在浮动汇率制下，汇率的频繁波动加大了外汇风险。每个参与国际经济交往的经济体、组织和个人均应提高外汇风险意识，灵活运用各种外汇风险管理方法，规避、控制外汇风险，将外汇风险降到最低程度。

练习题

1. 名词解释

外汇风险　会计风险　交易风险　经济风险　敞口头寸

2. 单项选择题

（1）为防范外汇风险，企业在涉外交往中选择计价货币时的一般原则是（　　）。

A. 采用软货币计价　　B. 收硬付软　　C. 收软付硬　　D. 采用软货币计价

（2）一家以外币计价的出口公司，在收取货款过程中，如果预测本币升值，则应该（　　）。

A. 提前收汇　　B. 提前付汇　　C. 延迟收汇　　D. 延迟付汇

（3）企业采取对消贸易的方式规避外汇风险时，不可以采取的措施是（　　）。

A. 易货贸易　　B. 转手贸易　　C. 出口信贷　　D. 清算协定贸易

3. 简答题

（1）外汇风险的构成要素有哪些？

（2）外汇风险的管理策略是什么？

4. 案例分析

2016 年 1 月，中国 A 公司与美国某公司签订出口订单 1 000 万美元，假如当时美元/人民币汇率为 6.60，6 个月后交货时，人民币已经大大升值，美元/人民币汇率为 6.40，由于人民币汇率的变动，该公司损失了 200 万元人民币。

这一事件发生后，A 公司为了加强外汇风险管理、切实提升公司外汇风险防范水平，于 2012 年 3 月召开了关于公司强化外汇风险管理的高层会议，总结了本次损失发生的经验教训，制定了公司外汇风险管理对策。有关人员的发言要点如下。

总经理陈某：我先讲两点意见：一是加强外汇风险管理工作十分重要，对于这个问题必须引起高度重视；二是外汇风险管理应当抓住重点，尤其是对于交易风险和折算风险的管理，必须制定切实的措施，防止汇率变化对公司利润的侵蚀。

常务副总经理吴某：我完全赞同总经理的意见。在人民币汇率比较稳定的背景下，我们只要抓好生产，完成订单，利润就不难实现。而目前中国人民币汇率的形成机制发生了变化，我们不能再固守以往的管理方式，漠视汇率风险，必须对所有的外汇资产和外汇负债采取必要的保值措施。另外，总经理提出的加强折算风险管理的观点也十分重要，我们建立的海外子公司即将投入运营，应当采取必要的措施对于折算风险进行套期保值，避免出现账面损失。

总会计师李某：加强外汇管理的确十分重要。我最近对外汇风险管理的相关问题进行了初步研究，发现进行外汇风险管理的金融工具还是比较多的，采取任何一种金融工具进行避险的同时，也就失去了汇率向有利方面变动带来的收益。外汇的损失和收益主要取决于汇率变动的时间和幅度，因此强化外汇风险管理，必须先重视对于汇率变动趋势的研究，根据汇率的不同变动趋势，采取不同的对策。

董事长张某：以上各位的发言我都赞同，最后提两点意见：一是思想认识要到位。自 2005 年 7 月 21 日起，中国开始实行以市场供求为基础、参考一篮子货币进行调节、有管理的浮动汇率制度，人民币汇率不再盯住单一美元，形成了更富弹性的人民币汇率机制。

在此宏观背景下，采取措施加强外汇风险管理十分必要。二是建议财务部成立外汇风险管理小组，由财务部经理担任组长，具体负责外汇风险管理的日常工作。

回答以下问题：

（1）题目中给出的汇率采用的是直接标价法还是间接标价法？

（2）题目中的举例体现的是哪种风险？

（3）从外汇风险管理基本原理的角度，指出总经理陈某、常务副总经理吴某、总会计师李某及董事长张某在会议发言中的观点有何不当之处？简要说明理由。

第5章　国际储备

学习目标

☑ 了解国际储备、国际清偿能力、基金组织的储备头寸和特别提款权的概念。
☑ 理解国际储备的作用。
☑ 理解影响国际储备的主要因素和国际储备管理的基本原则。
☑ 掌握国际储备管理的基本方法。
☑ 能够运用所学知识分析中国国际储备问题。

案例导入

2016 年 7 月 19 日，新华社播发了一条新闻：中国继续增持美国国债，仍然维持第一大债权国地位，总量已经超过 1.2 万亿美元。2001 年加入 WTO 以来，我国外汇储备持续快速上升，2014 年 6 月末，我国外汇储备达到历史最高水平 39 932 亿美元；然后，我国外汇储备开始减少，2014 年 8 月—2015 年 8 月，我国外汇储备减少 4 089 亿美元；目前，我国大约有 3.2 万亿美元的外汇储备，其中黄金储备 1 823 吨，美元 66.7%、欧元 19.6%、英镑 10.6%、日元 3.1%等。

请回答以下问题：我国为什么不抛售美债换购美元或者黄金？我国外汇储备数量为何出现下降趋势？由于汇率的变动，我国外汇储备带来的收益和损失如何？

资料来源：

1. 金融晨读 2016-07-29，微信公众号：jinrongchd。
2. 陈德胜等. 对近期我国外汇储备变化的探析[J]. 国际金融杂志，2015-12-08.

5.1　国际储备的含义、组成及作用

5.1.1　国际储备的含义及组成

1. 国际储备的含义

国际储备（International Reserves）是指一国货币当局持有的，并能够在该国出现国际

收支逆差时直接或通过与其他资产有保障的兑换来支持该国汇率的资产。根据定义，国际储备应满足 3 个条件：一是官方持有性；二是普遍接受性，即它是否能在外汇市场上或在政府间清算国际收支差额时被普遍接受；三是流动性，即变为现金的能力。

国际清偿能力（International Liquidity）是一个与国际储备有密切联系的概念，是指一个国家的对外支付能力。它不仅包括一国货币当局持有的各种国际储备，还包括商业银行的短期外汇资产和该国从国际金融机构及国际资本市场融通资金的能力。国际清偿能力具体包括 $L1$、$L2$ 和 $L3$ 这 3 个组成部分。

1）$L1$ 为一国货币当局自有的国际储备，主要指国际储备中的黄金和外汇储备。

2）$L2$ 为一国货币当局的借款能力，包括无条件提款权（特别提款权和在基金组织的储备头寸）和得到国际协议保证的其他官方来源的借款权利。后者主要涉及备用信贷、借款总安排和互换货币协定。备用信贷是会员国与基金组织签订的一种贷款协议，在需要时可按协议提用款项，可随时动用未使用的部分计入借入储备。借款总安排是国际货币基金组织同十个发达国家设立的一项基金，由基金组织和十国集团共同管理，它是基金组织向会员国提供贷款的重要资金来源。互换货币协定是两国政府签订的使用对方货币的协议，当一国出现国际收支逆差时，可按规定的条件自动使用对方的货币，并在规定的期限内偿还。

3）$L3$ 是指一国商业银行所持有的外汇资产。由于这些外汇并不直接掌握在货币当局手中，故不计入该国的国际储备。但是，它属于这个国家对外的支付能力，故计入国际清偿能力。

比较来看，国际清偿能力可以被理解为广义的国际储备。它分为两个组成部分，一部分被称为自有的国际储备，另一部分被称为借入的国际储备。通常所说的国际储备是狭义的国际储备（自有的国际储备），它只限于无条件的国际清偿能力，而不包括有条件的国际清偿能力（一国潜在的借款能力）。

2．国际储备的组成

在不同的历史时期，国际储备的具体构成有所不同。第二次世界大战以后，国际储备主要由黄金储备、外汇储备、国际货币基金组织的储备头寸和特别提款权 4 种形式的资产组成。

（1）黄金储备

黄金储备（Gold Reserves）是指一国货币当局持有的货币性黄金。在国际金本位制度下，黄金储备是国际储备的典型形式。在布雷顿森林体系时期，黄金是重要的国际储备形式。1978 年，国际货币基金组织实行黄金非货币化政策，黄金在国际储备中的地位显著下降。目前，黄金已不能直接用于国际支付，但可以在黄金市场上出售并换成可用于国际支付的货币。从目前各国情况来看，黄金在各国国际储备中已降到二线储备的地位。

世界各国计算黄金储备价值的办法是多种多样的，包括按重量计算、按 1 盎司黄金折 35 特别提款权的固定比例折算、按某个时期黄金市场的加权平均价格计算等。

目前世界各国货币当局持有的黄金储备总额已经突破 10 亿盎司。根据国际货币基金组织的最新统计，截至 2016 年 7 月，世界各国官方黄金储备总额约 11.55 亿盎司，拥有的黄金储备额居前列的国家（组织）是美国、德国、IMF、意大利、法国、中国、俄罗斯、瑞士、日本、荷兰。截至 2016 年 7 月，中国所持黄金储备已增至 6 378 万盎司。

知识拓展

全球官方黄金储备排行

世界黄金协会（WGC）发布的全球官方黄金储备排行（前 20 名），如表 5-1 所示。

表 5-1 全球官方黄金储备排行

序　号	国家（地区）组织	数量（吨）	黄金储备占外汇储备总额之比（%）
1	美国	8 133.5	74.6
2	德国	3 380.2	67.9
3	国际货币基金组织	2 814.0	—
4	意大利	2 451.8	67.6
5	法国	2 435.6	62.7
6	中国	1 808.3	2.1
7	俄罗斯	1 481.4	14.9
8	瑞士	1 040.0	6.2
9	日本	765.2	2.4
10	荷兰	612.5	61.2
11	印度	557.8	5.9
12	欧洲央行	504.8	26.4
13	土耳其	464.1	15.6
14	中国台湾	422.7	3.7
15	葡萄牙	382.5	71.0
16	沙特阿拉伯	322.9	2.1
17	英国	310.3	8.7
18	黎巴嫩	286.8	22.4
19	西班牙	281.6	19.3
20	奥地利	280.0	42.7

资料来源：汇金网 http://www.gold678.com

（2）外汇储备

外汇储备（Foreign Exchange Reserves）是指一国货币当局持有的以国际货币表示的流动资产，主要采取国外银行存款和外国政府债券等形式。国际货币具有以下 3 项职能。

1）国际价值尺度。作为国际价值尺度，各国官方可以选择它作为本国货币的定值单位，私人部门在国际经济往来中用它作为计价单位。

2）国际支付手段。作为国际支付手段，各国中央银行可将它作为外汇市场上的干预货币，私人部门可将它作为外汇交易和国际结算中使用的货币资产。

3）国际储藏手段。作为国际储藏手段，各国货币当局将它作为储备资产，私人部门将它作为国际间放款或债券发行的货币资产。

目前的国际货币（也称储备货币）主要为美元，此外还有欧元、日元、英镑、瑞士法郎等。

国际货币基金组织（International Monetary Fund，IMF）公布的《官方外汇储备货币构成》（COFFR）季度报告显示，2016 年第一季末，全球央行增持美元资产，同时减持欧元资产，美元仍是全球主要储备货币。根据报告公布的数据，2016 年一季度末全球央行外汇储备规模为 10.93 万亿美元，其中已分配外汇储备（Allocated Reserves）[①]总额约 7.18 万亿美元，占比 65.67%；未分配外汇储备（Unallocated Reserves）总额约 3.75 万亿美元，占比 34.33%。

在已分配外汇储备中，构成比例大约为，美元占 63.59%，欧元占 20.37%，英镑占 4.79%，日元占 4.08%，加元占 1.95%，澳大利亚元占 1.90%，瑞士法郎占 0.28%，其他货币占 3.04%。

（3）国际货币基金组织的储备头寸

国际货币基金组织犹如一个股份性质的储蓄互助会。当一个国家加入基金组织时，需按一定的份额向该组织缴纳一笔钱，称为份额。按该组织的规定，认缴份额的 25%须以可兑换货币缴纳，其余 75%用本国货币缴纳。当成员国发生国际收支困难时，有权以本国货币为抵押向该组织申请提用可兑换货币，提用的数额分为 5 档，每档占其份额的 25%，条件逐档严格。由于第一档提款额就等于该成员国认缴的可兑换货币额，因此其条件最为宽松，在实践中只要提出申请便可提用这一档金额，该档提款权为储备部分提款权，其余 4 档为信用提款权。

国际货币基金组织的储备头寸（Reserve Position in IMF）也称普通提款权（General Drawing Rights），是指国际货币基金组织的会员国在货币基金普通账户中可自由提取和使用的那部分资产，包括会员国向该基金认缴份额中占 1/4 的黄金份额或可兑换货币份额，本币份额中被基金组织贷给其他国家的部分，以及基金组织向该国的借款净额。会员国在动用该储备头寸时无需基金组织特别批准，从而可列入其国际储备资产。这部分资产在 1999 年占国际储备资产总额的 3.92%。从国际货币基金组织的储备头寸的世界分布来看，储备头寸的分配呈现出明显的不均衡。工业化国家所持有的国际货币基金组织的储备头寸超过世界总量的 86%，而发展中国家所持有的仅为 14%。

（4）特别提款权

特别提款权（Special Drawing Rights，SDR）是相对于普通提款权来说的，是普通提款权之外的又一种使用资金（可兑换货币）的权力。特别提款权是国际货币基金组织于 1969 年创设的一种账面资产，并按一定比例分配给会员国，用于会员国政府之间的国际结算，并允许会员国用它换取可兑换货币进行国际支付。它的分配大体上根据会员国上缴的份额确定；这种分配是无偿的，故称特别提款权。截至 2015 年年底，会员国共持有 2 041 亿单位的特别提款权，占会员国国际储备总额的 0.93%。特别提款权的世界分布呈现出较大的不均衡性。工业化国家持有的特别提款权占世界总量的 76.85%，其中美国的持有量就占工业化国家的 55.56%，发展中国家的持有量仅占世界总量的 23.13%。国际货币基金组织（IMF）执董会与 2015 年 11 月 30 日批准我国人民币加入特别提款权（SDR）货币篮子，新的货币

① 即一个国家报告的、配置到各种储备货币上的外汇储备总量要少于其持有的外汇储备总额，两者的差别就算到“未分配储备”（Unallocated Reserves）中。一般来讲，未分配的比重越小，说明 IMF 报告中所显示的状况就约精确。然后，新兴市场和发展中国家，其“未分配储备”的比重较高，都在 40%以上，近年来更是达到了 60%。

篮子于2016年10月1日生效，执董会决定人民币在SDR权重为10.92%、美元为41.73%、欧元为30.93%、日元占8.33%、英镑占8.09%。

特别提款权在创设时以黄金定值1特别提款权折0.888 671克纯金，或者1盎司黄金折35特别提款权。从1974年起，它改用一篮子货币定值，每5年调整一次。

【实例5-1】

设A、B两国分别分配到10亿特别提款权，当A国发生国际收支的逆差需动用2亿特别提款权而B国被指定接受特别提款权时，在A国的特别提款权账户的借方记录2亿，在B国的账户贷方加上2亿；同时，B国的中央银行按表5-2所示为其特别提款权账户登录将等值的可兑换货币转入A国的中央银行，A国中央银行遂可用所得到的这笔可兑换货币来平衡国际收支差额。

表5-2　特别提款权账户登录

单位：美元

A国特别提款权账户			B国特别提款权账户		
	借　方	贷　方		借　方	贷　方
	2亿	10亿		10亿	2亿
余　额		8亿	余　额		12亿

知识拓展

特别提款权简介

1．特别提款权的运作

特别提款权是一种依靠国际纪律创造出来的储备资产。它的分配是无偿的，具有价值尺度、支付手段、贮藏手段的职能，但没有流通手段的职能，不能被私人用做直接媒介进行国际商品的交易，因此它还不是一种完全的世界货币。国际货币基金组织设有特别提款权部，参与的会员国均设有一个特别提款权账户。当基金组织向会员国分配特别提款权时，将某一会员国分到的特别提款权记在其账户的贷方。当该会员国发生国际收支困难而需要动用特别提款权时，基金组织按有关章程通过协调指定一国（通常是国际收支处于强势的国家）接受特别提款权。

2015年11月30日，国际货币基金组织执董会决定将人民币纳入特别提款权（SDR）货币篮子，SDR货币篮子将相应扩大至美元、欧元、人民币、日元、英镑5种货币，人民币在SDR货币篮子中的权重为10.92%，美元、欧元、日元和英镑的权重分别为41.73%、30.93%、8.33%和8.09%。

2．特别提款权的定价

创始之初，特别提款权的定价方法为1美元等于1特别提款权，或者35特别提款权等于1盎司黄金。由于20世纪70年代以来黄金与国际货币制度的脱钩及美元币值的动荡不定，基金组织转而采用一种加权平均的方法来确定特别提款权的价值。1980年以后，基金组织选择了世界贸易中的5个主要国家（美国、德国、日本、英国、法国），以五国各自对外贸易在五国总贸易中的百分比作为权数（权数每 5 年调整一次），分别乘以五国货币计算日当日（或前一日）在外汇市场上对美元的比价，求得特别提款权当天的美元价值，然后通过市场汇率，套算出特别提款权同其他货币的比价。2001 年以来，特别提款权的定值货币改为 4 种，即美元、欧元、日元和英镑，其权数分别为 45%、29%、15%、11%。2004 年 6 月 19 日，1SDR 的价值为 1.462 21 美元。2010 年调整后，美元占 SDR 的权重由 2005 年的 44%降低至 41.9%；欧元占 SDR 的权重则从 34%提升至 37.4%；英镑占 SDR 的权重变化较小，从 11%变为 11.3%；日元占 SDR 的权重由 11%降低至 9.4%。计算公式如下：

以美元表示的 SDR 价值=1 美元×41.9%+美元/欧元比价×37.4%+
美元/日元比价× 9.4%+美元/英镑比价×11.3%

从特别提款权价值的上述计算方法中可知，它的价值相对来讲是比较稳定的。因为任何一种货币汇率的波动，经过权数（小于 1）化后传导给特别提款权的影响大大缩小了。此外，这 4 种货币是当前世界上的主要货币，一种货币汇率的下浮，必有其他一种（或几种）货币汇率上浮，不同货币汇率向不同方向运动，可以彼此抵消对特别提款权的影响，从而使特别提款权的价值相对稳定。因此，价值稳定是特别提款权的一大特征。

3．特别提款权的用途

目前，除去经济合作组织中加入特别提款权部的成员可以持有并使用特别提款权外，还有基金组织本身、国际清算银行等。总之，能持有特别提款权的机构必须是政府或政府间的机构，特别提款权的使用仅限于政府之间。这是特别提款权的第二特征。

在基金组织范围内，特别提款权有以下用途：

- 以划账的形式获取其他可兑换货币。
- 清偿与基金组织之间的债务。
- 缴纳份额。
- 向基金组织捐款或贷款。
- 作为本国货币汇率的基础（1993 年 2 月有 5 个成员国的货币与特别提款权保持固定比价）。
- 成员国之间的互惠信贷协议。
- 基金组织的记账单位。
- 充当储备资产。

4．特别提款权的特点

SDR 跟一般的储备资产相比具有以下一些特点：

- 不具备内在价值，是一种人为的账面资产。
- 是由基金组织按各国的份额进行分配的。
- 只能用于基金组织及各国政府之间。

5．特别提款权的分配使用

迄今为止，基金组织共进行了两期约 214 亿 SDR 的分配（第一期 1970—1972 年，共 93.148 亿 SDR；第二期 1979—1981 年，共 121.182 亿 SDR）。SDR 在创立之初仅仅是作为美元的补充而存在的，所以它在第一期发行的数量只有 93.148 亿 SDR。1973 年布雷顿森林体系崩溃之后，国际上一度主张将 SDR 作为最主要的储备资产，并在 1979—1981 年进行了第二期 121.182 亿 SDR 分配工作。1995 年第三次 SDR 的分配因以美国为首的发达国家的反对未果。

SDR 并没有替代美元成为各国最主要的储备资产，主要因为下列一些问题。

1）储备资产性质问题。作为一种国际储备，它应具有真实的价值而不是虚拟的价值。SDR 仅仅是一种虚构的国际清偿能力，没有坚实的物质基础。它既不像黄金那样本身具有价值，又不具有国际收支逆差的能力，故不能成为最后的国际支付手段，因而它不能成为唯一真正的国际货币。

2）美国的态度问题。特别提款权代替美元作为国际储备货币来缓解美元的压力，但美国又尽力保持美元的国际地位。一旦美元的压力减轻，美国就对 SDR 采取种种限制措施。这主要表现在 SDR 总共才发行了两期，总份额才有 214 亿。

3）分配不合理问题。SDR 是按照会员国在基金组织中所占的份额进行分配的，很明显具有很大的不合理性。最初所有发展中国家只得到 1/4 的分配额，而美国一国分配的数额就占 23%。

4）发行数量问题。SDR 的数量相对各国外汇储备数量太少，只占 4.5%左右。

5）使用范围问题。虽然基金组织扩大了 SDR 的使用范围，并将其扩展到一些私人领域及用 SDR 计值来发行债券，但由于涉及货币数量及货币政策等问题，绝大多数国家不同意使用 SDR。

另外，SDR 发行后引起的下列两个问题的广泛争论也是 SDR 未能成为最主要的国际储备倾向的重要原因。

1）替换账户（Substitute Account）。替换账户是指基金组织开设一个 SDR 存款账户，各国将各自“过剩”的美元按 SDR 美元的比价折成 SDR 后，各国的美元储备变为 SDR 储备，而基金组织将集中的美元投资美国的证券，这部分美元将重新回到美国。替换账户的主要目的是用 SDR 替代日益泛滥的美元，使其成为世界上最主要的储备资产，但最后由于美国的态度及操作的困难而被束之高阁。

2）联系制问题（Aid-Linking）。联系制问题的全称为“SDR 分配与发展相联系”方案，是指基金组织把新创造的 SDR 通过一些方法重点向发展中国家转移。其方法主要包括以下 3 种：一是直接分配给需要援助的发展中国家；二是转拨给多边开发机构，然后由多边开发机构援助给发展中国家；三是仍按基金的份额进行分配，然后发达国家把分配到的 SDR 以“自愿”的方式转赠给发展中国家。

所有发展中国家和部分发达国家的经济学家是联系制方案的积极赞成者，但联系制也遭到一些经济学家特别是美国经济学家的反对。由于争议太多，到目前为止，联系制仍未被基金组织采纳。

5.1.2 国际储备的作用

国际储备的作用可以从以下两个层次来理解。

第一个层次，从世界范围内来考察国际储备的作用。随着世界经济和国际贸易的发展，国际储备也相应增加，它起着对国际商品和金融资产流动的媒介作用。

第二个层次，具体到一个国家来考查国际储备的作用。从一国的角度来看，持有国际储备主要有以下 4 个方面的作用。

（1）缓解国际收支不平衡对本国经济的冲击

当出现国际收支逆差时，政府可以动用国际储备进行弥补，避免采用其他调节措施可能对经济运行造成的不利影响。比如，当出现国际收支逆差时，政府通过提高利率、提高关税、扩大紧缺物资出口、加强外汇管制等措施，虽然都可以缓解国际收支逆差，但是无一例外地都会给经济运行带来消极影响。需要说明的是，动用国际储备不能从根本上解决长期国际收支逆差问题，它只能为经济结构的调整赢得必要的时间，使其他国际收支调节措施推迟到一个适当的时机进行，或者减轻其他国际收支调节措施的力度。国际储备的这种缓冲器作用有利于经济持续、稳定地发展。

（2）维持本国货币汇率的稳定

一国货币当局可以动用外汇储备干预外汇市场，通过改变市场供求关系来稳定汇率，或者使汇率的运动符合政府既定的目标。政府拥有足够数量的外汇储备时，便可以影响市场心理，增强人们对本币的信心，这也是国际储备稳定汇率的重要途径。在当代国际金融市场游资充斥的情况下，国际储备对稳定汇率、保证经济正常运行有着十分重要的意义。

（3）充当本国对外借债的基本保证

国际储备是反映一国偿债能力的主要指标。国际储备较多的国家举债能力较强，它减少了外国债权人向该国贷款的风险，也使该国能够以较为优惠的条件利用外资。

（4）影响货币发行量

在中央银行参与外汇交易的过程中，流通中的本国货币数量会相应改变。当它购买外汇、增加外汇储备总量时，就会有相应数量的本国货币投入流通，这可能引起本国的通货膨胀。当它出售外汇时，也可能收到相应数量的本国货币，引起通货紧缩。国际储备数量变动通过改变本币流通数量而产生对经济运行的影响，取决于该国的具体条件。例如，在经济过热时，政府增加外汇储备，由此引起的通货膨胀可能对经济运行产生不利影响。但是，政府显然可以主动地利用国际储备的这种作用促进经济发展。比如，失业严重时，可以增加外汇储备的数量，通过货币流通量的增加刺激总需求。

5.2　国际储备的水平管理及结构管理

从一国的角度来看，国际储备的管理主要涉及两个方面：一是水平管理，二是结构管理。国际储备的水平管理，说的是国际储备的总量管理或数量管理，主要研究一国应保持多少国际储备才是最合理的；国际储备的结构管理主要是研究怎样搭配不同种类的储备货币，才能使风险最小或收益最大。

5.2.1　国际储备的水平管理

1. 确定适度国际储备量的意义

一国持有的国际储备并非越多越好。首先，国际储备数量过多会造成资源的浪费。持有国际储备就具有一定的机会成本，即该国放弃了将它转化为进口生产资料等实际资源后所可能获得的收益。理论上讲，国际储备数量过多，国际储备本身给该国带来的边际收益低于储备增量的边际成本。其次，采取特定政策片面追求高储备的过程中，可能会出现一些消极影响。

一国持有的国际储备量过少也会使该国蒙受损失。首先，这意味着资源配置的扭曲，因为国际储备量过少，就是持有国际储备的边际收益高于储备增量的机会成本。其次，这意味着政府缺乏足够的外汇平准基金，本币汇率难以稳定，增加了国际贸易和金融活动中的风险。再次，该国可能面临偿债困难的情况，利用外资时可能缺乏国际信誉。最后，由于该国缺乏国际清偿能力，在受到各种冲击时可能付出格外沉重的代价。

2．确定适度国际储备量的参照指标

理论上讲，适度的国际储备是指国际储备给该国带来的边际收益等于国际储备增量的机会成本时的国际储备量。但是，由于确定国际储备的边际收益和国际储备增量的机会成本难度大，通常是通过考查世界各国储备的一般状况和本国的实际情况来确定国际储备数量的。

从定量分析的角度来看，确定适度国际储备量的参照指标包括国际储备对进口的比例（或国际储备能支付进口的月数）、国际储备对外债余额的比例、国际储备对国际收支差额的比例、国际储备对国民生产总值的比例等。其中，最为流行的参照指标是国际储备对进口的比例。从世界范围来看，最流行的适度储备量标准是 3 个月进口说，即国际储备应保证支付 3 个月的进口，或者说储备对进口的比例（年度数字）不低于 25%。

从世界范围来看，3 个月进口说大体符合各国确定适度国际储备量的标准。但是，发达国家与发展中国家的适度储备水平存在明显差异，即发达国家倾向于选择较低的国际储备水平，而发展中国家倾向于选择较高的国际储备水平。这主要是由于发达国家有较强的借款能力，尽管其国际储备不能支付 3 个月进口，但其国际清偿能力并不低于发展中国家，而往往高于发展中国家。

由于各国国情不同，3 个月进口说不能作为某一个国家适度国际储备量的确定标准。

国际货币基金组织判断一国国际储备不足的客观标准有以下几个：

- 持续高利率政策。
- 加强对国际经济交易的限制。
- 把增加储备作为首要的经济目标。
- 持续的汇率不稳定。
- 新增储备主要来自信用安排。

这些客观指标的隐含条件是各国政府已经了解适度国际储备规模，因此当它们采取高利率政策或奖出限入政策来改善国际收支时，便意味着该国存在储备不足问题。在储备不足的情况下，该国政府缺乏干预外汇市场的能力，从而导致汇率不稳。于是，该国被迫通过国外借款来弥补储备不足。这些事后指标对于确定适度储备量有一定的参考价值。

3．确定适度国际储备数量要考虑的主要因素

（1）持有国际储备的机会成本

持有国际储备的机会成本，即持有国际储备所相应放弃的实际资源可能给该国带来的收益。一国货币当局持有的国际储备越多，它所放弃的当前能够加以运用的实际资源数量就越大；如果一国货币当局减少国际储备持有额，节约下来的外汇可以转化成进口商品和服务等实际资源，为该国当前的经济发展服务。人们通常用外汇资金所能转化的进口资源的投资收益率来表示持有国际储备的机会成本。进口资源的投资收益率越高，持有国际储备的机会成本就越大。一般来说，发展中国家在经济发展中更多地受到资源的制约，进口资源（特别是设备、技术和重要原料）的投资收益率较高，从而持有国际储备的机会成本会高于发达国家。

（2）对外交往规模

一国在国际交往中，对国际储备需求较大的是商品进口规模和对外偿债的规模。一国进口规模越大，或者还本付息的外债负担越大，就越需要持有较多的国际储备。储备是一个存量，进口是一个流量。为克服这一差别，一般采用年进口额这个指标，以它为分母，以储备为分子，可以采用比例法来推算一国的最佳储备量。由于比例法比较简单容易操作，至今仍然是国际储备需求研究中最常用的方法之一。一般认为，这一比例应为 20%～50%，但由于国际资本流动迅速发展，其适用性明显下降。

（3）进出口贸易（或国际收支）差额的波动幅度

采用比例法应考虑进出口贸易差额的波动幅度这一指标。因为比例法中的进口仅仅表示资金的一种单向流动（支出），而进出口或国际收支差额则反映了资金的双向流动及对储备的实际需求。但对一个国家来说，每年的差额是不一样的，有时大、有时小，有时顺差、有时逆差，即有一个波动的幅度问题。幅度越大，对储备的需求就越大；反之，波动幅度越小，对储备的需求就越少。一般可用经济统计的方法来求得或预测一段时期的平均波动幅度，以此作为确定储备需求的参考。

（4）汇率制度

储备需求与汇率制度有密切的关系。国际储备的一大作用就是干预汇率。如果一国采取固定汇率制度，并且政府不愿经常性地改变汇率水平，那么相对而言它就需要持有较多的储备，以应付国际收支可能产生的突发性巨额逆差或外汇市场上突然爆发的大规模投机。反之，一个实行浮动汇率制的国家，其储备的保有量就可以相对较低。

与这个概念有关的是外汇管制的情况。实行严格外汇管制的国家，储备保有量可相对较低；反之，则较多。

（5）国际收支自动调节机制和调节政策的效率

一国发生国际收支逆差时，该国的自动调节机制和政府调节政策的效率也影响储备需求。例如，收入机制、货币—价格机制、利率机制等都是自动调节机制，如果这些调节机制效率低，则国际收支的逆差就主要依靠国际储备（或政府政策）来解决。这种情况下，国际储备需求自然就高。调节政策调节国际收支差额的效率越高，国际储备需求就越低；反之，政策效率越低，国际储备就越高。

另外，由于国际收支逆差的政策调节会改变货币供应量、收入水平、就业水平等因素，从而带来调节负担，猛烈的调节还可能导致经济萎缩、失业猛增。因此，承受调节负担的能力及政策调节的意愿，有时会严重影响一国对储备需求的判断。

（6）金融市场的发育程度

发达的金融市场能够提供较多的诱导性储备，这些储备对利率和汇率等调节政策的反应比较灵敏。因此，金融市场越发达，政府保有的国际储备相对越少；反之，金融市场越落后，调节国际收支对国际储备的依赖就越大。

（7）国际货币合作状况

如果一国政府同外国货币当局和国际货币金融机构有良好的合作关系，签订了较多的互惠信贷、备用信贷协议，或者当国际收支发生逆差时其他货币当局能够协同干预外汇市场，则该国政府对国际储备的需求就越少；反之，该国政府对国际储备的需求就越大。

（8）国际资金流动状况

现代条件下，这一因素是最为重要的。传统的衡量国际储备数量的主要分析手段是针对经常账户制定的，它们将国际储备的功能主要视为弥补进出口之间的差额。而在国际资金流动非常突出的今天，国际储备对国际收支平衡的维持作用更主要地体现在抵消国际资金流动的冲击上。由于国际资金流动的规模非常大，一国在不能有效、及时地利用国际金融市场借入资金的情况下，其国际储备的数量需求就大大增加。但是，国际流动条件下的一国储备的合理数量还是一个探讨之中的问题。在1997年的东南亚金融危机中，部分国家运用国际储备与国际游资进行较量，力图以国际储备来维持其缺乏弹性的汇率制度，结果不仅国际储备几乎耗尽，而且造成金融危机的进一步恶化。由此，国际储备数量的适度性问题又在国际社会上引起争论。一种观点认为，尽管国际储备在维持僵化的汇率制度方面收效甚微，但对于维持经常性对外支付、保证经济正常运转方面却依然具有十分重要的作用，特别是对维持与增强国际社会的信心有良好的效果。另一种观点认为，面对数量巨大的国际游资，一国货币当局运用国际储备在外汇市场上实施干预的效果十分有限，而且国际储备的过度增长会通过一国国内的货币机制引起基础货币乃至货币供应总量的过分增长，从而对该国的物价水平形成上涨压力，并借助开放经济条件下的各种传递机制使通货膨胀在世界范围内扩散与传递。

以上列举了影响一国最佳储备量的种种因素。这些因素有政治的、社会的，也有经济的，它们相互作用，使最佳储备量的确定复杂化。一般来讲，最佳储备量的确定要综合考虑这些因素。

4．国际储备总量管理的手段

不同国家在国际储备总量管理中采取的手段有所不同。发达国家比发展中国家更加侧重于依靠借入储备来保证国际清偿能力。各种国际储备调整措施会在不同程度上影响经济生活的其他方面，各国政府需要根据特定情况来选择国际储备的调整措施。从短期来看，政府主要依靠干预外汇市场来调节国际储备数量。政府买入外汇，可增加国际储备数量；卖出外汇，则可减少国际储备数量。长期来看，调节国际储备依赖于各种国际收支的调节措施。

发展中国家在国际储备不足时，通常采取以下国际收支调节措施：

1）通过出口退税、出口担保、外汇留成和复汇率制等手段鼓励出口。

2）以各种贸易和非贸易壁垒限制进口。

3）以外汇管制和延期支付等办法限制资本外流。

4）货币对外贬值。维持汇率稳定本来是国际储备的基本职能之一，但是在持续国际收支逆差和储备不足的情况下，实行货币贬值政策，既有利于改善国际收支，又可以在新的基础上更有效地实现稳定汇率的目标。

5. 测量最适度国际储备水平的方法

（1）比例分析法

比例分析法是根据国际储备需求与某种经济活动变量之间的比例关系计算最适量国际储备水平的一种方法。其优点是数据易于统计，计算简便易行；缺点是只能反映个别经济变量对储备需求的影响，而不能全面反映各种经济变量的影响，因此计算的结果不够精确，只能粗略地反映对储备需求的长期趋势。比例分析法常用的比例指标主要有储备对进口额的比例、储备对外债总额的比例、储备对国民生产总值的比例。

（2）成本收益分析法

成本收益分析法又称机会成本分析法，是建立在西方微观经济学边际成本分析理论基础上的一种国际储备适度需求测算方法。

成本收益分析法认为，一般情况下，国际储备的需求量与持有储备的机会成本成正比，与持有储备的边际收益成反比。持有储备的机会成本是运用外汇进口资源要素促进国内经济增长的边际产出（可采用国内投资收益率计算）。持有储备的边际收益则是运用储备弥补国际收支逆差，避免或推迟采用政策性调节措施，减少和缓解对经济造成不利影响的好处，以及运用外汇购买国外有息资产的收益。只有当持有储备的边际收益等于持有储备的机会成本从而带来社会福利最大化时，才是最适度的储备规模。

成本收益分析法具有测算的准确性高于比例分析法的优点。这种方法采用多元回归和相关分析的技术，建立储备需求函数，克服了比例法采取单一变量的片面性。其不足之处在于，计算方法比较复杂，涉及的经济变量较多，有的数据难以获得，只能凭经验主观选择或采用其他近似指标替代；许多变量之间具有较高的相关性，不符合多元回归方程条件的要求，因而影响了计算结果的准确性。

（3）质量分析法

质量分析法的基本观点是，储备的短缺或过剩会直接影响某些关键的经济变量，或者间接地鼓励国家实行某些经济政策。考查这些关键的经济变量的变化和所实行的政策，就可以反映出储备水平是否适度。质量分析法所选择考查的政策因素主要包括紧缩性或扩张性需求管理、收入政策、外援的增减、外汇管制、进口配额或进口自由化、非关税壁垒、出口补贴或出口税等；经济变量因素包括失业率、利率、汇率和通货膨胀率等。

质量分析法虽有一定的道理，但只能粗略地反映储备的适度性，不能测算出一个确定的储备量。用来反映储备适度性的经济变量和政策措施的变化可能并非由储备过剩或不足引起，而是由其他经济因素甚至政治因素引起的。这种方法假定的储备水平是一种重要的政策目标，政府会为达到预定的储备水平目标而调整内部和外部的政策，但有些时候政府的政策调整可能是为了其他更重要的政策目标。

6. 中国国际储备的水平管理

（1）中国国际储备的特点

1979 年以来，中国的国际储备规模迅速扩大，但其间也经历了几次较大的起伏曲折。

第一次下降是在 1979—1980 年，当时国家外汇库存急剧下降，1980 年亏空 12.96 亿美元。1981 年开始大幅度回升，至 1983 年已达到 89.01 亿美元。

第二次下降是从 1984 年下半年开始至 1986 年年底，外汇库存仅余 20.72 亿美元。从 1987 年起又逐渐上升，到 1991 年时达到 217.12 亿美元。

第三次下降是在 1992 年，国际收支出现了 20 多亿美元的逆差，减少了国家外汇库存。

此后一直稳定增长，直到 2015 年再次出现了下降，比 2014 年下降 3 145 亿美元。

到 2015 年年底，达到 35 255 亿美元，仍居世界第一位。中国历年外汇储备汇总如表 5-3 所示。

表 5-3 中国历年外汇储备汇总（1979—2015 年）

单位：10 亿美元

年　份	数　量	年　份	数　量
1979	0.840	1998	144.959
1980	−1.296	1999	154.675
1981	2.708	2000	165.574
1982	6.986	2001	212.165
1983	8.901	2002	286.407
1984	8.220	2003	403.251
1985	2.644	2004	609.932
1986	2.072	2005	818.872
1987	2.923	2006	1 066.344
1988	3.372	2007	1 528.249
1989	5.550	2008	1 946.030
1990	11.093	2009	2 399.152
1991	21.712	2010	2 847.338
1992	19.443	2011	3 181.148
1993	21.199	2012	3 311.589
1994	51.620	2013	3 820.000
1995	73.597	2014	3 840.000
1996	105.049	2015	3 525.500
1997	139.890		

资料来源：国家外汇管理局网站 http://www.safe.gov.cn。

中国执行了稳定的黄金储备政策，2002 年年底至 2009 年 3 月以来黄金储备数量一直保持 1 929 万盎司不变，但由于外汇储备的大幅度增长，黄金储备在储备总额中所占的比重大大下降。

由于中国向国际货币基金组织缴纳的份额不多，因此所分配的特别提款权和保持的储备头寸数量不大，到 2007 年年底，二者加在一起是 20 亿美元，占国际储备总额的比重不到 2%。

（2）中国保持高水平国际储备规模的主要原因

1）稳定人民币汇率的需要。如果政府没有如此大量地购买外汇，增加国际储备，人民币汇率将面临沉重的升值压力。人民币汇率上升幅度过大，对出口和利用外资都会产生一定的消极影响。另外，在当今国际金融市场上存在大量的国际游资，它们力图冲击发展中国家的汇率以牟取暴利。开始于 1997 年下半年的东南亚金融危机表明，发展中国家即使持有相当多的国际储备，也不一定能够充分保证本国货币汇率稳定。中国香港特别行政区能够成功地捍卫港元汇率，在一定的程度上归功于其拥有高于其他东南亚国家的外汇储备。

2）应付外债还本付息的需要。目前，中国在引进外资方面名列世界前茅，并开始面临还本付息和投资收益外流的问题。外资的大量进入会给中国带来国际收支顺差并相应增加中国的国际储备，但是目前中国外债的还本付息和投资收益外流数额有逐年增加的趋势，如果没有充足的国际储备来满足这方面的外汇需求，将会对中国利用外资产生不利影响。表 5-4 为 2003—2013 年中国长期与短期外债结构。

表 5-4　2003—2013 年中国长期与短期外债结构

年　份	外债余额（10 亿美元）	中长期外债余额（10 亿美元）	中长期外债年增长率（%）	短期外债余额（10 亿美元）	短期外债年增长率（%）
2003	219.36	116.59	0.90	102.77	18.02
2004	262.99	124.29	6.6	138.71	34.97
2005	296.54	124.90	0.49	171.64	23.74
2006	338.59	139.36	11.58	199.23	16.07
2007	389.22	153.53	10.17	235.68	18.30
2008	390.16	163.88	6.74	226.28	−4.23
2009	428.65	169.39	3.36	259.26	14.57
2010	548.94	173.24	2.27	375.70	44.91
2011	695.00	194.10	12.04	500.90	33.33
2012	736.99	196.06	1.01	540.93	7.99
2013	863.17	186.54	−4.86	676.63	25.09

资料来源：国家外汇管理局网站 http://www.safe.gov.cn。

3）中国的贸易收支和金融账户收支面临明显的不确定因素。中国的贸易顺差在相当大的程度上依赖于中美贸易中的顺差，美国已多次威胁对中国采取一些制裁措施，如一再讨论取消给予中国的最惠国待遇等。一旦中美贸易出现问题，中国的贸易收支顺差将很难维持。自东南亚金融危机爆发后，国际资本的流向已经开始发生变化，西方跨国公司和跨国银行对向东南亚国家的投资与贷款持更加谨慎的态度，这可能在一定程度上影响今后几年对中国的资本流入。

4）适应改革的需要。中国是一个发展中大国，正处于经济高速增长和体制转轨时期，不确定因素比较多。保持充足的外汇储备，有利于增强国际清偿能力，提高海内外对中国经济和货币的信心；有利于应对突发事件和金融风险，维护国家经济金融安全；有利于为深化改革、扩大开放提供雄厚的资金保障。

▶▶ 5.2.2　国际储备的结构管理

1．国际储备结构管理的基本原则

（1）基本原则

一国政府调节国际储备的基本原则是统筹兼顾各种储备资产的安全性、流动性和营利性。

1）储备资产的安全性。储备资产的安全性是指储备资产保持原有价值的属性。影响这种安全性的主要因素是通货膨胀和汇率波动。例如，美国发生严重的通货膨胀和美元汇率下降，会使持有美元储备资产的国家蒙受损失。

2）储备资产的流动性。储备资产的流动性是指储备资产作为普遍接受的国际支付手段的属性。不同储备资产的流动性有所不同，以美元活期存款形式持有的储备资产具有较高的流动性，因为美元支票是直接的国际支付手段。以黄金或外币有价证券形式持有的国际储备的流动性就不如美元活期存款，因其不是直接的国际支付手段，将它们转化为以外币为面值的汇票、支票、本票等国际支付手段需要一定的交易成本和时间。

3）储备资产的营利性。储备资产的营利性是指储备资产给持有者带来利息、债息和股息等受益的属性。

储备资产的安全性、流动性和营利性之间存在着交替关系，即此长彼消的关系。一般来说，流动性越强，则营利性越低；安全性较强，则营利性较差。例如，外币活期存款的流动性强于外币有价证券，但其营利性不如后者；黄金储备从长期来看有较强的保值功能，但是持有黄金不能获取利息收入。安全性较强的其他资产风险较小，但营利性也会相应下降。储备资产管理基本原则之间的关系如图5-1所示。

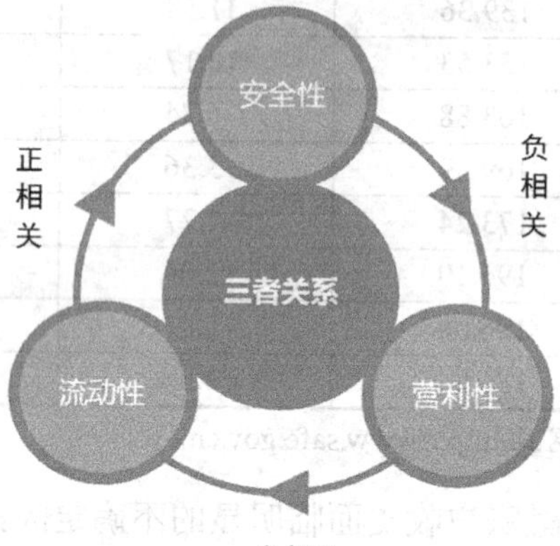

图5-1　储备资产管理基本原则之间的关系

政府在储备资产管理中，需要同时考虑储备资产的上述3种属性。流动性涉及储备资产能否在不蒙受损失的情况下随时投入使用；安全性涉及储备资产的价值储藏手段职能；营利性关系到储备在未动用期间所产生的效益。不同经济环境下，3种属性的相对重要性会有所不同。例如，在国际收支逆差严重时，该国需要大量动用储备资产，保持储备资产的流动性具有较为重要的意义；在通货膨胀恶性发展时期，保证储备资产的安全性具有较为重要的意义；在国际收支大体平衡或出现顺差的时期，相对重视储备资产的营利性可以使该国获取更大的资产增值利益。

2．外汇储备币种结构管理

（1）用于国际支付的外汇储备，应与该国外汇需求结构保持一致

这是指外汇储备币种结构应当与该国对外汇的需求结构保持一致，或者说取决于该国对外贸易支付所使用的货币、当前还本付息总额的币种结构和干预外汇市场所需要的外汇，这样可以降低外汇风险。例如，一国有大量的日元债务，但是其只持有美元储备，那么一

旦日元汇率升值，该国便会蒙受巨大损失。在安排外汇储备币种结构时，政府应计算预期的以各种货币清偿的净出口（进口大于出口的余额）和还本付息支出净额。

（2）根据分散原理安排预防性储备货币，实行多样化储备

如果一国货币当局有很强的汇率预测能力，采取积极的外汇风险管理策略，那么它可以根据无抛补利率平价（预期汇率变动率等于两国利率差）来安排预防性储备的币种结构。例如，若利率差大于高利率货币的预期贬值率，则持有高利率货币可增强储备资产的营利性；若利率差小于高利率货币的预期贬值率，则持有低利率货币有利于增强储备资产的营利性。但是，一旦预测失误，该国便可能蒙受巨大的储备资产损失。

因此，各国通常根据分散原理安排预防性储备货币的币种结构，即实行储备货币多样化。根据投资组合选择理论，把各种相互独立的不同资产进行混合搭配的投资，其风险要低于投资任何单一资产。在多种储备货币的储备结构中，一种资产的损失可由另一种资产的升值来弥补，从而相应降低了整个国际储备所面临的风险。在具体的管理工作中，政府有关部门需要建立投资组合选择模型，根据本国国情和政府目标确定各种货币在预防性储备中所占的比重。

3．储备货币流动性结构管理

在币种结构管理中，政府主要考虑的是储备资产安全性与营利性之间的关系；而在流动性结构管理中，政府主要考虑的是流动性与营利性之间的关系。

（1）国际储备流动性差异

根据流动性的差异，同种货币储备资产可分为多种层次。例如，有的国家货币当局将储备资产分为 3 个层次。一级储备包括外币活期存款、商业票据和短期国库券，它们有很强的变现能力，这部分储备的数量取决于该国对交易性储备的需求；二级储备指 2～5 年的中期债券；三级储备指高收益的长期债券，这部分储备的数量取决于该国对应付突发事件的预防性储备需求。在二级和三级储备管理中，政府需要考虑该国长期负债的期限要求。

（2）中长期债券的期限安排

各种层次的储备资产之间并不存在截然不同的界限。例如，即将到期的中长期债券的流动性并不亚于短期国库券，因此只要货币当局对持有中期和长期债券做出合理安排，保证在每个时期都有一部分即将到期的中期和长期债券，即使中期和长期债券所占比重较高，该国仍能够保证整个国际储备资产的流动性符合政策要求。

（3）安全性考虑

在中期和长期债券选择中，货币当局更倾向于信誉良好、政局稳定的国家的政府债券和 AAA 级的欧洲债券，而较少选择有国家风险的政府债券和一般的公司债券。因为一般公司债券的安全性、流动性和营利性都不如政府债券。

现在，许多国家在选择活期存款的存放地点时，都不再选择该货币发行国，而是选择存入欧洲货币市场。因为境外货币较少有被冻结的政治风险，且存款利率往往高于货币发行国的存款利率。

4．中国国际储备的结构管理

（1）中国黄金储备规模管理应注意的问题

中国各种储备成分的比重管理主要是黄金与外汇之间的比例管理问题。中国一直实行

稳定黄金储备的政策，在今后的黄金储备规模管理中应注意以下问题：

1）中国是一个发展中的大国，对储备资产安全性有更高要求。

2）黄金市场金价波动剧烈，在某个时期用外汇购买黄金有利可图。

3）中国的黄金消费需求随着人民生活水平的不断提高呈递增趋势，需要政府拥有一定数量的黄金储备。

（2）中国外汇储备币种结构管理应坚持的原则

1）坚持储备货币多样化，以减少外汇变动可能带来的损失。

2）根据对外支付的需要确定该货币在储备货币中的比重。

3）随时根据外汇市场的汇率运动趋势调整储备货币的币种结构。

目前，中国外汇储备的币种结构管理中的主要问题是与国际收支的实际需要有所脱节，特别是需要重视日元债务在中国外债中所占比重很大这一现实情况。

（3）中国外汇储备存放管理原则

1）中国外汇储备的存放需要分散化。欧洲货币市场的发展为外汇储备分散化管理提供了便利条件，这种管理方法有助于减少外国政府冻结资金、银行倒闭或其他意外事件给中国带来的损失。

2）中国银行的外汇结存源于中国银行的对外负债。对于从国外借入的资金，需要尽可能地按照借、用、收、还货币一致性原则，避免外汇风险。对于国内企业的外汇存款，需要根据外汇风险管理的一般原则，通过远期外汇交易等手段，尽量避免汇率波动可能带来的损失，争取在有利时机获得一定的投资收益。

5.3 国际储备体系

5.3.1 国际储备体系的多元化及其原因

国际储备体系多元化是指国际储备体系由黄金、各种储备货币、储备头寸和特别提款权等多种国际储备资产混合组成。

1．国际储备体系的演变

（1）国际金本位制度下的储备体系

国际金本位制度下，黄金是最主要的国际储备资产。国际金本位制度崩溃后，黄金仍然是最主要的国际储备资产，英镑和法郎在国际储备体系中的地位开始下降，美元在国际储备体系中的地位则逐渐上升，并在两次世界大战期间超过英镑成为主要的储备货币。

（2）布雷顿森林体系下的储备体系

第二次世界大战后建立的布雷顿森林体系确立了美元的中心货币地位，形成美元—黄金储备体系。由于黄金在国际储备体系中所占的比重不断下降，美元储备则不断增长，使美元在国际储备体系中的地位不断上升，甚至超过黄金储备而成为最主要的国际储备资产。

（3）美元—黄金储备体系的根本缺陷

美元—黄金储备体系下，各国美元储备的增长，有赖于美国的国际收支持续地出现逆差。美元储备增加得越多，美国所积累的国际收支逆差和对外短期负债就越多。尽管美国可以用黄金储备抵偿一部分债务以维持美元的信用，但黄金储备再多也是有限的，不可能保证各国不断增长的美元储备与黄金的兑换。当美国黄金储备不断减少，不足以为美元提供信用保证时，就会发生美元的信用危机。然而，如果美国为了稳定美元而保持国际收支的平衡，又会减少各国国际储备的来源，引起国际清偿能力不足的问题。这种“国际流动性困境”即所谓的“特里芬难题”（美元—黄金储备体系固有的内在矛盾），是美元—黄金储备体系下无法克服的内在矛盾。

为了解决“特里芬难题”，国际货币基金组织于 1969 年 10 月正式通过了美国提出的创设特别提款权的方案，试图以此作为国际储备资产的补充，减轻不断增长的国际储备需求对美元的压力，缓和美元危机，并希望通过扩大特别提款权的分配和使用，将来取代美元的中心储备货币地位。然而，由于特别提款权的信用保证尚待考验、使用范围和发行数额有限、分配办法与目的存在矛盾等问题，最终还是未能挽救美元危机和布雷顿森林体系。

黄金储备的迅速流失使得美元的信用保证大大削弱，不可避免地引发了美元危机。在愈演愈烈的美元危机情况下，1971 年，美国政府被迫停止美元与黄金的兑换性，从而导致了布雷顿森林国际货币制度和美元—黄金储备体系的崩溃。

2．多元化储备体系形成的原因

第二次世界大战以后，美国一直坚决维护美元作为储备体系中心货币的霸权地位，并从中得到了许多好处。美国既可以用直接对外支付美元来弥补其国际收支逆差，获得巨大的铸币利差，又可以用美元大量对外发放贷款或进行投资，控制其他国家的经济，赚取高额的利息收入，还可以通过美元的储备货币地位提高美国在国际货币金融事务中的决定作用，影响甚至支配国际金融形势的发展。但是后来由于美元危机日益恶化，对美国内外经济造成了严重的不利影响，美国政府这才不得不改变态度，表示愿意使美元的支配地位下降，与其他国家分享作为储备货币发行国的利益和负担。

联邦德国、日本和瑞士等国最初不愿使其货币成为储备货币，主要是担心作为储备货币的发行国必须对外完全开放国内金融市场，取消对资本流动的限制，以致影响国内的货币政策和经济发展。同时，任何一国货币作为储备货币都会遇到“特里芬难题”，即随着储备货币数量的增长，该国必将积累大量的国际收支逆差，其货币的信用保证难免会随之下降，影响货币汇率的稳定。所以，直到 1979 年，由于受到第二次石油危机的冲击，国际收支出现了大量逆差，它们才改变态度，放松对资金的管制，鼓励外资的流入和外国中央银行持有本国货币，从而大大加速了其货币成为国际储备货币的进程。

美国经济实力的下降是导致美元地位衰落的主要原因，许多国家转而将一部分外汇储备分散在德国马克、瑞士法郎和日元等硬货币上。这同时与美国等发达国家对本国货币作为储备货币的态度转变也有很大关系。此外，诸如欧洲货币体系扩展、石油美元回流及国际金融市场规模急剧扩大等，都对国际储备资产的多元化产生了重要的推动作用。

5.3.2 国际储备体系多元化的优缺点

1. 国际储备体系多元化的优点

（1）世界国际储备总额大大增加，缓解了储备资产供应不足的矛盾

在多元化的储备体系下，国际储备的增长不再完全依赖美元，而是同时以几个国家的货币作为储备货币，当美元供应不足时可以通过其他储备货币的供应来满足对国际储备资产的需求，还可以通过扩大特别提款权的分配来增加国际储备总额。因此，世界国际储备增长很快，基本上满足了国际经济发展对储备增长的需求。

（2）减轻了美元危机带来的风险，有利于保持外汇储备价值的稳定

在以美元作为单一储备货币时，美元的贬值必然给各国的美元储备带来损失。而在多种储备货币并存的情况下，如果美元疲软，各国可抛售美元，换购其他坚挺的货币，还可以通过将国际储备分散摆布的办法来保持储备价值的相对稳定，从而增加平衡头寸的灵活性，避免或减少因单一持有美元而遭受贬值损失的风险。

（3）打破了美元的霸权地位，有利于促进各国的国际金融合作

多元化储备格局的形成，结束了美国在国际金融领域一统天下的格局，使各国经济不再过分地依赖美元，不再受制于美国经济。由于多种储备货币的互相竞争，任何一国都不能依靠独霸储备货币发行国的地位，向别国强行转嫁通货膨胀和经济危机，从而有利于各国加强相互协商、合作和约束，共同管理解决国际经济和金融领域的重大问题。

2. 国际储备体系多元化的缺点

（1）多元化储备体系仍然潜伏着储备货币的信用危机

多元化储备体系的建立并没有真正解决“特里芬难题”。在国际储备增长依赖于几个而不是一个储备货币发行国的情况下，任何一个储备货币发行国的经济不稳定和国际收支持续大量逆差，都会削弱其货币的信用基础。如果某个储备货币发行国想要保持国际收支平衡，则必然会给其他储备货币增加压力。因此，这种储备体系仍然是脆弱和不稳定的，随着储备货币发行量的不断增长，仍有可能导致储备货币的信用危机。

（2）储备资产的分散化可能引起世界性的通货膨胀

在储备资产分散化的情况下，国际储备具有一种无计划的盲目增长的趋势。例如，当德国马克和日元趋于坚挺时，许多国家会将美元兑换成马克和日元。德国和日本中央银行为了防止马克与日元汇率上涨过高，就要干预外汇市场，抛售马克和日元，购进美元，从而增加新的储备。这种盲目增长的结果会使世界储备货币总额大量增加，产生储备供应过多的不合理现象，并因此引起世界范围的通货膨胀。

（3）储备资产的频繁大量转移加剧了国际金融市场的动荡

浮动汇率制度下各国汇率经常波动，国际金融市场变得动荡不定，多元化储备体系则进一步加剧了这种不稳定性。当某种储备货币坚挺时，大量其他的储备货币会竞相兑换成这种硬货币；而当某种储备货币变得疲软时，又会被大量地抛售出来，由此导致国际间大规模的资本移动，助长了外汇投机和国际金融市场的混乱。

（4）多元化储备体系不利于一些国家经济的稳定和发展

多元化的储备体系下，没有一种储备货币能够长期保持坚挺和稳定。而不同储备货币

地位的强弱变化，必然引起大量国际资本的盲目流动，给一些国家尤其是储备货币发行国的经济管理和宏观调控带来巨大困难，破坏其经济政策的效力，影响这些国家国民经济的稳定和发展。

（5）储备资产的多元化和分散化加大了储备管理的难度

在单一货币储备构成的情况下，各国只需根据一种货币的汇率变化安排储备资产的投资、统计核算储备资产的价值；而在多元化储备构成的情况下，每种货币的汇率变化及其影响因素（如国内经济状况和货币政策的改变等），都会在不同程度上影响储备资产的安全性、流动性和营利性，这就要求各国随时对储备资产的结构和统计核算进行相应的调整，从而大大增加了储备管理的难度。

（6）发达国家与发展中国家之间储备分配不合理

在现行多元化储备体系下，国际储备的分配很不合理。一方面，少数发达国家的货币是储备货币，因而能够保持充足的国际清偿能力；另一方面，大多数发展中国家却只持有很少的储备资产，其国际清偿能力匮乏的矛盾非常突出。为了扩大国际清偿能力，它们不得不向发达国家借债，接受沉重的剥削，以致陷入严重的债务危机。国际储备分配的这种不合理性反映了国际收支调节的不对称性。所以，广大发展中国家强烈要求改变目前的国际储备分配办法，建立一种新的平等合理的国际储备体系。

▶▶ 5.3.3　国际储备体系的前景

（1）黄金的地位

黄金非货币化的努力已告失败，黄金仍将作为一种重要的储备资产和最终的国际支付手段发挥作用，但其重要性将继续降低。

（2）特别提款权的地位

特别提款权仍将是重要的储备资产，但由于其内在缺陷，且在储备体系中所占比重太小，所以很难在短期内发展成为中心储备货币。

（3）欧元的地位

欧洲货币一体化的成功，使得欧元在储备体系中的重要性大大增加，成为美元的强劲对手，并且为国际储备体系改革做出了有益的探索。

（4）美元的地位

尽管美元在目前仍然占有很大优势，但是世界经济多极化的发展，将使美元在储备体系中的地位进一步下降，不过日元等其他储备货币短期内也难以提高到与美元和欧元抗衡的地位。

目前全球外汇储备的货币构成比例大约为，美元占64.6%，欧元占25.5%，英镑占4.6%，日元占3.1%，其他货币占2.2%；而在IMF特别提款权（SDR）的构成中，美元仅占44%，欧元占34%，英镑占11%，日元占11%。

国际货币基金组织（IMF）公布的《官方外汇储备货币构成》季度报告显示，2011 年三季度全球央行增持美元资产，同时减持欧元资产，美元仍是全球主要储备货币。根据报告公布的数据，2011 年三季度全球央行外汇储备规模为 10.17 万亿美元，高于上半年末时的 10.08 万亿美元。三季度期间，全球央行的美元外汇储备为 3.36 万亿美元，较二季度增加近 2%，三季度美元资产在外汇储备中的比重较上年同期上升 7.5%。与此同时，随着欧洲主权债务危机不断恶化，欧元储备规模逐渐缩小。三季度期间，全球央行的欧元储备降至 1.4 万亿美元，较二季度的 1.45 万亿美元出现下降。

因此，可以预见，在今后相当长的一段时期内，储备体系将出现美元与欧元两极抗衡的格局。但从长远来看，国际储备体系多元化的趋势将继续发展，建立一个统一、稳定、平等、合理的国际储备体系仍将有待世界各国的长期努力。

知识拓展

金砖国家

一般认为，最早提出“金砖四国”这一概念的是美国高盛公司。2003 年 10 月，高盛公司发表了一份题为《与 BRICS 一起梦想：通往 2050 年的道路》的全球经济报告。报告估计，到 2050 年，世界经济格局将经历剧烈洗牌。全球新的六大经济体将变成中国、美国、印度、日本、巴西、俄罗斯。“金砖四国”这个词是高盛公司的吉姆·奥尼尔于 2001 年首次提出的。“金砖四国”（BRIC）引用了巴西、俄罗斯、印度和中国的英文首字母。由于该词与英文中的砖（Brick）类似，因此被称为“金砖四国”。中国作为“金砖国家”合作机制轮值主席国，与俄罗斯、印度、巴西一致商定，2010 年 12 月，吸收南非作为正式成员加入“金砖国家”合作机制，“金砖四国”即将变成“金砖五国”，并更名为“金砖国家”（BRICS）。“金砖国家”走到一起是国际关系发展的客观要求。“金砖国家”的发展导致世界经济增长点多元化，成为国际经济关系民主化的自然推动力。“金砖国家”在改革和完善全球经济治理方面有相同的关切和主张，加强协调、携手合作是大势所趋，也成为新世纪以来国际关系的新特点。换句话说，这也是经济基础决定上层建筑的反映。

“金砖国家”走到一起是互利共赢的选择。五国虽国情各异，禀赋不同，但所处发展阶段相近，都面临保增长、保稳定、保民生的艰巨任务，在经济发展过程中也都会遇到调结构、护环境等相似的挑战或难题。“金砖国家”合作为它们交流发展经验、破解发展难题提供了宝贵平台。同时，“金砖国家”各具优势，经济互补性很强，既有开展广泛合作的坚实基础，也有促进共同发展的现实和战略需求，加强合作顺理成章。

“金砖国家”走到一起符合国际社会共同利益。与“七国集团”等发达国家合作机制不同，“金砖国家”不是新的大国集团，不是政治同盟，而是发展伙伴。该机制讨论的问题集中于经济、金融和发展领域，无论是发达国家和发展中国家都普遍关心。可以说，“金砖国家”是全球发展伙伴关系的积极倡导者和实践者，是南北对话与合作的一座桥梁。

本章小结

国际储备是各国政府为了弥补国际收支逆差和保持汇率稳定而持有的国际间普遍接受

的流动性资产。作为一国国际清偿能力的一个重要方面，国际储备反映了一国的对外金融实力。

一国的国际储备主要包括黄金、外汇、特别提款权和基金组织的储备头寸。国际储备的增加是国际收支顺差的结果，它对各国的对外支付、国际收支调节、汇率稳定和国家信誉起着重要的保证作用。

美元—黄金储备体系存在的“国际流动性困境”引起了美元危机，并最终导致了布雷顿森林体系的崩溃。美元地位下降和日元、德国马克等货币地位的上升是多元化储备体系形成的主要原因。

多元化储备体系的优点，使其经历了二十多年风风雨雨的考验仍能平稳运行，从而促进了世界经济的发展。尽管它有不少缺陷，但在可预见的将来，国际储备体系多元化的趋势还会继续发展。

国际储备管理的目的是达到储备资产规模的适度化、结构的最优化和效益的最大化，并实现对国民经济和国际收支的调控目标。

国际储备管理的内容包括总量管理和结构管理两个方面。从总量上保持国际储备的适度规模，是国际储备管理的首要问题。结构管理的基本任务就是要合理调度和摆布储备资产，在动态变化中实现国际储备安全性、流动性和营利性的统一，使国际储备获得最大的效益。

测算最适度储备水平的方法主要有比例分析法、成本收益分析法和质量分析法，结构管理的主要策略主要有多元化资产组合法、比例搭配保值法和市场预测调整法。

改革开放以来，中国的国际储备从起伏波动变为急剧增长，成为世界上国际储备最多的国家之一。国际储备的增长大大增强了中国的国际金融实力，同时迫切要求改革和完善储备管理体制和营运机制，提高中国国际储备管理的水平。

练习题

1．名词解释

国际储备　外汇储备　特别提款权　国际清偿能力　一级储备

2．单项选择题

（1）国际储备管理的 3 个基本原则是（　　）。

A．安全，流动，营利　　B．安全，固定，保值

C．安全，固定，营利　　D．流动，保值，增值

（2）持有一国国际储备的首要用途是（　　）。

A．支持本国货币汇率　　B．维护本国的国际信誉

C．保持国际支付能力　　D．赢得竞争利益

（3）当储备货币的汇率下跌时，储备货币发行国会因该货币的贬值而（　　）。

A．从中获利　　B．遭受损失　　C．不受影响　　D．上述结果都有可能

（4）在 IMF 成员国国际储备总额中 90 %以上为（　　）。

A．黄金储备　　B．外汇储备　　C．特别提款权　　D．普通提款权

（5）按照国际储备对进口的比例这一参照指标，适度国际储备量标准应为（　　）。

A. 国际储备保证支付3个月的进口 B. 国际储备可支付6个月的进口

C. 国际储备保证支付1年的进口 D. 国际储备可支付2个月的进口

3. 简答题

（1）什么是国际储备？国际储备的作用是什么？

（2）影响国际储备需求的主要因素是什么？

（3）中国外汇储备的币种结构管理应坚持什么原则？

（4）国际储备体系多元化的优缺点分别是什么？

第 6 章　国际金融市场

学习目标

☑ 了解国际货币市场、国际资本市场和国际黄金市场的组成及发展过程。
☑ 领会当代国际金融市场发展的特点。
☑ 掌握货币市场的交易工具和证券市场的划分方式。
☑ 理解欧洲货币市场的特点和发展原因，以及国际金融危机的分类与成因。

案例导入

继德银危机之后，意大利银行业的危机开始成为世界关注的焦点，这也是英国脱欧以来的欧洲面临的主要问题。欧洲央行的统计数据显示，意大利银行业不良债务总额高达 3 600 亿欧元，占整个欧元区银行业不良债务总额的 1/3，其中 2 100 亿欧元属于严重坏账。意大利会是下一个倒下的多米诺骨牌吗？

请回答以下问题：国际银行业危机产生的原因是什么？一国如何应对危机？意大利银行业危机对欧洲银行体系影响如何，对国际金融市场将产生怎样的影响？

资料来源：经管之家论坛，2016-07-13，微信公众号：bbspingguorg-weixin。

6.1　国际金融市场概述

办理国际收支结算，以及国际货币资金的融通、调拨和国际汇兑时，从事国际金融业务的银行和金融机构需要进行各种金融商品（包括货币、黄金、外汇、债券、股票等）的交易，这就离不开国际金融市场。第二次世界大战结束以来，国际金融市场有了很大发展，国际金融活动的范围扩大了，国际资本流动越来越频繁、迅速，冲破了地域的界限，促进了生产和资本国际化及货币金融业务国际化，推动了世界经济的发展。

6.1.1 国际金融市场的概念、形成与发展

1．国际金融市场的概念

国际金融市场有广义和狭义之分。广义的国际金融市场是指国家之间进行各种金融商品交易活动的场所。狭义的国际金融市场是指国际资金借贷交易活动的场所，即国际资金融通的场所，又称国际资金市场。广义的国际金融市场与国际商品市场的不同之处在于：第一，国际商品市场交易的对象是各种各样的有形商品，而国际金融市场交易的对象是货币资金；第二，国际商品市场的交易以有形的固定场所为主，而国际金融市场的交易则以无形的、不固定的场所为主；第三，国际商品市场的商品交易表现为商品所有权和使用权同时转移，而国际金融市场的货币资金交易大多只表现为资金使用权的转移；第四，国际商品市场交易双方之间的关系是买卖关系，而国际金融市场交易双方之间的关系是一种借贷关系。本章所说的国际金融市场都是广义上的概念。

2．国际金融市场的形成

国际金融市场的形成和发展是与资本主义商品经济的发展分不开的。在资本主义商品发展的初期，统一的世界市场开始形成。随着资本主义经济的发展，生产和资本的国际化有所发展，各国之间的经济贸易联系日益加强；越来越多的国家由双边的经济关系发展为多边的经济关系，各国之间的债权债务关系也随之发展起来。各国国内金融市场同国外的联系也随之产生并日益扩大，从而出现了主要或专门从事国际业务的国际金融市场。19 世纪中叶以前，虽然西方国家有一些大城市从事国际货币贸易，但是全面集中地开展国际金融业务的国际金融市场——国际金融中心就为数不多了。这是因为国际金融中心的形成必须具备以下几个条件：

1）必须有发达的商品经济，对外贸易发达，海运、保险业务能力强，这是一个国家国内金融中心发展成为国际金融中心的经济基础。

2）必须具有安定的政治局面。国际金融市场的建立，意味着一个连接各国金融交易者的业务网络的形成。债权人到债务人的利益保障、业务的稳定发展、交易风险和交易费用降低等方面，都需要一个相对稳定的经济和政治环境。

3）必须具有完备的金融制度、众多的国内外金融机构及发达的金融市场体系，货币能自由兑换或一定程度的自由兑换。

4）必须具有良好的地理条件、完善的通信与邮政设施和其他支持服务业，能适应国际金融业务发展的需要。有了这些条件，国际金融交易可以在技术上确保安全与效率。

5）必须实行对外开放政策和宽松的金融政策，外汇资金调出调进方便。

6）必须具备一支既懂国际金融理论又懂国际金融实务的专业人员，能够提供高质量、高效率的金融服务。凡是具备这些条件的地方，就有可能成为国际信贷和国际结算中心，从而成为全面集中地开展各种国际金融业务的国际金融市场。

从历史上看，英国伦敦是世界上最早具备上述条件而成为国际金融市场的城市。众所周知，在工业革命的有力推动下，英国的对外贸易急剧增长，从而使英国成为当时世界上头号工业强国和贸易强国，英镑也就成了资本主义世界国际贸易的主要结算货币。与此同时，英国在政治上也比较稳定。随着国际贸易的进一步发展，信用制度也有了较大发展，国际结

算由现金结算向非现金结算演变，汇票、本票、支票等信用工具的使用日益普遍。这样，英国的商业和金融中心城市——伦敦便产生了国际性的非现金结算的中心机构——票据交换所，使伦敦成为货币兑换、票据交换的中心。当时，英国最大的银行——英格兰银行的业务活动也获得了重大发展，并在世界各地广泛地建立了业务代理网，从而促进了国际信贷和国际结算的发展。再加上现代化的通信工具在国际金融业务中的应用，于是在 19 世纪中期，伦敦率先成为具有现代特点的国际金融市场。第一次世界大战爆发后，英国放弃了金本位制。这次大战结束以后，英国在工业生产与国际贸易上的头等强国地位被美国逐步取代，英镑作为主要的国际结算货币和储备货币的地位已经削弱，伦敦作为国际金融市场的地位随之下降，纽约逐渐发展成为重要的国际金融市场。

3. 国际金融市场的发展

(1) 国际金融市场的发展过程

国际金融市场的大发展是第二次世界大战结束后的事情。第二次世界大战后，随着生产和资本国际化的进一步发展，新的国际经济合作的形式不断涌现，出现了大规模的国际资本流动，使得国际金融市场进入一个新的发展时期。这个新的发展时期，可以分为以下 3 个阶段。

1）第二次世界大战结束到 20 世纪 60 年代前为战后国际金融市场发展的第一阶段。这个阶段，纽约、苏黎世、伦敦并列成为三大国际金融市场，其中纽约国际金融市场的规模最大。这是因为在战争中英国的经济受到严重破坏，战后初期的英国经济十分困难，英国实行严格的外汇管制，使资本输出和外汇买卖受到限制，因而伦敦作为国际金融市场的地位进一步下降。西欧各国的经济情况大体与英国相似，只有瑞士经济情况良好，始终能保持其货币的自由兑换，并发展了自由外汇市场和黄金市场，瑞士法郎也成为当时国际货币中少有的硬通货。这样，瑞士的苏黎世也就发展成为国际金融中心和著名的黄金集散地。与英国等相反，美国却发了战争财，积累了大量财富，成了世界资金的最大供应者，在布雷顿森林会议上确立了美元的霸权地位。当时，国际资本的筹措、借贷都集中在美国纽约，从而使纽约成为当时最大的国际金融市场。

2）20 世纪 60～70 年代为战后国际金融市场发展的第二阶段。这个阶段，美国的经济地位和美元地位不断下降，随着日本和西欧经济的加速发展，以及欧洲货币市场的形成和发展，国际金融市场不再局限于少数传统的国际金融中心，而迅速扩展到巴黎、法兰克福、布鲁塞尔、米兰、东京等国际金融市场。这是因为进入 20 世纪 60 年代以后，美国连续发动侵略战争，庞大的军费支出使美国的国际收支出现巨额逆差，黄金大量外流，美元的信用发生动摇。美国政府被迫采取了一些限制美国资本外流的措施，导致大量美元为逃避管制而纷纷流向境外金融市场。与此同时，一些欧洲国家为了防止美元流入引起外汇市场动荡也采取了一些限制资本流入的措施，结果这些国家的银行为逃避上述限制，也纷纷把资金转到国外，从而形成了许多逃避管制的境外货币和境外货币市场，并获得迅速发展。

境外货币又称离岸货币、国际货币，是在发行国的境外流通而不受本国政府法令的管制、在国外自由流通而不受流通市场所在国管理的货币。这种货币具有最大的国际性，可以无条件地按市场决定的汇率自由兑换。经营这种货币的银行称为境外银行。它可以是本国银行，也可以是外国银行。但这种业务必须同本国境内的银行业务分开。

境外货币市场是境外银行业务活动的场所。这种境外市场的最大特点是几乎不受任何政府的管制。例如，在欧洲经营美元的存放款和债券买卖业务，就可以既不受美国金融法规的管辖，也不受市场所在国的管制。因此，国际上把它称为离岸市场，即在一国管辖之外的市场。它与国内金融市场完全分开，不受所在国金融、外汇政策限制，可以自由筹集资金，进行外汇交易，实行自由利率，无须缴纳存款准备金。这种市场最先出现在伦敦，之后发展到新加坡、中国香港等地。自20世纪60年代中期以来，它有了极其迅速的发展。它在欧洲以伦敦及其他西欧城市为中心；在亚洲集中在新加坡、中国香港、巴林、贝鲁特等地；在拉丁美洲则集中在加勒比海的开曼等海岛城市及巴拿马等地，它们是为美国和拉美国家服务的境外货币市场。目前，境外货币市场不但是国际金融市场的重要组成部分，而且它的形成和发展大大地改变了国际金融市场的性质，即从原先的本国居民与非居民之间的信贷中介，变成了与市场所在国国内金融体系相隔离、主要由市场所在国非居民从事境外交易的信贷中介。其交易所使用的货币同市场所在国的货币不同，交易活动既不受所使用货币的发行国限制，也不受市场所在国有关规章、法令的约束。这是一种真正意义上的国际金融市场。

3）20世纪70年代以后为国际金融市场发展的第三阶段。这个阶段，有两件事对国际金融市场的发展影响深远。

一是发展中国家的兴起。第二次世界大战以后，一些发展中国家在政治上陆续摆脱了殖民主义统治，取得了独立。为了巩固政治上的独立，它们在经济上致力于发展民族经济，逐步摆脱对外国资本的依赖和金融垄断势力的控制，积极发展自己的金融业。进入20世纪70年代以后，它们在进一步发展本国金融业的同时，逐步建立和发展了本国的金融市场，建立了一些区域性的国际金融市场。近十多年来，亚洲的新加坡、菲律宾、马来西亚等国家的金融市场有了较大的发展；拉丁美洲、非洲等发展中国家也都在发展金融市场；特别是发展中国家的石油生产国（如沙特阿拉伯、科威特等），它们掌握着大量的石油美元，在国际金融市场中更具有举足轻重的作用。这些发展中国家的金融市场正在逐步地发展成为国际性的金融市场。其中，新加坡已发展成为亚洲美元中心；巴林已发展成为经营石油美元的中心。发展中国家的金融市场上的金融工具与发达国家基本相同。由于多数发展中国家的金融市场尚不够发达，金融体系也不很健全，缺乏相应的统计资料，因此也很难对发展中国家的金融市场规模及金融业务量做出比较准确的描述。

二是20世纪70年代，随着金融国际化和金融自由化的发展，由传统的金融商品衍生出来的金融衍生商品不断产生和不断创新，金融期货交易异军突起。金融衍生产品市场的产生，为国际金融市场开创了新纪元，其发展速度令世人瞩目。1972年，美国芝加哥商业交易所根据经济发展形势的需要，在交易所内建立国际货币市场分部，推出英镑、联邦德国马克、瑞士法郎、日元等6种货币的期货合约。1973年，芝加哥交易所筹建了芝加哥期权交易所，并于当年推出16种上市股票的期权交易。1975年，芝加哥期货交易所推出了第一张抵押证券期货合约。1977年，长期国债利率期货问世。1982年，股指期货在国际金融市场上问世。经过十多年的时间，金融衍生商品的交易在国际金融市场得到了空前的发展。特别是在一些金融业发达、基础金融工具齐全的国家与地区（如美国、德国、日本、法国、加拿大、新加坡和中国香港特别行政区），金融衍生商品的交易十分活跃，市场规模迅速扩大，金融衍生商品市场正以一个新兴的国际金融市场展现在世人面前。

（2）国际金融市场发展的特点

20 世纪 50 年代末 60 年代初，欧洲货币市场的出现使国际金融市场的发展进入一个新的阶段。特别是在 20 世纪 70 年代，世界经济形势发生了重大变化：主要发达国家经济在不同程度上陷入滞胀，市场利率居高不下；1973 年，布雷顿森林体系崩溃，主要国家纷纷实行浮动汇率制，外汇市场开始起伏波动；主要发达国家为了加强金融业的竞争力，相继采取了一系列金融放松管制和自由化措施，加剧了国际金融业的竞争程度。与此同时，国际金融市场开始发生结构性变化，呈现出许多新的特点。

1）金融市场全球一体化。长期以来，各国在政策法规、金融体制、金融资产等方面的差异，造成金融市场相对隔绝的状态。而欧洲货币市场进行的各种自由兑换货币的交易，不同货币之间相互兑换非常方便，实际上就是一个统一的市场。同时，欧洲货币市场同各国国内市场之间又有密切的联系（如利率的相关性、资金的相互利用等），从而将各国市场有机地联系在一起。

如前所述，目前的国际金融中心不再局限于少数几个发达国家，而是分布在全世界各个地区。然而，由于信息革命在国际金融领域得到迅速普及，形成全球化的信息网络，资金的跨区调拨可以在瞬间完成，使得各地的金融市场和金融机构紧密联系在一起，形成一个全时区、全方位的一体化国际金融市场。

金融市场全球一体化突出表现为证券市场一体化。主要发达国家的证券交易所，都有大量的外国公司股票债券上市交易，证券跨境交易日益增多。更为重要的是，各大证券交易所之间的电子通信系统和自动报价系统也日益完善。

2）国际融资证券化。20 世纪 80 年代以来，伴随着金融结构的变化，证券化包括作为一种持续性的融资手段的证券化和贷款债权的证券化。融资手段的证券化是指传统的通过银行中介的融资方式向通过金融市场发行证券转变，主要表现为票据、债券和股票等有价证券发行的扩大和证券市场重要性的增加。贷款债权的证券化是指金融机构通过发行以贷款债权为担保的证券，以证券交易的方式实现贷款债权的转移和流动，美国储蓄机构的不动产抵押贷款的证券化就属于这种形式。

传统的国际银行贷款一直在国际金融市场上占主导地位。欧洲债券市场形成以后，人们可以通过发行欧洲债券筹集所需的各种货币资金，使得国际债券得以和国际银行贷款平分秋色。特别是 1982 年的国际债务危机，使得国际银行贷款迅速下降，债券融资比例迅速上升，加速了国际融资的证券化进程。这主要是由于国际债券可以很方便地在二级市场上转手买卖，以转移投资风险，提高对证券投资的热情。

3）国际金融创新层出不穷。金融创新起源于 20 世纪 60 年代，发展于 70 年代，而到 80 年代就已经风靡世界各主要金融中心。它所涉及的内容包括：

- 新型国际金融市场陆续出现。例如，20 世纪 60 年代出现欧洲货币市场，70 年代兴起金融期货和期权市场，80 年代形成全球性国际股票市场。
- 金融技术和金融工具推陈出新。互换业务、金融期货、票据发行便利和浮动利率债券被称为金融市场的四大发明。
- 金融交易过程电子化。例如，CHIPS、SEAQ 等大型计算机网络相继投入使用，推进了交易电子化进程。

- 新的国际货币的应用。例如，20 世纪 80 年代以来，日元国际化进程加快，欧元在国际金融交易中得到广泛运用。

4）国际金融市场动荡不定。在布雷顿森林体系下，传统的国际金融市场具有相对的稳定性。在欧洲货币市场和衍生金融工具市场上，国际金融组织和各国政府的管制措施缺乏约束力。自浮动汇率制推行以来，汇率和利率常常大起大落。价格信号的波动为金融投机提供了可乘之机，金融投机又对价格波动有着推波助澜的作用。在国际金融市场上存在着巨额游资，投机性和保值性的金融交易越来越脱离真实的商品生产、贸易。事实上，在全球金融交易中，只有不到5%的金融交易直接与贸易有关。

所有这些都加剧了国际金融市场的动荡。一些久负盛名的大银行破产，引起了对国际金融业的信任危机。由于金融市场受投机操纵及各国政府利己主义政策的影响，其资源配置功能和效率扭曲，给国际经济贸易带来一些消极影响。20 世纪 80 年代出现的债务危机通过多方面努力得到了缓解，但是债务问题仍然是国际金融市场所面临的一大威胁。

5）主权财富基金正成为金融市场的稳定性力量①。主权财富与私人财富相对应，通常指一国政府通过特定税收与预算分配、可再生自然资源收入和国际收支盈余等方式积累形成的，由政府控制与支配的，一般以外币形式持有的公共财富。主权财富基金是为管理主权财富而由政府设立的专业资产管理机构。近年来，主权财富基金发展较快，正成为国际金融市场一股稳定性力量。

据 IMF 统计，全球已知（包括将要成立的）主权财富基金有 30 多只，且大多数由发展中国家和地区设立。目前，全球主权财富基金资产规模约在 1.9 万亿～2.9 万亿美元，这一规模还远小于成熟市场机构投资者管理下的 53 万亿美元资产。根据 IMF 预测，全球主权外汇资产（包括外汇储备及主权财富基金）将以每年 8 000 亿～9 000 亿美元的速度增加，到 2012 年，主权外汇资产将达到 12 万亿美元。这些外汇资产将有很大一部分会成为主权财富基金。

主权财富基金奉行长期投资理念，更侧重于对实体经济进行投资，通常不谋求控股，运作较为稳健，是金融体系的一支稳定性力量。在 2007 年的美国次贷危机中，主权财富基金的稳定性作用得到充分体现。2007 年 11 月至 12 月，在次贷危机中遭受较大资产损失的花旗集团、瑞银集团、摩根士丹利、美林等金融机构分别宣布接受阿联酋阿布扎比投资局、新加坡政府投资公司、中国投资有限责任公司、新加坡淡马锡投资公司等主权财富基金的大额投资入股，这些举动有利于缓解主要金融机构的资金压力，减轻金融市场动荡。由此可见，主权财富基金在追求商业利益的同时，客观上也会起到稳定国际金融体系的作用。

作为国际金融市场新兴的机构投资者，主权财富基金将成为金融市场重要的资金来源，并推动各类资产交易规模的增长，加快全球资产分配格局的调整，提高资源配置的效率。在当前的全球经济格局下，主权财富基金的投资活动有利于协调全球储蓄与投资的关系，促进全球经济不平衡的有序调整。

① 资料来源：中国人民银行网站 http://www.pbc.gov.cn/xinwen。

知识拓展

金融创新工具简介

1）货币互换，是20世纪70年代以来的又一种金融创新。货币互换有时也可称贷款互换（Money Swap）。交易双方筹借不同币种的贷款所需支付的成本不同，为使双方获利，同意在期初交换两种不同货币的一定数额，经过一段时期后，再根据预先规定的条件支付利息和交换回本金。货币互换涉及货币市场（或资本市场）交易及外汇市场交易。

2）金融期货（Financial Futures），是指以金融工具为标的物的期货合约。金融期货作为期货交易中的一种，具有期货交易的一般特点，可以分为股票类、利率类、外汇类三大类产品。其中，股票类期货可以分为基于单个股票的期货（如某一上市股票的股票期货）和基于股票指数的期货（如沪深300指数期货）；利率类期货可分为中长期债券期货（如10年期美国国债期货）和短期利率期货（如3月期欧洲美元期货）；外汇类期货可分为基于货币本身的期货（如欧元期货）和基于货币指数的期货（如美元指数期货）。

金融期货交易产生于20世纪70年代的美国市场。目前，金融期货交易在许多方面已经走在商品期货交易的前面，占整个期货市场交易量的80%以上，成为西方金融创新成功的例证。

3）票据发行便利（Note Issuance Facility），又称票据发行融资安排，是20世纪70年代出现的一种金融创新。它是指有关银行与借款人签订协议，约定在未来的一段时间内，借款人根据具有法律约束力的融资承诺，由银行购买其连续发行的一系列短期票据并以最高利率成本在二级市场上全部出售，否则由包销银行提供等额贷款以满足借款人筹措中期资金的一种融资创新活动。票据发行便利约定期限一般为5~7年，短期票据循环发行，期限从7天至1年不等，大部分为3个月或6个月。这种新的金融品种使短期货币市场与中长期资本市场的业务紧密结合起来。

4）浮动利率债券，是指发行时规定债券利率随市场利率定期浮动的债券。也就是说，债券利率在偿还期内可以进行变动和调整。浮动利率债券往往是中长期债券，其利率通常根据市场基准利率加上一定的利差来确定。美国浮动利率债券的利率水平主要参照3个月期限的国债利率，欧洲则主要参照伦敦同业拆借利率（指设在伦敦的银行相互之间短期贷款的利率，该利率被认为是伦敦金融市场利率的基准）。

浮动利率债券产生于1970年。该债券结合了中期银团贷款和长期欧洲债券的优点，一方面可为借款方提供期限长于银团贷款的中长期借贷资金，另一方面又使投资者减少了因利率上升而引起的资金贬值风险。浮动利率债券自20世纪80年代以后得到了长足的发展，成为国际资本市场上重要的金融创新，其品种和发行条件也日趋多样化和复杂化。该类债券的发行人多为从事贷款业务的金融机构。

6.1.2 国际金融市场的结构与作用

1. 国际金融市场的结构

（1）国际金融市场的分类

根据不同的考查角度和标准，国际金融市场有多种分类方式，如表 6-1 所示。

表 6-1 国际金融市场的分类

分类标准	类　别
按资金的融通期限	国际货币市场、国际资本市场
按市场经营的业务种类及交易对象	国际资金市场、国际证券市场、外汇市场、国际黄金市场
按市场交易对象所在区域	本币市场、离岸市场
按市场所在位置	纽约、伦敦、苏黎世、巴黎等国际金融市场

1）从资金的融通期限这一角度来划分，国际金融市场可以分为国际货币市场和国际资本市场。所谓国际货币市场，是指短期（一般为 1 年以内）资金交易的市场。它包括银行短期信贷市场、短期债券市场和票据贴现市场等。国际资本市场是指长期（一般为 1 年以上）资金交易的市场。它包括银行中长期信贷市场和有价证券市场（债券市场和股票市场）等。不管是国际货币市场还是国际资本市场，都包括外国市场（在岸市场）和离岸市场（主要指欧洲货币市场）两部分。

2）按市场经营的业务种类及交易对象划分，国际金融市场可以分为国际资金（长短期资金）市场、国际证券市场、外汇市场和国际黄金市场。其中，国际证券市场是国际金融市场的主题。目前，国际金融证券化已经成为国际金融市场发展的一大趋势。

3）根据市场交易对象所在区域划分，国际金融市场可分为本币市场和离岸市场。如前所述，离岸市场代表了国际金融市场发展的主流，是目前最主要的国际金融市场。

4）根据国际金融市场所在的位置划分，国际金融市场可以分为以各个地理名称为标志的国际金融市场。当前，国际金融市场主要分布于发达工业化国家和新兴市场经济体。各金融市场的辐射范围和功能特点不一。从世界范围看，既有伦敦、纽约、东京这样的全球性国际金融市场，也有法兰克福、新加坡、中国的香港特别行政区等区域性国际金融市场。新兴市场经济体还涌现出了一些成长中的金融中心，如上海、迪拜、孟买、约翰内斯堡等。从功能上看，伦敦是全球最大的外汇和场外衍生品交易中心，纽约有全球最大的资本市场，芝加哥是全球最大的场内衍生品交易中心，法兰克福有欧洲大陆最大的资本市场、债券市场和衍生产品市场。

（2）国际金融市场的一般构成

对国际金融市场从不同的角度进行分类，其目的是更好地了解国际金融市场，帮助人们更好地研究金融市场。实际上，从国际金融市场的内容来看，国际金融市场主要包括国际货币市场、国际资本市场、国际外汇市场和国际黄金市场。因此，国际金融市场的一般构成可以理解为这 4 个部分，本章将分别介绍国际货币市场、国际资本市场和国际黄金市场。关于国际外汇市场，第 3 章已有论述。

2. 国际金融市场的作用

国际金融市场作为从事国际货币金融业务活动的领域，它的活动涉及世界各地，其发展不仅推动了资本主义经济国际化的发展，而且促进了货币信用的国际化发展。具体来说，国际金融市场具有以下 6 个方面的作用。

（1）促进了生产和资本国际化的发展

第二次世界大战以后，由于资本主义生产和资本国际化的发展，跨国公司所从事的跨国经营活动要求相应的国际金融市场为它服务。国际金融市场的发展，特别是新兴的国际金融市场——欧洲货币市场与亚洲货币市场的产生和发展，为跨国公司在国际上进行资本的频繁调动、资金储存和借贷提供了条件，加速了跨国公司在国际经营中资本的循环与周转，加速了生产和资本的国际化发展，加强了各国之间的经济联系。

（2）促进了银行业务国际化的发展

银行是国际金融市场的主要参与者和重要组成部分。第二次世界大战以后，随着生产和资本国际化的发展，国际金融市场通过各种业务活动把各国的金融机构结合起来，使世界各地的银行业务发展成为国际的银行业务，国际上的一些大商业银行开始加速向跨国化的方向发展。

（3）使国际金融渠道畅通，为各国经济发展提供了资金

第二次世界大战以后，西欧各国和日本等国为恢复被战争破坏了的国民经济，需要大量的资金；一些新独立的发展中国家为了发展民族经济也需要大量的资金。国际金融市场的存在和发展，通过自己的各项活动汇集了巨额资金，使得一些国家能够比较顺利地获得发展经济所需要的资金，从而促进了这些国家经济的恢复和发展。

（4）促进了国际贸易的进一步发展

第二次世界大战以后，随着生产和资本国际化的发展，各国之间的经济贸易联系进一步加强，国家间的借贷业务迅速增长，外汇买卖、证券交易迅速发展，使国际金融市场获得进一步的发展。国际金融市场的存在和发展，又使国际贸易双方能够通过它进行外汇买卖、国际结算、资本转移、证券交易等。这样不仅可以消除各自可能遇到的汇率变动的风险，而且为双方融通了资金，促进了国际贸易的进一步发展。

（5）有利于逆差国平衡国际收支

第二次世界大战以后，国际金融市场已经成为资金短缺国家筹集资金的重要渠道和借贷资本的重要场所。不论是发达国家，还是发展中国家，它们在国际收支发生严重逆差时，常常因外汇头寸不足而纷纷到国际金融市场举债，以弥补国际收支逆差。国际金融市场的存在和发展为国际收支逆差国筹集资金提供了便利；国际金融市场的巨大资金力量可以在一定程度上缓解逆差国国际收支的不平衡。

（6）有助于参与者重新安排资金，规避风险

国际金融市场的参与者参与市场活动的目的不外乎两种：一是筹集资金，满足自己的需求；二是为了资金的保值或投机，以最小的代价来获得最大的收益。由于市场参与者对风险的偏好不同，有的不惜冒险力争赚取高收益，有的则是为了寻求资金安全、规避风险。国际金融市场的存在和发展，为不同的投资者和筹资者提供了重新安排资金及规避风险的场所，有助于参与者在风险与收益此消彼长的情况下，根据自己的偏好，通过选择最佳的资产组合或通过资金的转移达到规避风险的目的。

6.2 国际货币市场

6.2.1 国际货币市场概述

1. 国际货币市场的概念及特点

国际货币市场是指借贷经营期限为1年和1年以下的短期资金市场。其参与者主要有商业银行、中央银行、保险公司、金融公司、证券经济商、工商企业及个人。它的利率以伦敦同业拆放利率或优惠利率为基准。

国际货币市场按照交易主体的不同可以分为传统意义上的国际货币市场和现代意义上的国际货币市场（欧洲货币市场）。传统意义上的国际货币市场交易的特点是，一方为市场所在地的非居民，另一方为居民；而欧洲货币市场交易的双方均为非居民。这里所说的国际货币市场指的是传统意义上的国际货币市场。欧洲货币市场将在下文专门论述。国际货币市场的主要特点有以下几个：

1）期限短。最短的融资期限只有半天，最长的也不过1年。

2）交易的目的是解决短期资金周转的需要。国际货币市场的资金来源主要是资金所有者暂时闲置的资金，需求者也只是为了弥补流动资金短期内的不足。

3）金融工具具有较强的货币性。国际货币市场交易的金融工具一般时间短、流动性强、变现性高。

4）要求严格。交易者要求信誉高、融资数额大、借贷成本低、资金周转快、流量大、风险小。

2. 国际货币市场的构成

货币市场的划分方法很多，但通常依据货币市场工具来划分。货币市场工具是货币市场的借款人向投资者借入短期资金的一种债务凭证，属于短期信用工具。传统的信用工具是一种具有法律约束力的契约，一般注明交易数量和补偿债务的具体条件。现在许多国家把不用出具有形凭证，但可以在市场交易的、通过银行系统电子计算机转移资金所有权的资金交易及有关的交易协议也划入了信用工具范畴，如银行同业拆借和回购协议等。货币市场工具主要包括国库券、银行承兑汇票、商业票据、大额可转让存单、银行同业拆借和回购协议等。这些工具的交易买卖均构成各个单一的市场，都是货币市场的重要组成部分。

（1）国库券

国库券是各国政府财政部发行的借以应付国库季节性财政需要的短期债务凭证，现在已发展成为重要的货币市场工具。国库券的期限在1年以内，通常为3个月、6个月和1年，主要用来满足短期急需的财政支出，并以短期内的预算收入作为保证，而不是用来弥补长期的财政赤字。国库券一般以贴现方式发行和买卖。投资者的收益就是国库券的卖出价格和买入价格之差，或者国库券面值和买入价格之差。国库券交易的数额较大，基本上是一个批发性市场。

国库券由信誉最高的政府发行，一般不会出现拒付问题，是信用风险最低的货币市场工具，所以其收益率也最低。但是，为了有利于国库券的发行，在确定国库券的价格时，一般使其收益率高于同期银行存款利率；而且，国库券有发达的二级市场，具有高度的流动性，投资者可以随时而稳定地将其变现。正是由于上述特征，国库券吸引了众多的投资者，商业银行更是持有大量的国库券作为二级准备金。

（2）银行承兑汇票

银行承兑汇票是银行在商业汇票上签章承诺付款的远期汇票，是由银行承担付款责任的短期债务凭证，期限一般在 6 个月以内。银行承兑汇票多产生于国际贸易，一般由进口商国内的银行开出的信用证预先授权。银行承兑的作用在于为汇票成为流通性票据提供信用保证。汇票是列明付款人和收款人的双名票据，经银行作为第三者承兑后则成为三名票据。承兑银行成为主债务人，而付款人成为第二债务人。实际上，银行承兑汇票相当于对银行开列远期支票。持票人可以在汇票到期时提示付款，也可以在未到期时向银行尤其是承兑银行要求贴现取得现款。银行贴进票据后，可以申请中央银行再贴现，或者向其他银行转贴现，一般的做法是直接卖给证券交易商，再由其转卖给其他各类投资者。银行承兑汇票的最重要投资者是外国银行和非银行金融机构。

（3）商业票据

商业票据是信誉良好的大企业为筹措营运资金而发行的短期无担保的商业期票。企业发行商业票据的主要原因是其筹资成本比银行贷款低。由于商业票据是一种无担保的短期债务凭证，发行者没有对投资者提供任何担保品作为违约事件的保护，因此只有信誉很高的大企业才能发行商业票据。商业票据一般面额大，且为整数；期限从 1 天到 270 天不等，超过 270 天的商业票据并不多见。

商业票据是由商业本票演变而来的。商业本票是商业信用的债权、债务凭证，在商品赊销交易方式下，由购货方向售货方出具一张票据，承诺在约定期限到期时按确定的条件付款。商业本票是双名票据，即票面上列明收款人和付款人的名称。只要付款人信誉好，付款有保证，收款人是乐于接受商业本票的，并且可以向商业银行和贴现公司办理贴现获得资金融通，从而使其具有一定的流动性。由于商业本票的这一特点，一些大公司开始脱离商品交易过程而只凭自己的信誉来签发商业本票，以筹集短期资金。这时的本票已不再体现商品交易关系，没有确定的收款人，变成了单名票据，直接向金融市场的投资者发行，并允许转让。这就是现代意义上的商业票据，它逐渐发展成为重要的货币市场工具。

（4）大额可转让存单

大额可转让存单是银行为吸收资金而开出的具有可转让性质的定期存款凭证。它注明了存款金、期限和利率，持有人在到期时向银行提取本息，也可以在到期前转让变现。这种存单的特点是面额大、期限固定、不记名、可以自由转让。

大额可转让存单是从普通的存单发展而来的。银行吸收客户的定期存款，通常向其提供存单作为凭证。20 世纪 60 年代以前，这种银行存单主要由中小银行发行，规模有限，并且采取记名形式，存单的期限、面值也不规范，难以转让，所以并未进入货币市场。随着银行负债管理的发展及市场利率的变化，美国花旗银行于 1961 年 2 月发行了大额可转让存单。这种存单的利率高于同期普通定期存款，并且提供了近似活期存款的流动性，这对投资者有利；但存单利率低于银行同业拆借利率，这对发行银行有利。因此，大额可转让存单深受市场欢迎，很快成为一种重要的货币市场工具。

（5）银行同业拆借

银行同业拆借是指银行为弥补交易头寸或存款准备金的不足而相互之间进行的短期资金借贷。银行同业拆借的特点是，无须提供担保品，仅凭信用即可贷款；主要以在中央银行的存款这种即时可用资金为交易对象，期限按日计算，通常为隔夜拆借，即期限只有1天；利率由市场资金供求状况决定，经双方协商，一般低于优惠贷款利率。

银行同业拆借产生于存款准备金制度。将存款准备金存放在中央银行源于18世纪的英国，而以法律形式规定商业银行必须向中央银行缴纳存款准备金则始于1913年的《美国联邦储备法》。银行在每个营业日终了或票据交换清算时，总会产生一部分银行准备金头寸不足、另一部分银行准备金头寸多余的情况，并且在中央银行的超额准备金是不付息的。这样就产生了供求关系，银行同业拆借应运而生。

银行同业拆借是货币市场上一种非常普遍的交易方式，拆借资金本身又是一种非常例外的货币市场工具。因为同业拆借并无有形的货币市场工具在交易双方之间转手，只不过是一笔资金从一家银行账户转到另一家银行账户上，到期时再随同利息一并转回去。拆借资金的期限极为短暂，本身又是无形的，基本上不存在对二级市场的需求。

（6）回购协议

回购协议是在买卖证券时出售者向购买者承诺在一定期限后，按预定价格如数购回证券的协议。大多数回购协议的期限为1天，是隔夜资金融通的一种借贷票据；也有一些期限较长，如1周、2周，近年来还发展了1～3个月甚至更长的交易。回购协议的期限短，加之所担保的证券多是政府发行的，故安全性较好。回购协议是针对证券出售者而言的，对于证券购买者来说就叫逆回购协议。中央银行经常利用回购协议和逆回购协议方式进行公开市场业务，以实施其货币政策。

回购协议包含同笔证券方向相反的两次买卖，实际上就是以证券做担保的短期借贷。它区别于其他货币市场工具的重要特征是，可以利用它缩短证券的实际期限，满足借贷双方的需求。例如，一个投资者要利用自己的资金做为期2天的短期投资，他可以购买国库券，但国库券不可能2天到期，因此他只好购买期限较长的国库券，持有2天后再在二级市场上出售，这就涉及价格风险问题。但如果投资者签订一个逆回购协议，则可以通过事先约定卖出证券的价格消除价格风险。

3. 国际货币市场的作用

国际货币市场是国际短期货币金融资产进行交换的场所。这个市场上，资金暂时盈余的单位可以与赤字单位相互满足需求：一方面，该市场为短期资金的需求单位提供了从隔夜到1年的各种短期资金；另一方面，一些希望利用暂时闲置的资金获取收益的资金持有人获得了投资的渠道。由于该市场跨越国界，所以可以在世界范围内进行短期资金的合理配置，增强货币资金的效率。但是，该市场的资金数额巨大且流动性强，因而易对国际金融秩序形成猛烈的冲击，进而引发金融危机。

▶▶ 6.2.2 欧洲货币市场

1. 欧洲货币市场的概念及组成

欧洲货币市场是指非居民间以银行为中介，在某种货币发行国国境之外从事该种货币借贷的市场。欧洲货币市场又可以称为离岸金融市场，如存在伦敦银行的美国美元、从德国银行贷款美元等。

作为国际金融市场最重要的组成部分，欧洲货币市场有其特定交易主体、交易客体和交易中介等，构成了区别于其他市场的独特性质。

欧洲货币市场的交易主体主要是市场所在地非居民。国际融资活动形成的债权债务关系有 3 种：债务人为居民，债权人为非居民；债务人为非居民，债权人为居民；债务人和债权人双方均为非居民。欧洲货币交易形成的债权债务关系主要是第 3 种。

欧洲货币市场的交易客体是欧洲货币。欧洲货币存放在货币发行国境外的银行，因此要判断一笔货币资金是否是欧洲货币，就要看接受这笔资金的银行是否位于货币发行国境外①。欧洲货币都是自由兑换货币，不同货币之间的相互转化非常方便，因此欧洲货币市场是一个高度一体化的统一市场。

欧洲货币市场的交易中介是从事欧洲货币有关业务的银行，是欧洲货币市场有机总体中不可或缺的组成要素。这些经营欧洲货币业务的银行就是所谓的欧洲银行。它们拥有全球性的分支机构和客户网络，利用现代化的通信手段，依赖其先进的业务技术和严格的经营管理，将世界各地的欧洲货币供求者联系在一起，形成一个以若干著名的欧洲货币中心为依托、高效且高度全球一体化的欧洲货币市场整体。因此，欧洲货币市场基本上是以运营网络形式存在的无形市场。

2．欧洲货币市场的特点

欧洲货币市场是一种完全国际化的金融市场。由于其自身的性质，在市场形成和发展过程中形成了与各国国内金融市场和传统的国际金融市场不同的特点。

（1）管制较少

欧洲货币市场从事对非居民的货币借贷。一方面，由于在货币发行国境外进行该货币的借贷，使货币发行国金融管理当局鞭长莫及，从而有效地逃避其管制。另一方面，由于非居民的非本币借贷对市场所在国的国内金融市场几乎没有什么影响，即使存在影响也可以通过采取一定措施加以隔离，而且欧洲货币市场可以给当地市场带来就业、税收和提高知名度等好处，所以市场所在国一般对其不加以限制，有些国家还采取种种优惠措施鼓励其发展。因此，欧洲货币市场一般建立在为非居民之间借贷交易提供便利和宽松环境的国家。

尽管如此，货币发行国政府对其货币的境外交易依然可以施加一定的影响。在欧洲货币市场上，任何欧洲货币的交易最终都要在货币发行国国内的银行进行转账清算。例如，伦敦的甲银行将一笔欧洲美元拆借给东京的乙银行，在最后清算时表现为从甲银行在美国的代理银行或联行的美元账户支出一笔款项，划入乙银行在美国的代理行或联行的美元账户中，结果美国银行的总负债没有变化，变化的仅仅是债权人。现在，在伦敦小额的欧洲美元交易可以在当地的交换所清算，但最后轧差仍然要通过在美国的美元账户转账。从欧洲货币最终要回到货币发行国清算这一点来看，货币发行国可以对其施加影响。同时，在货币发行国的压力下，市场所在国，可能对其境内欧洲货币市场加以限制。

① 随着美国设立“国际银行业便利”从事欧洲货币业务，而且以回流的美元为主，这种在美国进行的非居民之间交易的美元也是欧洲货币，从而扩展了欧洲货币的范围。

（2）市场范围广阔

从地理上看，欧洲货币市场遍及全球各个角落。与其他市场相比，各个欧洲货币市场彼此间具有更多的共同之处，市场间的联系十分频繁，它们往往被视为一个共同的和集成的市场。从交易币种来看，从最初的欧洲美元发展到包括几乎所有发达国家和许多发展中国家的可兑换货币。其中，欧洲美元占有绝对高的比重，为60%左右。仅伦敦一地，存在经常性交易的货币就达15种之多。从交易活动来看，有银行短期贷款，也有长期贷款；有固定利率贷款，也有浮动利率贷款。

（3）利率体系独特

欧洲货币市场的利率同各国的利率有一定的联系，但不完全相同，因为它还受到欧洲货币市场上该货币供求关系的影响。一般来说，欧洲货币市场上存贷款的利差要比相应的国内市场小，存款利率相对较高，而贷款利率相对较低。这主要是由于它没有存款准备金和存款保险要求，不受各种利率限额的管制，以及其交易金额大、税率低等优势和特征。因此，欧洲货币市场对投资者和筹资者都非常有吸引力。

（4）批发性市场

欧洲货币市场的借款人和存款人都是一些大客户，不仅包括国际性银行、跨国公司，而且各国政府、中央银行和国际金融机构也经常出入其中。因此，单笔交易数额巨大，少则几万美元、几十万美元，多则几亿美元、几十亿美元。

（5）银行同业拆借市场突出

欧洲货币市场上的交易以银行同业交易为主，银行同业间的资金拆借占市场总额的比重很大。也就是说，银行的绝大部分欧洲货币业务都是通过与其他银行的业务往来进行的。国际清算银行提供的有关资料表明，1989年年末，欧洲银行业资产负债总额为52 735亿美元，其中向银行贷款40 182亿美元，从其他银行吸收存款44 858亿美元，远远超过其他资产负债项目的规模。

欧洲货币市场存在发达的银行同业拆借市场的原因主要有3个方面：第一，各国商业银行常常在欧洲货币市场上借款，以满足本国对准备金的要求，这被称为“橱窗布置”。第二，资金由拥有过剩存款的欧洲银行流向最终客户，需要经过一系列的银行中介。第三，欧洲银行在可兑换货币国家之间进行短期资本套利。事实上，大多数套利资本的运作都是通过欧洲货币市场进行的，而且欧洲货币市场上大多数存款资金也是短期的。

3．欧洲货币市场的形成与发展

欧洲货币市场起源于欧洲美元市场。当非居民存户将美元资金以存款形式存放在美国境外的商业银行时，欧洲美元便形成了。这些银行吸收了欧洲美元后，自然要进行贷款，于是形成了欧洲美元市场。20世纪60年代以后，欧洲货币市场在欧洲美元市场基础上迅速发展。从货币种类看，除欧洲美元之外，又出现了欧洲马克、欧洲法郎、欧洲日元等多种欧洲货币；从区域分布看，该市场已突破了“欧洲”的区域限制，以新加坡为中心的亚洲美元市场，以及拉美的开曼、巴哈马群岛的离岸金融中心等，都是广义的欧洲货币市场的构成部分。现在的欧洲货币市场已泛指全球的境外市场。

欧洲货币市场产生和发展的根本原因是，第二次世界大战后世界经济的迅速发展和科学技术的不断进步促进了国际分工和生产的国际化及资本流动的国际化，传统的国际金融市场不能满足新的需求。当这种要求与各国的金融管制相冲突时，为了满足跨国公司的融资需求，同时为了金融机构的盈利需要，金融机构将资金调到国外运用，从而形成了境外市场。

欧洲货币市场形成与发展的两个直接原因如下：

1）东西方的冷战。朝鲜战争爆发后，美国冻结了中国在美国的海外资产。苏联和东欧国家担心其在美国的资产会遭受同样的命运，纷纷将其在美国的金融资产调往欧洲进行存放。而当时的英国政府正需要大量的资金以恢复英镑的国际地位及支持国内经济的发展，所以鼓励伦敦的各大商业银行接收境外美元存款和办理美元信贷业务，从而欧洲美元市场诞生了。

2）西方国家的资本管制。西方主要国家的资本管制是促进欧洲货币市场迅速壮大和发展的主要原因。1957 年，英镑危机爆发，英国政府为了维持英镑的稳定，实行了严格的外汇管制和资本管制，禁止英国的商业银行向英镑区以外的国家发放英镑贷款。英国的各大商业银行为了逃避资本管制，纷纷转向经营美元业务，吸收美元存款并向海外客户放贷，从而促进了欧洲美元市场的迅速壮大。

此外，美国国内金融管制也起到了推波助澜的作用。美国《联邦储备法》Q 条款规定了储备和定期存款的利率上限。在 20 世纪 60 年代市场利率上升的情况下，资金由受利率限制的银行存款转向自由利率的国库券和商业票据市场。由于欧洲美元市场上的美元存款利率大大高于美国国内利率，导致美元资金外流。美国银行则通过国外分支机构的活动，在境外以市场利率吸收美元存款，再转贷给国内的总部，这种状况导致美元滞留于境外而不回流美国。因此，这些措施一方面限制了美国本土银行对外贷款能力，另一方面却加强了美国银行海外分行的境外活动，从而加速了欧洲美元市场的发展。

欧洲货币市场自产生以来经过四十多年的迅速扩张，已经具备了相当大的规模。衡量市场规模的一个重要标准是，某一时点市场尚未清偿的债权债务总量。这具体到欧洲货币市场，就是某一时点未清偿的欧洲货币存款和其他金融资产的存量。在实际统计中，一般是以欧洲银行的负债额而不是资产额来测定欧洲货币市场的规模。因为从是否缴纳存款准备金上，就可以判定银行的一笔存款是否是欧洲货币负债，而银行的资产除了金融资产外还有有形资产。

到 20 世纪 90 年代，欧洲货币市场进入相对稳定的发展阶段。据国际清算银行的报告，欧洲货币市场 1995 年年末总额达到 79 258 亿美元，贷款和存款各为 46 450 亿美元。在新的国际经济形势下，欧洲货币市场将继续发挥其特有的市场功能。

4．欧洲货币市场的构成

从欧洲货币市场的借贷期限、方式和业务性质来看，欧洲货币市场可以分为欧洲货币资金市场和欧洲货币资本市场。在初期，欧洲货币市场主要是欧洲货币资金市场，欧洲货币资本市场则是在欧洲货币资金市场的基础上发展起来的。

（1）欧洲货币资金市场

欧洲货币资金市场是指期限在 1 年以内（包括 1 年）的短期欧洲货币借贷的市场。短期资金拆借是欧洲货币市场最早的业务活动方式，也是目前欧洲货币市场中规模最大的子市场，并依然占据着主导地位。

欧洲货币资金市场业务的主要特点包括以下几个：

- 期限短。存贷期限最长不超过 1 年，一般为 1 天、7 天、30 天、90 天。
- 起点高。每笔短期金额的起点为 25 万美元和 50 万美元，但一般为 100 万美元。
- 条件灵活。借款期限、币种、金额和交割地点可由借贷双方协商确定，不拘一格，灵活方便。
- 存贷利差小。
- 无须签订协议。短期借贷通常发生于交往频繁的银行与企业、银行与银行之间，双方彼此了解，信贷条件相沿成习，双方均明悉各种条件的内涵与法律责任，无须签订书面贷款协议，一般通过电信联系，双方即可确定贷款金额与主要贷款条件。

欧洲货币资金市场的主要业务是接受短期欧洲货币存款。短期存款的类型有以下几种：

- 通知存款。即隔夜至 7 天的存款，可以随时发出通知提取。
- 一般的定期存款。即有固定到期日，并在到期日银行有义务还本付息的存款。这种存款的期限有 7 天、1 个月、3 个月、6 个月和 1 年，最长可达 5 年，通常以 1 个月和 3 个月的短期存款居多。
- 欧洲存单。这是一种特殊的定期存款，表现为有一个买卖未到期存单的二级市场，存单持有人可以在二级市场转手而获得现金。1966 年，美国花旗银行在伦敦首次发行欧洲美元存单，从此欧洲存单在欧洲货币市场流行开来。欧洲存单的期限以 1 个月、3 个月和 6 个月居多，并可以以滚动式利率存单获得长达 5 年的资金。

欧洲货币业务经常使用银行同业拆放利率。银行同业拆借市场形成的银行同业拆借利率是国际金融市场上经常使用的基础利率。银行同业拆借利率分为银行同业拆放利率和银行同业拆入利率。银行同业拆放利率是银行在欧洲货币银行同业市场向其他银行贷款时的利率。银行同业拆入利率是向其他银行吸收存款时的利率。两种利率中，经常使用的是银行同业拆放利率，最著名和最常用的基础利率是伦敦银行同业拆放利率。

伦敦银行同业拆放利率是在伦敦的最有信誉的国际性银行之间以欧洲货币（包括以欧洲美元为主的大约 15 种货币）相互提供大额贷款时使用的利率。英国《金融时报》每天刊登该利率，它是 5 家国际性银行上午 11 点的要价利率的算术平均数。这 5 家银行是日本东京银行、英国国民西敏士银行、德国德意志银行、法国巴黎国民银行和美国摩根担保信托公司。

在欧洲货币市场上，其他经常被引用的银行同业拆放利率还有巴林银行同业拆放利率、布鲁塞尔银行同业拆放利率、都柏林银行同业拆放利率、香港银行同业拆放利率、科威特银行同业拆放利率、卢森堡银行同业拆放利率、马德里银行同业拆放利率、新加坡银行同业拆放利率和欧洲货币单位银行同业拆放利率。

（2）欧洲货币资本市场

欧洲货币资本市场是指期限在 1 年以上的中长期欧洲货币借贷市场。它由欧洲中长期信贷市场和欧洲债券市场两大部分组成。两者都出现于 20 世纪 60 年代。相比之下，欧洲债券市场的出现早于欧洲中长期信贷市场。欧洲货币资本市场的资金主要来源于欧洲货币资金市场。由于欧洲货币资本市场所需的资金数额巨大，在欧洲货币资金市场上难以融通，因此欧洲货币资本市场应运而生。

1）欧洲中长期信贷市场。该市场信贷期限都在 1 年以上。这个市场的筹资者主要是世界各地私营或国有企业、社会团体、政府及国际性机构。资金主要来源于短期欧洲货币存款、发行各种欧洲票据筹得的资金及银行内部的资金调拨。由此可见，欧洲银行业“借短放长”，以及欧洲货币资本市场与资金市场的关系。

欧洲货币中长期信贷市场的业务的主要特点如下：

- 期限长，数额大。一般为 1～3 年，有的是 5 年或更长，最长的可达 10 年以上；贷款额多在 1 亿美元以上。
- 利率确定灵活。由于这类贷款期限较长，贷款人与借款人都不愿承担利率变动的风险，因此该种贷款利率多为浮动利率，并根据市场利率变化每 3 个月或半年调整一次。利率一般以伦敦银行同业拆放利率为基础，根据贷款金额大小、时间长短及借款人的资信，加上不同幅度的附加利息（一般为 0.25‰～0.5‰）。
- 以辛迪加贷款为主，分散了提供中长期贷款的风险。欧洲中长期信贷市场所提供的贷款期限长而且数额大，银行往往面临着较大的潜在风险，往往由几家或十几家不同国家的银行组成银团，通过一家或几家信誉卓著的大银行牵头贷款。
- 借贷双方须签订贷款协议。由于中长期信贷金额大、期限长，因此借贷双方都须签订合同，有的合同还须经借款方的官方机构或政府担保，协定主要包括币种、期限、数量、利率、货币选择权条款、违约和保证条款等。
- 吸引力强。它对贷款人和借款人都非常方便，因而极具吸引力。

欧洲中长期信贷市场自 20 世纪 60 年代出现以来曾一度迅速发展，并且成为国际资本市场的重要融资渠道。到 80 年代，由于受发展中国家债务危机和国际融资证券化的冲击，该市场业务规模大为缩小，后来又逐渐慢慢回升。进入 90 年代，虽然欧洲中长期信贷市场和欧洲债券市场竞争更加激烈，但随着市场融资条件的改善和市场自身的不断完善，欧洲中长期信贷市场依然是借款人可一次筹措数十亿美元，并能按意愿得到适当期限、种类的贷款的唯一场所。目前来看，对主权国家的巨额贷款，对需要收购资金的大公司的大额贷款，以及对资信稍差的借款人的小额贷款，都将在欧洲中长期信贷市场保留一席之地。

2）欧洲债券市场。欧洲债券市场是欧洲货币市场的重要组成部分。它是指发行和流通欧洲货币债券而形成的一种长期资金市场。欧洲货币债券是一种新型的国际债券，它是一种境外债券：债券的发行者、债券面值和债券发行地点分属不同的国家。例如，A 国的机构在 B 国和 C 国的债券市场上以 D 国货币为面值发行的债券，即欧洲债券。这个债券的主要发行人是各国政府、大跨国公司或大商人银行。

欧洲货币债券市场有以下几个特点：

- 欧洲债券市场管制较松，相对独立于任何一国政府的管制。该市场有两个独立的国际性管理结构：国际一级市场协会，负责管理所有与一级市场有关的债券发行事务；国际二级市场协会，负责管理二级市场的交易。欧洲债券发行一般不需要有任何国家政府批准，不受各国金融法令的约束，通常为不记名债券。
- 债券发行方式以辛迪加为主。债券的发行方式一般由一家大专业银行或大商人银行或投资银行牵头，联合十几家或数十家不同国家的大银行代为发行，大部分债券由这些银行买进，然后转到销售证券的二级市场或本国市场卖出。

- 欧洲债券发行数额大，利率相对较低，期限长。欧洲债券期限大多为 5～10 年，5 年以下的很少，偶尔也有10～20 年的。传统上采用固定利率方式发行，一般高于银行存款利率。近些年来，浮动利率债券的比重不断上升，并出现许多复杂的债权形式。
- 欧洲债券发行费用较低，利息收入免税。发行不用缴纳注册费用，其利息通常免除所得税或者不预先扣除借款国家的税款，且不记名方式发行适合保密需要，对投资者极具吸引力，也使筹资者能以较低的利息成本筹到资金。各种国际性组织（如世界银行）、各国政府、大公司及金融机构都经常在欧洲债券市场筹措资金。
- 有发达的二级市场，债券流动性强。债券可以转让，债权比较分散，承销债券的风险也比较小，这些有利条件促进了欧洲债券市场的发展。

第一笔欧洲债券是1963 年意大利为建设高速公路筹资 1 500 万美元而发行的欧洲美元债券。自 20 世纪 70 年代以来，各国对长期资金的需求迅速上升，筹资的证券化也日趋明显，债券形式的融资活动发展很快，从而形成了专门的欧洲债券市场。近些年来，欧洲债券市场在欧洲货币资本市场借贷总额中的比重已经超过欧洲中长期信贷市场。欧洲债券票面使用的货币一般是可自由兑换的货币，主要为美元，其次有欧元、英镑、日元等，也有使用复合货币单位的（如特别提款权）。

5. 欧洲货币市场的重要作用与消极影响

（1）欧洲货币市场的重要作用

欧洲货币市场是国际资金流动的重要渠道，在促进国际经济转移方面的作用是其他国际金融市场无法比拟的。货币市场灵活多样的运作机制缓解了资金来源与运用之间的诸多矛盾，从而使得国际间资金的大规模运作得以顺利进行。这主要表现在以下两个方面。

1）欧洲货币市场为国际资金流动提供了重要渠道。欧洲货币市场上银行“借短放长”解决了资金来源与运用的期限矛盾。根据有关统计资料，目前在欧洲货币市场上，90%的资金来源为 1 年以下的短期资金，而 25%的资金需求为资金运用为 1 年以上的长期资金。

由于资金供给者和需求者来自不同的国家，资金来源和运用在货币构成上存在着差异。欧洲货币市场通过使用国际上流行的几种主要自由兑换货币，并且这些货币间存在着广泛的套期保值活动，从而解决了资金来源与运用的币种矛盾。

欧洲货币市场的中介使得来自各国的资金供给者和需求者得以间接地实现资金跨国流动。

2）欧洲货币市场对经济发展所起的积极作用。欧洲货币市场为各国经济发展提供国际融资便利。无论发展中国家，还是发达国家，欧洲货币市场都是它们为发展本国经济筹措资金的重要场所。例如，日本从 20 世纪 60 年代起就开始从欧洲货币市场借入资金，仅在1964—1969 年就借入超过 42 亿欧洲美元，欧洲货币市场是日本经济在 20 世纪 60 年代迅速发展所需资金的重要补充来源。在不少发展中国家，有相当一部分外债是通过欧洲货币市场获得的。当然，并非所有的国家都能顺利进入欧洲货币市场，而且其作用也因国而异。

欧洲货币市场缓解了国际收支失衡问题。由于欧洲货币市场资金流动比较方便、快速，从而为国际收支顺差国提供了投放外汇储备的场所，也为国际收支逆差国提供了借入弥补逆差资金的机会。特别是两次石油危机期间，欧洲货币市场为调解全球性国际收支失衡发挥了积极作用。

大型跨国公司利用欧洲货币市场的资金，在全球范围内扩大投资和生产规模，促进了生产国际化发展。

欧洲货币市场为国际贸易融资提供了便利，满足了各国对外贸易活动中对国际结算支付手段日益增长的需要，推动了国际贸易发展。

（2）欧洲货币市场对经济发展带来的消极影响

欧洲货币市场在发挥积极作用的同时，也对世界经济和金融发展产生了一定的消极影响，加剧了国际金融市场的不稳定性。这具体表现在以下 4 个方面。

1）扩大了金融机构的风险。对于经营欧洲货币业务的银行来说，贷款不能收回是完全可能的，欧洲货币市场上借款人的背景比较复杂、数额大，贷款多数没有抵押品，加之银行“借短放长”，一旦出现问题，有关银行可能陷入困境。同时，欧洲货币市场同业拆借规模庞大，各银行同业有着千丝万缕的联系，容易引起一损俱损的“多米诺骨牌效应”。例如，20 世纪 80 年代的国际债务危机，使得许多大银行都受到牵连，并且元气大伤。

2）助长了投机因素，加剧了金融市场动荡。由于欧洲货币市场管理比较松弛，资金流动非常自由，庞大的资金为了寻求套利机会，往往大量从一国货币转向另一国货币，引起相关国家外汇市场的起伏不定和剧烈动荡，成为国际经济和金融体系稳定的一大潜在危险。

3）削弱了有关国家货币政策实施的效果。各国银行利用欧洲货币市场调度资金，往往使中央银行紧缩或扩张的货币政策操作失效，这种情况在欧洲货币的发行国表现尤其突出。另外，有些国家的境外货币已占其国内货币量的 10%左右，已经不能像以前那样被看作国内市场的补充部分，而是已经渗透到国内金融市场的各个领域，逐渐成为各国货币量不可忽视的重要组成，从而影响有关国家货币政策的制定和实施。

4）加速了各种不确定因素在国际上的传递。一国的通货膨胀或经济衰退可能迅速波及其他国家。有人认为，欧洲美元的存在是国际通货膨胀加剧的一个重要因素，是美国转嫁通货膨胀的一种手段。如果美国通货膨胀恶化，美元持有者将会在欧洲货币市场把美元兑换成其他货币，迫使这些国家货币量扩张，最终导致该国国内通货膨胀，如此反复不已，则国际通货膨胀愈演愈烈。事实上，20 世纪 80 年代末和 90 年代初，西方发生的经济衰退中，英美等国先陷入衰退，德国和日本受其影响也随后步入经济衰退，不可否认欧洲货币市场在此起了重要的媒介作用。

6.3　国际资本市场

国际资本市场是指资金的借贷期限在 1 年以上的交易市场，所以又称中长期金融市场。国际资本市场融通资金的方式主要有两种，即银行中长期信贷和证券交易。因此，国际资本市场具体可分为国际信贷市场（银行中长期贷款）和证券市场（国际债券市场、国际股票市场）。

6.3.1　国际信贷市场（银行中长期贷款）

银行中长期贷款的期限一般为 1～5 年或 5～10 年，甚至更长。借款方多是世界各国私营和国有企业、社会团体、政府机构和国际组织，贷款方主要是商业银行。根据商定的贷款条件，借贷双方一般都要签订贷款协议，有的贷款还需借方国家主要金融机构和政府担保。如果借款金额大、时间长，贷款方往往需要由几家甚至几十家不同国家的银行组成银行集团，通过其中一家或几家牵头共同向借款人提供贷款。

1．银行中长期贷款的特点和条件

（1）银行中长期贷款的特点

1）资金使用比较自由，不受贷款银行限制。

2）资金供应充分，借取方便。

3）贷款利率较高，期限相对较短。

（2）银行中长期贷款的条件

银行中长期贷款的条件是指在中长期贷款协议中规定的借贷双方的权利和义务，主要包括贷款货币的选择贷款利率、贷款费用、贷款期限与偿还等方面。

1）贷款货币的选择。对于借款人来说，一般选用软币作为中长期银行信贷所使用的货币较为有利，因为借款人可以从软币的下浮中减轻债务负担。对于贷款银行来说，选用硬币较为有利，因为该贷款银行可以从硬币的上浮中获得资本升值的好处。但在国际金融市场上，软币一般利率较高，硬币利率较低，因此在选择中长期银行信贷所使用的货币时，不仅要考虑各种货币的软硬情况，而且要把利率与汇率两者结合起来考虑，以便做出正确的选择。

2）贷款利率。由于中长期贷款期限较长，利率的趋势较难预测，借贷双方都不愿意承担利率变化的风险，因此通常采用浮动利率，即每 3 个月或半年根据市场利率的变化进行一次调整。双方确定利率时，大多以伦敦市场银行间同业拆放利率为基础，再加一定的加息率为计算标准。

3）贷款费用。贷款费用通常包括承担费、管理费、代理费、杂费等。其中，承担费指贷款银行已按贷款协议筹集了资金以备借款方使用，而借款方没有按期使用，使借款资金闲置，因而借款方应该向贷款银行支付的赔偿性费用。管理费是指借款方向贷款银团的牵头银行支付的组织银团贷款的报酬和手续费，通常按每年商定的固定金额给代理行，在整个贷款期内，每年支付一次。杂费是指贷款的牵头银行与借款方联系协商，完成贷款协议所发生的费用，包括牵头银行的差旅费、律师费及其他费用。

由此看来，在筹措银行中长期贷款时，不能只考虑利率的高低，而应考虑综合成本，即利率加成本费用。

4）贷款期限与偿还。银行中长期信贷按期限划分，中期一般为 3～5 年，长期为 5～10 年或 10 年以上。偿还方式多种多样，但一般常用的有 3 种：一是一次性偿还，即贷款协议签订后，借款方分数次使用，利息定期计收，贷款期满时，一次偿还本金；二是分期等额偿还，即贷款协议签订时，规定一个宽限期，在宽限期内，借款人无须还本，只是每半年按实际贷款额付息一次，宽限期后，每半年还本付息一次，每次还本金相等；三是逐年分次等额偿还，即没有宽限期，从第一年起，每次等额偿还本金，每半年付息一次。上述 3 种方法对借款方来说以第一种最为有利，第二种次之，第三种偿债负担最重。

2. 银行中长期贷款的方式

（1）独家银行贷款

独家银行贷款也称为双边中期贷款。它是一国银行对另一国银行、政府、公司提供的贷款。每笔贷款少则几千万美元，多则上亿美元，期限 3～5 年。独家银行贷款既可以用于固定资产投资，也可以用于维持正常营运的产销周转。贷款利率属于市场利率，贷款手续比较简便，且无各种限制。

（2）银团贷款

银团贷款也称为辛迪加贷款，是指多家商业银行组成一个集团，由一家或几家银行牵头联合向借款人提供巨额资金的一种贷款方式。银团贷款在国际上开始于 20 世纪 60 年代，流行于 70 年代，现在已成为普遍使用的一种贷款方式。银团贷款的主要特点是融资量大、风险小、专款专用。贷款对象主要是各国政府机构和跨国公司，贷款货币较多使用欧洲货币。

▶▶ 6.3.2　国际债券市场

1. 国际债券的概念与分类

（1）国际债券的概念

债券和股票是证券市场上的两大主要金融工具。债券是借款人发行的对长期债务承担还本付息义务的可流通工具。在国际金融市场上，长期通常是指 5 年以上。国际债券是相对于国内债券而言的，是市场所在地非居民发行人发行的债券。

（2）国际债券的分类

1）外国债券。外国债券是市场所在地的非居民在一国债券市场上以该国货币为面值发行的国际债券。例如，中国政府在日本东京发行的日元债券、日本公司在纽约发行的美元债券就属于国际债券。由于各国对居民和非居民发行债券的法律要求不同（如不同的税收规定、发行时间和数量、信息披露、注册要求等），因而造成外国债券与国内债券存在差异。

外国债券的发行主要集中于世界上几个主要的金融中心，最主要的有瑞士的苏黎世、美国的纽约、日本的东京、英国的伦敦和荷兰的阿姆斯特丹等。在这些金融中心发行的外国债券一般都有一个共同的名称，如在中国发行的外国债券叫熊猫债券，在美国发行的外国债券称为扬基债券，在日本发行的外国债券称为武士债券，在英国发行的债券称为猛犬债券，在荷兰发行的债券称为伦布兰特债券。

2）欧洲债券。欧洲债券与传统的外国债券不同，是指市场所在地非居民在面值货币国家以外的若干市场同时发行的国际债券。例如，墨西哥政府在东京、伦敦、法兰克福等地同时发行的美元债券就属于欧洲债券。特别提款权不是任何国家的法定货币，以其为面值的国际债券是欧洲债券。

3）外国债券和欧洲债券的主要区别。除发行市场不同外，外国债券和欧洲债券还存在以下主要区别：

- 外国债券一般以市场所在地国家的金融机构为主要承销商组成承销辛迪加承销；而欧洲债券则由来自多个国家的金融机构组成的国际性承销辛迪加承销。正因为如此，国际债券才被分为外国债券和欧洲债券。

- 外国债券受市场所在地国家证券主管机构的监管，公募发行管理比较严格，需要向证券主管机构注册登记，发行后可申请在证券交易所上市；私募发行无须注册登记，但不能挂牌上市交易。欧洲债券发行时不必向债券面值货币国或发行市场所在地的证券主管机构登记，不受任何一国的管制，通常采用公募发行方式，发行后可申请在某一证券交易所上市。
- 外国债券的发行和交易必须受当地市场有关金融法律的管制和约束；欧洲债券不受面值货币国或发行市场所在地法律的限制，因此债券发行协议中必须注明一旦发生纠纷应依据的法律标准。
- 外国债券的发行人和投资者必须根据市场所在地的法规缴纳税金；欧洲债券则采取不记名债券形式，投资者的利息是免税的。
- 外国债券付息方式一般与当地国内债券相同，如扬基债券一般半年付息一次；而欧洲债券通常都是每年付息一次。

知识拓展

龙　债

除外国债券和欧洲债券外，国际债券还有一种新兴形式——“龙债”。

龙债市场是由莱曼兄弟公司于1991年发起设立的一个新的债券市场。据莱曼兄弟公司的解释，龙债是指在亚太地区（除日本外）定价、发起和组织辛迪加，而且一级市场的分销主要面向亚太地区（除日本外）的投资者，其计价货币为非发行地区货币的债券。龙债的承销辛迪加应主要由亚太地区的金融机构组成，其发行和定价应在亚洲市场的交易时间内进行，而且其二级市场的交易应在至少两个亚洲金融中心（中国香港、中国台北和新加坡）进行。更重要的是，龙债的承销辛迪加的牵头经理应该是一家在亚太地区注入大量资本的金融机构。

第一笔龙债是由莱曼兄弟公司于1991年为亚洲开发银行发行的，总额为3亿美元，期限为7年。1993年12月，中国财政部发行了一笔3亿美元龙债。这是第一笔真正的、非跨国机构的亚洲借款人发行的亚洲龙债。目前来看，多数龙债的计值货币是美元，也有些以欧元、加元等其他西方国家货币标价；龙债多为长期固定利率债券，也有以伦敦同业拆放利率为基础利率定期浮动的债券；其典型偿还期限为3～8年。

龙债的发行成本不高，二级市场也比较活跃，因而龙债市场的发展很快。到1993年年底，龙债市场余额已达36亿美元，发行机构增至10家，机构性质也从多边金融机构发展到一些国家的政府或附属机构及私人企业，是引人注目的新兴市场之一。与欧洲债券市场相比，龙债市场目前的规模仍然相对较小，多数亚洲借款人仍将欧洲债券市场作为首选的筹资渠道。随着亚洲地区金融基础设施的完善和金融机构专业技能的提高，龙债市场也将稳步发展。

2. 国际债券市场的结构

国际债券市场是国际债券发行与流通的市场。其中，国际债券的发行市场，即实现债券由发行人流向投资者的市场叫作国际债券一级市场；已发行的国际债券在不同投资者之间买卖形成的市场叫作国际债券二级市场。

国际债券市场主要由发行人、投资者和中介机构 3 类参与者组成。

（1）发行人

发行国际债券需要很高的资信等级，发行人进入市场的目的是筹集中长期资金。发行人主要有国际金融机构、主权国家政府、跨国公司、银行与非银行金融机构等，大多数来自发达国家。

（2）投资者

在国际债券市场上投资的主要动机是获得高收益。此外，在欧洲债券市场上投资者可以减少甚至逃避税收也是一个重要动机。在国际债券市场上的投资者可以分为个人投资者和机构投资者。在欧洲债券市场上，机构投资者的力量已远远超过个人投资者，主要的机构投资者有国际组织、各国政府、中央银行、养老基金、投资基金、跨国公司和国际性大银行等。早期的欧洲债券投资者主要是小额投资者和选择避税的富有个人；到 20 世纪 80 年代，随着市场的发展，越来越多的机构投资者参与到了市场中（如保险公司、养老基金和银行等），个人投资者主要通过银行和其他各种基金管理组织进行投资。

（3）中介机构

中介机构是指债券承销和买卖终结的金融机构，其中债券承销是其主要职能。国外债券的发行一般没有固定的场所，主要由中介机构代理发行。充当中介机构的大多是来自发达国家的信誉卓著的国际性证券机构，包括证券公司、投资银行、商人银行和商业银行的投资银行分支机构。

3．主要外国债券

伦敦曾经是最大的外国债券市场，但第二次世界大战后，英国实行的外汇管制使英国的外国债券市场一落千丈。苏黎世、纽约、东京和法兰克福是目前的四大外国债券中心。20 世纪 70 年代以前，在纽约发行的外国债券是苏黎世的 2 倍，从而使纽约成为最大的外国债券市场。80 年代以来，外国债券市场的一个引人注目的现象是东京外国债券市场的迅猛发展。

（1）扬基债券

扬基债券是外国发行人在美国债券市场发行的债券。扬基债券市场多年来是最大的和最重要的外国债券市场，后来被瑞士法郎外国债券超过。1963—1974 年美国政府对美国投资者购买扬基债券的利息超过国内债券的部分征收利息平衡税，提高了外国发行人发行扬基债券的成本，遏制了扬基债券的发展。这种做法有效地封闭了美国证券市场达 10 年之久，直到 1974 年利息平衡税被取消，扬基债券市场才重新活跃起来。

外国借款人要发行扬基债券，必须按照美国的有关法律法规办理各种手续。

首先，按美国 1993 年《证券法》向纽约的证券交易委员会申请注册登记，以书面报告公布借款用途、自身财务经营状况和风险因素等，用于满足信息披露要求。如果要在纽约证券交易所上市，就必须根据美国 1934 年《证券交易法》申请注册登记。注册登记大概需要 4 周的时间。借款人还可以通过备案注册来缩短等待的时间，即提交在未来 2 年拟发行募集说明书，到真正发行时只需增加募集说明书附录，大约只需 1 周时间。

其次，借款人在得到纽约证券交易委员会的注册登记批准后，还要采取招标方式委托美国的投资银行机构承销债券。

最后，借款人还要向证券交易委员会申请承保，只有经过后者承保的扬基债券才能发出去。

传统上，发行扬基债券都要经权威性债券评级机构（如标准普尔公司或穆迪投资服务公司）进行评级。债券对发行人的信誉要求很高，一般为AAA级。

扬基债券的期限为5～25年。外国投资者购买扬基债券获得的利息不征收预扣税，通常每半年付息一次。

外国借款人进入扬基证券市场主要是因为美国债券市场是全球最大的债券市场，以及美国是世界上最主要的投资者基地。扬基债券的承销费用只有0.875%，远低于欧洲债券的2%，但考虑注册登记、承保等其他费用，发行扬基债券的总费用要高于欧洲美元债券。不过，通过发行扬基债券，借款人可以获得较高的信誉等级，便于以较低成本进入其他债券市场。

（2）武士债券

武士债券是外国筹资者在日本发行的日元债券。武士债券对外国筹资者的吸引力在于，日本债券市场是世界上第二大债券市场，日本具有强大的国民储备基础。

1970年12月，亚洲开发银行在东京发行了60亿日元债券，从而拉开了发行武士债券的序幕。由于严格的市场管制，武士债券发展很慢，仅局限于国际组织和外国政府，直到1979年才出现了第一笔由外国公司发行的武士债券。

武士债券既可以是记名债券形式，也可以是不记名债券形式，并且两种形式可以自由转换。武士债券的利息收入均豁免预扣税，期限为5～15年。日本大藏省和日本银行对新发行的武士债券的数量有所控制，以免对国内债券市场造成不利影响。

外国借款人只有向大藏省申请并获批准才能发行武士债券。外国金融机构可以参加武士债券的辛迪加，但主承销商必须是日本的证券公司。外国投资者在一级市场上购买的比例被限制在武士债券新发行额的25%以内，但二级市场上则没有这一限制。现在外国投资者持有的武士债券在东京证券交易所挂牌上市。

公募发行武士债券必须经过日本的债券评级机构评级。债券评级的结果不仅影响发行人的筹资成本，而且直接影响债券的发行规模。例如，对于AAA级债券，发行额不受限制；对AA级债券，限制在300亿日元以内；对A级债券，限制在200亿日元以内；对评级在A级以下的，则限制在100亿日元以内。

1985年以来，日本政府为了促进金融自由化和日元国际化，进一步放松了对武士债券市场的管制。其中，最根本的变化是取消了对新发行次数和规模的限制，同时新发行债券的主承销商也不必是日本证券公司。中国金融机构进入国际债券市场发行外国债券就是从发行武士债券开始的。1982年1月，中国国际信托投资公司在日本东京发行了100亿日元的武士债券。

（3）熊猫债券

熊猫债券即外资机构在中国发行的人民币债券。根据国际惯例，国外金融机构在一国发行债券时，一般以该国最具特征的吉祥物命名。据此，财政部部长金人庆将国际多边金融机构首次在华发行的人民币债券命名为熊猫债券。

按照央行提供的信息显示，国际金融公司和亚洲开发银行首次发行“熊猫债券”，比照中国人民银行在银行间债券市场发行金融债券审批项目办理，熊猫债券的发行利率也将由发行人参照同期限金融债券的收益率水平来确定。

亚洲开发银行 2009 年 12 月 1 日宣布，该行已确定在中国市场发行总值 10 亿元人民币的 10 年期“熊猫债券”。这批“熊猫债券”将在中国银行间市场发售，债券收益率将于 12 月 4 日簿计建档后确定；中国国际金融有限公司将是第二批“熊猫债券”的主要承销商，发售债券筹得的资金将用于支持中国清洁能源项目的发展。北京时间 2014 年 3 月 14 日，德国一家汽车制造商戴姆勒发行 5 亿元人民币熊猫债券，从而成为了第一家进入中国内地债券市场的非金融海外公司。

熊猫债券发行对我国的意义：

首先，将有利于推动我国债券市场的对外开放。在我国债券市场上首次引入国际发行机构，吸引国际发行机构发行人民币债券，不仅可以带来国际上债券发行的先进经验和管理技术，而且将进一步促进中国债券市场的快速发展与国际化进程。

其次，有助于改善我国目前对民营企业的直接融资比重过低的现状，并将有利于降低国内贷款企业的汇率风险。国际开发机构直接在中国发行人民币债券，并贷款给国内企业，从而可以降低企业原来购汇还贷时所承担的汇率风险。

最后，允许境外机构发行人民币债券，标志着我国在放开资本项目管制进程中迈出了一个尝试性的试探步伐。

（4）瑞士法郎外国债券

瑞士法郎外国债券是外国筹资者在瑞士发行的瑞士法郎债券。瑞士是世界上最大的外国债券市场，这得益于瑞士的中立国地位和瑞士法郎币值的稳定。

瑞士法郎外国债券在瑞士发行时，投资者主要是外国投资者而不是瑞士投资者。瑞士法郎因其币值稳定而作为债券的记账单位。瑞士法郎外国债券的主承销商通常是瑞士 3 家大银行之一，即瑞士银行公司、瑞士联合银行和瑞士信贷银行之一。

瑞士法律规定，外国投资者购买瑞士国内债券免征预扣税。这一规定刺激了外国投资者对瑞士法郎外国债券的需求。

瑞士法郎外国债券是不记名债券，1 年付息一次，面额最低为 5 000 瑞士法郎。外国债券通常在瑞士的证券交易所挂牌上市和交易。

20 世纪 90 年代初，瑞士法郎外国债券的发行量有所下降。为了扭转这一趋势，瑞士降低了新发行债券的费用，允许外国金融机构承销债券，并且取消了证券商之间交易外国债券的印花税。

4. 欧洲债券市场

（1）欧洲债券的种类

欧洲债券种类繁多，特别是国际金融创新使得欧洲债券新工具层出不穷。分析欧洲债券可以从面值货币和发行条件两个方面进行。从发行条件来看，欧洲债券主要有普通债券、浮动利率票据、零息票债券、可转换债券和双币债券等形式。

1）普通债券。普通债券是欧洲债券的典型和传统形式。这种债券的特征有几个：面值固定；债券利率是固定的，附有年息票，1 年支付一次利息；票面利率根据发行时的市场利率确定；期限一般在5～10年，个别的也有长达40年。

2）浮动利率票据。浮动利率票据的息票是每季度或半年支付一次并重新确定一次；利率的确定以某一基础利率为基准再加上一定的加息率；加息率主要由发行人的资信决定，一般在0.25%～1%；期限相对于普通债券较短，通常在5～7年。

浮动利率票据一般都设定一个最低的固定利率，基础利率（如LIBOR）下降到某一特定水平之下时，浮动利率就自动转化为固定利率债券。这是为了防止基础利率过分下降，以保护投资者。

大多数浮动利率票据以美元标价，其他货币（如欧元、原联邦德国、日元、加拿大元和特别提款权等）的浮动利率票据也有，但比重较小。作为一种创新，浮动利率票据市场上还出现了没有到期日的永久性浮动利率票据。

自1970年问世以来，浮动利率票据发展非常迅速。由于利率可以及时调整，避免了借款人和投资者利率波动的风险，这种债券在利率动荡的时期特别有吸引力。

3）零息票债券。零息票债券是不支付任何息票的债券，即借款人在债券到期前不支付任何利息，而是到期一次还本付息。这种债券以贴现方式发行，到期按面值偿还。债券面值与购买价格之差就是投资者的收益。

零息债券是20世纪80年代欧洲债券市场的创新，其收益来自到期的资本收益而不是利息。这种债券在日本投资者中非常流行，因为在日本资本收益不用纳税。

4）可转换债券。可转换债券除进行正常的利息支付外，还向债券持有人提供了在未来某一时间或时期根据事先确定的条件把债券转换成另一种证券或其他资产的权利。

可转换债券最常见的形式是转化为发债公司的普通股股票。此外，可转化的其他资产有黄金、石油或者带有不同支付特点的其他债券（如固定利率债券转化为浮动利率债券或相反）。

可转换债券的利率要低于其他同类债券，因为投资者获得了选择转化的权利。20世纪80年代，在欧洲债券市场上，由于预期日元升值，日本公司发行的可转换美元欧洲债券十分流行。

5）双币债券。双币债券是以某一种货币为债券面值货币，并以该货币购买和支付息票，但本金的偿还按事先确定的汇率以另一种货币支付。双币债券实际上是普通债券与远期外汇合同的结合物。

例如，1985年美国某公司发行了一笔欧洲债券，以日元标价并以日元购买，8%的年息票也以日元支付，但到期以美元偿还本金，债券的日元面额以208日元/美元的汇率兑换为美元。这笔欧洲债券就是双币债券。

（2）欧洲债券的发行

欧洲债券的发行是在国际银行组织下进行的。这种国际银行叫主办银行，主办银行邀请几个合作银行组成发行管理集团，债券的发行量过大时，要由几个主办银行联合进行。这种发行方式叫辛迪加集团发行。债券市场的参加者有主办银行、包销者、推销者，这些参加者要求得到一定的佣金。参加者的责任分配：主办银行为发行债券做准备，规定一些条件；有贷款（募集）能力的包销者（包销者由世界各地的国际银行和大公司构成，数量在30～300家）将参加债券的发行；推销者的责任是把债券卖给公众（公众也包括主办银行、包销者和有销售基础的银行)。

欧洲债券市场不受政府的管制，能比较容易地在 3 周内幕集到资金。发行债券的程序是，决定债券的发行条件、宣布发行债券、上市日、宣布发行结束、上市交易。

第一阶段，主办者和借款者一起决定债券的发行条件（数额、期限、固定或浮动利息率、息票)。这个阶段，主办行组建发行管理辛迪加并准备各种文件，最主要的文件是说明书，说明书在这个阶段叫初步说明书。

第二阶段，宣布发行债券。主办行通过电传对债券的发行进行说明，并邀请银行参加承销集团，向可能承销者送初步说明书，在一两周之内制定出发行债券的最终条件。辛迪加集团的借款者承担责任。

第三阶段，上市日。发行最终说明书，债券公开上市。公众募集阶段大约是两周。

第四阶段，宣布债券发行结束。认购结束，债券和现金交换，借款者实际卖出债券，取得现金。在各大报纸上登醒目的广告，公开宣传这次债券的发行成功，并列出主办银行和合办银行名单。

第五阶段，上市交易。债券交易日结束后债券就可以上市交易。

由于市场竞争的压力，目前欧洲债券发行方式有了新的变化。

1）包买交易。包买交易的做法是，牵头经理在宣布债券发行前就以商定的条件向借款人买入全部债券，然后组织辛迪加发行债券。这种事后组织辛迪加的做法，使得承销商集团和销售商集团的作用削弱乃至消失，并且缩短了债券进入市场的时间。

2）收益定价。它是根据当前二级市场上同类债券的收益确定新发行债券的价格。与传统发行程序的区别在于，传统方法在发行前已有初步的发行条件，到正式发行日再确定最终发行条件；收益定价方法则在正式发行日参照同类债券一次性确定发行价格。这种方法对投资者的利益提供了保障，在美国债券市场得到广泛运用，20 世纪 80 年代开始引入欧洲债券市场。

3）拍卖发行。它由借款人直接宣布新发行债券的期限和利率，并邀请金融机构竞价购买，且按照竞价者的出价从高到低分配债券。拍卖发行节约了辛迪加的发行费用，但一般只适合知名度高的借款人。

4）固定价格重新发盘。经理集团承诺在辛迪加正式解散之前以不低于某一固定价格来推销债券。

(3) 欧洲债券的流通

一旦新的欧洲债券在正式发行日出售，这笔债券就进入二级市场。二级市场是已发行的欧洲债券流通的市场，投资者再次进行债券的买卖活动。二级市场上，债券持有者可以随时转让所持有的债券，以获得所需资金；同时拥有资金的投资者可以随时购买债券，以满足投资的需要。因此，二级市场是欧洲债券市场不可或缺的重要组成部分。

债券交易分为场内交易和场外交易。场内交易是指在证券交易所这样的固定场所进行的债券交易；场外交易是指在证券交易所外，以证券交易机构为中心在其柜台进行的债券交易。

欧洲债券的场外交易主要通过中介机构，中介机构有经纪商和造市商两类。经纪商接受客户的买卖委托，并负责寻找交易的另一方。为此，经纪商向委托方收取佣金，一般为交易额的0.062 5%。欧洲债券市场上的经纪商也可以为自己买卖债券，但一般不报出买入和卖出两种价格。经纪商也不直接与零售客户打交道，而主要是作为造市商之间的中介人发挥作用。相反，造市商实行双向报价制，同时向零售客户报出买入和卖出价格，并按报价随时从事其中任何一种类型的交易。造市商的主要作用是创造市场，在债券交易中充当买方或卖方。

除了委托进行交易外，在欧洲债券交易中无须支付任何佣金。造市商买卖债券的收益来自买入和卖出价格的差价。债券的报价是按照面值的百分比来表示的。例如，某造市商的报价为95.5%~96%，即面值为1 000美元的债券的买入价为955美元，卖出价为960美元。

债券买卖一旦成交，交易价格也就确定下来了，但债券和资金的转手（交割）要到起息日才能进行。在欧洲债券交易中，起息日通常在成交后1个星期。在附有息票的欧洲债券交易中，买方还应补偿卖方自上次付息后积累的利息。在欧洲债券市场上，期限的计算按照30/360方式，即一年按360天计算，一个月按30天计算，不足一个月的按实际天数计算。

6.3.3 国际股票市场

1. 国际股票市场的概念与分类

国内股票市场与国际股票市场之间并不存在截然不同的界限。随着资本跨国流动和跨国公司的发展，外国公司股票获准在证券交易所上市，外国投资者也可以委托经纪商买卖上市股票，股票市场可以转化为国际股票市场。因此，国际股票市场有狭义和广义之分。

（1）狭义的国际股票市场

严格意义上的狭义的国际股票市场是指有关市场所在地非居民公司股票发行和买卖所形成的市场。这里的国际股票是指非居民公司发行的股票。国际股票的具体形式除了普通的原始股票外，还有一种特殊的形式，即存托凭证（Depository Receipts，DR）。股票存托凭证是发行地银行开出的代表其保管的外国公司股票的凭证。它既可以代表在发行人国内流通交易的已上市股票，也可以代表在发行人国内将上市的新股票。投资者通过购买股票存托凭证拥有外国公司的股权。其做法如下：上市公司将一定数额的股票存放在保管银行（一般为存托银行的分行或其他分支机构），保管银行通知国外的存托银行在当地发行所保管股票的替代证券，即存托凭证。在美国发行和出售的存托凭证叫作美国存托凭证（ADR），在美国以外其他国家发行和出售的存托凭证则称为全球存托凭证（GDR）。存托凭证以发行地货币计价结算，避免了投资者的汇率风险，同时解决了与有关国家管制规定冲突的问题。比如，美国按规定，大多数机构投资者不能购买以外币计价的外国证券。在美国发行的国际股票必须是美元存托凭证形式；在亚洲和欧洲各国发行的国际股票，既可以是原始股票，也可以是全球存托凭证。

（2）广义的国际股票市场

广义的国际股票市场除了包括狭义的国际股票市场外，还包括国际化的各国股票市场，即大量非居民投资者参与买卖的股票市场。中国的B股市场就属于广义的国际股票市场。

第二次世界大战以后，随着各国在生产、贸易和技术等方面国际化的发展，资本国际流动的规模也越来越大。但在战后相当长的一段时期，西方各国对证券市场国际化都加以限制，特别是对外国公司股票的发行尤其严格，国际股票市场的发展受阻。自 20 世纪 70 年代后半期以来，各国逐步取消有关资本国际流动的限制，股票市场的国际化步伐加快。特别是 80 年代以来，跨国股票投资迅速膨胀。

在跨国股票投资迅速发展的同时，跨国股票筹资活动日益增长，国际股票的发行日渐盛行。发行人既有来自发达国家的，也有来自发展中国家的，几乎遍布在全球各个角落，但主要以发达国家的大公司为主。

2. 国际股票市场的发展趋势

作为新兴的国际资本市场，国际股票市场正在经历一个加速发展阶段，无论在规模还是在结构上都有与过去不同的突破，新的国际股票市场格局正在逐步形成。从目前的发展态势来看，国际股票市场的发展趋势具有以下 4 个方面的特点。

（1）国际股票市场多元化和集中化并存

一方面，进入 20 世纪 90 年代后，第二次世界大战前纽约和伦敦在国际股票市场的垄断地位受到挑战，许多新兴的国际股票市场正在发展，国际股票市场延伸到全球各地区，既有全球性市场又有区域性市场，多元化的格局已经形成。另一方面，无论从市场的外国公司数目还是从交易数量来看，纽约和伦敦依然保持领先地位，占有相当大的优势，尤其是伦敦更表现出相当程度的集中化倾向。随着东京证券市场的进一步开放，加之日本作为主要国际股票投资国的优势，东京将发展成为另一个全球性国际股票市场。因此，从发展趋势来看，国际股票市场正形成以三足鼎立的三个全球性市场——伦敦、纽约和东京为核心、以众多区域性市场为外围的放射状格局。

（2）国际股票市场投资者机构化

由于国际股票由外国公司发行，一般大众投资者在获得信息方面不及机构投资者，使其难以进行国际股票交易。在伦敦国际股票市场上，证券交易所根据不同股票规定了单笔交易的最低交易额，一般在 5 万～10 万英镑。实际上，该市场平均每笔交易的数额已超过了 20 万英镑，远远高于英国国内股票市场的同类指标。由此可见，参与国际股票交易的主要是机构投资者。

（3）股票存托凭证市场方兴未艾

近年来，股票存托凭证在全球发展非常迅速，成为国际股票市场的重要组成部分。由于发展中国家公司的资信较低、规模较小，难以直接在国外发行股票，因此股票存托凭证对于发展中国家尤为重要，一般占其国际股票发行总额的 50%以上。1994 年，全球共有 43 个国家的 285 家公司在美国发行了美国存托凭证，筹资总额达 200 亿美元，交易额达 2 480 亿美元。

（4）全球一体化的股票市场正在形成

首先，世界三大证券交易所位于不同时区，在亚洲的东京、香港证券交易所闭市以前，伦敦国际证券交易所开始交易，而在伦敦当天交易结束以前纽约证券交易所已经开市，这样就形成了以东京—伦敦—纽约为轴心的全球股票交易市场。其次，代表国际股票市场发展潮流的伦敦国际股票市场，采用先进的证券交易自动报价系统——国际证券交易自动报价系统。该系统通过卫星线路与东京、纽约等地的报价系统联网，在计算机上对国际股票进行实时报价，从而形成24小时不间断的股票交易。另外，加上一个发展中国家市场区域，交易的股票是尚未被伦敦国际证券交易所认可的其他证券交易所上市的股票。亚洲和远东目前主要由中国的香港特别行政区或日本代表。在过去的多年里，该系统进行的荷兰和瑞典股票交易量，几乎达到其他国内股票市场交易量的一半。可以预见，以伦敦国际证券化交易自动报价系统为代表的股票电子交易系统，将极大地推动国际股票市场的扩张和一体化进程。

6.4 国际黄金市场

国际黄金市场是专门进行黄金买卖的国际性交易市场，是国际金融市场的重要组成部分。

6.4.1 国际黄金市场概述

1．国际黄金市场分类及代表

按其影响和规模，国际黄金市场可分为主导性市场和区域性市场。主导性市场是指国际间黄金交易集中，其价格水平和交易量都对其他市场有很大影响的市场。伦敦、苏黎世、纽约、芝加哥和中国香港特别行政区均属于主导性黄金市场。区域性市场则多集中在本地区进行黄金交易，对其他市场影响不大，如法兰克福、巴黎、东京、新加坡等黄金市场。以交易类型区分，黄金交易分为现货交易和期货交易两种。世界上主要的黄金现货市场在伦敦、苏黎世、纽约、法兰克福和中国香港特别行政区。黄金期货市场主要在纽约、芝加哥、中国香港特别行政区、新加坡和悉尼。

2．国际黄金市场的参与者

国际黄金市场的参与者有国际金商、银行、对冲基金等金融机构、各种法人机构、私人投资者及在黄金期货交易中有很大作用的经纪公司。

（1）国际金商

最典型的国际金商就是伦敦黄金市场上的五大金行①，其自身就是一个黄金交易商。由于五大金行与世界上各大金矿和许多金商有广泛的联系，而且其下属的各个公司又与许多商店和黄金顾客联系，因此它会根据自身掌握的情况不断报出黄金的买价和卖价。当然，金商要承担金价波动的风险。

（2）银行

银行可以分两类。一种是仅仅为客户代行买卖和结算的银行。其自身并不参加黄金买卖，以苏黎世的三大银行为代表，它们充当生产者和投资者之间的经纪人，在市场上起到中介作用。也有一些做自营业务的，如在新加坡黄金交易所里，就有多家自营商会员是银行的。

（3）对冲基金等金融机构

近年来，国际对冲基金尤其是美国的对冲基金活跃在国际金融市场的各个角落。一些

① 五家大黄金交易公司，即罗特希尔德父子公司、塞缪尔·蒙塔古公司、夏普·皮克斯利公司、约翰逊·马瑟公司和莫卡泰·戈德史密斯公司。

规模庞大的对冲基金利用与各国政治、工商、金融界千丝万缕的联系往往较早地捕捉到经济基本面的变化，利用管理的庞大资金进行买空和卖空操作，加速黄金市场价格的变化，从而从中牟利。

（4）各种法人机构和私人投资者

这既包括专门出售黄金的公司［如各大金矿、黄金生产商、专门购买黄金消费的黄金制品商、首饰行（如各种工业企业）及私人购金收藏者等］，也包括专门从事黄金买卖业务的投资公司、个人投资者等，种类多样，数量众多。但是按对市场风险的喜好程度分，这类参与者又可以分为风险厌恶者和风险喜好者。前者希望回避风险，将市场价格波动的风险降低到最低程度，包括黄金生产商、黄金消费者等；后者就是各种对冲基金等投资公司，希望从价格涨跌中获取利益。前者希望对黄金保值而转嫁风险；后者希望获利而愿意承担市场风险。

（5）经纪公司

经纪公司是专门从事代理非交易所会员进行黄金交易，并收取佣金的经纪组织。有的交易所将经纪公司称为经纪行。纽约、芝加哥、中国香港特别行政区等黄金市场，活跃着许多的经纪公司，它们本身并不拥有黄金，只是委派代表在交易厅里为客户代理黄金买卖，收取客户的佣金。

6.4.2　黄金市场的交易方式

1. 黄金的现货交易

伦敦黄金市场是世界上最大的黄金现货市场，它是一个全球参与者都能参加的市场。现货交易又分为定价交易和报价交易。定价交易只在规定时间内报出单一价格，没有买卖差价，成交后经纪人或黄金商只收取佣金。一般定价交易是伦敦市场特有的交易方式，规定每个营业日上午 10:30 和下午 3:00，在英国最大的金商罗特希尔德父子公司交易大厅，由该公司出任首席代表并现报一个金价，其他各金商代表按价格决定买卖。成交时的金价，既为黄金现货成交价，又是世界黄金行市的“晴雨表”，各地依此调整金价。报价交易则由买卖双方自行达成，虽然价格水平在很大程度上受定价交易制约，但有买卖差价之分，并在成交数量上要多于定价交易。

2. 黄金的期货交易

黄金的期货交易是根据双方事先签订的交易合同交付押金，在预约的日期办理交割，一般为 3 个月、6 个月或 1 年。其价格以现货价格为依据，再加上期货限期的利息而定。为了避免金价波动给供求双方带来损失，交易双方经常利用套期保值和期权交易来防范风险。黄金期货作为一种特殊的商品期货，实际上不需要真正交货，绝大多数合同在到期前已经对冲掉了，只需要交割价格差额及盈亏即可。黄金期货交易要收取多种费用，如手续费、仓储费、收仓手续费和保险费等。除银行和金商外，任何人只要收有实金，都可以用来套息，可以在市场上抛空同等数量的黄金，并可套取每日公订的仓储费。

像其他商品期货交易一样，黄金期货也可以进行买空卖空活动。当黄金期货价格看涨时，做多头期货的买方；当未来金价看跌时，则做空头期货的买方。如果金价变动趋势与预期的那样涨跌，在到期前进行相反方向的对冲就会盈利，反之就会亏损。

黄金期货的交付，凡是大宗交易，大都采用账面划拨方式，即把存放在主要金融中心金库中的黄金所有权通过账户划拨方式完成交付，特别是各国中央银行间及国际金融组织在买卖黄金时一般采取这种方式。

黄金期货交易经常表现为国际间的黄金跨市套利。只有在外汇管制较宽松的、开放的黄金自由交易市场才可以进行这种交易，如伦敦、苏黎世、纽约、芝加哥和中国香港特别行政区等。

6.4.3 黄金价格变动的影响因素

布雷顿森林体系中，黄金是货币平价的尺度。1945—1971 年，黄金的官方价格一直保持在每盎司 35 美元。随着 20 世纪 60 年代美元信誉下降，抛售美元、抢购黄金的风潮不断涌起，几经西方国家共同干预仍无效，终于在 1971 年 8 月迫使美国放弃美元与黄金的固定联系，至此国际黄金市场的价格完全取决于市场的供求变化。

影响黄金价格的因素可以从供给和需求两个方面来看。

（1）从供给方面来看

黄金市场的供应来源主要有以下三种。第一种是经常性供给，这类供给是稳定的、经常性的。第二种是诱发性供给。这是由于其他因素刺激作用导致的供给，如金价上扬使许多囤金者为获利抛售，或者使黄金矿山加速开采。第三种是调节性供给。这是一种阶段性不规则的供给。比如，产油国因油价低迷，会因收入不足而抛售一些黄金。20 世纪 80 年代，世界黄金年产量在 1 700～2 100 吨，90 年代以来黄金年产量保持了较为稳定的增长，基本维持在 2 500 吨的水平，因此第一、二种供给因素对价格的短期影响并不明显。国际金融组织或有关国家中央银行在世界市场上抛售黄金的调节性供给成为短期内影响价格的重要因素。比如，东南亚金融危机后，不少国家开始出售黄金以偿还到期的外债，国际货币基金组织于 1996 年公布拟出售部分黄金储备，瑞士和英格兰中央银行也宣布出售官方黄金储备，使得金价下跌；而 2004 年，欧洲央行和瑞士、瑞典的中央银行签署限制联合出售黄金的协议的举措，又造成了金价上涨。

（2）从需求方面来看

黄金的主要需求和用途在于，用作国际储备、用作珠宝装饰的加工、在工业与科学技术上的应用、投资需求等。黄金加工需求伴随经济周期而变化，因此需求方面影响金价的因素有世界经济的增长水平、汇率与利率。亚洲金融危机爆发后，世界经济平均增长速度放慢，黄金需求相应下降。1998 年，东亚的黄金加工需求下降了近 30%，黄金价格出现回落。但是，由于黄金产能难以明显增加，而中国、印度、中东和土耳其等新兴发展中经济体对黄金的需求呈上升趋势，加上美元趋弱、油价上涨等因素，黄金价格自 2001 年以来连续上涨，由 2001 年 2 月的 250 美元/盎司涨至 2007 年年末的 833.2 美元/盎司，2008 年 8 月 27 日涨为 833.9 美元/盎司，到 2012 年最高涨到 1 895.0 美元/盎司，涨幅惊人，之后价格有所回落。黄金 30 天、1 年及 10 年价格走势分别如图 6-1、图 6-2 和图 6-3 所示。

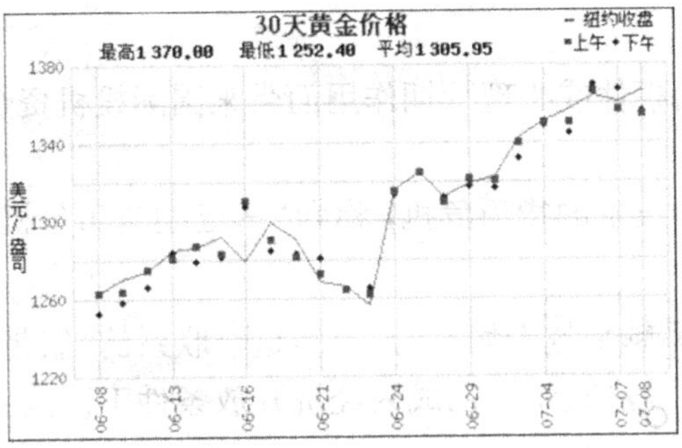

图 6-1　黄金 30 天价格走势
（2016/06/08—2016/07/08）

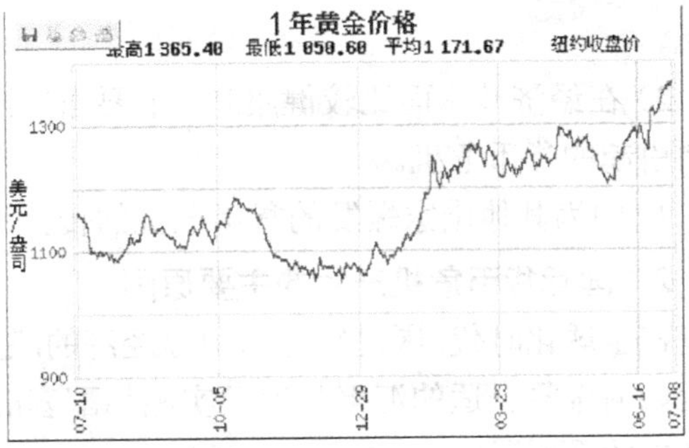

图 6-2　黄金 1 年价格走势
（2015/07/10—2016/07/10）

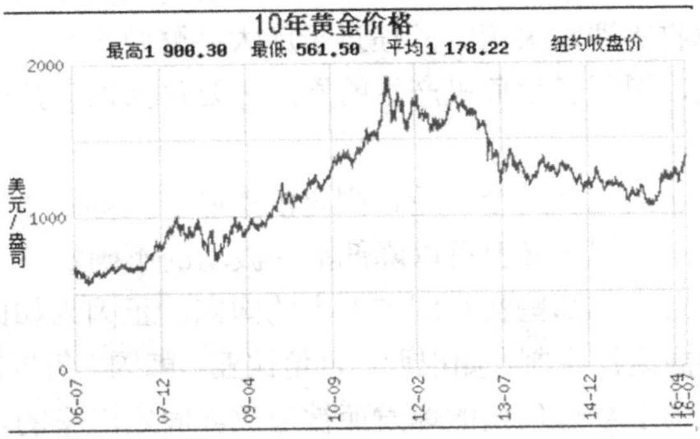

图 6-3　黄金 10 年价格走势（2006/07—2016/07）

6.5　国际金融危机

金融危机是货币危机、信用危机、银行危机、债务危机和股市危机等的总称，一般指一国金融领域中出现的异常剧烈动荡和混乱，并对经济运行产生破坏性影响的一种经济现象。它主要表现为金融领域所有的或者大部分的金融指标的急剧恶化，如信用遭到破坏、银行发生挤兑、金融机构大量破产倒闭、股市暴跌、资本外逃、银根奇缺、官方储备减少、货币大幅度贬值、出现偿债困难等。

国际金融危机是指一国所发生的金融危机通过各种渠道传递到其他国家，从而引起国际范围内金融危机爆发的一种经济现象。国际金融危机主要包括国际货币危机、国际债务危机和国际银行危机。

6.5.1　国际货币危机

国际货币危机即一国货币汇率短时间内出现异常剧烈的波动，并导致相关国家或地区乃至全球性的货币支付危机发生的一种经济现象。

1．国际货币危机的分类

国际货币危机按原因可以分为以下几种：

1）由政府扩张性政策导致经济基本面恶化，从而引发国际投机资金冲击所导致的货币危机。

2）在经济基本面比较健康时，主要由政治事件或心理预期作用而带来国际投机资金冲击所引起的货币危机。

3）因为其他国家爆发的货币危机的传播而发生的货币危机，称为“蔓延型货币危机”。

2. 国际货币危机产生的主要原因

在全球化时代，国民经济与国际经济的联系越来越密切，而汇率是这一联系的“纽带”，因此如何选择合适的汇率制度及实施相配套的经济政策，已成为经济开放条件下决策者必须考虑的重要课题。

随着市场经济的发展与全球化的加速，经济增长的停滞已不再是导致货币危机的主要原因。经济学家的大量研究表明，定值过高的汇率、经常项目巨额赤字、出口下降和经济活动放缓等都是发生货币危机的先兆。就实际运行来看，货币危机通常由泡沫经济破灭、银行呆坏账增多、国际收支严重失衡、外债过于庞大、财政危机、政治动荡、对政府的不信任等因素引发。总之，国际货币危机产生的原因主要包括以下几个。

（1）汇率政策不当

众多经济学家普遍认同这样一个结论：固定汇率制在国际资本大规模、快速流动的条件下是不可行的。固定汇率制名义上可以降低汇率波动的不确定性，但是自20世纪90年代以来，货币危机常常发生在那些实行固定汇率的国家。正因为如此，近年来越来越多的国家放弃了曾经实施的固定汇率制，如巴西、哥伦比亚、韩国、俄罗斯、泰国和土耳其等。然而，这些国家大多是由于金融危机的爆发而被迫放弃固定汇率的，汇率的调整往往伴随着自信心的丧失、金融系统的恶化、经济增长的放慢及政局的动荡。也有一些国家从固定汇率制成功转轨到浮动汇率制，如波兰、以色列、智利和新加坡等。

（2）外汇储备不足

研究表明，发展中国家保持的理想外汇储备额是“足以抵付3个月进口”。由于汇率政策不当，长期锁定某一主要货币将导致本币币值高估及竞争力降低。货币危机发生前夕，往往出现经常项目顺差持续减少，甚至出现巨额逆差。当国外投资者意识到投资国“资不抵债”（外汇储备不足以偿还所欠外债）时，清偿危机会随之出现。在其他众多不稳定因素诱导下，撤资行为极易出现，从而导致货币危机。拉美等地发生的货币危机主要是由于经常项目逆差导致外汇储备减少而无法偿还对外债务造成的。比如，阿根廷公共债务总额占国内生产总值的比重2001年年底为54%，受阿比索贬值的影响，2002年年底已上升到123%；2003年，阿根廷需要偿还债务本息达296.14亿美元，相当于中央银行持有的外汇储备的2.9倍。

（3）银行系统脆弱

在大部分新兴市场国家，包括东欧国家，货币危机的一个可靠先兆是银行危机。银行业的弱点不是引起便是加剧货币危机的发生。在许多发展中国家，银行收入过分集中于债款收益，但又缺乏对风险的预测能力。资本不足而又没有受到严格监管的银行向国外大肆借取贷款，再贷给国内成问题的项目，由于币种不相配（银行借的往往是美元，贷出去的通常是本币）和期限不相配（银行借的通常是短期资金，贷出的往往是历时数年的建设项目），因此累积的呆坏账越来越多。比如，东亚金融危机爆发前5～10年，马来西亚、印度尼西亚、菲律宾和泰国信贷市场的年增长率均在 20%～30%，远远超过了工商业的增长速度，也超过了储蓄的增长，从而迫使许多银行向国外举债。由此形成的经济泡沫越来越大，银行系统也就越发脆弱。

（4）金融市场开放过快

许多研究材料表明，一些拉美、东亚、东欧等新兴市场国家过快开放金融市场，尤其是过早取消对资本的控制，是导致货币危机发生的主要原因。金融市场开放会引发大规模资本流入，在固定汇率制下导致实际汇率升值，极易扭曲国内经济；而当国际或国内经济出现风吹草动时，则会在短期内引起大规模资本外逃，导致货币急剧贬值，由此不可避免地爆发货币危机。在转型经济国家中，捷克本是一个较为成功的范例。1992 年年底，捷克经济出现复苏迹象，物价稳定，财政盈余，外国直接投资增加，国际收支状况良好。然而，为加入经合组织，捷克加快了资本项目开放步伐。1995 年 10 月生效的新《外汇法》规定了在经常项目下的完全可兑换和在资本项目下的部分可兑换，接受了国际货币基金组织第 8 条义务。由于银行体系脆弱和有效监管缺乏，1997 年年底大量短期外资外流，最终引爆了货币与金融危机。据统计，在还没有做好充分准备就匆匆开放金融市场的国家已有 3/5 发生过金融危机，墨西哥、泰国都是比较经典的例子。

（5）外债负担沉重

泰国、阿根廷及俄罗斯的货币危机，就与所欠外债规模巨大且结构不合理紧密相关。比如，俄罗斯 1991 年至 1997 年共吸入外资 237.5 亿美元，但在外资总额中，直接投资只占 30%左右，短期资本投资约 70%。由于俄罗斯金融市场的建构和发展一直是以债市为中心，债市的主体又是自 1993 年后由财政部发行的期限在 1 年以内的短期国债（80%是 3～4 个月），这种投资的短期性和高度的对外开放性，使俄罗斯债券市场的稳定性弱，因而每每成为市场动荡的起源。在危机爆发的 1997 年 10 月，外资已掌握了股市交易的 60%～70%、国债交易的 30%～40%。1998 年 7 月中旬以后，俄罗斯财政部发布“8・17 联合声明”，宣布“停止 1999 年年底前到期国债的交易和偿付”，债市的实际崩溃迅速掀起股市的抛售狂潮，从债市、股市撤离的资金纷纷涌向汇市，造成外汇供求关系的严重失衡，直接引发卢布危机。

（6）财政赤字严重

发生货币危机的国家中，或多或少都存在财政赤字问题，而且赤字越庞大，发生货币危机的可能性也就越大。财政危机直接引发债市崩溃，进而导致货币危机。

（7）政府信任危机

民众及投资者对政府的信任是金融稳定的前提，同时赢得民众及投资者的支持，是政府有效防范、应对金融危机的基础。墨西哥比索危机很大一部分归咎于其政治上的脆弱性，1994 年总统候选人被暗杀和恰帕斯州的动乱，使墨西哥社会经济处于动荡之中。新政府上台后在经济政策上的犹豫不决，使外国投资者认为墨西哥可能不会认真对待其政府开支与国际收支问题，这样便由信任危机引起金融危机。加剧东南亚国家金融危机的一个重要原因是政治腐败，“裙带资本主义”不断滋生“内部交易”，长此以往则会造成外国投资者和民众对政府产生严重的信任危机。1998 年 5 月至 6 月的俄罗斯金融危机的主要诱因也是国内“信任危机”。

（8）经济基础薄弱

强大的制造业、合理的产业结构是防止金融动荡的坚实基础。产业结构的严重缺陷是造成许多国家经济危机的原因之一。比如，阿根廷一直存在着严重的结构性问题。20世纪90年代，阿根廷虽实行了新自由主义改革，但产业结构调整滞后，农牧产品的出口占总出口的60%，而制造业出口只占10%左右。在国际市场初级产品价格走低及一些国家增加对阿根廷农产品壁垒之后，阿根廷丧失了竞争优势，出口受挫。再如，东南亚金融危机前夕，泰国、印度尼西亚等国产业长期停留在劳动密集的加工制造业，在中国大陆与东欧转型国家的竞争下，逐渐失去原有的价格优势，出口不断下降，外汇收入持续减少。俄罗斯危机也是因为产业结构存在严重问题、经济复苏与出口创汇过多依赖石油生产与外销、国际油价下跌、外汇收入减少，致使还债能力被大大削弱。

（9）危机跨国传播

由于贸易自由化、区域一体化，特别是资本跨国流动的便利化，一国发生货币风潮极易引起邻近国家的金融市场发生动荡，这在新兴市场尤为明显。泰国之于东亚，俄罗斯之于东欧，墨西哥、巴西之于拉美等，反复印证了这一“多米诺骨牌效应”。尽管危机通常只在一个新兴市场出现，但是惊惶而失去理智的投资者往往会将资金从所有新兴市场撤出。这有两个方面的原因。一方面，投资者担心其他投资者会抛售证券，如果不捷足先登必将最终殃及自己，因此投资者做出抛售决定是理智的选择；另一方面，如果投资者在一国资产（如俄罗斯债券）上出现亏空，他们会通过在其他新兴市场出售类似的资产（比如说巴西债券）弥补整个资产的亏损。这对于单个投资者来说是完全正常的。然而，从整体上看，众多投资者撤资会造成了一种不理智的结果，势必将相关国家置于金融危机的险境。

（10）基金组织政策不当

国际货币基金组织（IMF）的存在造成或者至少加剧了金融危机。20世纪80～90年代，IMF等国际金融机构依据与美国财政部达成的“华盛顿共识”，向要求遭受危机、等待救援的国家硬性推出“财政紧缩、私有化、自由市场和自由贸易”三大政策建议。原世界银行的首席经济学家、诺贝尔经济学奖获得者约瑟夫·斯蒂格利茨，以及著名经济学家、“休克疗法”的创始人、哈佛大学教授杰弗里·萨克斯，猛烈抨击IMF的“华盛顿共识”，认为IMF造成的问题比解决的多，该组织迫使受危机打击的国家提高利率，从而加深了衰退，使情况变得更加严重，由此导致一些国家的经济崩溃和社会动荡。“华盛顿共识”倡导的是一个“各国政府被跨国公司和金融集团的决定压倒”的经济全球化进程。对IMF更深刻的批评涉及IMF的救援行动会引起道德风险，即对陷入危机国家的救助会引起投资者和一些国家不理智的行为，因为它们相信在遇到麻烦时总会得到国际救助。

3. 国际货币危机的影响

（1）货币危机发生过程中对经济活动的危害

这种危害包括资金外流、政府提高利率或外汇管制带来的经济紧缩、货币危机期间大量资金在国内频繁流动对金融市场造成严重的波动、危机期间的不稳定和恐慌对公众正常生产经营活动带来很大干扰等。

（2）货币危机发生后经济条件的变化

首先，货币危机容易诱发经济、金融危机、政治危机乃至社会危机；其次，外国资金往往在货币危机发生后大举撤出该国，给经济发展带来沉重打击；再次，货币危机带来的本币贬值将导致以本币衡量的对外债务大量增加；最后，货币危机发生后被迫采取浮动汇率制度，给正常的生产、贸易带来不利影响。

（3）货币危机发生后政府被迫采取的补救性措施中，紧缩性财政货币政策往往是最普遍的

如果货币危机并不是扩张性的宏观政策导致时，这一措施很可能给社会带来巨大的灾难。此外，为获得外国的资金援助，一国政府往往会被迫实施援助所附加的各种条件（如开放本国商品金融市场等），给本国的经济运行带来较大的风险。

4．国际货币危机的防范

就历史经验来看，国际货币危机的爆发通常都经过相当长一段时间的能量积蓄，最后由某一个或几个因素引爆。综合国外的经验教训，应对国际货币危机的防范措施主要有以下几种。

（1）适时调整汇率

建立与本国经济发展状况相适应的汇率制度对防范国际货币危机尤为重要。经济学家越来越认为发展中国家应确立相对稳定、适时调整的汇率制度。相对稳定便于贸易与投资，减少相关汇率风险；适时调整是要避免币值高估或低估，以免给货币投机留下可乘之机。有条件的经济大国应当使汇率更加灵活，以减少国际金融市场的动荡对国内金融市场与当局货币政策的影响。问题的关键是，在实施某种汇率制度的过程中，必须采取相应的配套措施，以便使该汇率制度在适宜的环境中运行。欧洲货币体系在 1979—1983 年，每 7 个月调整一次；在 1983—1987 年，每 18 个月调整一次；而在 1987—1992 年这段时期，没有做过任何汇率调整，实际已变为一种固定机制，事实证明这种机制使欧洲无法应对德国统一带来的利率上升的冲击。一般来说，货币贬值在短期内可以带来好处，但会延缓产业结构的升级，因此从长期来看不利于一国竞争力的提高。

（2）适度储备规模

就货币危机国家（地区）来看，货币危机的最终生成与当局外汇储备不足紧密相关，而新加坡、中国香港等国家（地区）能成功击退投机者的攻击，最后主要依靠的是雄厚的外汇储备。但是，外汇储备并非越多越好。外汇储备迅速增加会改变该国基础货币的投放结构，削弱央行对货币供应量的控制，增大本币的升值压力；同时，在国际储备货币币值剧烈变动之下，随着外汇储备的增加，维护外汇储备安全的成本就会越来越大。因此，一国应根据进口、外债及干预市场等支付需要，确定适度的外汇储备规模。

（3）健全金融体制

健全的金融体制要依靠以下条件：具备充分的财务管理能力和良好的财务结构，使资产与负债的比率保持合理的水平；具有足够的风险管理能力和竞争能力的金融机构；符合国际标准的会计制度、信息公开制度；建立在市场竞争机制基础上的银企关系；有效监督机构尤其是独立的中央银行，以避免因为政治需要而影响央行的正确决策。金融体系是构筑在信用基础之上的，信用的丧失会动摇金融稳定的基础。例如，为降低东亚金融危机的冲击，新加坡迅速采取的对策是提高对金融体系的信任，增加金融机构经营的透明度，积极放宽对金融市场限制，下调最低现金比率等，提高银行部门竞争力。

（4）谨慎开放市场

根据国际经验，实现资本项目可兑换需要较长的准备时间，即便诸如法国、意大利、日本等发达国家，也是在实现经常项目可兑换的二十多年之后，才完全取消了资本项目的管制。放宽对资本账户的限制应当有序实施，先放宽对长期资本流入的限制，然后随着银行和其他金融机构管理能力的增强，再逐步放宽对短期资本流入的限制。墨西哥与泰国的教训表明，急于求成将导致灾难性的货币危机。发展中国家全面开放金融市场时至少应具备以下条件：比较成熟的国内市场；比较完善的法规制度；熟练的专业技术人员；比较丰富的管理经验；有效的政府管理机构和灵活机动的应变机制；与金融开放相适应的市场经济体制和发展规划；一定的经济实力，包括适宜的增长速度、足够的国际储备、充分的支付能力、有效的融通手段和能力等。

（5）有效控制和利用外资

在新兴市场中，智利对控制短期资本流入堪称典范。其主要措施包括：外资的投资期限不得少于1年；对数额超过10万美元时，要求缴存10%的无偿准备金（实际类似于“托宾税”）；外资在智利的投资，需将引入资金的30%存入央行1年，且不计利息；对国内公司在海外发行债券，要求平均期限不得短于4年；国内银行的外汇敞口不大于银行资本与准备金的20%。智利的上述措施较好地控制了通过资本账户流入境内的资金净额与流入结构，特别是短期投机资金的流入，使流入资金中直接投资占较大比重，因此多次成功地抵御了金融危机的“传染效应”。对于引进的外资，国家应将其导向生产领域而不是消费领域，形成多样化、有效的出口生产能力。

（6）控制举借外债

在全球化时代，积极地举借外债已成为发展中国家决策者的一个明智选择。然而，过度依赖外资是引发新兴市场货币危机的重要原因。因此，外资在国内总投资所占比重要适度，利用外资要与国家的对外支付手段和融资能力相适应。

（7）稳健财政体制

阿根廷、俄罗斯等国的货币危机表明，庞大的财政赤字同样具有极大的危害性。这是因为：其一，由于央行缺乏独立性，政府通过行政力量直接向银行举债，这不仅影响了银行的稳健经营，而且易于引发通货膨胀；其二，由于政府的巨额资金需求，导致市场利率上扬，私人部门筹措资金的成本居高不下；其三，政府为增加财政收入而向企业征收五花八门的税收，增加企业负担。严重财政赤字的危害被越来越多的国家所重视，最突出的要算不断扩展与深化的欧洲货币联盟。欧盟的《稳定与增长公约》规定，凡是准备或业已加入欧元的国家，其年度财政赤字不得超过其GDP的3%。欧盟的这一硬性标准被经济学家普遍用来衡量一国经济与金融安全的警戒线。

（8）保持区域金融稳定

全球化下金融危机爆发的一个重要特征是区域性，即一国发生货币危机，邻近国家非常容易遭受池鱼之殃。欧洲货币危机、东南亚金融危机及新近的“南方共同市场”发生的危机等都是如此。相反，欧洲货币危机、墨西哥比索危机之所以能够很快得以平息，是因为德国与美国这两大经济强国起着重要的稳定作用。

(9) 建立风险转移机制

1）建立存款保险制度。西方国家普遍建立的存款保险制度为稳定金融体系提供了一道安全屏障。泡沫经济破灭后本是十分虚弱的日本金融机构，经过东亚金融危机的冲击已是岌岌可危。日本政府通过向存款保险公司提供特别融资，有效遏制了危机在国内的蔓延和肆虐，避免了对社会和经济造成更大的冲击。

2）建立不良债权的担保抵押机构，降低金融机构坏账。为应对 20 世纪 80 年代发生的金融危机，美国建立了不良债权担保抵押机构，实现应收账款债券化。储蓄贷款协会通过将应收账款以适当的贴现率兑付给应收账款购买机构，或者以此为抵押发行定期可流通债券，进而置换出资金，转移了风险。

3）迫使银行建立解决坏账的制度。为降低俄罗斯金融危机的冲击，匈牙利政府做出决定：通过立法迫使银行解决坏账问题；将国有银行出售给外国战略投资商，以此吸引国家所需要的资本和专业技能。波兰政府则设法让银行建立起负责尽可能收回坏账的特殊部门。

(10) 夯实经济政治基础

货币是一个国家综合国力的象征，廉洁高效的政府、完善的社会保障体系等政治与社会稳定是实现经济稳定、持续增长的基本条件，是实现货币稳定的重要前提。

1）优化产业结构，使出口多元化，并不断提高劳动生产率，提高企业及其产品在国际市场上的竞争力。

2）促进和扩大内需。发展中国家政府不能过分依赖国外（主要是西方）消费需求的旺盛来拉动本国经济，应更多地依靠国内需求来促进经济的增长，为此要适当抑制超额储蓄，鼓励居民扩大消费，不断增加基础设施和其他公共开支项目，健全金融体制，使居民储蓄有效转化为国内投资，促进经济增长。与此同时，要防止持续大规模投资引起经济过热现象，避免产生经济泡沫。

3）确保政治与社会稳定。

▶▶ 6.5.2　国际债务危机

国际债务危机是指在国际债券债务关系中，债务国因经济困难或其他原因，不能按照债务契约规定按时偿还债权国的债务本金和利息，从而导致国际金融业（主要是银行业）陷入金融危机，并严重地影响国际金融和国际货币体系稳定的一种经济现象。

1. 国际债务危机爆发的原因

(1) 外债规模膨胀

如果把外债视为建设资金的一种来源，就需要确定一个适当的借入规模。因为资金积累主要靠本国的储蓄来实现，外资只能起辅助作用；而且，过多的借债如果缺乏相应的国内资金及其他条件的配合，宏观经济效益就得不到应有的提高，进而可能因沉重的债务负担而导致债务危机。现在国际上一般把偿债率作为控制债务的标准。因为外债的偿还归根到底取决于一国的出口创汇能力，所以举借外债的规模要受制于日后的偿还能力，即扩大出口创汇能力。如果债务增长率持续高于出口增长率，就说明国际资本运动在使用及偿还环节上存在着严重问题。理论上讲，一国应把当年还本付息额对出口收入的比率控制在 20%以下，超过此界限，借款国应予以高度重视。

（2）外债结构不合理

在其他条件相同的情况下，外债结构对债务的变化起着重要作用。外债结构不合理主要表现在以下几个方面：

1）商业贷款比重过大。商业贷款的期限一般较短，在经济较好或各方一致看好经济发展时，国际银行就愿意不断地贷款，因此这些国家就可以不断地通过借新债还旧债来“滚动”发展。但在经济发展中一旦出现某些不稳定因素，如政府的财政赤字、巨额贸易逆差或政局不稳等使市场参与者失去信心，外汇储备不足以偿付到期外债时，汇率就必然大幅度下跌。这时，银行到期再也不愿贷新款了。为偿还到期外债，本来短缺的外汇资金这时反而大规模流出，从而使危机爆发。

2）外债币种过于集中。如果一国外债集中于一两种币种，汇率风险就会变大，一旦该外币升值，则外债就会增加，增加偿还困难。

3）期限结构不合理。如果短期外债比重过大，超过国际警戒线，或者未合理安排偿债期限，都会造成偿债时间集中，若流动性不足以支付到期外债，从而就会爆发危机。

（3）外债使用不当

借债规模与结构确定后，如何将其投入适当的部门并最大地发挥其使用效益，是偿还债务的最终保证。从长期看，偿债能力取决于一国的经济增长率，短期内则取决于它的出口率，所以人们真正担心的不是债务的规模，而是债务的生产能力和创汇能力。许多债务国在大量举债后，没有综合考虑投资额、偿债期限、项目创汇率及宏观经济发展速度和目标等因素，制定出外债使用走向和偿债战略，不顾国家的财力、物力和人力等因素的限制，盲目从事大工程建设。这类项目耗资金、工期长，短期内很难形成生产能力、创造出足够的外汇，故而造成债务积累加速。同时，不仅外债用到项目上的资金效率低，还有相当一部分外债根本没有流入生产领域或用在资本货物的进口方面，而是盲目过量地进口耐用消费品和奢侈品，这必然导致投资率的降低和偿债能力的减弱。而不合理的消费需求又是储蓄率降低的原因，使得内部积累能力跟不上资金的增长，进而促使外债的进一步增加。有些国家则是大量借入短期贷款在国内作长期投资，而投资的方向主要又都是房地产和股票市场，从而形成泡沫经济，一旦泡沫破灭，危机也就来临了。

（4）对外债缺乏宏观上的统一管理和控制

外债管理需要国家对外部债务和资产实行技术和体制方面的管理，提高国际借款的收益，减少外债的风险，使风险和收益达到最圆满的结合。这种有效的管理是避免债务危机的关键所在。其管理的范围相当广泛，涉及外债的借、用、还各个环节，需要政府各部门进行政策协调。如果对借用外债管理混乱，多头举债，无节制地引进外资，则往往会使债务规模处于失控状态和债务结构趋于非合理化，这妨碍了政府根据实际已经变化了的债务状况对政策进行及时调整，而政府一旦发现政策偏离计划目标过大时，偿债困难往往已经形成。

（5）外贸形势恶化，出口收入锐减

由于出口创汇能力决定了一国的偿债能力，一旦一国未适应国际市场的变化及时调整出口产品结构，其出口收入就会大幅减少，经常项目逆差就会扩大，从而严重影响其还本付息的能力。同时，巨额的经常项目逆差进一步造成了对外资的依赖，一旦国际投资者对债务国经济前景的信心大减，对其停止贷款或拒绝延期，债务危机就会爆发。

2. 解决国际债务危机的措施

（1）债务重新安排

当一国发生债务危机无力偿还外债时，解决方法之一就是与债权人协商，要求将债务重新安排。这样，一方面债务国可以有机会渡过难关、重整经济，另一方面债权人也有希望收回贷出的本金和应得的利息。

债务重新安排主要通过两个途径进行：官方间债务重新安排，一般通过巴黎俱乐部（Paris Club）来进行；商业银行债务重新安排则由商业银行特别国际财团（有时称为伦敦俱乐部）组织。

1）官方债务重新安排。官方债务重新安排是由“巴黎俱乐部”负责安排的。“巴黎俱乐部”会议的主要作用在于帮助要求债务重新安排的债务国和各债权政府，一起协商寻求解决的办法。通常，参加“巴黎俱乐部”的债务国要先接受 IMF 的经济调整计划，然后才能向会议主席提出召开债务重新安排会议。获得重新安排的借款只限于政府的直接借款和由政府担保的各种中、长期借款，短期借款很少获得重新安排。典型的重新安排协议条款包括：将现在所有借款的 80%～100%延长时间偿还，通常有 4～5 年的宽限期，然后分 8～10 年时间偿付。至于利率方面，会议不做明确规定，而由各债权国与债务国协商。此外，其中一小部分采用再融通方式解决，即借新债还旧债。

2）商业银行债务重新安排。商业银行债务重新安排在某种意义上比官方债务重新安排更复杂。因为商业贷款的债权银行数目可能十分庞大，每家银行自然都会尽最大努力去争取自己的利益。而且，商业贷款的种类很多。例如，欧洲债券市场的首次外债重新安排中，债权人以不同贷款形式分成 3 个集团：一是债券的持有人，二是中、长期的银团贷款债权，三是短期信贷的债权人。它们经过将近 2 年的时间才能达成初步的协议。商业银行主要对本期或 1 年内到期的长期债务重新安排，有时也包括到期未付的本金，但对利息的偿还期不予重新安排，必须在偿还利息欠款后，重新安排协议才能生效。债务重新安排后典型的还款期为 6～9 年，包括 2～4 年的宽限期；利率会高于伦敦银行同业间拆放利率。

债务重新安排协商会议要求各债权银行共同寻求一个大家都能接受的方案，同时实事求是地衡量债务国所处的经济、金融形势，拟订一个符合债务国偿还能力的还款协议。通常，银行要求债务国在完成政府官方债务重新安排后，才去达成商业贷款重新安排。债务重新安排给了债务国喘息的时间，并使债务国有可能将大量到期债务转为中长期债务。但从根本上说，重新安排债务虽能解一时之急，却不能从根本上解决债务危机。由于债权银行在计息标准、货币构成和偿还期等方面所做的让步，以不损害自己的利益为前提，因此债务国负债总额不可能因债务重新安排而大量减少，只是变成“缓期执行”而已。

（2）债务资本化

债务资本化是指债务国将部分外债转变为对本国企事业的投资（包括债务转移股权、债务转用于资源保护及债务调换等），从而达到减少其外债的目的。

1）债务转换股权（Debt-for-Equity）。债务转换股权是 1983 年以来出现的解决债务国部分债务的办法。它的基本步骤如下：首先，由政府进行协调、转换的债务需属于重新安排协议内的债务。债权方、债务方和政府各方经谈判同意后，委托某中间机构将贷给公共或私人部门的贷款向二级市场打折扣出售。有时外国银行也把债权直接打折扣售给债务国中央银行。其次，投资人向债务国金融当局提出申请。在取得同意后，即以这一折扣价买下这笔债务，然后到债务国中央银行按官方汇率贴现，兑换成该国货币。最后，投资人使用这笔货币在该债务国购入股权进行投资，于是这笔债务便从债务国的外国贷款登记机构注销而转入股票投资登记机构。

除由政府进行协调解决的债务交易外，也有不经政府协调的债务人与投资者之间的直接交易。由外国投资者从国际二级市场以折扣购进尚未到期的债券，债务人则用本国货币提前支付这些外债。当转换完毕后，双方即在一定期限内通报债务国中央银行，注销外债。有些到期外债还通过国内证券交易所公开拍卖，由债券持有人通过提出折扣进行竞争，从债务国中央银行处换取该国的货币进行投资。

2）债务转用于资源保护（Debt-for-Nature）。债务转用于资源保护是指通过债务转换取得资金用于保护自然资源。这种措施由世界野生物基金组织主管科研的副会长托马斯 • E. 勒夫乔埃于 1984 年提出。其具体做法为，世界野生物基金组织同债务国金融机构、中央银行、政府资源管理机构或私人自然资源保护组织达成原则协议，定下换成当地货币的汇率及管理和使用这笔资金的代理机构，然后以其收到的捐赠资金从私人银行或二级市场以折扣价购进债务后，转售给债务国资源管理机构或私人自然资源保护机构，并向该国中央银行兑换成该国货币，然后交给资源保护机构用于环保项目投资。

3）债务调换（Debt Conversion）。债务调换指发行新债券以偿付旧债。其具体做法为，一国以债券形式举新债，出售债券取得现款，以便在二级市场上回购债务，或者直接交换旧债。这种方案的设想是，如果新债券能比现存债务以较小的折现率出售，那么其效应将是减少债务而不必使债务国动用大量外汇储备。但这种方法受限于一国的债信及资本市场的发达程度。

▶▶ 6.5.3 国际银行危机

国际银行危机是指由于国际银行出现信用危机，从而导致地区性或全球性银行也出现经营困难甚至发生银行破产的一种经济现象。

1. 银行业危机的界定

这里所指的银行是指除中央银行、各种保险公司、各种类型的基金以外的金融中介机构，其核心部分是商业银行。有关银行业危机的界定，目前有很多种。英语中，一家银行或多家银行的危机一般用“bank failure”或“bank failures”来描述，银行业的危机方用“banking crisis”，这里讨论的是后一种。目前国内外学者对银行业危机的界定也有着不同的看法。V. 桑德拉来阿尔和 J. T. 巴里诺对银行业危机进行了较系统的研究。他们认为银行业危机是指由于一组金融机构的负债超过了其资产的市场价值，从而引起了挤兑、资产组合转换和政府干预的情况，因而危机过程中会出现不良资产比重增加、损失扩大，从而导致清算、合并或重组事件增加。卡尼斯盖和雷哈是这样界定银行业危机的：发生了银行挤兑，并导致银行被关闭、合并或接管；没有发生挤兑、关闭、合并或接管，但是出现了政府对某家或某些重要银行的大规模援救。

国际货币基金组织专家坎特和德特齐奇综合对 1980—1994 年世界范围内银行部门进

行研究，提出了判断银行业危机的界定依据：银行系统的不良贷款占总资产的比重超过 10%；援助经营失败银行的成本至少占国内生产总值的 2%；银行业的问题导致了大规模的银行国际化；出现范围较广的银行挤兑，或者由政府采取存款冻结、银行放假担保存款等措施以应付危机。他们认为，只要出现了上述 4 种情况中的任何一种，即构成银行业危机。国际货币基金组织于 1998 年对银行业危机下了如此定义：实际的或潜在的银行挤兑与银行失败引致银行停业偿还负债，或为防止这一情况的出现，政府被迫提供大规模的援助。近几年来，一些国内学者也对银行业危机进行了相关研究。苏同华认为，银行失败是银行业危机的必要条件，只有银行失败，而不出现停止支付和政府干预，就不算是银行业危机；只有在银行失败导致的挤兑使银行停止支付、政府干预两种情况至少出现一种才算是银行业危机。方洁认为，银行业危机作为金融危机的一种表现形式，包括系统性和非系统性两层面上的含义，前者是指大批银行相继倒闭而导致整个金融体系的崩溃，后者是指个别银行的破产。

以上定义主要从银行业危机的界定标准进行定义，因而从严格意义上讲，这不是规范性的定义。由于对银行业危机进行定义跟金融危机一样，都显得非常艰难，故理论研究者主要从一些界定标准这一角度出发。所以，这里的银行业危机是指由于金融泡沫破灭而导致银行业产生大量不良资产，从而使得银行业出现支付危机而形成的。银行业危机与银行失败具有密切的关系，银行失败与银行业危机的区别从形式上看主要表现在量上。个别银行失败的产生原因具有个性特征，而银行业危机产生原因具有共性特征，银行失败是银行业危机的必要条件。

2．金融泡沫与银行业危机的关系

金融泡沫破灭其实是证券市场的严重非均衡所导致的。而这种严重非均衡将通过溢出效应传递到其他市场（如银行信贷市场、汇率市场），导致这些市场也同样出现非均衡。这些市场的非均衡将严重影响银行的正常经营，从而使银行业危机爆发成为可能。从银行业危机史来看，金融泡沫破灭不可避免地导致银行业危机的发生。一般来说，金融泡沫破灭导致银行危机可从以下 4 个方面理解。

（1）金融泡沫破灭导致银行资产负债状况恶化

1）金融泡沫破灭会使银行不良贷款增加。

- 在金融自由化程度较高的国家，银行可以进入证券市场参与投资。而当金融泡沫破灭时，银行资产势必缩水，有可能转化为不良资产，从而影响银行的支付能力，使银行面临支付危机。
- 金融泡沫破灭，会使一些投机性项目贷款转为不良贷款。投机性项目是通过支付高价获得贷款的项目，为了盈利，它必然会涉足一些高风险项目，如证券市场、房地产市场等。而金融泡沫破灭时，这些项目收益会大受影响，从而项目贷款极有可能转化为银行的不良债权。

2）金融泡沫破灭对银行负债的影响。从负债方面来说，居民及企业的收入锐减，直接减少了银行资金的来源；居民及企业迫于流动性需要而提款，将造成银行存款的进一步减少，使银行资产负债表进一步恶化。如果说在证券市场繁荣时由于示范效应会促使银行储蓄向证券市场分流，那么在证券市场低迷时是否存在资金从证券市场回流到银行体系的相反效应呢？现实情况不容乐观。原因可能有两个：一是由于示范效应，未进入证券市场的潜在投资者将试图通过低成本建仓；二是已进入证券市场而被套牢者力求在低价位增仓而降低持仓成本。

总而言之，金融泡沫的破灭会破坏银行资产负债表的平衡，使银行陷入经营困境，从而导致银行业危机的产生。

（2）金融泡沫破灭导致外汇市场危机

金融泡沫破灭影响国际资本流动，导致汇率波动，从而导致货币危机。股市与汇市之间是相互影响的，股市的波动必然会引起汇市的波动；反过来，汇率的波动又将加剧股市的波动，在金融自由化程度相当高的国家更是如此。金融泡沫破灭导致一些进入证券市场的外商投资获利大大受损，而外商投资者利益的受损将使大量外资撤离该国证券市场，这会导致股票价格继续下跌的同时引起汇市危机，从而引发货币危机。货币危机的爆发将导致更大范围的外资撤离，从而使银行陷入支付危机，因而从一定程度上讲，货币危机与银行危机具有共生性（尤其是那些允许以银行贷款形式进行投资的国家），并且货币危机在很大程度上是银行危机爆发的原因（尤其是一些实行了金融自由化改革的国家）。许多专家学者对此做了论述。沈中华认为这种双重危机的现象是相当普遍的，不仅1997—1998年发生在东南亚国家，20世纪80年代初期和中期在南美洲、90年代初期在斯坎的纳维亚半岛都曾发生过银行与货币的共生危机。

（3）金融泡沫破灭导致信心危机

金融危机或银行危机从某种角度上来讲都是信心危机。银行的经营依赖于公众信心，公众信心基础是银行内部脆弱性的一种表现。信心既是整个金融体系存在的基础，又是导致金融体系在特定时间和条件下失败的直接原因。信心具有很强的传递性，一部分人的信心通过示范作用和周边个体的从众心理向外蔓延，形成公众信心。反之，一部分人信心的丧失也会通过同样机制形成公众信心危机。但不管公众对某家金融机构信心的丧失还是对整个金融体系信心的丧失，都必须有一个外来因素。该外来因素包括很多方面，如战争、经济崩溃等。而金融泡沫破灭将是对公众信心的一个重要影响因素。金融泡沫破灭之后，公众财产将面临着巨额缩水，这将改变公众对未来的预期，也将影响公众对金融机构的信心。从多次爆发的金融危机中可以看出，金融泡沫破灭将在很大程度上导致公众产生信心危机。而当公众对银行产生信心危机时，个人的理性与集体的非理性矛盾就产生了，存款挤兑现象就不可避免地要发生，最终导致银行业危机。

（4）“信贷紧缩—不良贷款”陷阱

信贷紧缩是指经营贷款的金融机构提高贷款标准，从而导致信贷增长的下降，使社会再生产的资金需求得不到满足。金融泡沫破灭之后，由于受到不良资产的影响，银行的信贷往往会经历一个信贷紧缩过程。信贷紧缩一旦形成，便很容易产生“信贷紧缩—不良资产”陷阱。信贷紧缩产生的动机在于金融机构加强自我保护和稳健经营，防止不良贷款的进一步恶化。然而，金融机构提高信贷标准之后，企业的银行贷款将有所减少。对于大型企业或上市公司来说，银行贷款的减少可以部分地通过证券市场资金融通予以弥补。对于中小企业来说，由于缺乏有效的直接融资渠道，银行贷款的减少使这些企业不得不压缩甚至中断再生产过程、技术改造贷款缺乏、流动资金紧张，导致企业经营困难进一步加重，一些原来可以保本经营或薄利经营的企业也陷入亏损；原来处于亏损的企业将发生更大的亏损；原来经营的企业利润也可能大幅下降，因此银行的不良贷款将会更大程度地增加。

总之，金融泡沫膨胀是银行业发生危机的先兆，而金融泡沫破灭却往往直接导致银行业危机发生。

▶▶ 6.5.4　国际金融危机典型案例

1．1997 年亚洲金融危机概况

1997 年 6 月，一场金融危机在亚洲爆发。这场危机的发展过程十分复杂，到 1998 年年底大体上可以分为 3 个阶段：1997 年 6 月至 12 月；1998 年 1 月至 1998 年 7 月；1998 年 7 月到年底。

第一阶段。1997 年 7 月 2 日，泰国宣布放弃固定汇率制，实行浮动汇率制，引发了一场遍及东南亚的金融风暴。当天，泰铢兑换美元的汇率下降了 17%，外汇及其他金融市场一片混乱。在泰铢波动的影响下，菲律宾比索、印度尼西亚盾、马来西亚林吉特相继成为国际炒家的攻击对象。8 月，马来西亚放弃保卫林吉特的努力。一向坚挺的新加坡元也受到冲击。印度尼西亚虽是受“传染”最晚的国家，但受到的冲击最为严重。10 月下旬，国际炒家移师国际金融中心中国香港，矛头直指中国香港联系汇率制。中国台湾当局突然弃守新台币汇率，台币一天贬值 3.46%，这加大了对港元和中国香港股市的压力。10 月 23 日，中国香港恒生指数大跌 1 211.47 点；28 日，下跌 1 621.80 点，跌破 9 000 点大关。面对国际金融炒家的猛烈进攻，中国香港特区政府重申不会改变现行汇率制度，恒生指数上扬，再上万点大关。接着，11 月中旬，东亚的韩国也爆发金融风暴，17 日，韩元对美元的汇率跌至创纪录的 1 008∶1。21 日，韩国政府不得不向国际货币基金组织求援，暂时控制了危机。但到了 12 月 13 日，韩元对美元的汇率又降至 1 737.60∶1。韩元危机也冲击了在韩国有大量投资的日本金融业。1997 年下半年，日本的一系列银行和证券公司相继破产。于是，东南亚金融风暴演变为亚洲金融危机。

第二阶段。1998 年年初，印度尼西亚金融风暴再起，面对有史以来最严重的经济衰退，国际货币基金组织为印度尼西亚开出的药方未能取得预期效果。2 月 11 日，印度尼西亚政府宣布将实行印度尼西亚盾与美元保持固定汇率的联系汇率制，以稳定印度尼西亚盾。此举遭到国际货币基金组织及美国、西欧的一致反对，国际货币基金组织扬言将撤回对印度尼西亚的援助。印度尼西亚陷入政治经济大危机之中。2 月 16 日，印度尼西亚盾同美元比价跌破 10 000∶1。受其影响，东南亚汇市再起波澜，新元、马币、泰铢、菲律宾比索等纷纷下跌。直到 4 月 8 日，印度尼西亚同国际货币基金组织就一份新的经济改革方案达成协议，东南亚汇市才暂告平静。1997 年爆发的东南亚金融危机使得与之关系密切的日本经济陷入困境。日元汇率从 1997 年 6 月底的 115 日元兑 1 美元跌至 1998 年 4 月初的 133 日元兑 1 美元；5 月、6 月间，日元汇率一路下跌，一度接近 150 日元兑 1 美元的关口。随着日元的大幅贬值，国际金融形势更加不明朗，亚洲金融危机继续深化。

第三阶段。1998 年 8 月初，趁美国股市动荡、日元汇率持续下跌之际，国际炒家对香港发动新一轮进攻。恒生指数一直跌至 6 600 多点。中国香港特区政府予以回击，金融管理局动用外汇基金进入股市和期货市场，吸纳国际炒家抛售的港元，将汇市稳定在 7.75 港

元兑换1美元的水平上。经过近一个月的苦斗，国际炒家损失惨重，无法再次实现把中国香港作为“超级提款机”的企图。国际炒家在香港失利的同时，在俄罗斯更遭惨败。俄罗斯中央银行于8月17日宣布，年内将卢布兑换美元汇率的浮动幅度扩大到6.0～9.5:1，并推迟偿还外债及暂停国债交易。9月2日，卢布贬值70%。这都使俄罗斯股市、汇市急剧下跌，引发金融危机乃至经济、政治危机。俄罗斯政策的突变，使得在俄罗斯股市投下巨额资金的国际炒家大伤元气，并带动了美欧国家股市和汇市的全面剧烈波动。如果说在此之前亚洲金融危机还是区域性的，那么俄罗斯金融危机的爆发则说明亚洲金融危机已经超出了区域性范围，具有全球性的意义。到1998年年底，俄罗斯经济仍没有摆脱困境。1999年，金融危机结束。

2. 2007年美国次贷危机概况

次贷危机是指由美国次级房屋信贷行业违约剧增、信用紧缩问题而于2007年夏季开始引发的国际金融市场上的震荡、恐慌和危机。

次贷危机的源头是次级抵押贷款，它是指一些贷款机构向信用程度较差和收入不高的借款人提供的贷款。近年美国等国家放松购房信贷标准（不用付首期，不用收入证明，也不计较抵押单位的质素），形成次级房贷市场。次级房屋信贷经过贷款机构及华尔街用财务工程方法加以估算、组合、包装，就以票据或证券产品形式在抵押二级市场上出卖、用高息吸引其他金融机构和对冲基金购买。

但好景不长，美国的房地产市场开始在2006年转差，美元利率多次加息，令次级房屋信贷的拖欠及坏账增加，次级房屋信贷产品的价格大跌，使欧美及澳洲不少金融机构都出现财政危机，甚至面临破产，牵动全球信贷出现收缩。

原先在美国次级贷款市场占7成份额的房利美和房地美公司，由政府机构主宰，将贷款打包成证券，承诺投资者能够获得本金和利率。随着这两家公司的丑闻爆出，政府对两家公司的业务增长加以限制，整个次贷市场开始争抢这两家公司所购贷款。整个过程中，新的市场参与者出于逐利目的，过分追求高风险贷款。当房利美和房地美还占房贷市场主导地位时，它们通常会制定明确的放贷标准，严格规定哪些类型的贷款可以发放。时至今日，由于全球成千上万高风险偏好的对冲基金、养老金基金及其他基金投资者的介入，原有的放贷标准在高额利率面前成为一纸空文，新的市场参与者与华尔街经销商不断鼓励放贷机构尝试不同贷款类型，许多放贷机构甚至不要求次级贷款借款人提供包括税收表格在内的财务资质证明，放贷机构做房屋价值评估时也更多依赖机械的计算机程序而不是评估师的结论，潜在的风险就深埋于次级贷款市场中了。

近年来美联储连续17次提息，联邦基金利率从1%提升到5.25%。利率的大幅攀升，加重了购房者的还贷负担，美国住房市场开始大幅降温。受此影响，很多次级抵押贷款市场的借款人都无法按期偿还借款，购房者难以将房屋出售，或者通过抵押获得融资，于是普通居民的信用降低，与房地产贷款有关债券的评估价格下跌。一旦抵押资产价值缩水，危机就会产生，而且会波及整个链条。

为缓解次贷风暴及信用紧缩带来的各种经济问题、稳定金融市场，美联储几月来大幅降低了联邦基金利率，并打破常规为投资银行等金融机构提供直接贷款及其他融资渠道。美国政府还批准了耗资逾1 500亿美元的刺激经济方案，另外放宽了对房利美、房地美（美国两家最大的房屋抵押贷款公司）等金融机构融资、准备金额度等方面的限制。在美国房贷市场继续低迷、拍卖房屋大幅增加的情况下，美国财政部于 2008 年 9 月 7 日宣布，以高达 2 000 亿美元的可能代价接管了濒临破产的房利美和房地美。次贷危机波及整个资金链条，导致全球股市大跌。

3. 主权债务危机概况

主权债务是指一国以自己的主权为担保向外（不管是向国际货币基金组织还是向世界银行或其他国家）借来的债务。主权债务和一般的公司债务是一样的，只不过一般的公司借债的时候是以自己的资产作为抵押进行借债的。主权债务违约是指一国政府无法对其向外担保借来的债务还本付息的情况。传统的主权违约的解决方式主要有两种：违约国家向世界银行或国际货币基金组织等借款；与债权国就债务利率、还债时间和本金进行商讨。

知识拓展

欧洲债务危机

2009 年年底，世界著名的三大评级机构（惠誉、穆迪、标普）先后调低了对希腊的主权信用评级，这一突发举动引起了全球对于希腊债务危机的关注。2009 年，希腊财政赤字占 GDP 的比重 12.7%，政府公共债务占 GDP 的比例达到 113%，这个数据大大超过《欧盟稳定与增长公约》的警戒线，即各国财政赤字和公共债务占 GDP 的比例分别不能超过 3%和 60% 的上限。

希腊仅仅是这场危机的开始，葡萄牙、意大利、爱尔兰及西班牙等国［与希腊一起，被戏称为欧猪五国（PIIGS）］随后也陷入此场危机之中（五国财政赤字和公共债务比例如图 6-4 所示），欧债危机风暴愈演愈烈。

2010 年 5 月 10 日，欧盟成员国制定了一项 7 500 亿欧元的救助计划，以帮助可能陷入债务危机的欧元区成员国。救助计划由三部分资金组成：第一部分由欧元区国家提供 4 400 亿欧元，期限 3 年；第二部分由欧盟委员会从金融市场上筹集 600 亿欧元；第三部分由 IMF 提供 2 500 亿欧元。7 500 亿欧元的输血计划并没有立刻使欧元区起死回生。我们从欧元对美元的汇率上看到，从 2009 年 12 月到 2010 年 7 月，欧元对美元的汇率总体跌幅达到 17.22%，市场的信心还在不断地下降，公众对于救助计划并没有建立危机消除经济复苏的良好预期。

2010 年 6 月 25 日，据 CMA DataVision 数据统计，希腊的信用违约掉期（Credit Default Swaps，CDS）价格已增至 1 090.8 个基点，创下历史新高，反映出投资者担心其国家违约破产的可能性越来越大，欧盟政策调控进入“冰期”。

由于 7 500 亿欧元的救助计划建立在被救助国承诺实行紧缩的财政政策的前提下，政府大幅削减开支，增加税收，在一定程度上阻碍了经济增长和就业。2010 年 5 月 3 日，希腊推出削减赤字计划，政府公共部门支出将平均被削减 20%。2010 年 5 月 5 日，希腊全国罢工演变成街头动乱，造成 3 人死亡。这场危机逐步深化并渐渐演变成国内政治经济危机，若不及时采取有力的措施，将会使整个欧元区陷入衰退的困境。

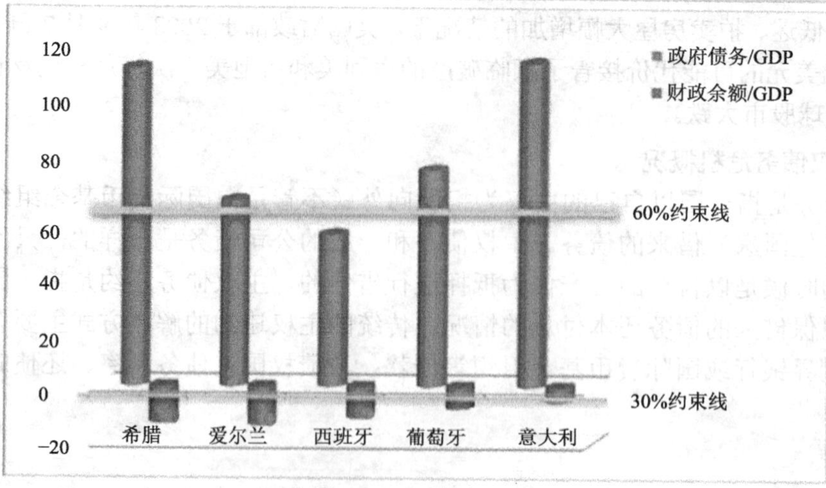

图 6-4　2009 年五国的财政赤字和公共债务

本章小结

国际金融市场是在全球范围进行资金融通、有价证券买卖及开展相关的国际金融业务活动的场所。国际外汇市场、国际债券市场、国际股票市场、国际黄金市场、国际信贷市场等均是国际金融市场的重要组成部分。近年来，离岸金融市场的发展、证券市场国际化和金融市场的全球化已成为当今国际金融市场发展的主流。

国际金融市场的发展促进了生产与资本的国际化，优化了资源配置，推动了世界经济的发展。但由于管制较松，国际资本的流动也带来了一系列的消极影响，使得国际投机资金流动更为频繁，影响了有关国家的经济稳定和货币政策的贯彻。

国际货币市场和国际资本市场是国际金融市场的主要组成部分，其中欧洲货币市场是国际金融市场的主体。欧洲货币市场是指境外货币营运的市场，其主要特点是非居民之间进行交易、交易自由、管制较少等。欧洲货币市场的利率水平对整个借贷市场的利率影响较大。

近年来，国际黄金市场的发展也颇引人注目，国际黄金市场主要进行黄金的现货交易和期货交易。市场的供求关系使得黄金价格波动频繁。其保值功能虽然日益削弱，但当国际经济发生波动、主要货币汇率发生变化时，黄金仍然是较好的投资选择。

国际金融危机主要包括国际货币危机、国际银行危机和国际债务危机。亚洲金融危机、次贷危机、主权债务危机是国际上著名的金融危机。

练习题

1. 名词解释

国际金融市场　大额可转让存单　银团贷款　欧洲债券　武士债券　国际金融危机

2. 单项选择题

(1) 新型的国际金融市场是（　　）。

A. 伦敦　　B. 纽约　　C. 东京　　D. 欧洲货币市场

(2) 传统的国际金融市场，是从事（　　）货币的借贷。

A. 市场所在国　　B. 除市场所在国以外的任何主要西方国家

C. 外汇　　D. 黄金

(3) 标志着国际金融市场进入一个新的历史发展阶段的是（　　）。

A. 伦敦金融市场的衰落　　B. 纽约金融市场的兴起

C. 欧洲货币市场的形成　　D. 其他

(4) 世界上最大的外国债券市场是（　　）。

A. 美国　　B. 瑞士　　C. 英国　　D. 日本

(5) 国际债券包括外国债券和（　　）。

A. 欧洲债券　　B. 普通债券　　C. 武士债券　　D. 扬基债券

3. 简答题

(1) 简述当代国际金融市场的发展特点。

(2) 简述欧洲货币市场的性质与特点。

(3) 试述国际股票市场的发展趋势。

(4) 简述黄金交易市场的参与者并说明影响黄金价格的因素。

(5) 简述国际货币危机产生原因及防范措施。

第 7 章　国际货币体系

学习目标

☑ 了解国际货币体系的含义与内容。
☑ 了解国际货币体系的演变历史。
☑ 熟悉目前国际货币体系的状况。
☑ 预测国际货币体系的改革方向。
☑ 了解区域货币一体化及欧元区的影响。
☑ 了解欧洲主权债务危机的状况。

案例导入

北京时间 2016 年 6 月 24 日中午，英国公民以 51.9%得票率赢得公投胜利，英国将脱离欧盟。英国首相卡梅伦随后发布公开讲话，宣布辞去英国首相职位。英国脱欧公投结果出炉后，引发“多米诺骨牌效应”，欧洲多个国家和地区声明将仿效英国。

请回答以下问题：欧洲一体化存在的主要问题是什么？英国脱欧将对欧洲金融市场产生什么影响？欧元一体化及欧元的发展前景如何？

资料来源：国家财经周刊 2016-06-24，微信公众号：ENNWEEKLY。

国际货币体系（International Monetary System，IMS）又称国际货币制度，是国际社会针对各国货币的兑换、汇率制度的确定与变化、国际收支调节方式、国际储备资产的管理等最基本的问题进行的制度安排，是协调各国货币关系的一系列国际性的规则、管理与组织形式的总和。

国际货币体系主要包括以下功能。

1）规定汇率制度。即规定一国货币与其他货币之间的汇率应如何决定和维持、能否自由兑换、是采用固定汇率制度还是采用浮动汇率制度等。

2）规定国际收支的调节方式。即规定各国政府应采取什么方法弥补国际收支的缺口，以及各国之间的政策措施如何互相协调，以纠正各国国际收支的不平衡，确保世界经济的稳定与发展。

3）规定国际储备资产。即规定用什么货币作为国际间结算和支付的手段，以及来源、形式、数量和运用范围如何等。

国际货币体系种类繁多。根据不同的标准，国际货币体系可以分为不同的类型。目前很多经济学家倾向于把国际货币体系按不同的历史发展进程加以划分，分为国际金本位制、布雷顿森林体系和牙买加体系 3 个阶段，如图 7-1 所示。下面将根据国际货币体系的历史演变来分阶段进行分析。

- 国际货币体系
  - 国际金本位制
    - 金币本位制
    - 金块本位制（生金本位制）
    - 金汇兑本位制（虚金本位制）
  - 布雷顿森林体系
  - 牙买加体系

图 7-1　国际货币体系的组成

7.1　国际金本位制

国际金本位制是世界上首次出现的、以各国普遍采用的金本位制度为基础的国际货币体系。

金本位制最初仅是作为国内货币制度的一种类型出现的。早在 1816 年，英国政府就颁布了《金本位制法案》，开始实行金本位制。随后，德国（1871 年）、法国（1876 年）、日本（1897 年）、美国（1900 年）等国也陆续建立了金本位制。主要国家的货币制度（1908 年）如表 7-1 所示。

表 7-1　主要国家的货币制度（1908 年）

	欧　洲	美洲大陆	亚太地区	中东地区
金本位制	英国、葡萄牙、法国、比利时、瑞士、意大利、希腊、西班牙、德国、荷兰、奥地利、丹麦、挪威、瑞典、俄罗斯、罗马尼亚	美国、加拿大、墨西哥、哥斯达黎加、智利、巴西、秘鲁、委内瑞拉、阿根廷	澳大利亚	埃及
金汇兑本位制		尼加拉瓜	印度、印度尼西亚、菲律宾、日本、泰国	土耳其
银本位制		危地马拉、洪都拉斯、萨尔瓦多	中国	伊朗

7.1.1　国际金本位制的形式与内容

金本位制是以一定成色及重量的黄金为本位货币的一种货币制度。黄金是货币体系的基础。国际金本位制按照货币与黄金的联系程度，可以分为金币本位制、金块本位制与金汇兑本位制。

1．金币本位制

金币本位制（Gold Specie Standard）是国际金本位制的典型形式，主要在第一次世界大战前的资本主义各国实行。国际金币本位制的内容如下：

1）黄金充当国际货币，并作为主要的国际储备资产为中央银行持有。虽然国际金币本位制的基础是黄金，但事实上，由于黄金运输不便、风险大，而且黄金储备不能生息，还需支付保管费用，所以人们通常以英镑来代替黄金。英镑依靠英国“日不落帝国”强大的经济地位和殖民地统治，以及在贸易、海运、保险、金融等方面的至尊地位，充当国际货币，国际贸易的 80%～90%都用英镑计价和支付，因此国际金币本位体系演变为英镑支配着的体系。许多学者把第一次世界大战以前的国际金本位称为“英镑本位”。英镑代替了黄金执行国际货币的各种职能，成为世界广泛使用的国际货币。

2）各国货币都规定了含金量，各国货币的汇率由它们各自的含金量之比即铸币平价来决定。市场汇率围绕铸币平价上下波动，但由于黄金的自由输出输入，汇率波动的上下限不能超过黄金输送点，因而汇率相对稳定。在金币本位制下，金币具有自由铸造和熔化、自由兑换、自由输出输入等特点，保证了金币的足值和物价的稳定，保证了银行券等代用货币流通的稳定，保证了汇率的稳定。因此，可以说国际金币本位制是严格意义上的固定汇率制。

3）国际收支具有一种自动调节机制。这种自动调节是通过“物价—铸币流动机制”进行的。

“物价—铸币流动机制”对国际收支自动调节的实现依赖金币本位制下的 “竞赛三原则”：各国应以黄金表示其货币价值，各国货币的交换比率（汇率）就是根据这个条件决定的；各国的黄金应自由流出与流入，不受任何限制，各国金融当局应按照规定的官价无限制地买卖黄金或外汇；各国发行货币应受黄金准备量的限制，这就是各国的货币供给额——因黄金流入而增加，因黄金流出而减少。

2．金块本位制与金汇兑本位制

1914 年，第一次世界大战爆发，金币本位制不能适应战争时期增加通货的需要，使金币本位制稳定性因素遭到破坏，于是各国纷纷放弃金币本位制，国际金币本位制也就中断运行。第一次世界大战后，各国虽然先后进行币制整顿，却都无力恢复金币本位制，而只能实行残缺不全的金本位制——金块本位制（Gold Bullion Standard）与金汇兑本位制（Gold Exchange Standard）。

（1）金块本位制

金块本位制又称“生金本位制”。其内容包括：国家规定以一定重量和成色的黄金铸币作为本位币；国家不铸造，也不允许公民自由铸造金币；只发行代表一定重量和成色的银行券，银行券具有无限法偿能力，银行券只能有限兑换金块。在货币制度史上，英国于 1925 年 5 月率先实行此制度。英国虽规定了英镑的含金量，但规定每次兑换的起点额度为纯金 400 盎司（约合 1 700 英镑）。随后，法国步其后尘，也实行了金块本位制。

实行金块本位制可以节省黄金的使用，大大节约纯粹的货币流通费用。但是，要维持金块本位制，必须以国际收支平衡或有大量的黄金以供对外支付之用为条件；反之，若国际收支逆差或资金外流严重，黄金储存不敷支付，则金块本位制必难维持。

（2）金汇兑本位制

金汇兑本位制又称“虚金本位制”。其内容包括：国家规定以一定重量和成色的黄金铸币作为本位币；国家不铸造，也不允许公民自由铸造金币，流通中不存在金币；只发行银行券，银行券具有无限法偿能力，银行券在国内不能兑换金币或金块，只能兑换外汇，然后用外汇在外国兑换成黄金；本币与某一实行金币（块）本位制国家的主币保持固定比价，并在该国存放外汇或黄金作为外汇基金。采用这种货币制度，必然使本国货币依附于与之挂钩的那个国家货币，其本质是一种附庸货币制度。最早采用此制度的是荷兰殖民地爪哇（1887 年），印度于 1893 年实行，后来菲律宾、马来西亚、泰国、墨西哥、巴拿马等国也相继采用。第一次世界大战后，为整顿币制，德国、意大利等战败国把向别国借来的贷款作为外汇基金，把本国货币与英镑、美元等挂钩，保持固定比价，从而也实行了金汇兑本位制。

实行金汇兑本位制，国际间互存黄金，可以进一步节约黄金使用，并可获得利息收入。但是，黄金存储在国外很不安全，而且本国货币与外国货币保持固定汇率，使本国货币的币值常受联系国货币币值波动的影响，往往使本国财政金融和对外贸易受到其联系国的控制。

▶▶ 7.1.2　国际金本位制的演进与崩溃

国际金本位制是随着西方各主要资本主义国家货币制度逐渐过渡到单一的金币本位制而形成的。国际金本位制是建立在世界各国普遍在国内实行了金本位制的基础之上的。19 世纪末 20 世纪初，金本位制已颇具国际性。这样，以各国普遍采用金本位制度为基础的国际货币体系——国际金本位制基本形成。

金币本位制具有稳定物价、稳定汇率和自动调节的作用，因而为国际贸易和国际资本流动创造了有利条件，对资本主义生经济发展和世界经济的发展起了重要作用。但由于资本主义经济发展不平衡所体现的货币黄金分配的不平衡，又由于世界黄金供应不稳定，不能适应世界经济发展的需要，以及金本位制的自动调节存在严重缺陷等原因，这种缺乏弹性的金币本位制潜伏着崩溃的危机。

第一次世界大战爆发前的几年里，国际金币本位制便出现了崩溃的苗头。银行券的发行日益增多，黄金的兑换趋于困难，黄金的输出输入也受到越来越多的限制。第一次世界大战前，各国为了准备战争，都在世界范围内积极收集和争夺黄金，并把国内已有的黄金集中于中央银行，如表 7-2 所示。结果，到 1913 年年末，英国、美国、法国、德国、俄国 5 个国家的黄金存量达到世界黄金存量的 2/3；到 1914 年第一次世界爆发后，各国相继停止了黄金兑换并禁止黄金出口，国际金币本位制陷入瓦解局面。

表 7-2　主要国家的国际储备（1913 年年末余额）　　单位：100 万美元

	金	银	外　汇	合　计
欧洲各国	2 879.5	498.8	663.4	4 041.7
其中：英国	164.9	……	—	164.9
法国	678.9	123.5	3.2	805.6
德国	278.7	65.9	49.6	394.2
西半球各国	1 764.9	525.2	64.8	2 354.9
其中：美国	1 290.4	523.3	—	1 813.7
非洲、亚洲、澳大利亚	201.8	108.5	403.9	714.2
合　计	4 846.2	1 132.5	1 132.1	7 110.8

注：—为 0，……为不明。

战争期间，为了筹集战争经费，各参战国都发行了大量不可兑换的银行券。这些银行券在战后大大贬值，造成严重的通货膨胀。同时，各国货币之间汇率剧烈波动，使国际贸易和国际关系受到严重影响，加上黄金供应不足和分配不均等原因，传统的金本位制已难以恢复。

第一次世界大战结束后，为了偿还债务、支付赔款、恢复经济，各参战国家需要大量的财政开支，从而形成巨额的财政赤字，不得不继续推行通货膨胀政策，恢复金本位制可望而不可即。但是，世界货币体系的问题受到各国的重视。1922 年，在意大利热那亚召开的世界货币会议决定了“节约黄金”原则，除美国仍实行原先的金币本位制及英国、法国实行金块本位制外，其他国家大多实行金汇兑本位制，本币与美元、英镑或法郎挂钩，并通过这 3 种货币与黄金挂钩，如表 7-3 所示。但无论是金块本位制还是金汇兑本位制，都是被削弱的金本位制，其稳定性远不如从前的金币本位制。这是因为：

表 7-3　主要国家的金本位制（两次世界大战期间）　数字是年/月

		开　始	停　止
欧洲			
	英国	1925/4	1931/9
	德国	1924/8	1931/7
	意大利	1927/12	1934/5
	比利时	1926/10	1935/3
	法国	1928/6	1936/9
	荷兰	1925/4	1936/9
	瑞士	1928/8	1936/9
	葡萄牙	1931/7	1931/12
	希腊	1928/5	1932/4
	瑞典	1924/4	1931/9
	丹麦	1927/1	1931/9
	挪威	1928/5	1931/9
	芬兰	1926/1	1931/10
北美			
	美国	1919/6	1933/4
	加拿大	1926/7	1931/10
拉丁美洲			
	阿根廷	1925/6	1929/12
	智利	1926/1	1932/4
亚太地区			
	澳大利亚	1925/4	1929/12
	日本	1930/1	1931/12

1）国内没有金币流通，黄金不再起自发地调节货币流通的作用。

2）金块本位制下，银行兑换黄金有一定的限制，自由兑换原则受到削弱。

3）实行金汇兑本位制的国家使本国货币依附于美元、英镑或法郎，一旦这几个国家经济发生动荡，依附国家的货币也将发生动荡。这种脆弱的国际金汇兑本位制，经过 1929—1933 年世界经济危机的袭击，终于全面瓦解。

在 1929—1933 年世界经济危机中，西方国家为了向别国转嫁危机，不惜采用以邻为壑政策。它们或通过提高关税抑制进口以维持国内替代品的生产，或在宣布本国货币贬值前终止黄金的兑换以便政府在黄金升值中获益。这种情况下，国际货币关系又一次发生混乱，在狭小的黄金基础上建立起来的国际金汇兑本位制摇摇欲坠。1931 年 7 月，德国因金融危机率先放弃了金汇兑本位制。英国也于同年 9 月宣布停止黄金的兑换以阻止黄金的大量外流，从而告别了金块本位制。接着，与英镑保持联系的一大批国家和地区也纷纷废止了金汇兑本位制。1933 年，美国爆发了货币信用危机，政府不得不宣布停止美元兑换黄金，并禁止国内私人持有黄金，工业与商业用金须持有政府颁发的许可证。与此同时，美国政府继续承担向外国的官方和私人出售黄金的义务，但黄金的官价从 1 盎司 20.67 美元提高到 35 美元。由于英镑和美元是当时最重要的外汇储备资产，所以这两种货币停止兑换黄金意味着国际金本位制已全面崩溃。金本位制最终崩溃的标志是 1936 年法国、荷兰和瑞士三国金本位制的瓦解。

金本位制崩溃后，世界各国实行了不兑现的纸币制度，任何国家都不允许用纸币在国内兑换黄金。因此，各国货币之间的比价就丧失了相对稳定性而经常出现剧烈波动。同时，为了争夺国际市场和投资场所，西方各国大都加强外汇管制，高筑关税壁垒，严重影响了国际贸易的发展，造成国际货币关系的极端混乱。

1936 年 9 月，英、美、法三国为了恢复国际货币秩序而达成所谓的《三国货币协定》，三国同意维持协定成立时的汇率，不再实行货币贬值，并尽可能保持货币关系的稳定。同年 10 月，它们又签订了三国相互间自由兑换黄金的《三国黄金协定》。但由于法郎一再受到投资者的冲击，法国黄金大量流失，只能放弃黄金兑换关系，导致主要西方国家分裂，国际货币关系仍然充满着矛盾和冲突。后来，为了准备战争，西方国家要从美国购买军用物资，因其黄金外流，上述协定就此瓦解。然而，上述协定在制止外汇倾销方面也收到一些效果。各主要国家可以通过国际合作谋求货币关系的相对稳定，这种经验对建立第二次世界大战后的国际货币体系起到了一定的作用。

7.2 布雷顿森林体系

第二次世界大战还没有结束的时候，同盟国即着手拟订战后的经济重建计划，其目标在于国际间的经济合作和全球经济问题的解决。1944 年 7 月，44 个同盟国家的 300 多位代表出席了在美国新罕布什尔州布雷顿森林（Bretton Woods）召开的国际金融会议，商讨重建国际货币体系。这次会议上产生了以美元为中心的国际货币体系，因此被称为布雷顿森林体系。

7.2.1 布雷顿森林体系的形成、内容及作用

1. 布雷顿森林体系的形成

第二次世界大战使资本主义国家之间的实力对比发生了巨大的变化。英国在战争期间受到了巨大的创伤，经济遭到严重破坏。1945 年，英国工业生产缩减，民用消费品生产水平只达到 1939 年的一半，出口额还不到战前水平的 1/3，国外资产损失达 40 亿美元以上，对外债务则高达 120 亿美元，黄金储备降至 100 万美元。尽管如此，英镑区和帝国特惠制仍然存在，国际贸易的 40%左右仍用英镑结算，英镑仍然是一种主要的国际储备货币，伦敦依旧是国际金融的一个重要中心。因此，英国还想竭力保持它的国际地位。另外，战争结束时，美国的工业制成品占世界制成品的一半；对外贸易占世界贸易总额的 1/3 以上，国外投资急剧增长；黄金储备从 1938 年的 145.1 亿美元增加到 1945 年的 200.8 亿美元，约占资本主义世界黄金储备的 59%。美国已成为资本主义世界最大的债权国和经济实力最雄厚的国家，这为建立美元的霸权地位创造了必要的条件。事实上，早在 20 世纪 40 年代初，美国就积极策划取代英国而建立一个以美元为支柱的国际货币体系，改变 20 世纪 30 年代资本主义世界货币金融关系的混乱局面。

美英两国政府都从本国的利益出发，设计新的国际货币秩序，并于 1943 年 4 月 7 日分别发表了各自的方案，即美国的“怀特计划”和英国的“凯恩斯计划”。

（1）怀特计划

“怀特计划”是美国财政部官员怀特（White）提出的国际稳定基金方案。这个计划主要包括以下内容：

1）采取存款原则，建议设置一个国际货币稳定基金，总额为 50 亿美元，由各会员国用黄金、本国货币和政府债券缴纳，认缴份额取决于各国的黄金外汇、国民收入和国际收支差额的变化等因素，根据各国缴纳份额的多少决定各国的投票权。

2）基金组织发行一种名为“尤尼他”（Unite）的国际货币，作为计算单位，其含金量为 $137^1/_7$ 格令，相当于 10 美元。“尤尼他”可以兑换黄金，也可以在会员国之间相互转移。

3）各国要规定本国货币与“尤尼他”之间的法定平价。平价确定后，未经基金组织同意，不得任意改动。

4）基金组织的任务主要是稳定汇率，并帮助会员国解决国际收支不平衡，维持国际货币秩序。会员国为了应付临时性的国际收支逆差，可用本国货币向基金组织申请购买所需的外币，但是数量最多不得超过其向基金组织认缴的份额。美国设计这个方案的目的，显然是想一手操纵和控制基金组织，从而获得国际金融领域的统治权。

（2）凯恩斯计划

“凯恩斯计划”是由世界著名经济学家、英国财政部顾问凯恩斯（R. Keynes）制订的。他从英国的立场出发，主张采用透支原则。这个计划主要包括以下内容：

1）设立一个名叫 “国际清算联盟”的世界性中央银行。

2）“国际清算联盟”发行一种以一定量黄金表示的国际货币“班柯”（Bancor）作为各国的基本清算单位。“班柯”等同于黄金，各国可以黄金换取“班柯”，但不得以“班柯”换取黄金。

3）会员国的货币直接同“班柯”联系，并允许会员国调整汇率。

4）“国际清算联盟”采用透支原则；各国在“国际清算联盟”中所承担的份额，以战前 3 年进出口贸易的平均额计算；会员国并不需要缴纳黄金或现款，而只需在上述清算机构中开设往来账户；通过“班柯”存款账户的转账来清算各国官方的债权债务。一国国际收支发生顺差时，就将盈余存入账户；发生逆差时，则按规定的份额申请透支或提存，各国透支总额为 300 亿美元。实际上，这是将两国之间的支付扩大为国际多边清算，如果清算后一国的借贷余额超过份额的一定比例时，无论顺差国还是逆差国均须对国际收支的不平衡采取措施，进行调节。

5）“国际清算联盟”总部设在伦敦和纽约两地，理事会会议在英美两国轮流举行，以便英国能与美国分享国际金融领域的领导权。这一方案反对以黄金作为主要储备，还强调顺差国和逆差国共同担负调节的责任。这对国际收支经常发生逆差的英国是十分有利的。

美英两国计划存在一些共同之处：① 都只着重解决经常项目的不平衡问题；② 都只着重工业发达国家的资金需要问题，而忽视了发展中国家的资金需要问题；③ 都在探求汇率的稳定，防止汇率的竞争性贬值。

但是，因为两国的出发点不同，两者在另外一些重大问题上则是针锋相对的。美国首先考虑的是要在国际货币金融领域处于统治地位；其次是避免美国对外负担过重。由于战后各国重建的需要异常庞大，美国无法满足，因而坚持存款原则，货币体系要以黄金为基础，“稳定基金”只有 50 亿美元，以免产生无法控制的膨胀性影响。英国显然考虑到本国黄金缺乏，国际收支将有大逆差，因而强调透支原则，反对以黄金作为主要储备资产，“国际清算联盟”要能提供较大的清偿能力（300 亿美元）。另外，“怀特计划”建议由“稳定基金”确定各国汇率，而反对“国际清算联盟”所设想的弹性汇率。不难看出，这两个计划反映了美英两国经济地位的变化和两国争夺世界金融霸权的斗争。

1943 年 9 月到 1944 年 4 月，美英两国政府在有关国际货币计划的双边谈判中展开了激烈的争论。由于美国在政治上和经济上的实力大大超过英国，英国被迫放弃“国际清算联盟”计划而接受美国的方案，美国也对英国做出一些让步，最后双方达成协议。其后，经过三十多个国家的共同商讨，《专家关于建立国际货币基金的联合声明》于 1944 年发表。同年 7 月，在美国新罕布什尔州的布雷顿森林召开 44 国参加的“联合和联盟国家国际货币金融会议”，通过了以“怀特计划”为基础的《国际货币基金协定》和《国际复兴开发银行协定》，总称布雷顿森林协定。该协定的通过，标志着战后以美元为中心的国际货币体系——布雷顿森林体系的诞生。

2. 布雷顿森林体系的内容

布雷顿森林体系的内容可概括为两个方面：第一个方面是有关国际货币制度的，它涉及国际货币制度的基础、储备货币的来源及各国货币相互之间的汇率制度；第二个方面是有关国际金融机构的，它涉及国际金融机构的性质、宗旨，以及在国际收支调节、资金融通和汇率监督等国际货币金融事务中的作用。相对而言，第一个方面的内容是主要内容。这里着重讨论第一个方面的内容（第二个方面的内容在第 8 章介绍）。

布雷顿森林体系的主要内容有如下 5 个方面：

1）以黄金为基础，以美元作为最主要国际储备货币。美元直接与黄金挂钩，即各国确认 1934 年 1 月美国规定的 35 美元兑 1 盎司的黄金官价，各国政府或中央银行可用美元按官价向美国兑换黄金；其他国家的货币则与美元挂钩，把美元的含金量作为各国规定货币平价的标准，各国货币与美元的汇率可按各国货币的含金量来确定，或者不规定含金量而只规定与美元的比价。

2）实行固定汇率制度。各国货币与美元的汇率一般只能在平价上下 1%的幅度内波动。超过这个界限，其中央银行就有义务在外汇市场上进行干预，以维持汇率的稳定。成员国的货币平价一经确定，就不得任意改变。只有当一国的国际收支发生“根本性不平衡”，中央银行无法维持既定汇率时，才允许对本国货币进行法定贬值或升值。假如平价的变更幅度在 10%以内，成员国可自行调整，事后只需通知国际货币基金组织确认即可；但是，如果调整使 3 年内累积幅度达到或超过 10%时，则必须事先征得国际货币基金组织的批准方可进行。这一固定汇率制度又称可调整的钉住汇率制（Adjustable Peg System），它使美元成为各国货币所必须围绕的中心，从而确立了美元的霸权地位。

3）国际货币基金组织通过预先安排的资金融通措施，保证提供辅助性的储备供应来源。《国际货币基金组织协定》规定，成员国份额的 25%以黄金或可兑换成黄金的货币缴纳，其余部分（份额的 75%）则以本国货币缴纳。成员国在需要储备货币时，可用本国货币向国际货币基金组织按规定程序购买（借贷）一定数额的外汇，并在规定期限内以购回本国货币的方式偿还所借用的款项。成员国所认缴的份额越大，得到的贷款也就越多。贷款只限于成员国用于弥补国际收支逆差，即用于贸易和非贸易的经常项目支付。

4）《国际货币基金组织协定》规定，成员国不得限制经常项目的支付，不得采取歧视性的货币措施，要在兑换性的基础上实行多边支付，要对现有国际协议进行磋商。这是成员国的一般义务。

5）《国际货币基金组织协定》规定了“稀缺货币条款”。当一国国际收支持续盈余，并且该国货币在国际货币基金组织的库存下降到份额的 75%以下时，国际货币基金组织可将该国货币宣布为“稀缺货币”。国际货币基金组织可按逆差国的需要实行限额分配，其他国家有权对“稀缺货币”采取临时性兑换限制，或者限制进口该国的商品和劳务。

由此可见，在布雷顿森林体系中，美元可以兑换黄金和各国实行固定汇率制是这一货币体系的两大支柱。因此，布雷顿森林体系下的国际货币体系实质上是以“黄金—美元”为基础的国际金汇兑本位制。基金组织则是这一货币体系正常运转的中心机构，它具有管理、信贷和协调 3 个方面的职能。它的建立标志着国际协商与国际合作在国际金融领域取得进一步发展。

3．布雷顿森林体系的作用

第二次世界大战后的最初 15 年，布雷顿森林体系在许多方面运行良好。它对战后国际经济的恢复与发展，以及对国际贸易的大幅度增长，都曾产生过重大影响。

1）这一体系以黄金为基础，以美元作为最主要的国际储备货币。美元等同于黄金。在黄金生产增长停滞的情形下，美元的供应可以弥补国际储备的不足，这在一定程度上解决了国际清偿能力的短缺问题。

2）这一体系通过建立货币平价，使各国中央银行承担维护外汇市场稳定的义务，为国际收支逆差的国家实施提供辅助性的国际储备融通、建立汇率变更的严格程序等措施，确实使各国货币汇率在一个相当长的时期呈现出较大的稳定性，从而避免了类似 20 世纪 30 年代出现的竞争性货币贬值。而汇率风险的下降对国际贸易、国际投资与信贷活动的发展，无疑是有促进作用的。此外，由于汇率可以调整，因而在调节机制方面多出一个汇率政策机制。

3）基金组织对成员国提供各种类型的短期和中期贷款，使有临时性逆差的国家仍有可能继续进行对外商品交换，而不必借助贸易管制，这有助于国际经济的稳定和增长。

4）融通资金，在国际收支根本不平衡时可以变更汇率，这保证了各成员国经济政策的独立自主。

5）作为国际金融机构，基金组织提供了国际磋商与货币合作的讲坛，因而在建立多边支付体系、稳定国际金融局势方面也发挥了积极作用。

6）在金本位制下，各国注重外部平衡，因而使国内经济往往带有紧缩倾向；而在布雷顿森林体系下，各国一般偏重内部平衡，因此国内经济情况比较稳定，与第二次世界大战前相比，危机和失业状况有所缓和。

总之，布雷顿森林体系是战后国际合作的一个较成功的事例，它为稳定国际金融和扩大国际贸易提供了有利条件，从而增加了世界福利。

▶▶ 7.2.2　布雷顿森林体系的缺陷及崩溃

虽然布雷顿森林体系曾经对当时的国际经济发展起到了积极作用，但这个体系仍存在着一些重大的缺陷。在国际经济发生变化的过程中，这些重大缺陷终于导致了布雷顿森林体系本身的崩溃。

1．布雷顿森林体系的缺陷

（1）美元的双重身份和双挂钩制度是布雷顿森林体系的根本缺陷

这一体系是建立在“黄金—美元”基础之上的，美元既是一国的货币，又是世界的货币。美元作为一国的货币，其发行必然受制于美国的货币政策和黄金储备；美元作为世界的货币，其供应又必须适应国际贸易和国际投资增长的需要。由于规定了美元与黄金挂钩及其他货币与美元挂钩的双挂钩制度，黄金产量和美国黄金储备的增长跟不上国际经济和国际贸易的发展，导致美元出现了进退两难的状况。一方面，为满足国际经济和国际贸易的发展，美元的供应必须不断地增长；另一方面，美元供应的不断增长，使美元同黄金的兑换性的维持日益变难。美元的这种两难，被称为“特里芬难题”（Triffin Dilemma），它是美国耶鲁大学教授罗伯特·特里芬于 20 世纪 50 年代提出的。“特里芬难题”指出了布雷顿森林体系的内在不稳定性及危机发生的必然性和性质。这个性质就是美元无法按固定比价维持同黄金的兑换性，即美元的可兑换性危机。随着流出美国的美元日益增加，美元按固定价格同黄金的可兑换性必定引起人们的怀疑，美元的可兑换性信誉必将被严重削弱，因此而导致的布雷顿森林体系危机是美元的可兑换性危机或人们对美元可兑换性的信心危机。

（2）国际收支调节机制的效率不高

调节效率是指调节成本要比较低，调节成本的分配要比较均匀，调节要有利于经济的稳定与发展。在布雷顿森林体系的固定汇率制度下，虽然汇率是可以调整的，但是由于固定汇率的多边性而增加了调整平价的困难，而且汇率只允许在平价上下的 1%波动，从而使汇率体系过于僵化。这个体系的创始人显然指望顺差国和逆差国通过国际货币基金组织的融资、合理的国内政策和偶然的汇率调整恢复平衡。这就是说，成员国在国际收支困难时受到双重保护：

- 暂时性不平衡由国际货币基金组织融通资金。
- 根本性不平衡则靠调整汇率来纠正。

实践证明，这个调节机制不是很成功，因为它实际上注重的是国内政策调节。而从调节政策来看，一个国家很难靠一套政策的配合来恢复国际收支平衡，而不牺牲国内经济稳定与对外贸易利益。

（3）调节机制不对称，逆差国家负担过重

名义上，国际货币基金组织规定顺差国与逆差国对国际收支的失衡都负有调节责任。但实际上，布雷顿森林体系将更多的调节压力放在逆差国紧缩经济之上，而不是迫使顺差国膨胀经济。就其他调节形式来看，逆差国承受的货币贬值的压力远比顺差国承受的货币升值压力要大，逆差国加紧实施管制措施的现象与顺差国放松外汇管制、拆除贸易壁垒相比更为多见。这便是布雷顿森林体系所特有的调节机制不对称问题。产生这种不对称的根本原因是，逆差国为弥补逆差而不得不向国际货币基金组织贷款或动用本国的国际储备。但基金组织的贷款是有条件的，并且属于中、短期性质；而本国的国际储备则是有限的。若不及时采取其他有效的措施从根本上清除国际收支不平衡的根源，中央银行的国际储备将大量流失，甚至发生枯竭。顺差国则不同，从理论上讲，它可以无限制地累积国际储备。当然，由于中央银行不断地购进外汇，该国的货币基础在不断地扩大，这容易引起通货膨胀。因此，为了稳定国内物价，顺差国往往通过在公开市场上抛售政府债券以回笼货币的方法来“蒸发”国际收支盈余对本国货币供应量的影响。其结果是，顺差国的调节压力被大大减弱了。例如，日本、联邦德国等这些经常有巨额盈余的国家，往往不愿意通过及时地使其货币升值来减少或消除国际收支顺差。迫不得已采取纠正措施的绝大多数都是逆差国。据统计，1970—1974 年共发生过两百多次货币贬值，而货币升值仅有 5 次。《国际货币基金组织协定》曾有“稀缺货币条款”，以便使国际调节过程更具有对称性。然而，令人遗憾的是，出于某种原因，这项旨在向持续顺差的国家施加调节压力的条款在整个布雷顿森林体系时期从未被行使过。

（4）储备货币的供应缺乏有效的调节机制

从国际经济和国际贸易发展的角度来看，储备货币的供应不能太少，太少将限制国际经济和国际贸易的发展；从物价和货币稳定的角度来看，储备货币的供应又不能太多，太多会引起世界性通货膨胀和货币混乱。在浮动汇率和多种储备货币体系下，一种储备货币的过多供应会导致该种储备货币汇率下浮、需求下降，因而可调节该种储备货币的供应。但在布雷顿森林体系僵化的汇率制度下，世界其他国家为减少调节成本而倾向于不断积累美元，因而美国又可以不断地输出美元。对美元供应的唯一限制是用美元兑换美国的黄金储备。于是，当美元供应相对不足时，各国拼命积累美元，引发美元的不断输出；当美元供应相对过多时，各国又会抛售美元，换取美国的黄金储备，从而直接威胁到体系的生存。

2. 布雷顿森林体系的崩溃

第二次世界大战结束初期，各国都需要从战争废墟中恢复，都需要进口美国商品，但都缺乏美元来支付。拥有美元就拥有了购买美国商品的能力，世界各国对美元强烈的需求造成了20世纪50年代的“美元荒”。为了缓解这种压力，美国、加拿大及各种国际金融组织纷纷向欧洲提供贷款和援助，其中最著名的是美国的“马歇尔计划”。美国的对外援助支出如表7-4所示。通过这个计划，大量美元流入西欧各国，促使这些国家的经济逐步得到恢复。自1950年起，美国的国际收支开始出现逆差，其原因在于美国继续执行援外计划，其海外驻军费用支出庞大，以及美国的低利率政策也促使资本外流。但在1958年以前，国际储备状况基本上还是短缺的，各国都乐于积累手中的美元，没有发生对美元的信心问题。

表7-4　美国的对外援助支出　　单位：100万美元

		第二次世界大战期间(1941—1945年)	第二次世界大战后					
			1946年	1947年	1948年	1949年	1950年	1951年
对外捐赠	武器租借法	46 728	1 765	171	8	—	—	—
	马歇尔计划	—	—	—	204	3 217	3 323	2 384
	民间供给计划	813	756	714	1 308	1 291	801	450
	UNRRA、中间援助	83	1 196	1 377	817	54	1	—
	菲律宾援助计划	—	—	61	92	193	173	108
	朝鲜、中国援助	—	—	—	1	178	61	69
	互相保卫援助	—	—	—	—	—	71	1 222
	希腊、土耳其援助	—	—	—	260	258	119	20
	中国稳定、军事援助	380	120	—	—	102	16	5
	技术援助、美洲援助	58	13	20	36	25	29	30
	其　他	66	10	4	103	104	100	159
	合　计	48 128	3 861	2 348	2 830	5 423	4 691	4 447
	对外借款合计	1 096	2 336	3 921	2 643	1 123	420	419

但从20世纪50年代末期开始，美元逐渐过剩，美国国际收支逆差情况日趋严重，黄金储备不断减少，导致美元的信用基础发生动摇，最终爆发了美元危机。布雷顿森林体系的崩溃过程，就是美元危机不断爆发、拯救、再爆发直至解体的过程。

（1）第一次美元危机及其拯救

第一次较大规模的美元危机是1960年爆发的。危机爆发前，资本主义世界出现了相对美元过剩，有些国家用自己手中的美元向美国政府兑换黄金，美国的黄金储备开始外流。1960年，美国对外短期债务（衡量美元外流的重要指标）首次超过了它的黄金储备额，如表7-5所示。人们纷纷抛售美元，抢购美国的黄金和其他经济处在上升阶段的国家的硬通货（如马克）。为了维持外汇市场的稳定和金价的稳定，保持美元的可兑换性和固定汇率制，美国要求其他资本主义国家在国际货币基金组织的框架内与之合作，稳定国际金融市场。各国虽然与美国有利害冲突和意见分歧，但是储备货币的危机直接影响货币制度的稳定，也关系到各自的切身利益，因而各国采取了协调冲突、缓解压力的态度，通过国际合作制定出了一系列措施来稳定美元的地位，减轻对美国黄金库存的压力，避免发生向美国挤兑黄金的风潮。到1962年为止，美国分别与若干主要工业国家签订了“黄金总库”（Gold Pool），在国际货币基金组织的框架内建立了“借款总安排”（General Arrangement to Borrow）和“互惠信贷协议”（Swap Agreement）。

“黄金总库”是美国、英国、联邦德国、法国、意大利、荷兰、比利时和瑞士8国中央银行于1961年10月达成的共同出金以维持金价稳定和布雷顿森林体系正常运转的一项协议。该协议规定，8国共同出资相当于2.7亿美元的黄金以建立黄金总库，其中美国出50%，联邦德国出11%，英、法、意各出9.3%，瑞、荷、比各出3.7%。黄金由英国中央银行英格兰银行代为管理，当金价上涨时，就在伦敦市场抛出黄金；当金价下跌时，就买进黄金，以此来调节市场的黄金供求、稳定金价。由于国际市场黄金吞吐量巨大，2.7亿美元的黄金实在是杯水车薪，无济于事。因此，“黄金总库”实际上在1968年美国实行“黄金双价制”（Two-tier Gold Price System）后就解体了。

“借款总安排”是国际货币基金组织与10个工业国家（美国、英国、法国、加拿大、联邦德国、日本、意大利、荷兰、比利时、瑞典）于1961年11月签订并于1962年10月生效的借款协议。当时签订该项借款协议主要是为向美国以外的9国借入资金以支持美元，缓和美元危机，维持国际货币体系的正常运转。因此，当时向“借款总安排”借用款项的主要是美国。“借款总安排”当时的资金总额为60亿美元，后几经扩大，总额已达180亿美元。“借款总安排”有10个出资国，也就是“十国集团”的成员，又称“巴黎俱乐部”。瑞士不是国际货币基金组织的成员，但于1964年参加了“借款总安排”，出资2亿美元。

“互惠信贷协议”又称“货币互换协议”（Reciprocal Agreement），是美国1962年3月与其他14个国家签订的，彼此间在规定的期限和规定的金额幅度内利用对方货币来干预外汇市场、稳定汇率的一种协议。例如，当美元对马克的汇率遭到贬值压力时，美国可按协议规定的金额幅度向联邦德国借用马克，然后抛出马克收购美元，以此平抑马克对美元的投机性冲击，稳定美元与马克的比价，从而间接地稳定美元与黄金的比价。然后，在规定的期限内，美国一次或分批地归还所借用的马克。1962年3月，该协议签订时的总额为117.3亿美元，1973年7月该数字扩大为197.8亿美元。

除了上述主要合作性的稳定汇率、稳定金价的措施以外，美国政府在20世纪60年代还一直运用政治压力劝说外国政府不要持美元向美国财政部要求兑换黄金。美国在1967年曾与联邦德国政府达成协议，联邦德国承诺不将其持有的美元向美国兑换黄金。但有些西方国家政府（如法国）对此却丝毫不买账，仍然在兑换黄金，带头冲击美元的霸主地位。（见表7-5）

表7-5 美国的对外短期债务及黄金储备 单位：100万美元

年 份	美国对外短期债务	美国黄金储备
1950	7 117	22 820
1951	7 661	22 873
1952	8 961	23 252
1953	10 019	22 091
1954	11 153	21 793

续表

年　份	美国对外短期债务	美国黄金储备
1955	11 719	21 753
1956	13 487	22 058
1957	13 641	22 857
1958	14 615	20 582
1959	16 225	19 507
1960	17 366	17 804
1961	18 781	16 947
1962	19 874	16 057
1963	21 330	15 596
1964	23 821	15 471
1965	24 072	13 806
1966	26 219	13 235
1967	26 370	12 065
1968	30 297	10 892
1969	38 631	11 859
1970	40 449	11 072
1971	53 632	10 206
1972	59 306	10 487
1973	67 067	11 652
1974	91 590	11 652
1975	88 785	16 226

资料来源：《东京银行月报》，1976-11。

（2）第二次美元危机及其拯救

第二次较大规模的美元危机是 1968 年爆发的。20 世纪 60 年代中期，随着美国侵越战争的扩大，美国的财政金融状况明显恶化，国内通货膨胀加剧，美元对内价值不断贬值，美元同黄金的固定比价又一次受到严重的怀疑。到 1968 年 3 月，美国黄金储备已降至大约 120 亿美元，只够偿付其对外短期负债的 1/3。结果，伦敦、巴黎和苏黎世黄金市场爆发了空前规模的抛售美元、抢购黄金的美元危机，半个月内美国的黄金储备又流失 14 亿美元，巴黎市场金价一度涨至 44 美元兑 1 盎司。于是，美国政府被迫要求英国自 3 月 15 日起暂时关闭伦敦黄金市场，宣布停止在伦敦黄金市场按 35 美元兑 1 盎司的官价出售黄金，同时宣布解散“黄金总库”，实行“黄金双价制”。

所谓“黄金双价制”，就是指两种黄金市场实行两种不同价格的制度。官方之间的黄金市场上，仍然实行 35 美元等于 1 盎司黄金的比价；而在私人黄金市场上，美国不再按 35 美元等于 1 盎司黄金这一价格供应黄金，金价听凭供求关系决定。各国政府或中央银行仍可按黄金官价，以其持有的美元向美国兑换黄金，各国官方机构也按黄金进行结算。从此，自由市场的黄金价格便与黄金官价完全背离，国际市场出现了“黄金双价制”。“黄金双价制”说明美国已经无力继续维持黄金市场的官价，布雷顿森林体系开始从根本上发生动摇。

第二次美元危机爆发后，各国认识到了布雷顿森林体系的缺陷和危机的性质。为了摆脱这一困境，经过长期的讨论，基金组织于 1969 年 9 月在第 24 届年会上正式通过了特别提款权方案，并从 1970 年起开始发行特别提款权。特别提款权是一种账面资产，基金组织按“份额”分配给会员国，会员国可借以向基金组织提用资金，并可对其他会员国进行支付、归还基金组织的贷款，以及在会员国政府之间拨付转移，但不能兑换黄金，也不能用于个人一般支付。特别提款权的价格为 35 个特别提款权等于 1 盎司黄金。

特别提款权的设立与分配，使日益枯竭的美国黄金外汇储备稍有增加，从而提高了其应付国际收支逆差的能力；外国政府或中央银行持有的美元，若要求美国兑换黄金，美国可用特别提款权来支付，因其与黄金等同，能够减少美国黄金储备的流失，有助于美元危机的减缓和国际货币制度的维持。但是，美国的国际收支状况并未因此而改善。到 20 世纪 60 年代末期，美国的经济形势进一步恶化，越南战争的连年庞大军事开支和财政赤字使国内通货膨胀率继续上升，美国产品的国际竞争力低落，国际收支状况进一步恶化。

（3）第三次美元危机及其拯救

第三次美元危机是 1971 年爆发的。1971 年，美国出现自 1893 年以来未曾有过的全面贸易收支逆差；同年，其黄金储备已不及对外短期负债的 1/5。美元势必贬值的形势已经非常明显，国际金融市场上预期美元贬值的气氛愈加浓厚，这种预期导致大量资本逃离美国。1971 年 5 月，西欧主要金融市场上又一次掀起抛售美元而抢购黄金或联邦德国马克、瑞士法郎、日元等货币的浪潮。各国中央银行不得不进行大规模干预，有些国家采取了外汇管制甚至对外国存款倒收利息的措施，但是都无法阻止资本移动的狂潮。美元外流的情况在 1971 年夏天达到了顶点。

面对猛烈的危机，尼克松政府不得不于 1971 年 8 月 15 日宣布实行“新经济政策”：对内采取冻结物价和工资，并削减政府开支；对外停止履行外国中央银行按黄金官价以美元向美国兑换黄金的义务，并对进口商品征收 10%的附加税，以限制进口，改善美国的国际收支和美元的地位。“新经济政策”的推行，意味着美元与黄金脱钩，这样布雷顿森林体系的两大支柱之一——美元可兑换黄金倒塌了。这标志着布雷顿森林体系开始走向崩溃。

“新经济政策”刺激了投机性资本大量进入国际金融市场。这种压力下，许多国家被迫关闭黄金和外汇市场。国际金融市场重开时，大多数发达国家都实行了浮动汇率制，法国甚至采用双重汇率制。为了挽救布雷顿森林体系，1971 年 12 月，“十国集团”在华盛顿特区的史密森学会大厦签订了一项妥协方案，简称“史密森协议”（Smithsonian Institute Agreement）。它主要包括以下内容：

1）美元对黄金贬值 7.89%，黄金官价以每盎司 35 美元提高到 38 美元，但仍然停止美元兑换黄金。

2）美国取消 10%的进口附加税。

3）调整各国货币与美元的汇率平价，有的贬值，有的升值，但是按照美元贬值幅度计算。

4）扩大汇率波动幅度，将汇率波动的允许幅度从过去的 ±1%扩大到 ±2.25%，其意图是增加货币制度的灵活性和弹性。实际上，各种货币对美元的汇率都升值了，其中日元大约升值 17%，联邦德国马克约升值 14%。这次汇率调整的意义不在于汇率调整本身，而在于它适应了战后各国经济发展不平衡的客观情况，反映出美元地位的下降。

“史密森协议”虽然勉强维持了布雷顿森林体系下的固定汇率，但并未能阻止美元危机与美国国际收支危机的继续发展。1973 年 2 月，由于美国国际收支逆差日益严重，美元信用进一步下降，国际金融市场上又一次掀起了抛售美元而抢购联邦德国马克、日元、瑞士法郎，并进而抢购黄金的浪潮。仅 2 月 9 日一天，联邦德国法兰克福外汇市场就抛售了近 20 亿美元，国际外汇市场不得不暂时关闭。这种情况下，美国政府于 2 月 12 日又一次宣布美元贬值 10%，黄金官价也相应由每盎司黄金 38 美元提高到 42.22 美元。

美元的再度贬值仍未能制止美元危机。1973 年 3 月，西欧又出现了抛售美元、抢购黄金和联邦德国马克的风潮。伦敦黄金价格一度涨到每盎司 96 美元，联邦德国和日本的外汇市场被迫关闭达 17 天之久。西方国家经过磋商，最后达成协议：西方国家的货币实行浮动汇率制度；联邦德国在马克升值 3%的条件下，与法国等西欧国家实行对美元的“联合浮动”；英国、意大利、爱尔兰单独浮动，暂不参加共同浮动。此外，其他主要西方国家的货币也都实行了对美元的浮动汇率制。至此，布雷顿森林体系的另一支柱，即各国货币钉住美元、与美元建立的可调整固定汇率制度彻底解体，布雷顿森林体系完全崩溃。

7.3 牙买加体系及国际货币体系的改革方向

布雷顿森林体系崩溃后，国际间为建立一个新的国际货币体系进行了长期的讨论与协商。在对国际货币体系进行改革、建立新体系的过程中，充满了各种矛盾和斗争，最终各方通过妥协就国际货币体系的一些基本问题达成共识，于 1976 年 1 月在牙买加首都签署了一个协议——牙买加协议，并于 1978 年 4 月 1 日生效。自此，国际货币体系进入了一个新的阶段——牙买加体系阶段。

7.3.1 牙买加体系的内容及特征

1. 牙买加体系的内容

牙买加体系肯定并继承了布雷顿森林体系下的国际货币基金组织，但又摒弃了布雷顿森林体系以美元为中心的双挂钩制度。其基本内容有如下 5 个方面。

（1）承认浮动汇率制的合法性

会员国可以自由选择决定汇率制度，基金组织承认固定汇率制度和浮动汇率制度同时并存；会员国的汇率政策应受基金组织的监督，并需要与基金组织协商；实行浮动汇率制的成员国应根据条件逐步恢复固定汇率制，并防止采取损人利己的货币贬值政策；在认为国际经济条件已经具备时，经总投票权的 85%多数通过，基金组织可以决定采用“稳定的但可调整的货币平价制度”，即恢复固定汇率制度。

（2）黄金非货币化

废除黄金条款，取消黄金官价，用特别提款权逐步代替黄金作为国际货币体系的主要储备资金；取消会员国之间及会员国与基金组织之间以黄金清算债权债务的义务；各会员国中央银行可按市价从事黄金交易，基金组织不在黄金市场上干预金价。基金组织持有的黄金应逐步加以处理：其中 1/6（约 2 500 万盎司）按市价出售，超过其官价（每盎司 42.22 美元）部分作为援助发展中国家资金；1/6 由原缴纳的会员国按官价买回；剩余的黄金须经总投票权85%的多数通过，决定向市场出售或由各会员国买回。

（3）特别提款权作为主要的储备资金

未来的货币体系中，应以特别提款权作为主要储备资金，并作为各国货币定值的基础。凡有特别提款账户的国家，可以通过账户用特别提款权来进行借贷，以及用来偿还基金组织的债务。基金组织要加强对国际清偿能力的监督。

（4）扩大对发展中国家的资金融通

用在市场上出售黄金超过官价部分的所得收入建立信托基金，向最穷困的发展中国家以优惠条件提供贷款，帮助它们解决国际收支方面的困难。同时，扩大基金组织的信用贷款总额，由占会员国份额的100%提高到145%，并增加出口波动补偿贷款的比重——由占份额的50%增加到75%。

（5）增加基金组织的份额

各会员国对基金组织缴纳的份额，由原来的292亿美元特别提款权增加到390亿美元特别提款权，增加33.6%。各会员国应缴份额所占的比重有所改变，主要是石油输出国组织的比重由5%增加到10%。除德国、日本外，西方主要工业国的份额均有所降低，而英国下降最多。份额重新修订的一个重要结果是，发达国家的投票权与发展中国家比较相对减少了。

2. 牙买加体系的特征

牙买加协议后国际货币制度实际上是以美元为中心的多元化国际储备和浮动汇率体系。

（1）以美元为中心的多元化国际储备体系

尽管在布雷顿森林体系解体后，美元在各国国际储备中份额已减少，而且美元的地位受到诸多挑战，但美元的储备地位仍是任何其他货币难以替代的，它依然是最主要的储备货币。这是因为美国仍然在国际政治、经济中发挥主导作用，而且美元作为国际间最主要的计值单位，交易媒介、价值储藏手段的地位仍不可替代。国际贸易中，很多产品以美元计价，约2/3的进出口贸易以美元结算；计算和比较世界各国的GDP人均收入、进出口额和外汇储备等指标时，通常要折合成美元；在国际金融市场，绝大多数外汇批发业务是美元交易；各国中央银行外汇储备的很大部分也是美元。

目前还没有一个足够强势的货币能够成为美元的替代品。尽管欧元是仅次于美元的第二大国际储备货币，但欧债危机的爆发暴露了欧洲统一货币联盟的一系列制度问题，欧洲经济疲弱也令欧元吸引力下降。拥有全球最多使用者的人民币正在推进国际化进程，但要实现从贸易货币到投资货币再到储备货币的飞跃，不但要解决可自由兑换等技术性问题，还需要中国经济成功转型，建立现代化金融市场体系和完善的配套制度。

（2）浮动汇率的长期化

1973年，固定汇率制度崩溃后，工业发达国家都纷纷改为浮动汇率制。浮动汇率制的优点在于不仅可以比较灵敏、准确地反映出不断变化的国际经济状况，而且可以调节外汇市场的供求关系，从而促进国际贸易和世界经济的发展。浮动汇率制对国际经济的这种有利作用主要表现在以下方面：

1）各国的汇率可以根据市场供求状况自发调整，不再长期偏离实际价值。

2）可以解除硬通货国家在固定汇率制下维持汇率稳定的义务，不再被动地被拖入通货膨胀。

3）可以使一国的财政政策和货币政策更具独立性和有效性，不再为了外部经济而牺牲内部经济。

4）为避免汇率风险，客观上促进了国际金融业务的创新和发展。

(3) 汇率安排多样化

美、日、欧等主要储备货币发行体较早实行了浮动汇率安排，小型开放经济体则较多实行联系汇率或者钉住汇率安排（又称货币发行局制度）。中国采用的是有管理的浮动汇率制；而新兴经济体在经历多次货币金融危机后，更多地选择浮动汇率制。区域间货币安排也成为趋势，除欧元以外，亚元的实现有困难，但新兴发展中国家也有可能实行一种联动的汇率安排。

(4) 对国际收支失衡的调节

布雷顿森林体系下，调节成员国国际收支失衡的渠道主要是，当成员国发生暂时性国际收支失衡时，通过国际货币基金组织来调节；当成员国的国际收支出现根本性失衡时，通过改变货币平价、变更汇率来调节。而牙买加体系除可以继续依靠基金组织和变动汇率外，还可以通过利率及国际金融市场媒介作用、国际商业银行活动、外汇储备的变动等渠道来调节，并且各种调节手段可结合起来运用，这在一定程度上克服了布雷顿森林体系后期调节机制失灵的困难，从而对世界经济健康发展起到了积极的作用。

▶▶ 7.3.2 牙买加体系的缺陷分析

牙买加体系是国际金融动荡的产物。自形成以来，它对国际经济的正常运转起了一定的积极作用。然而，这个体系的缺陷也随着时间的推移充分暴露出来。

1. 多元化国际储备不能完全符合世界经济均衡增长的要求

国际储备多元化的条件下，各储备货币发行国尤其是美国仍然享受着向其他国家征收“铸币税”的特权，并且国际清偿力仍不能完全符合世界经济均衡增长的形势。多元化国际储备不仅丧失了金本位条件下的自发调节机制，而且没有形成国际货币基金组织对国际清偿力增长的全面控制。另外，多元化储备体系本身缺乏统一、稳定的货币标准，因而具有内在的不稳定性。只要对其中某种货币的信心稍有动摇，其持有者便欲抛出该货币，兑换成别的国际储备货币。国际储备货币间的投机不可避免，这种投机使汇率波动频繁且剧烈，这不仅给国际贸易和投资带来了巨大风险，而且给整个世界经济的发展带来了不利影响。

2. 多种汇率制度导致国际经济发展的动荡

该体系下，各国拥有了选择汇率制度的自由，但实际情况是主要工业国基本上实行浮动制而大多数发展中国家采用钉住制，大国往往只顾自身利益而独立或联合起来改变汇率，使钉住它们货币的发展中国家无论国内经济状况好坏都不得不随之重新安排汇率、承受额外的外汇风险，使发展中国家的外汇储备和外债问题更加复杂化。

3. 国际收支的多种调节机制相互间很难协调，无法全面改善国际收支

在牙买加体系中，国际收支的调节虽然是通过多种机制相互补充的办法来实现的，但实际上各种调节机制自身都有局限性，且相互间很难协调，它们的作用也常常相互矛盾、相互抵消，从而无法全面改善国际收支。自 1973 年以来，国际收支失衡的局面一直没有得

到改善，而且日趋严重。一些逆差国，尤其是发展中国家只能依靠借外债来缓解，有的国家甚至成为重债国，一旦经济发展不利，极易发生债务危机。这种情况下，逆差国往往不得不诉诸国际货币制度以外的力量（如实行各种形式贸易保护主义）来强制平衡国际收支。1994 年墨西哥金融危机和 1997 年 7 月从泰国开始爆发的东南亚、东亚、俄罗斯、巴西的金融危机都表明，牙买加体系创建以来，全球范围的长期国际收支不平衡并未得以根除。

综上所述，牙买加体系已不能适应当前世界经济的发展，必须进行根本性改革。

7.3.3 国际货币体系的改革方向

国际货币体系改革的方向，主要取决于国际货币体系中本位货币的选择、汇率制度和国际收支调节机制等问题的解决。

1. 关于本位货币的选择

在国际本位货币这个问题上，各国意见分歧很大。法国主张恢复金本位制；英国和美国的一些经济学家主张改善以美元为中心的国际金汇兑本位制；另一部分美国经济学家则提出美元本位制；还有的国家提出以多种货币为基础或以特别提款权为基础的制度。历史的经验证明，传统的金本位制很难恢复，因为一旦各国恢复金本位制，黄金将出现严重的供不应求。以一国货币为中心货币也是不能持久的，中心货币国家经济一般都是由当时经济力量最强大的国家的货币充当，当中心货币国家经济实力削弱而不能保持中心货币的地位时，这个货币体系也就无法维持了。货币体系的变动与中心货币的兴衰相联系，这是金汇兑本位制和美元本位制最大的缺点。根据目前的情况，世界上也没有哪个国家具有强大的经济力量，足以充当中心货币国的角色。复合货币和篮子货币的发展也是不稳定的。因此，从长远看，还是要发展到统一的货币格局的。这种货币既不可能是黄金，也不可能是某个超级大国的货币。从凯恩斯到特里芬等国际金融学家都提出过共同货币建议。欧洲货币同盟在建立欧洲统一中央银行、发行欧洲共同货币的目标上，已迈出实质性的一步；至于在全世界范围内建立统一的中央银行发行共同货币，则难度很大。不过，共同货币的理想在将来可能实现。

2. 关于汇率制度

固定汇率制度在目前显然是行不通的。由于各国经济增长率、通货膨胀率、利率、对外收支等方面存在很大差异，实行固定汇率制度缺乏基础。现行的汇率制度主要是一种管理浮动汇率制，但由于主要货币之间汇率波动剧烈等弊病，也不是最理想的汇率制度。从未来趋势看，要使汇率保持相对稳定，尽量缩小汇率波动幅度，则必须加强各国之间的相互协调和国际联合干预的能力，为汇率的稳定创造条件。在这个问题上，欧洲货币体系的可调整的固定汇率经验已受到重视。西方经济学者提出了所谓“汇率指标区”的方案，即通过协商规定主要货币汇率的浮动幅度。如果市场汇率超过规定幅度，有关国家就要采取相应的政策措施，使市场汇率回到指标区内。这种方案在将来可能被采用。但就指标区幅度而言，如何调整指标区的水平，以及各国如何协调政策和联合干预来维持这个指标区，困难还是很大的，这需要有关方面进行认真磋商。

3. 关于国际收支调节机制

第二次世界大战后，一些逆差国往往保持长期的逆差，并且数字越积越大，它们只得靠增加外债来应付局面，有的甚至成了重债国；一些顺差国往往保持长期的顺差，并且顺差的数字越积越大，它们只能靠增加外汇储备和扩大对外债权及投资来使用这些顺差。这种情况下，调节措施方面既没有国际金本位的那种自动调节机制，又缺乏布雷顿森林体系下的调节机制。今后的国际货币体系必须设法建立一个机构（或利用目前的国际货币基金组织）来提供一种调节机制。这种调节机制一方面要能使顺差国的盈余暂时调节逆差国的逆差，另一方面要促使逆差国减少逆差、顺差国减少顺差。除了适当调整汇率以外，这种调节机制还要提供充足的资金使逆差国得到帮助。在这一方面，欧洲货币体系的一些经验是可以借鉴的。

从战后国家货币史来看，由于不同的国际货币制度对各个国家的利害关系不同，所以货币体系改革存在着巨大的利害冲突，这就决定了它必定是一个长期的、渐进的过程，不可能一蹴而就。

7.4 区域货币一体化与欧洲货币一体化

7.4.1 区域货币一体化

1. 区域货币一体化的概念

区域货币一体化是指一定地区内的有关国家在货币金融领域中实行协调与合作，结成一个货币联盟，实行统一的货币体系。

区域货币一体化的发展有一体化程度高低的不同。较低程度的货币一体化表现为区域内各成员国保持独立的本国货币，成员国货币之间汇率固定，对成员国以外国家的货币则实行自由浮动汇率；各成员国对资本流动仍保持一定限制，各成员国保持独立的国际收支；在货币和财政政策上，各成员国仍保持相对独立。较高程度的货币一体化表现为区域内发行单一货币，设立共同的中央银行；各成员国不再保持独立的国际收支；区域内资本市场统一并实行统一的货币政策。

2. 区域货币一体化产生的原因

区域货币一体化是第二次世界大战后国际金融领域的新现象，其产生有其客观的必然性。

（1）第二次世界大战后世界经济一体化发展趋势的推动

在世界经济一体化发展过程中，各国的相互依赖和相互支持日益加强，从而形成一种需要协调的错综复杂的国际经济货币关系；但是，由于国家众多、利益不同，难以达成全球性的国际协议，所以需要从地区着手，由少数国家和地区建立一些共同的机构和采取一些共同的措施，以增进它们之间的相互信赖关系并达到互惠互利的目的。

（2）浮动汇率制的迫使

布雷顿森林体系崩溃及浮动汇率制的普遍实行，使得国际经济贸易风险增大，一定区域内国家的货币之间建立固定汇率制，对外实行联合浮动，有利于区域内各国的经济发展和国际收支的平衡，确保成员国的总体利益。

（3）货币一体化理论的推动

20 世纪 60 年代初的“最适度货币区”理论，对货币一体化产生的原因、建立货币一体化的条件、货币一体化的理想模式及成本收益等进行了理论分析。所谓“最适度货币区”，实际上是指一些彼此间的商品、资本及劳动力流动比较自由，经济发展水平和通货膨胀率较为接近，经济政策比较协调的国家组成的独立货币区。“最适度货币区”理论的出现是战后区域货币一体化在理论上的反映，同时这一理论的出现为区域货币一体化提供了理论依据，并在一定程度上推动了区域货币一体化的发展。

3．区域货币一体化概况

战后出现的区域货币一体化有着不同类型，其一体化程度也不同，其中一体化程度最深、影响范围最大的是欧洲货币一体化。除此之外，世界其他国家和地区也出现了一些区域性货币一体化组织，如非洲的西非货币联盟和中非货币联盟、拉丁美洲的安第斯储备基金组织、中东地区的阿拉伯货币基金组织、亚洲东南亚地区的区域货币合作等。但这些发展中国家的货币一体化在其影响上和一体化程度上仍处在较低阶段。较典型的区域性货币一体化目前主要是欧洲货币一体化。

7.4.2 欧洲货币一体化

1．欧洲货币一体化的概念

所谓欧洲货币一体化，是指欧洲经济共同体各成员国在货币金融领域进行合作，协调货币金融关系，最终建立一个统一的货币体系。其实质就是这些国家集团为了货币金融领域的多方面合作而组成的货币联盟。这种货币一体化有 3 个典型特征：

1）汇率的统一，即货币联盟成员国之间实行固定汇率制，对外则实行统一的浮动汇率。

2）货币的统一，即货币联盟发行单一的共同货币。

3）机构的统一，即建立统一的中央货币机关，发行共同的货币，规定有关货币联盟的国家及保管各成员国的国际储备。

2．欧洲货币一体化的进程

欧洲货币一体化的进程曲折又坎坷。在迄今为止的 40 多年的时间里，欧洲货币一体化的建设断断续续，其发展经历了 4 个阶段：1970 年《魏尔纳报告》（*Werner Report*）的提出、1979 年欧洲货币体系（European Monetary System，EMS）的建立、1991 年《马斯特里赫特条约》的签署和 1999 年欧元区的形成，如表 7-6 所示。

表 7-6 欧洲货币一体化发展的 4 个阶段

阶段划分	起始时间	标志事件
第一阶段	1970 年 3 月	《魏尔纳报告》的提出
第二阶段	1979 年 1 月	欧洲货币体系的建立
第三阶段	1991 年 12 月	《马斯特里赫特条约》的签署
第四阶段	1999 年 1 月	欧元区的形成

（1）《魏尔纳报告》的提出

虽说欧洲货币一体化的起源可以追溯到 1950 年欧洲支付同盟的形成和 1957 年《罗马条约》的签订，但欧洲各国在货币领域方面真正意义上的合作是 1970 年的《魏尔纳报告》。20 世纪 60 年代末，布雷顿森林体系趋于崩溃，美元危机不断爆发，欧共体各国货币也极不稳定，这些对欧共体的经济发展极为不利。针对当时国际货币体系的状况，欧共体执委会在 1968 年至 1970 年年初多次召开加强欧共体成员国货币合作的会议，并取得了一致意见。1970 年 3 月，部长理事会委托当时的卢森堡首相兼财政部长皮埃尔·魏尔纳提交了“关于建立欧洲经济与货币联盟”的第一份正式报告——《魏尔纳报告》。

《魏尔纳报告》为欧共体在货币领域方面的合作制订了一个为期 10 年的计划。这个计划分为 3 个阶段：第一阶段，从 1971 年年初到 1973 年年底，其主要任务是缩小成员国货币汇率的波动幅度，着手建立货币储备基金来稳定汇率，加强各国货币政策和经济政策的协调。第二阶段，从 1974 年年初到 1976 年年底，集中成员国的部分外汇储备来巩固货币准备基金，汇率进一步稳定甚至固定下来，逐步实现资本流动的自由化。第三阶段，从 1977 年年初到 1980 年年底，共同体将成为一个商品、资本和劳动力完全自由流动的统一体，各国实行固定的汇率制度并向统一的货币发展，货币基金向联合中央银行发展。

欧共体部长理事会经过几个月的审议于 1971 年 3 月达成协议，决定从 1972 年年初正式实行该计划，实施的具体措施如下：

1）在欧共体内部实行可调整的中心汇率制，对外实行联合浮动。1972 年 4 月，欧共体各成员国货币间汇率的允许波动幅度为 ±1.125%，被称为“蛇洞制”。

2）建立欧洲货币合作基金（European Monetary Cooperation Fund，EMCF）。基金于 1973 年 4 月 3 日建立，其主要职责是支持成员国干预外汇市场和维持汇率的稳定，管理成员国中央银行之间的信贷流动，逐步集中成员国的外汇储备，以便将其发展成为成员国之间的清算中心。基金包括 20 亿美元的短期货币支持基金和 20 亿美元的中期财政支持基金。

3）使用欧洲计算单位（European Unit of Account，EUA）。EUA 中各国货币含量的计算方法是先根据各国 GNP 的大小、各国在欧共体商品和劳务出口总额所占的比重，以及各国在欧洲货币合作基金中所占份额的大小，确定出各国货币在 EUA 中所占的比重和含量。考虑到经济变动的影响，指标取过去 5 年的平均值，并且比重和含量每 5 年重新调整一次。

1971 年，布雷顿森林体系已处于崩溃的边缘，由美元的困境引起的国际货币危机，很快使人们看到欧共体在货币和经济政策上的设想与他们采取的行动相距太远。1973 年的石油危机和 1974 年的经济危机更加加剧和扩大了共同体内部的不平衡，各成员国经济差距扩大，各自推行了一些不同的经济政策。因此，在 1971 年到 1979 年年初欧洲货币体系成立前的 8 年中，《魏尔纳报告》并未得到实施，各国仅仅只是在汇率方面做出了一些安排，《魏尔纳报告》最终以失败告终。

(2) 欧洲货币体系的建立

欧洲货币体系于 1979 年 1 月 1 日正式建立。它的建立是欧洲货币一体化历史进程中货币联盟建设的第二回合，虽然具有第一回合的连续性，但它与前者有本质的区别。它主要是针对 1970 年以来欧共体内外经济与货币形势变化，特别是为了应付日益加剧的货币危机和严重的汇率浮动而提出的新的货币一体化措施。欧洲货币体系是个很复杂的机制，其主要内容如下：

1）创设欧洲货币单位（European Currency Unit，ECU）。ECU 是欧洲货币体系的中心，它的发行要通过特殊的程序。在欧洲货币体系成立之初，各成员国向 EMCF 提供国内 20% 的黄金储备及 20%的美元和其他外汇储备，然后 EMCF 以互换的方式向各成员国提供相应数量的 ECU。在创设之初，欧共体向各国提供了 230 亿 ECU。在欧共体内部，ECU 具有计价单位和支付手段的职能。ECU 不仅是欧共体内部核算的工具，而且成为各成员国官方结算的支付手段和外汇储备的重要资产。

2）继续实行过去的联合浮动汇率制。EMS 的稳定汇率机制包括“格子体系”和“篮子体系”两个方面的内容。“格子体系”是在每对成员国货币之间规定一个汇率平价，并据此确定汇率变动的最大限度为 ±2.25%。“篮子体系”是每种货币相对于欧洲货币单位确定一个中心汇率，并据此确定变动的最大限度为 75%×（±2.25%）$(1-W_i)$，其中 W_i 为各国货币在 ECU 中的权重。由于加入欧洲货币体系的成员国在通货膨胀率、国际收支和经济增长等方面的差异，欧洲货币体系的中心汇率进行了多次变动，波动幅度也多次受到冲击。首批加入欧洲货币汇率机制的货币有法国法郎、德国马克、意大利里拉、比利时法郎、荷兰盾、卢森堡法郎、爱尔兰镑和丹麦克朗。当 1989 年、1990 年和 1992 年西班牙比塞塔、英镑和葡萄牙埃斯库多相继加入欧洲汇率机制时，浮动范围已扩大到 ±6%。1992 年，欧洲货币发生剧烈动荡，由于无法维持平价，英镑和意大利里拉被迫退出欧洲货币汇率机制。1993 年，欧盟被迫将浮动的幅度扩大至 ±15%。

3）继续运用欧洲货币合作基金，以 2 年时间扩大发展为欧洲货币基金（European Monetary Fund，EMF）。但由于在 EMF 的组织形式和发展方向上各国意见未能完全统一，EMF 没有如期建成。

（3）《马斯特里赫特条约》的签署

从 1983 年美国经济复苏开始，西方国家经历了 7 年的经济增长，欧洲货币体系对欧洲经济的稳定增长起了不可忽视的重要作用。受其鼓舞，欧洲货币一体化进程加速。1987 年 7 月，欧洲经济共同体开始实施欧洲内部统一市场的计划，这要求欧洲内部要有一个资本能够完全自由流动的金融共同市场，使欧共体成员国之间的货币合作进入一个更深层次。1988 年 6 月，欧共体汉诺威首脑会议决定委托以欧共体委员会主席德洛尔为首的一个委员会来制订关于进一步实施货币合作的计划。1989 年 4 月，德洛尔向 12 国财政部长提交了《关于欧共体经济与货币联盟的报告》，即《德洛尔报告》，它是欧共体货币一体化的指导理论和先驱性文件。

1991 年 12 月 9 日和 10 日，欧共体 12 国首脑在荷兰小镇马斯特里赫特举行会议，正式修改 1957 年签署的《罗马条约》，并签署了《欧洲联盟条约》，包括《经济与货币联盟条约》和《政治联盟条约》，统称《马斯特里赫特条约》（以下简称《马约》），这标志着欧共体从经济实体向经济政治实体转换迈出了历史性的一步。《马约》的具体内容是《德洛尔报告》的翻版，只是将《德洛尔报告》法律化。

《马约》的核心内容包括：于 1993 年 11 月 1 日建立欧洲联盟，使各国在外交、防务和社会政策方面密切联系；于 1998 年 7 月 1 日成立欧洲中央银行，负责制定和实施欧洲的货币政策，并于 1999 年起实行单一货币；实行共同的外交和安全防务政策。

根据《马约》，将花 10 年分 3 个阶段逐步实现欧洲经济与货币联盟。

第一阶段，从 1990 年 7 月 1 日到 1993 年 12 月 31 日，主要任务是所有成员国货币加入 EMS 的汇率机制，实现商品、劳动力和资本的自由流动，协调各成员国的经济政策，并建立相应的监督机制。

第二阶段，从 1994 年 1 月 1 日到 1997 年，主要任务是进一步实现各国宏观经济政策的协调，加强成员国之间的经济趋同；建立独立的不受政治干预的欧洲货币管理体系欧洲货币局（EMI），作为欧洲中央银行的前身，为统一货币做技术和程序上的准备；各国货币汇率的波动在原有基础上（意大利、西班牙和英国货币汇率的波幅为±6%，其他成员国货币汇率的波幅均为±2.25%）进一步缩小并趋于固定。

第三阶段，从 1997 年至 1999 年 1 月 1 日，主要任务是最终建立统一的、欧洲货币的、独立的欧洲中央银行（European System of Central Banks，ESCB），即最迟于 1999 年实现统一的欧洲货币。至此，欧洲经济货币联盟正式成立。此时，各国中央银行将类似于美国的联邦储备银行，这意味着各成员国将失去其原有货币供给和货币政策的独立权力。

《马约》为各国过渡到欧洲经济货币联盟制定了 6 个共同标准，符合这些标准的成员国才有资格加入欧洲经济货币联盟。《马约》真正付诸实施，还需要经过欧洲议会和各成员国的批准。自 1992 年 6 月 2 日至 1993 年 10 月，欧共体各成员国先后通过了《马约》，于是从 1993 年 11 月 1 日起，欧共体正式更名为欧洲联盟。

（4）欧元区的形成

1998 年 5 月 2 日至 3 日，欧盟首脑会议在布鲁塞尔召开，会议取得两项重大成果：一是确定了首批欧元区的参加国，即德国、法国、比利时、荷兰、卢森堡、奥地利、爱尔兰、芬兰、西班牙、葡萄牙、意大利 11 国（希腊后来加入）；二是确定了荷兰人杜伊森贝赫为首任欧洲中央银行行长。同年 7 月 1 日，欧洲中央银行正式开始运作。欧洲中央银行由两层组成：一是欧洲中央银行本身；二是欧洲中央银行体系，不加入欧元区的国家也属于欧洲中央银行体系的成员，但是它们可以独立执行各自的货币政策，不参加有关欧元的货币政策的制定和实施。1999 年 1 月 1 日，欧洲货币一体化进入一个新时代，欧元顺利启动，欧元区正式形成。2002 年 1 月 1 日，欧元现钞开始进入流通领域；同年 7 月 1 日，欧元开始全面替代欧元区 12 个国家的货币。

（5）欧元区的扩大

近年来，随着欧盟新成员的加入，欧元区不断加快扩大进程。2007 年 1 月 1 日，斯洛文尼亚加入欧元区，成为第 13 个成员国。2008 年 1 月 1 日，塞浦路斯和马耳他一起加入欧元区，从而使欧元区成员国增至 15 个。斯洛伐克于 2009 年 1 月 1 日加入欧元区，欧元区成员国增至 16 个。爱沙尼亚于 2011 年 1 月 1 日正式启用欧元，成为欧元区第 17 个成员国。2014 年 1 月 1 日起，拉脱维亚正式加入欧元区，成为欧元区第 18 个成员国。2015 年 1 月 1 日起，立陶宛正式加入欧元区，成为欧元区第 19 个成员国。

截至 2016 年 4 月，欧元区共有 19 个成员国，人口超过 3.2 亿，如表 7-7 所示。美元作为最重要的储备货币的地位正在逐步下降，欧元地位则不断上升。虽然欧元在目前还难以撼动美元的霸主地位，但欧元成为推进世界货币多元化进程的重要力量则是必定无疑的，它代表着国际货币体系的演变及改革的方向。

表 7-7 欧元区的成员国及加入日期与人口

序　号	国　家	货币名称	加入欧元的日期	人口（人）
1	德国	德国马克	1999 年 1 月 1 日	82 314 906
2	法国	法国法郎	1999 年 1 月 1 日	63 392 140

续表

序　号	国　家	货币名称	加入欧元的日期	人口（人）
3	意大利	意大利里拉	1999 年 1 月 1 日	59 131 287
4	荷兰	荷兰盾	1999 年 1 月 1 日	16 372 710
5	比利时	比利时法郎	1999 年 1 月 1 日	10 584 534
6	卢森堡	卢森堡法郎	1999 年 1 月 1 日	476 200
7	爱尔兰	爱尔兰镑	1999 年 1 月 1 日	4 239 848
8	西班牙	西班牙比赛塔	1999 年 1 月 1 日	45 116 894
9	葡萄牙	葡萄牙埃斯库多	1999 年 1 月 1 日	10 599 095
10	奥地利	奥地利先令	1999 年 1 月 1 日	8 316 487
11	芬兰	芬兰马克	1999 年 1 月 1 日	5 289 128
12	希腊	希腊德拉克马	2001 年 1 月 1 日	11 125 179
13	斯洛文尼亚	斯洛文尼亚托拉	2007 年 1 月 1 日	2 013 597
14	塞浦路斯	塞浦路斯镑	2008 年 1 月 1 日	766 400
15	马耳他	马耳他镑	2008 年 1 月 1 日	404 962
16	斯洛伐克	斯洛伐克克朗	2009 年 1 月 1 日	5 400 000
17	爱沙尼亚	爱沙尼亚克朗	2011 年 1 月 1 日	1 340 000
18	拉脱维亚	拉脱维亚拉特	2014 年 1 月 1 日	2 070 000
19	立陶宛	立陶宛拉特	2015 年 1 月 1 日	2 958 200

资料来源：陈信华. 国际金融（第 2 版）[M]. 上海：格致出版社，上海人民出版社，2015.

3. 欧元区建立的经济影响

欧元区的建立对欧盟及世界其他各国的经济产生了巨大的影响，改变了原有世界经济的秩序，主要表现在以下几个方面。

（1）对欧盟国家经济的影响

第一，增强了欧盟国家的经济实力，提高了其竞争能力。目前欧元区的经济实力与美国大致相当，强于日本。这就改变了以往德国、法国等国家在与美国及日本经济竞争中的不利局面，经济实力的迅速增强使其在现有的竞争中处于有利的局面。

第二，减少了内部矛盾，防范和化解了金融风险。在欧洲货币一体化的 3 个阶段中，各个国家的内部矛盾冲突十分激烈。有关汇率的安排及经济政策的采用等方面，各个国家步调极不一致，从而出现了 1922 年的欧洲货币危机事件，金融风险日益增加。欧元区建立后，成员国实行统一的货币及相同的经济政策，这从根本上减少了内部矛盾，防范和化解了金融风险。

第三，减少了成员国货币兑换的外汇风险，节省了清算支付成本。欧元区的建立使得成员国不用再进行各个国家货币的兑换，可以完全消除原来的外汇风险，同时可大量节省流通环节的成本，估计这一成本每年会超过 300 亿美元。

第四，加速了各个国家的经济发展，带动了消费和投资的增加。欧元区建立后，各种生产要素完全进行流动，这将改变各个国家的产业结构与投资结构，优化各个国家资源配置的效率，加速各个国家 GDP 的增长，增加社会消费，刺激企业投资。

（2）对世界经济的影响

第一，使现有的国际储备体系趋于合理。从目前的全球国际储备的状况来看，欧元已与美元、日元三分天下，虽说其总量还少于美元，但已全面超过日元，欧元在国际储备体系中的重要性日益突出。这种现有的格局克服了以往国际储备的急剧膨胀，使国际储备的分配格局日趋合理并有利于各国国际储备的管理。

第二，使世界经济的一体化程度加深。欧元区的建立使欧洲金融市场完全一体化，这进一步加深了世界经济一体化的程度。

第三，推动了现有国际货币体系的改革。欧盟一体化的进程为现有国际货币体系的改革提供了一整套可资参考的经验。

第四，进一步推动了国际经济与货币合作。欧元区的建立与成功将会进一步推动现有国际经济与货币的合作，尤其是亚洲、非洲与拉美各国也将会联合起来进一步加强货币领域的合作，共同促进世界经济的发展。

本章小结

国际货币体系，即国际间的货币安排，是各国在开放经济过程中，针对由国际贸易、国际资本流动而引起的诸如国际清偿力、汇率的确定与变化、国际收支调节方式等最基本的问题进行的制度安排，是协调各国货币关系的一系列国际性的规则、管理与组织形式的总和。国际货币体系主要包括 3 个方面的内容：规定国际储备资产、规定汇率体系、规定国际收支的调节方式。

国际货币体系按不同的历史发展进程可划分为国际金本位制、布雷顿森林体系和牙买加体系 3 个阶段。

国际金本位制是世界上首次出现的、以各国普遍采用金本位制度为基础的国际货币体系。国际金本位制按货币与黄金的联系程度可以分成 3 种形式：金币本位制、金块本位制和金汇兑本位制。

布雷顿森林体系是第二次世界大战后以美元为中心的国际货币体系。布雷顿森林体系的主要内容包括：以黄金为基础，以美元作为最主要国际储备货币，美元直接与黄金挂钩，其他国家的货币则与美元挂钩；实行固定汇率制度；国际货币基金组织通过预先安排的资金融通措施，保证提供辅助性的储备供应来源；成员国不得限制经常项目的支付，要在兑换性的基础上实行多边支付；规定了“稀缺货币条款”。布雷顿森林体系中，美元可以兑换黄金和各国实行固定汇率制，这是该货币体系的两大支柱。因此，布雷顿森林体系下的国际货币体系实质上是以“黄金—美元”为基础的国际金汇兑本位制。

牙买加体系的基本内容：承认浮动汇率制的合法性；黄金非货币化；特别提款权作为主要的储备资金；扩大对发展中国家的资金融通；增加国际货币基金组织的份额。“牙买加协议”后国际货币制度实际上是以美元为中心的多元化国际储备和浮动汇率体系。

国际货币体系改革的方向主要取决于国际货币体系中本位货币的选择、汇率制度和国际收支调节机制等问题的解决。

区域货币一体化是指一定地区内的有关国家在货币金融领域中实行协调与合作，结成一个货币联盟，实行统一的货币体系。区域性货币一体化的发展有一体化程度高低不同的两个层次。较高层次、较典型的区域货币一体化目前主要是欧洲货币一体化。

欧洲货币一体化是指欧洲经济共同体各成员国在货币金融领域进行合作，协调货币金融关系，最终建立一个统一的货币体系，其实质是这些国家集团为了货币金融领域的多方面合作而组成的货币联盟。这种货币一体化有3个典型特征：汇率的统一、货币的统一、机构的统一，即建立统一的中央货币机关。

练习题

1．名词解释

国际货币体系　国际金本位制　牙买加体系　布雷顿森林体系　区域货币一体化
欧洲货币一体化　金币本位制　金块本位制　金汇兑本位制

2．不定项选择题

（1）布雷顿森林体系下，汇率制度的类型是（　　）。

A. 联系汇率制　B. 固定汇率制　C. 浮动汇率制　D. 联合浮动

（2）《布雷顿森林协定》的两个组成部分是（　　）。

A.《国际货币基金组织协定》　B.《国际复兴开发银行协定》
C.《国际清算银行协定》　D.《美洲开发银行协定》

（3）从根本上决定着国际货币制度的性质和运作特点的是（　　）。

A. 国际本位货币的选择　B. 各国货币间的汇率安排
C. 各国外汇收支不平衡如何调节　D. 货币的可兑换程度

（4）特里芬难题中提及的一个基本矛盾在于（　　）。

A. 维持美元汇价与美国国际收支平衡的矛盾
B. 维持美元与黄金比价与维持美元与各国货币汇率之间的矛盾
C. 美元与黄金挂钩和各国货币与美元挂钩之间的矛盾
D. 浮动汇率与管制之间存在的矛盾

（5）出现美元危机后，为了维持布雷顿森林体系运转，美国和IMF曾先后采取的措施包括（　　）。

A. 主要西方国家央行达成稳定黄金价格协定
B. 建立黄金总库
C. 建立黄金与美元，美元与各国货币汇率之间的“双挂钩制”
D. 创立特别提款权

3．简答题

（1）简述国际货币体系的含义与内容。
（2）简述金币本位制的内容。
（3）试述布雷顿森林体系的主要内容及缺陷。
（4）试述牙买加体系的基本内容及缺陷。

（5）试述国际货币体系的改革方向。

（6）简述区域货币一体化和欧洲货币一体化的含义。

（7）简述欧元区建立的经济影响。

第 8 章　国际金融组织

学习目标

☑ 了解国际金融组织的类型。
☑ 了解国际金融组织的功能与作用。
☑ 熟悉各类国际金融组织的职能。

案例导入

2016 年 6 月 25 日，亚洲基础设施投资银行在北京召开年会，57 个创始成员国和正式提交申请的观察员国都派代表参加了本次会议。亚投行发布消息，正式批准 4 个项目，共计投入资金 5.09 亿美元。57 个创始成员国中，既有亚洲的，也有欧洲、非洲、大洋洲、南美洲的，既有发展中国家，也有发达国家、不发达国家。

请回答以下问题：世界银行、国际货币基金组织、亚洲开发银行、非洲开发银行、亚洲基础实施投资银行等国际金融组织的具体功能及区别是什么？

资料来源：财经国家周刊，2016-06-26，微信公众号：ENNWEEKLY。

国际金融组织是指从事国际货币关系的协调、管理或国际金融业务的经营，以促进世界经济发展的具有超国家性质的各类金融机构。这类金融机构大多以银行的形式出现，也有的采用基金、协会、公司等名称。

国际金融组织按业务范围分为全球性国际金融组织和区域性国际金融组织。国际货币基金组织和世界银行是两个最重要的全球性国际金融组织，国际清算银行、亚洲开发银行、非洲开发银行等则是区域性国际金融组织，如图 8-1 所示。

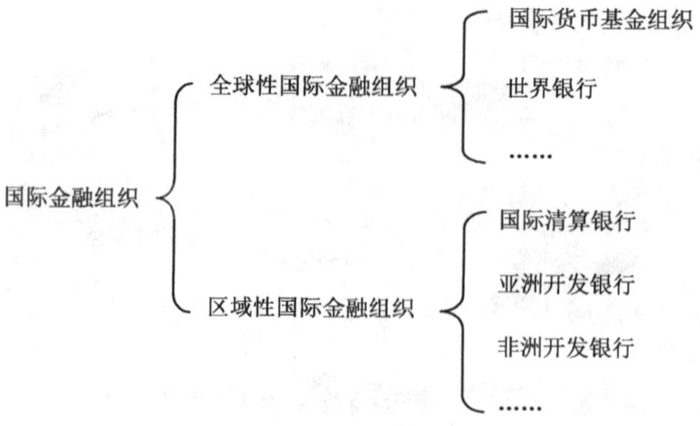

图 8-1　国际金融组织的构成

8.1 国际货币基金组织

国际货币基金组织（IMF）是目前世界上最重要的全球性国际金融机构。它于 1945 年 12 月 27 日根据 44 个创始国签订的《国际货币基金组织协定》（*International Monetary Fund Agreement*）而设立，其总部设在美国的华盛顿，1947 年 3 月 1 日正式开始运作。1947 年 11 月 15 日，IMF 与联合国正式签订了相互关系协定，成为联合国的一个专门机构。中国是 IMF 的创始国之一，但由于历史的原因，中国的合法席位于 1980 年 4 月 18 日才得到恢复。

8.1.1 国际货币基金组织的宗旨

《国际货币基金组织协定》（以下简称《协定》）第一部分将 IMF 的宗旨归纳为以下 6 条：

1）作为一个永久性的国际金融机构，为国际货币问题的磋商和协作提供便利，从而推动国际货币领域的合作。

2）促进国际贸易的扩大与平衡发展，从而提高和维持高水平就业和实际收入，开发会员国的生产性资源，并以此作为经济政策的首要目标。

3）促进汇率稳定，维持会员国间有序的汇兑安排，避免竞争性贬值。

4）协助在会员国间建立经常性交易的多边支付体系，消除阻碍国际贸易发展的外汇限制。

5）在充分保障的条件下，对会员国提供暂时性资金融通，使其增强信心纠正国际收支失衡，而不至于采取有损于本国或国际繁荣的措施。

6）按照上述目标，缩短会员国国际收支失衡持续的时间，并减轻失衡的程度。

IMF 自成立以来，对《协定》修改过 3 次，但上述宗旨始终没有改变。由此可见，虽然世界经济和政治格局发生了巨大变化，但是国际货币合作的重要性并未因此而弱化。相反，新成员国的增加正好说明，随着国际经济的发展，以及经济、贸易、投资往来和相互依赖性的增加，这种国际货币、汇率政策的合作协调显得更为重要了。

IMF 的宗旨是通过规范成员国在金融政策方面的行为来实现的。根据上述宗旨，IMF 制定了成员国必须遵守的行为准则。它要求成员国稳定汇率，维持与其他成员国之间有秩序的汇兑安排，避免竞争性贬值，建立自由的国际支付体系，即实现货币自由兑换并取消外汇管制。遵守这些准则本身并非目的，而稳定汇率、取消汇率管制和实行货币自由兑换的目的是要使会员国实现充分就业和最大限度地开发生产性资源，这也是第二次世界大战结束时几乎所有国家公认的主要目标。这种新型合作是要一改昔日以邻为壑的局面，使本国目标与国际目标相一致。

8.1.2 国际货币基金组织的组织机构

按照《协定》的规定，参加了联合国货币和金融会议并在 1945 年 12 月 31 日前接受成员国席位的国家为创始会员国，共有 39 个，其他加入 IMF 的国家称为其他会员国。截至 2016 年 3 月末，IMF 共有会员国 189 个。

IMF 的最高权力机构是理事会（Board of Governors）。理事会由每个成员国按其自行决定的方法委派理事和副理事各 1 名组成，副理事只有在理事缺席的情况下才有投票权。理事与副理事几乎毫无例外地是各国中央银行的行长或财政部长。理事会应推选理事 1 人为理事会主席。理事会的主要职权是，批准接纳新会员国，修改份额，调整成员国的货币平价，决定会员国退出 IMF 及讨论其他有关国际货币体系的重大问题。理事会每年举行一次会议（IMF 年会），必要时可召开特别会议。当出席会议的理事投票权合计数占总投票权的 2/3 以上时，即达到法定人数。

理事会下设执行董事会（Board of Executive Directors）作为常设决策机构，处理 IMF 的日常业务，行使理事会所赋予的一切权力。执行董事会应由执行董事组成，由总裁任主席。执行董事会共有 24 名执行董事，其中持有最大份额的 6 个成员国——美国、日本、德国、法国、英国和沙特阿拉伯各有 1 名，中国和俄罗斯各有 1 名，其余 16 个名额每两年由其他会员国按国家集团或地区分组选举产生。执行董事按所代表的国家的投票权进行投票，由会员国联合推选的执行董事则按照这些国家加在一起的投票权进行投票。总裁由执行董事选举产生，是执行董事会的当然主席，任期 5 年，理事或执行董事均不能兼任总裁。总裁作为执行董事会的主席，除非在双方票数相等时需要投决定票外，无投票权。另外，总裁可参加理事会会议，但无投票权。总裁职务的终止由执行董事会决定。总裁在执行董事会的指示下处理 IMF 日常业务，并在执行董事会的监督下负责有关工作人员的组织、任命及辞退。

在理事会和执行董事会之间还有两个机构：一个是“国际货币基金组织关于国际货币制度的临时委员会”，简称“临时委员会”（Interim Committee）；另一个是“世界银行和国际货币基金组织理事会关于实际资源向发展中国家转移的联合部长级委员会”，简称“发展委员会”（Development Committee）。这两个委员会都是部长级委员会，每两年开会 2～4 次，讨论国际货币体系和开发援助等重大问题。

除理事会、执行董事会、临时委员会和发展委员会外，IMF 内部还有两大利益集团——“十国集团”（代表发达国家利益）和“二十四国集团”（代表发展中国家利益），以及许多常设职能部门。

8.1.3 国际货币基金组织的资金来源

为贯彻其宗旨，IMF 必须有资金来源。它的资金来源为份额、借款和信托基金。

1．份额

份额（Quota）是指一成员国参加 IMF 时要认缴一定数额的款项。这是 IMF 的主要资金来源。IMF 犹如一家“股份公司”，份额犹如“股份”，认缴的份额大，权利也大。份额一旦认缴，就成为 IMF 的财产。截至 2016 年 3 月 9 日，总份额为 6 500 亿美元。会员国应缴份额的多少，要综合考虑会员国的国民收入、黄金外汇储备、平均进出口额、出口变化率和出口额占 GNP 的比例等因素，最后由 IMF 同会员国磋商确定。份额每隔 5 年重新审查一次，并对个别国家的份额进行调整。

IMF 最初创立时，各会员国认缴的份额总值 76 亿美元。此后，随着新会员国的不断增加及份额的不断调整，份额总数不断增加，

按规定，会员国的份额 25%以黄金缴纳，其余的 75%以本国货币缴纳。1978 年，“牙

买加协议”生效后，25%改用 SDR 或可兑换货币，其余 75%仍为本国货币。对于一个成员国来讲，份额不仅决定了它加入 IMF 时应缴的款项数额，还决定了它在 IMF 的投票权、借款权和 SDR 分配权。

IMF 的投票权是这样确定的：每个成员国有 250 票基本投票权，再按各国在 IMF 所缴纳的份额每 10 万 SDR 增加一票，两者相加，就是该会员国的投票总数。如果一国的份额是 1 亿美元，那么它的总投票权就有 1 250 票（250 + 1 000）。IMF 规定，重大问题须经全体成员总投票权的 85%通过才能有效。美国目前仍拥有约 18%的投票权，因此任何重大问题不经美国同意都无法实施。针对美国的这种否决权，西欧工业国家曾以建立“十国集团”予以抗衡，而发展中国家则以建立“二十四国集团”来抗衡。目前，“十国集团”和“二十四国集团”的投票权均已超过 15%，故它们的集体行动也构成对重大提案的否决权。2016 年 1 月 27 日，国际货币基金组织（IMF）宣布 IMF2010 年份额和治理改革方案已正式生效，这意味着中国正式成为 IMF 第三大股东。中国份额占比将从 3.996%升至 6.394%，排名从第 6 位跃至第 3 位，仅次于美国和日本。

成员国在 IMF 的借款权与其份额也是密切相连的，份额越高，可借用的款项就越多。从 1992 年 11 月 30 日起，一成员国在一般情况下的借款限额为每年不超过其份额的 110%，3 年累计不超过其份额的 330%，总累计净额不超过其份额的 440%（不包括临时贷款和缓冲库存贷款项目下的借款）。此外，份额也决定了 SDR 分配权，份额越多，所分得的 SDR 也越多。

2．借款

IMF 的另一个资金来源是借款。IMF 通过与会员国协议，向会员国借入资金，作为对会员国提供资金融通的一个来源。1962 年 10 月 24 日生效的“十国集团”的“借款总安排”，是第一次借款资金安排，目的是稳定美元汇率。1974—1976 年，为了解决非产油国家的石油进口和国际收支困难，IMF 设立了“石油贷款”，其资金来源也是通过借款筹得的。新借款安排（NAB）能提供高达 1 820 亿特别提款权（约合 2 530 亿美元）的补充资金，是份额资金的主要后备支持。2012 年中期，成员国还承诺通过双边借款协议增加基金组织的资金；目前生效的约为 2 800 亿特别提款权（约合 3 870 亿特别提款权）。

3．信托基金

IMF 于 1976 年决定，将它持有的 1/6 的黄金分 4 年按市价出售，所得利润作为信托基金，向低收入会员国提供优惠贷款。

8.1.4　国际货币基金组织的业务内容

IMF 的业务活动主要包括汇率监督与政策协调、储备资产创造与管理，以及对国际收支逆差国提供短期资金融通（贷款）3 个方面。

1．汇率监督与政策协调

为使国际货币体系正常运转，保持国际金融秩序的稳定和世界经济的增长，IMF 要求各成员国遵循以下几点：

1）努力将各自的经济和金融政策的目标放在实现有秩序的经济增长的这个目标上，既可实现合理的价格稳定，又适当照顾自身的国情。

2）努力通过创造有序的经济、金融条件及不会经常造成动荡的货币制度来促进稳定。

3）避免操纵汇率或国际货币制度来妨碍国际收支的有效调整或取得对其他成员不公平的竞争优势。

4）奉行与IMF所规定的原则相一致的汇兑政策。

布雷顿森林体系下，会员国改变其货币汇率需事先同IMF磋商，并取得批准。浮动汇率制下，会员国调整其货币汇率虽然不需事先征求IMF的同意，但IMF仍有权对会员国的汇率政策实施监督，并就会员国的内外政策对国际收支、国民经济增长、财政稳定和就业等可能产生的影响进行全面评估。

除对汇率政策进行监督外，IMF原则上每年还应与各会员国举行一次磋商，对会员国经济、金融形势及有关经济政策做出评价，目的在于履行监督会员国汇率政策的职能，了解会员国经济发展状况和所采取的政策举措，从而能够迅速处理会员国提出的贷款申请。从多年的实践来看，IMF在协调各国政策、稳定国际金融形势，特别是在缓和国际债务和金融危机等方面所起的作用是不可替代的。

2．储备资产创造与管理

为解决会员国国际储备资产不足的问题，IMF在1969年的年会上正式通过了“十国集团”提出的创设特别提款权（Special Drawing Right，SDR）的方案，并于1970年1月正式“发行”。2011年1月1日，IMF“一篮子”货币在特别提款权中所占的比例分别为美元（41.9%）、欧元（37.4%）、日元（9.4%）、英镑（11.3%）。2015年11月30日，IMF将篮子货币的权重调整为美元占41.73%、欧元占30.93%、人民币占10.92%、日元占8.33%、英镑占8.09%。SDR的分配是与会员国在IMF的份额呈正比的，分配给会员国的特别提款权即成为该国的储备资产。会员国发生国际收支逆差时，可以动用SDR弥补国际收支逆差，也可用于偿还IMF的贷款，但不能用于贸易和非贸易支付。

3．对国际收支逆差国提供短期资金融通（贷款）

IMF的一个主要业务就是向会员国提供贷款帮助其解决国际收支的困难。与世界银行不同，IMF并不针对具体项目提供贷款。基金组织的贷款为成员国纠正国际收支问题提供喘息空间。通过与基金组织密切合作，成员国当局就基金组织支持的贷款制定调整规划。是否继续提供贷款支持，取决于成员国能否有效实施这些规划。为了应对全球经济危机，基金组织加强了贷款能力，并于2009年4月批准对资金支持机制进行重大调整，2010年和2011年又通过了进一步改革。这些改革的重点是，加强危机防范，缓解系统性危机期间的蔓延效应，以及根据成员国的表现和情况采用适合它们的工具。在第14次份额总检查下的增资生效后，基金组织审议并于2016年年初提高了非优惠贷款机制下的贷款限额。为扩大对最贫穷国家的资金支持，基金组织在2009年大幅提高了通过减贫与增长信托向低收入国家提供的优惠资金，而优惠贷款机制下的平均贷款限额提高了1倍。此外，2015年将贷款限额提高了50%。这些贷款在2016年年底之前是无息的，而紧急融资的利率永久设为零。最后，基金组织目前正在努力获取约150亿美元（110亿特别提款权）的额外贷款资源，为基金组织的优惠贷款活动提供支持。

（1）贷款的特点

1）贷款的对象限于会员国政府。IMF的贷款提供给会员国的财政部、中央银行、外汇平准基金组织及类似的政府机构。

2）贷款最初用于会员国进行国际收支的调整，但近些年来，IMF 也增设了一些用于经济结构调整和经济改革的贷款。

3）贷款的规模与会员国向 IMF 缴纳的份额成正比。

4）贷款的提供采用“购买”（Purchase）的方式，即由借款国用相当于借款额的本国货币向 IMF 购买外汇。还款时采用“购回”（Repurchase）的方式，即借款国用自己原来所借外汇购回本国货币。借贷款无论以何种货币提供，均以 SDR 计值，利息也用 SDR 缴付。

5）贷款基本都附加使用条件，即 IMF 在向会员国提供贷款时附加了相应的条件，要求会员国对国内经济结构等做出相应的调整，以保证贷款的使用不损害 IMF 资金的流动性。

（2）贷款的种类

IMF 成立以来，曾向会员国提供了多种类型的贷款。现在，IMF 提供的贷款主要有如下 6 种。

1）普通贷款。普通贷款也称基本信用贷款（Basic Credit Facility），是 IMF 为解决会员国暂时性国际收支困难而设立的一种贷款。它也是 IMF 最基本的一种贷款。借取普通贷款的最高额度为会员国所缴纳份额的 125%，贷款期限一般为 3～5 年。IMF 对普通贷款实行分档政策，即把会员国可借取的贷款分为不同的档次，并且对每种档次规定了宽严不同的贷款条件。

- 储备部分贷款，即会员国申请不高于本国份额的 25%的贷款。《协定》最初规定会员国份额 25%用黄金缴纳，会员国提取这部分贷款实际上是提用缴纳的黄金部分份额，因此这部分贷款又称为黄金档贷款。1978 年 4 月，IMF《协定》第二次修订生效后，会员国原以黄金缴纳的 25%的份额改用 SDR 或指定的外汇缴纳，会员国提用这部分贷款仍是有充足保证的，因此称为储备部分贷款。会员国提用这部分贷款是无条件的，无须特别批准，也无须支付利息。
- 信用部分贷款，即会员国申请贷款的额度占其所缴份额的 25%～125%。信用部分贷款分为四档，每档均占份额的 25%。会员国使用完储备部分贷款后，可依法使用第一、二、三、四档信用部分贷款。信用部分贷款是有条件的，而且信用贷款档次越高，条件越苛刻。

IMF 对第一档信用部分贷款的审批条件较宽松，但申请这部分贷款时只有提交克服国际收支困难的具体计划，才能获得批准。高档信用部分贷款是指第二档以上的信用部分贷款。使用高档信用部分贷款时，随着档次的升高，审批手续也越来越严格。IMF 在向会员国提供高档信用部分贷款时，除要求会员国提供令其满意的改善国际收支的方案外，还要求其制订全面的财政稳定计划和采取适当的财政、货币、汇率政策等，并且在贷款的使用过程中，IMF 还要进行一定的监督，若借款国未能履行计划，IMF 还要采取进一步的措施以保证目标的实现。

2）扩展贷款。扩展贷款（Extended Fund Facility，EFF）是 IMF 于 1974 年设立的一项贷款，旨在帮助会员国解决较长期的结构性国际收支逆差，而且其资金需要量比普通贷款所能借取的贷款额度要大。这类贷款的期限一般为 4.5～7 年，可延长到 10 年，备用安排期限为 3 年。

3）出口波动补偿贷款。出口波动补偿贷款（Compensatory Financing Facility，CFF）设立于 20 世纪 60 年代初期。会员国因出口收入突然减少或由于世界商品价格波动引起食物进口支出增加而产生国际收支困难时，可向 IMF 申请此项贷款。

4）结构调整贷款。结构调整贷款（Structural Adjustment Facility，SAF）设立于 1986 年 3 月，目的是帮助低收入发展中国家制订和执行全面的宏观经济调整和结构改革计划，以恢复经济增长和改善国际收支，从而解决它们的中期国际收支困难。贷款的资金来源于会员国调整贷款（Enhanced Structural Adjustment Facility，ESAF），贷款的最高额度为份额的 250%。

5）削减贫困贷款。多年来，IMF 一直向低收入国家提供结构调整贷款。1999 年，IMF 做出重点削减贫困的决定，于是设立了削减贫困贷款（Poverty Reduction and Growth Facility，PRGF）以取代结构调整贷款。该贷款是与世界银行等合作进行的，其利率仅为 0.5%，贷款的最长期限为 10 年。

6）紧急援助。紧急援助（Emergency Assistance）是 IMF 向经历自然灾害、战争或冲突的国家提供的贷款。该项贷款采用基本费率，必须在 5 年内偿还。除此之外，IMF 还对会员国提供广泛的技术援助和培训，包括中央银行、货币和汇率政策等方面的技术援助。它的主要目的就是帮助会员国制定和执行经济政策。

Case 应用案例

国际货币基金组织（IMF）对欧债危机的援助

2009 年 10 月，希腊政府宣布面临主权债务违约，标志着欧债危机的全面爆发。IMF 通过贷款、警告、建议、监督和引导舆论等方式参与主权债务危机的国际应对。IMF 与地区性组织欧盟（European Union，EU）及欧洲中央银行（European Central Bank，ECB）共同协作，形成了治理欧债危机的“三驾马车”（the Troika）机制。经过各方努力，各危机国的状况日益好转，欧债危机总体形势趋缓，欧盟经济总体向好。在危机救助机制中，IMF 主要承担了救助资金提供者、经济改革监督者以及全球舆论引导者这三个重要角色。

随着欧债危机在欧元区爆发并蔓延，援助计划所需贷款数额也屡创新高。2009 年 12 月，希腊政府宣布其主权债务高达 3 000 亿欧元，创下了历史纪录。虽然 IMF 不断提升贷款余额，但其 2010 年的贷款余额只有 600 亿欧元，难以独自填补如此巨大的援助资金缺口。此时，欧盟的区域性援助机制 EFSM（European Financial Stability Mechanism）与 EFSF（European Financial Stability Facility）相继成立，并与欧元区国家联合提供大部分援助贷款，IMF 只通过备用贷款安排（SBA）或中期贷款（EFF）提供补充性援助。

1. 对希腊的三次贷款援助

面对日益增加的债务风险，希腊政府于 2010 年 4 月 23 日正式宣布向 IMF 和欧盟申请 450 亿欧元的援助，供其偿还即将到期的债务。希腊也因此成为第一个向 IMF 申请援助的欧元区国家。面对希腊政府的援助申请，2010 年 5 月 2 日，欧盟成员国和 IMF 宣布向希腊提供 3 年期、利率 5%、总额 1 100 亿欧元的金融援助。其中，IMF 提供数额为 300 亿欧元的备用贷款安排（SBA）。欧元区国家共提 800 亿欧元的双边贷款，德国和法国提供了最大的资金支持，分别向希腊贷款222亿欧元和167亿欧元。援助资金在希腊政府满足相关条件的前提下分期拨付，欧元区和IMF的第一轮援助贷款基本可以填补希腊2010年约500亿欧元的融资需求。

2010年5月获得第一轮救助之后，希腊债务危机得到一定缓解，但由于之后经济改革和财政紧缩政策没有实现预期目标，债务水平和经济状况依然持续恶化，所以希腊不得不再次向欧盟与IMF申请第二次援助。2011年7月21日，第二轮援助计划出台，欧元区国家向希腊提供1 090亿欧元的双边贷款，贷款利率为3.5%，期限为15～30年；私人部门将通过债务折减等方式提供370亿欧元援助；IMF也将在2015年额外提供82亿欧元的援助资金。正是在援助希腊的过程中，逐渐形成了"IMF—欧盟—私人部门"的一套完整的贷款援助机制。

2015年6月25日，对希腊的救助协议即将到期，"三驾马车"在欧元区峰会上提出一份新的协议草案，同意向希腊提供第三轮贷款。但希腊与欧盟谈判破裂，拒绝接受紧缩条件。7月5日，希腊进行全民公投，结果显示超过60%的希腊民众反对接受改革换援助计划，代表希腊的债务问题很可能无法得到欧盟的援助，希腊极有可能退出欧元区。但一周后希腊与欧盟达成和解，对"三驾马车"的严苛援助条件进行了妥协。欧元区峰会于7月13日就对希腊进行第三轮救助达成协议，提供860亿欧元的救助资金。尽管"退欧"警报暂时解除，但在经济和政治环境恶化的情况下，希腊仍面临巨大挑战，未来的命运不甚明晰。

2. 对爱尔兰的贷款援助

就在IMF及欧元区区域援助机制对希腊开展救助的同时，爱尔兰的主权债务问题逐渐浮上水面。2009年国际金融危机期间，爱尔兰高速发展的房地产市场泡沫破灭，导致银行坏账数额骤增。为了维护国内金融稳定，政府不得不出手借入大量外债用以救助濒临破产的银行。爱尔兰政府于2010年9月宣布需要500亿欧元来救助本国银行业。到2010年年底，爱尔兰全国财政赤字规模占当年GDP的30.8%，公共债务占GDP比值更是高达92.1%，这种救助模式愈发难以为继。

面对这种情况，爱尔兰政府只能寻求外部援助。2010年11月21日，爱尔兰政府正式请求欧盟和IMF给予贷款援助。11月28日，IMF和欧盟首脑会议通过了援助计划，其贷款总额达到850亿欧元，其中爱尔兰财政和国家养老基金共筹集175亿欧元，其余675亿欧元来自援助机构：IMF提供225亿欧元援助贷款，占到了援助贷款总额的26.5%；EFSM提供225亿欧元贷款；剩余的177亿欧元援助来自EFSF，48亿欧元来自双边贷款。贷款中的350亿欧元被用于向银行系统注入流动性，其余500亿欧元则被用于支持政府财政。

3. 对葡萄牙的贷款援助

葡萄牙在1986年加入欧共体后经济水平快速发展，GDP增长率一直高于欧共体平均水平，1999年成为欧元区第一批成员。但是，低利率和宽松的财政政策使得葡萄牙面临国内需求膨胀而供给不足的问题，经济逐渐失去了竞争力。其经济增速在2001年之后开始放缓，在国际金融危机的影响下，2009年出现负增长。为应对金融危机，政府公共开支骤增，财政赤字大幅上升，2009年赤字率达9.3%。经济增长缺乏竞争力、公共债务和赤字高企、不断攀升的失业率和通货膨胀率等问题深深困扰着葡萄牙。欧债危机发生后，葡萄牙国内经济状况疲软，政府财政赤字高企，形势不容乐观。因此，三大国际评级机构多次下调葡萄牙的主权信用评级，引起投资者对于葡萄牙前景的担忧。2011 年 4 月 6 日，葡萄牙总理苏格拉底宣布申请救助。5 月 16 日，欧元区财长批准对葡萄牙的援助方案，同意在今后 3 年中和 IMF 一起向葡萄牙提供 780 亿欧元的援助贷款，其中 520 亿欧元来自欧盟内部的 EFSM 及 EFSF 两大援助机制，剩余的 260 亿欧元由 IMF 提供。

资料来源：谢世清，王赟.国际货币基金组织（IMF）对欧债危机的援助[J]. 国际贸易，2016（5）.

（3）贷款条件及程序

与普通商业性贷款不同，IMF 融资具有较为苛刻的贷款条件和鲜明的政策性。

所谓“贷款条件”，是指成员国与 IMF 合作制定政策的一般性承诺。1952 年，根据 IMF 执行董事会的决定，IMF 贷款具有“临时性”和“周转性”，成员国向 IMF 借款时须提出恢复国际收支平衡的政策，并附带一项稳定经济的规划。1969 年和 1978 年，《协定》的两次修订中均增加了有关贷款条件的条款。1979 年，根据以往的实践经验，IMF 执行董事会通过了《贷款条件指针》。该指针共 12 条，对贷款条件和贷款程序做了更为细致的规定。

成员国发生国际收支困难时，通常会启动与 IMF 的融资协商过程。这一过程的标准程序是，由借款国所在的 IMF 地区分部草拟一份援助计划提案，经 IMF 总裁同意后，派遣一个由 4～6 位经济学家组成的工作小组与借款国展开磋商和谈判。如果谈判顺利，借款国将签署一份名为意向书的文件，意向书的中心内容是借款国必须进行的政策调整，以及客观反映政策实施情况的绩效标准。IMF 贷款一般采用“备用安排”方式，在备用安排中贷款条件以“实施标准”出现，贷款采取分阶段提款制，即成员国必须在规定的时间内（如半年、一季度或两个月）达到备用安排中规定的实施标准，才能分批提取额度内的贷款。借款国要向 IMF 总裁递交意向书，同时提交的还有 IMF 工作小组的报告。IMF 总裁在参考工作人员报告后决定是否接受意向书，并以借款国名义向执行董事会请求批准贷款。经执行董事会批准后，借款国就可以从 IMF 提取第一批款项。此后的提款期内，IMF 将定期检查实施标准执行情况，评估有关政策与规划目标的一致性。如果借款国未能达到调整规划所定的目标，提款就会自动终止，但借款国仍可根据备用安排中的“政策谅解”条款与 IMF 进行谈判，确定新的调整规划，包括新的贷款条件，以求恢复 IMF 的贷款。

根据《协定》第 12 条第 3 款，IMF 执行董事会各执行董事的投票权与其所属国家和选区在 IMF 的份额挂钩。IMF 投票权的分布极不平衡，截至 2016 年 4 月 23 日，仅美国一国就占了 IMF 总投票权的 16.76%，如表 8-1 所示。

表 8-1　IMF 部分会员国的份额与投票权（截至 2016 年 4 月 23 日）

国家	份额		投票权		国家	份额		投票权	
	百万 SDR	百分比	数量	百分比		百万 SDR	百分比	数量	百分比
美国	82 994.2	17.61	831 394	16.67	印度	13 114.4	2.78	132 59	2.66
日本	30 820.5	6.54	309 657	6.21	瑞士	5 771.1	1.22	59 163	1.19
德国	26 634.4	5.65	267 796	5.37	西班牙	9 535.5	2.02	96 807	1.94
法国	20 155.1	4.28	203 003	4.07	巴西	11 042.0	2.34	111 872	2.24
英国	20 155.1	4.28	203 003	4.07	韩国	8 582.7	1.82	87 279	1.75

续表

国　家	份　额		投票权		国　家	份　额		投票权	
	百万 SDR	百分比	数量	百分比		百万 SDR	百分比	数量	百分比
中国	30 482.9	6.47	306 281	6.14	土耳其	4 658.6	0.99	48 038	0.96
意大利	15 070.0	3.20	152 152	3.05	丹麦	3 439.4	0.73	35 846	0.72
沙特	9 992.6	2.12	101 378	2.03	荷兰	8 736.5	1.85	88 817	1.78
加拿大	11 023.9	2.34	111 691	2.24	墨西哥	8 912.7	1.89	90 579	1.82
俄罗斯	12 903.7	2.74	130 489	2.62	马来西亚	3 633.8	0.77	37 790	0.76
荷兰	8 736.5	1.85	88 817	1.78	印尼	4 648.4	0.99	47 936	0.96
比利时	6 410.7	1.36	65 559	1.31	澳大利亚	6 572.4	1.39	67 176	1.35

资料来源：http://www.imf.org/external/about.htm。

长久以来，IMF 的贷款条件颇受争议，并成为国际货币体系改革的焦点问题。作为 IMF 的主要贷款对象，发展中国家认为发达国家把持了 IMF 贷款的决策权，并通过各种贷款条件的实施，影响发展中国家的经济政策乃至政治事务，特别是美国，被指责惯常利用对 IMF 贷款条件的操控来获取经济和外交利益。

▶▶ 8.1.5　国际货币基金组织的改革

当前，经济全球化背景下的 IMF 面临许多新问题，迫切需要改革。

1．IMF 面临的问题

1）IMF 的固有宗旨和目标面临外汇管制的回归与汇率波动无序化的挑战。维持和推动多边货币自由兑换、消除妨碍国际贸易发展的外汇管制是其基本宗旨。IMF 的根本目标则体现为，监督成员国的货币政策，促使成员国之间协调各自货币政策，使它们在国际货币金融活动中遵守一定的行为准则，以最大限度地实现成员国汇率的稳定，避免竞争性货币贬值和保持国际交易的汇兑自由。20 世纪 80 年代至 90 年代中期，IMF 一百多个成员国基本上实现了经常项目的自由兑换，并准备进一步推进全面的资本项目自由兑换。但是，日益严重的投机活动、频频发生的金融危机长期未受到重视。受此影响，一些原来已实现资本项目自由兑换的国家（如马来西亚、智利等）在遭受严重的金融危机冲击后，又重新恢复了资本项目的管制，一些发达国家也对短期资本流动采取了某些限制措施，在一定程度上偏离了 IMF 与国际货币体系所要达到的目标。

当前国际货币体系之下，推行的是以浮动汇率制度为主体的多种汇率制度。但在这种汇率制度安排之下，各国往往任意改变货币供应量或利率来刺激经济，或者通过汇率的变化来对付贸易收支或国际收支不平衡。于是，汇率变成了政治家为实现其政治目的而采取的手段，汇率扭曲和无规则波动成为世界经济发展不稳定的源泉，并成为危机频繁爆发的诱因。这一背景下，一些国家开始重新回归到固定汇率制。这显然与 IMF 所倡导的浮动汇率背道而驰。

2）IMF 所主导的信用本位体系的稳定与公平面临全球美元化趋势的挑战。1978 年，IMF 成员国达成协议，宣布实行黄金非货币化，由此开始步入现代信用货币本位时代，实行的是以美元为中心的多元化国际储备体系。这种储备体系虽然在一定程度上缓解了“特里芬难题”，但仍使美国享有特权，可以大量向世界倾销其货币，并产生以金融创新形式出现的数量庞大的衍生金融资产，从而挑战储备体系的稳定性，挑战国际经济发展的公正性。

3）IMF 监管与防范金融风险的能力面临频繁投机活动的挑战。在金融衍生工具杠杆效应的影响之下，巨额游资的无序流动使虚拟经济与物质经济的差距越来越大，蕴藏着巨大的风险，但 IMF 缺乏对游资的监管，缺乏对投机行为的监管。

4）IMF 决策的垄断性面临金融一体化所要求的合作机制的挑战。IMF 成立之初，就受到利益集团的操纵，代表少数国家的利益，没有兼顾发展中国家的利益，缺乏良好的国际合作机制。

5）IMF 治理危机的方法与效果面临挑战。在亚洲金融危机中， IMF 采取的还是以前对付拉丁美洲结构性通胀的老办法，采取“休克式”改革措施，这不仅没有使各个受援国迅速摆脱危机，反而给这些国家经济发展带来了一系列负面影响。IMF 的治理危机方法一般包括 3 个方面的内容：一是实行紧缩性的财政政策与货币政策，调低经济增长率；二是按照市场信号进行汇率浮动；三是对外国投资者开放国内商品和金融市场，进行自由化改革的经济政策。这些措施实行的结果使受援国出现高利率、高税收、高失业率，以国内经济衰退为代价，进一步加剧了其社会动荡，且使受援国逐渐失去经济的自主权。

2．IMF 的改革方向

1）提高 IMF 的基金份额。增强 IMF 自身实力的关键是适时增加基金份额，增强对危机国家资金援助的能力。

2）强化 IMF 促进经济发展的功能。IMF 提供贷款时，在恢复危机国的经济方面，还应与这些国家的主要宏观经济部门进行磋商，提出政策意见，与受灾的国家一起共同制订经济调整计划，充分考虑受援国的外部平衡与内部平衡的协调，真正发挥缓解金融危机的作用。

3）加强金融监管、防范和化解金融风险。一国的金融机构出现问题，必然直接或间接地影响他国，20 世纪 90 年代以来的多次金融危机已经直接证明了这一点。作为维持国际经济秩序三大支柱之一的 IMF，应在加强对成员国的金融监管、提高防范金融风险能力方面做出应有的贡献。

4）改革 IMF 的决策机制。自 IMF 成立以来，美国一直控制和利用 IMF。新兴市场国家没有在 IMF 的决策机制与份额中得到充分体现。新兴市场国家，特别是东亚和拉美国家，要积极合作，努力改革 IMF 的决策机制。改革 IMF 决策机制的重要内容，就是改变其份额的分配方案，增加发展中国家的份额，扭转发展中国家实际份额不断下降的矛盾。

5）加强与其他经济组织的合作，强化其国际金融领域的协调功能。首先应加强区域性经济组织的协调、合作；其次是加强与世界银行等国际金融机构的合作，强化 IMF 的协调功能。

改革现行国际金融体制、建立国际金融新秩序、维护各国金融安全应成为 IMF 改革的长远目标。对于 IMF 自身来说，为了更好地发挥其作用、履行其职能，应在新的国际金融环境下进行新的定位，采取新的对策。此外，IMF 也应加强与其他经济组织的合作。只有这样，IMF 才能真正适应世界经济形势的变化，在促进世界经济发展中发挥应有的作用。

8.2 世界银行集团

世界银行集团成立于 1944 年，由国际复兴开发银行（International Bank for Reconstruction and Development，IBRD）、国际开发协会（International Development Association，IDA）、国际金融公司（International Financial Corporation，IFC）、多边投资担保机构（The Multilateral Investment Guarantee Agency，MIGA）、解决投资争端国际中心（International Center Settlement of Investment Disputes，ICSID）5 个相互密切联系的机构组成。但世界银行的名称主要指 IBRD 和 IDA。世界银行是与 IMF 同时成立的两个国际金融机构，两者紧密联系，相互配合。IMF 主要负责国际货币事务，主要任务是向会员国提供解决国际收支暂时不平衡时所需的短期外汇资金以消除外汇管制，促进汇率稳定和国际贸易的扩大。世界银行则主要负责会员国的经济复兴与开发，致力于消除贫困，提高人们的生活水平，并向会员国特别是发展中国家提供贷款、咨询服务和项目援助，以促进它们在经济方面走上稳定、持续发展的道路。下面重点对国际复兴开发银行、国际开发协会和国际金融公司进行介绍。

8.2.1 国际复兴开发银行（世界银行）

国际复兴开发银行简称世界银行，成立于 1945 年 12 月 31 日，在《世界银行协定》上签字的创始会员国为 37 个，之后会员国数量逐渐增加，截至 2016 年 5 月已达 188 个，中国是创始国之一。1980 年 5 月，中国的合法席位得到了恢复。加入国际复兴开发银行的国家必须是 IMF 的成员国。国际复兴开发银行总部设在美国首都华盛顿。

1. 世界银行的宗旨

世界银行的宗旨是通过向发展中国家的经济改革计划和特定项目提供贷款及相关的技术援助，以推动成员国的经济发展。具体包括：对用于生产目的的投资提供便利，以协助会员国的复兴开发，并鼓励不发达国家生产和开发资源；通过对私人贷款提供保证或直接参与私人贷款，促进私人对外投资；通过鼓励国际投资，开发会员国生产资源的办法，促进国际贸易的长期均衡发展，维护国际收支平衡；在提供贷款保证时，应同其他形式的国际贷款相配合。

2. 世界银行的组织机构

世界银行的组织机构与 IMF 类似，是由理事会、执行董事会和行长、副行长等组成的办事机构。

理事会是世界银行的最高权力机构，由每个会员国委派理事和副理事各 1 名组成，任期 5 年，一般都委派会员国的财政部长、中央银行行长担任。必须由理事会行使的职权主要有批准接纳新会员国、增加或减少银行股份、裁决银行董事在解释银行协定方面发生的争执、批准同其他机构签订的正式协定、决定银行净收益的分配等。

执行董事会是负责办理世界银行日常业务的机构，行使由理事会授予的职权，现有执行董事 21 人，其中 5 人是常任理事，由持有股份最多的几个工业国指派。执行董事会选举 1 人为行长和执行董事会主席，主持日常事务，但无投票权，只有执行董事会表决中双方票数相当时，才可以投决定性的一票。行长任期 5 年，并可以连任。

各会员国的投票权根据其持有股份决定。每个会员国都享有基本投票权 250 票，之外每认缴股金 10 万美元增加 1 票。一般情况下，一国认缴股份的多少是根据该国的经济和财政力量并参照它在 IMF 认缴份额的多少来决定的。2010 年 4 月 25 日，世界银行发展委员会春季会议发表公报说，会议通过了发达国家向发展中国家转移投票权及增加世界银行资本金的改革方案。会议决定将发展中国家在世界银行的投票权提高 3.13 个百分点。自 2008 年以来，发达国家已向发展中国家共转移了 4.59 个百分点的投票权。其中，中国的投票权从 2.77%提高到 4.42%，成为世界银行第三大股东国，仅次于美国和日本。美国认购的股份最多，占总投票数的 15.85%，对世界银行事务与重要贷款项目的决定起着重要作用。

3．世界银行的资金来源

世界银行的资金主要来自 3 个方面：会员国缴纳的股金、国际金融市场上融通的资金及出让银行债权。

世界银行成立之初，法定资金约 100 亿美元，分为 10 万股，每股 10 万美元，之后又经过多次增资，会员国的股金分别以黄金、美元和本国货币缴纳，截至 2012 年 4 月，世界银行拥有 187 个成员，世界银行总资产额达 1 882.2 亿美元。

世界银行资金的另一主要来源是发行中长期债券。由于世界银行不像商业银行那样吸收短期存款，因此发行债券是筹资的主要来源之一，该行贷款资金的相当一部分是靠发行债券筹集的。20 世纪 60 年代以前，世界银行的债券主要在美国的债券市场上发行，之后随着西欧和日本经济实力的增强，逐渐扩大到欧洲、日本和发展中国家，具有多样化的期限结构，有利于降低筹资成本。2015 财年，IBRD 发行 21 种货币债券，共筹集相当于 577 亿美元的资金。尽管市场出现了波动，但是世界银行凭其在资本市场的地位与资金实力，仍能以非常优惠的条件筹集到大量资金。

世界银行的主要资金来源还包括将贷出款项的债权转售给私人投资者，主要是国际商业银行等金融机构，这样可以迅速收回一部分资金，以提高世界银行贷款资金的周转能力。此外，世界银行的利润收入也是资金来源之一。

4．世界银行的贷款活动

世界银行在成立初期，贷款投向集中于西欧国家，第二次世界大战后初期提供了约 5 亿美元的长期贷款，以帮助西欧国家的战后经济复兴。1948 年以后，西欧国家的战后复兴主要依赖于美国的“马歇尔计划”提供的援助，于是世界银行的贷款重点逐渐转向了亚洲、非洲和拉丁美洲的发展中国家，向它们提供长期开发资金。世界银行的贷款总额逐年增加，2000 年财政年度为 41 个国家提供了总额达 110 亿美元的贷款。

世界银行对发展中国家贷款的资金主要来自世界银行向投资者发行的债券及在国际信贷市场的借款，资金成本相对较高。因此，世界银行对贷款的条件要求非常严格，具体如下：

1）世界银行的贷款对象只限于会员国政府、政府机构或国营和私营企业。除借款人就是会员国政府本身以外，会员国国内的公、私机构向世界银行借款时，都必须由会员国政府或其中央银行及其他世界银行认可的机构提供担保，保证偿还贷款的本金、利息及各种费用。

2）世界银行原则上只对会员国的特定建设项目发放贷款。除某些特殊情况外，世界银行的贷款只能用于特定的开发或建设项目，即所谓项目贷款。申请世界银行贷款的项目在经济上和技术上都必须是可行的，而且对该国的经济发展来说是优先发展的项目。

3）申请世界银行贷款的国家和项目，只有当世界银行确认它不能按合理的条件从其他渠道获得资金时，才有可能得到贷款。

申请世界银行贷款要遵循严格的程序，并接受世界银行严格的审查和监督。一般来说，世界银行首先要对申请借款国的经济结构现状和前景进行调查，以便确定贷款项目。然后，还要派出专家小组对已确定的项目进行评估。最后，举行贷款谈判，并签署借款协议、担保协议及有关法律文件。

贷款发放以后，世界银行还要求借款人在使用贷款时必须注意经济效益。世界银行按工程进度发放贷款，并且专款专用。

世界银行提供的贷款条件比较优惠，一般期限在 5 年以上，最长的可达 30 年；贷款有还款宽限期，在宽限期内只付利息不还本，但是借款人要承担汇率变动风险。贷款利率基本上是按照世界银行在国际资本市场筹借贷款资本的成本再加息 0.5%计算的。

5．世界银行的对华贷款活动

1980 年，中国恢复在国际货币基金组织和世界银行的合法地位以后，1981 年首次利用世界银行贷款。自第一个援助性的贷款项目“大学发展项目”于 1981 年开始启动，截至 2006 年，中国利用世界银行援助性贷款的项目共有 174 个，共计贷款 405 亿美元（不包括国际金融公司对私营部门的投资），其中硬贷款（低息贷款）为 306 亿美元、软贷款（无息贷款）为 99 亿美元。这些贷款主要用于农业、交通、能源、城市建设等领域，项目覆盖了除中国西藏、香港、澳门、台湾地区外的所有省、市、自治区。

中国的贷款总额在世界银行各借款国中名列第一。二十多年来，世界银行的贷款对中国的经济发展起到了重要的作用。

1）世界银行贷款资金的注入，有效地弥补了中国经济建设的资金缺口。改革开放初期，中国自身的资金积累非常有限，急需大量的经济建设资金，而且农业、交通、能源、环保、教育、基础设施等领域是私人资金没有能力或不愿介入的。世界银行的资金主要就投入在这些部门和领域，如黄土高原水土保持项目、结核病防治项目、综合性妇幼保健项目、贫困及少数民族基础教育项目、可再生能源项目、碘缺乏症控制项目、森林资源发展与保护项目等。

据统计，截至 2006 年 6 月 30 日，中国在世界银行各类项目的贷款中，对农业项目的贷款有 104.94 亿美元，占贷款总额的 25.87%；对交通项目的贷款有 103.22 亿美元，占贷款总额的 25.44%；对能源项目的贷款有 68.97 亿美元，占贷款总额的 17%；对城市建设项目的贷款有 32.29 亿美元，占贷款总额的 7.96%；其余为工业、环境保护、教育、供水与环境卫生、技术援助、卫生及其他项目的贷款，共计 96.25 亿美元，占贷款总额的 23.72%。

2）与世界银行的项目合作，为中国的经济建设培养了大批人才。在中国向世界银行贷款及合作的过程中，加速了中国项目人才的培养，特别是有利于涉外人才的培养与提高。世界银行对每个项目的贷款，都包括用于人才培训的部分。同时，在利用世界银行贷款的项目中，有些项目是直接进行咨询和技术援助的项目，如环境技术援助项目、技术援助项目、辽东湾石油评价与技术援助项目等。在接受技术援助的同时，自有技术得到了提升，人才得到了培养。

3）世界银行贷款项目的运行带动了中国相关产业的发展。世界银行贷款项目在中国运行多年来，在项目竞标、采购中，中国一批承包商伴随着项目成长、壮大起来，并且走出国门，参与国际竞争。一些国内采购带动了诸如车辆、机器、拖拉机、农用机械、化肥、运输设备、电机和电站、工业设施、硬件、通信系统、信息系统、教科书、家具、零配件、原材料的发展，促进了中国企业竞争力的提升。另外，世界银行贷款项目中的土建部分，几乎都是由中国的承包商中标的，这也为该行业的发展壮大提供了机会。

8.2.2 国际开发协会

虽然世界银行以各种方式向成员国提供贷款，但发展中国家对世界银行的贷款数量和接近市场利率的贷款利率不满，要求成立一个适合发展中国家国情的、能够提供长期优惠、贷款期限长的国际金融机构，为其经济的发展提供资金。于是，1960年9月，国际开发协会正式成立，总部设在华盛顿。按照规定，凡是世界银行成员国均可加入国际开发协会。其成员国分为两类：第一类为工业发达国家和石油输出国；第二类为发展中国家。

1．国际开发协会的宗旨

作为世界银行的附属机构，国际开发协会是为了补充世界银行对发展中国家的贷款活动而专门设立的。其宗旨是向欠发达地区的成员国提供比世界银行贷款条件更优惠、期限更长的贷款，以促进该成员国的经济发展，提高其生产力和生活水平。

2．国际开发协会的组织机构

国际开发协会的组织机构与世界银行相同，最高权力机构是理事会，下设执行董事会，董事会负责组织领导日常业务活动。协会的正副理事、正副执行董事分别由世界银行的正副理事、正副执行董事担任。经理、副经理也由世界银行行长、副行长兼任。办事机构的各部门负责人也都由银行相应部门的负责人兼任。国际开发协会与世界银行在法律上和财务上相互独立，两者的股本、资产和负债相互分开，业务也分别进行。但实际上，国际开发协会与世界银行是两块牌子、一套人马，只不过是提供条件不同的贷款的两个窗口。

成员国投票权大小与成员国认缴的股本呈正比。每个成员国有基本票3 850票，另外每认缴25美元再增加1票。美国认缴的股本最大，投票权最多。

3．国际开发协会的资金来源

1）成员国认缴的股金。成员国认缴的股金数额根据各成员国在世界银行认缴股金金额的一定比例确定。按规定，第一类成员国认缴的股金必须全部以黄金或可自由兑换的货币缴纳；第二类成员国认缴的股金10%以黄金或可自由兑换的货币缴纳，90%可用本国货币缴纳。

2）成员国和其他资助国提供的补充资金和特别捐款。国际开发协会成员认缴的股份有限，为满足业务需要，必须依靠各成员国政府（主要是第一成员国）定期提供补充资金。

3）世界银行的赠款。从1964年开始，世界银行每年将其净收入的一部分以赠款形式拨给协会。

4）协会本身业务经营的净收入。由于国际开发协会的信贷十分优惠，所以净收入为数甚微。

4. 国际开支协会的业务活动

国际开发协会的主要业务是向低收入发展中国家的公共工程和发展项目提供比世界银行贷款条件要宽的长期优惠贷款。国际开发协会的贷款称为信贷（Credit），以区别于世界银行提供的贷款（Loan）。两者的区别在于，协会提供的是最优惠贷款，一般称作软贷款；而世界银行提供的是普通条件贷款，一般称为硬贷款。软贷款的优惠条件体现在长期和无息两个方面。长期——贷款期限可长达 50 年，平均为 38.3 年，宽限期 10 年，不用还本；第二个 10 年每年还本 1%，其余各年每年还本 3%，还款时可以全部或部分使用本国货币。无息——软贷款不收利息，只收取 0.75%的手续费，对已生效未支用的部分收取 0.5%的承诺费。目前国际开发协会是向低收入国家提供优惠贷款最大的多边国际金融机构，差不多占各类机构提供的优惠贷款总额的 50%。

根据《国际开发协会协定》，协会的信贷对象是低收入发展中国家的成员国政府或公私企业，但实际上只向成员国政府发放。至于低收入标准，最初定为人均国民生产总值 GNP 在 250 美元以下，后来扩展到人均 GNP 在 580 美元以下都可获得协会信贷。贷款一般用于经济效率低、时间长但具有较好社会效益的项目，如农业、交通运输、教育、能源等项目。

中国于 1980 年 5 月成为国际开发协会的成员国，并且拥有 2%的投票权。到 20 世纪 80 年代末期，国际开发协会对中国承诺软贷款金额为 33.37 亿美元。中国利用这些优惠贷款发展了农业、港口扩建及一些轻工业项目。

▶▶ 8.2.3　国际金融公司

世界银行的贷款是以成员国政府为对象的，而私人企业要想获得世界银行的贷款就必须请求政府给予担保。这在一定程度上限制了世界银行业务的发展。为了促进对成员国私人企业的国际贷款，世界银行在 1956 年 7 月正式设立了国际金融公司，其总部也设在华盛顿。

1. 国际金融公司的宗旨

国际金融公司建立的宗旨是对发展中国家成员国私人企业的新建、改建和扩建提供贷款资金，促进发展中国家中私营经济的增长和国内资本市场的发展，并以此补充世界银行的业务活动。

2. 国际金融公司的组织机构

国际金融公司的组织机构与国际开发协会一样，最高决策机构是理事会，下设执行董事会，董事会负责日常事务。国际金融公司的正副理事、执行董事、董事会主席也分别由世界银行的正副理事、执行董事、行长兼任。与国际开发协会所不同的是，国际金融公司有自己独立的办事机构。公司办事机构的日常工作由 1 名执行副总裁主持，几名副总裁协助，下设若干地区局、专业业务局和职能局。

国际金融公司的投票权与世界银行相似，采取由认缴股份额计算投票权的原则。每个成员国都拥有 250 票的基本投票权，此外每认缴 1 股（1 000 美元）再增加 1 票。除非特别规定，公司事务一般采取投票的方式，由简单多数票决定。美国是认缴股份最多的成员国，拥有的投票权也最多。

3．国际金融公司的资金来源

1）成员国认缴的股金。成员国认缴的股金是国际金融公司的重要资金来源，认缴数额根据成员国在世界银行的认缴股金而定。《国际金属公司协定》规定，成员国必须以黄金或美元缴付股金。

2）从世界银行、国际金融市场借入的资金。根据与世界银行签订的《贷款总协定》，每年可从世界银行以优惠条件获得一定数量的借款，公司还可凭借其作为国际金融机构所具有的较高政治地位和一流的资信，在欧洲货币市场和其他市场上通过发行债券筹集资金。

3）公司经营业务所得的净收入。

4．国际金融公司的业务活动

国际金融公司的主要活动是对成员国的私人企业或私人和政府联合经营的企业提供贷款。贷款的期限一般为 7～15 年，若需要还可延长；贷款的利率视资金投放的风险大小和预期收益而定；利率一旦确定，则在整个贷款使用期间将保持不变，还款须用原借入货币；贷款的额度一般不大，视项目的需要而定。国际金融公司的贷款和投资对象主要是发展中国家经营制造业、加工业和开采业，以及公用事业和旅游业等私人企业。

除贷款外，国际金融公司还可以对企业进行直接投资入股，而且多半与贷款相结合。国际金融公司参股一般不超过 25%，金额最低为 100 万美元，最高可达 3 000 万美元，分享企业利润和红利，不承担对企业的经营管理责任。另外，国际金融公司在进行投资的同时，还向项目主办企业提供必要的技术援助，向成员国政府提供政策咨询服务，以协助成员国政府创造良好的投资环境，从而达到促进私人投资的目的。

综上所述，国际复兴开发银行（世界银行）、国际开发协会与国际金融公司的宗旨、组织机构、资金来源比较如表 8-2 所示。

表 8-2　国际复兴开发银行（世界银行）、国际开发协会与国际金融公司的宗旨、组织机构、资金来源比较

组织名称	宗　旨	组织机构	资金来源
国际复兴开发银行（世界银行）	通过向发展中国家的经济改革计划和特定项目提供贷款与相关的技术援助，以推动成员国的经济发展	与 IMF 类似，包括理事会，执行董事会和行长，副行长等组成的办事机构	会员国缴纳的股金、国际金融市场上融通的资金及出让银行债权
国际开发协会	向欠发达地区的成员国提供比世界银行贷款条件更优惠、期限更长的贷款，以促进该成员国的经济发展，提高其生产力和生活水平	与世界银行相同，最高权力机构为理事会，下设执行董事会。与世界银行是两块牌子、一套人马	成员国认缴的股金；成员国和其他资助国提供的补充资金和特别捐款；世界银行的赠款；协会业务经营的净收入
国际金融公司	对发展中国家成员国私人企业的新建、改建和扩建提供贷款资金，促进发展中国家私营经济的增长和国内资本市场的发展，并以此补充世界银行的业务活动	与国际开发协会一样，但有自己独立的办事机构	成员国认缴的股金；从世界银行、国际金融市场借入的资金；公司经营业务所得的净收入

8.3 区域性国际金融组织

区域性国际金融组织可分为两种类型：一种是严格的区域性国际金融组织，它是某一地区国家组成并且为本地区经济服务的机构，如欧洲投资银行、阿拉伯货币基金组织、西非发展银行、石油输出国国际发展基金等；另一种是宽泛的或称半区域性国际金融组织，如亚洲开发银行、非洲开发银行、泛美开发银行等。这类机构虽然主要进行区域性货币信贷安排，从事区域金融活动，但其参与国也有区域外的。此外，于 1930 年 5 月在瑞士巴塞尔成立的国际清算银行，由于其会员国主要是西方发达国家和其他欧洲国家的中央银行及美国商业银行集团，它也算是全球性的国际金融机构，我们把它归为宽泛的区域性国际金融组织。这里主要介绍与中国有密切联系的国际清算银行、亚洲开发银行、非洲开发银行和亚投行 4 家区域性国际金融组织。

8.3.1 国际清算银行

国际清算银行（Bank for International Settlements，BIS）是根据 1930 年 1 月 20 日签订的《海牙国际协定》，于同年 5 月由英国、法国、意大利、德国、比利时、日本 6 国的中央银行及代表美国银行界利益的 3 家大商业银行（摩根银行、纽约花旗银行和芝加哥花旗银行）联合组建而成的，行址设在瑞士的巴塞尔。这是世界上第一家国际金融机构。后来，欧洲其他各国及澳大利亚、加拿大和南非的中央银行也相继参加。目前，参加国际清算银行的有三十多个国家的中央银行，美国仍由银行集团参加，中国于 1996 年 9 月加入国际清算银行。

1. 国际清算银行的宗旨

国际清算银行的宗旨是促进各国中央银行的合作，为国际金融活动提供更多的便利，在国际金融清算中充当受托人或代理人。某种意义上，它履行着“中央银行的银行”的职能，然而最初创立这家以欧洲国家为主的国际金融机构的目的是为第一次世界大战造成的国际债务的支付和转移提供便利。随着战争债务问题的解决，国际清算银行的职能才逐渐朝上述宗旨转变。

2. 国际清算银行的组织机构

国际清算银行是股份制企业性质的金融机构，它的最高权力机构是股东大会，由认缴股本的各国中央银行代表组成；每年召开一次股东大会，讨论和决定银行的重大问题；董事会由 13 人组成，领导该行的日常业务；董事会选举的董事长兼任该行的行长。该行下设 4 个机构，即银行部、货币经济部、秘书处和法律处。目前有来自二十多个国家的雇员 400 余名。

3. 国际清算银行的资金来源

（1）成员国缴纳的股款

国际清算银行创立时，核定股本为 5 亿金法郎，全部由参加创建的各国中央银行和美国银行集团认购。1991 年 5 月，国际清算银行再次核定的股本为 15 亿金法郎，分为 60 万股，每股 2 500 金法郎。股份持有者涉及三十多个国家，其中多数为西欧国家。该行股本的 4/5 掌握在成员国的中央银行手里，1/5 为私股，但私人持股者都没有代表权与投票权。

应当指出，国际清算银行直到今天仍把金法郎作为记账单位（在资产负债表中使用），但日常业务中并不使用金法郎。所谓的“金法郎”是 1965 年法国、瑞士、比利时等国成立拉丁货币同盟时发行的一种金币。1 金法郎含纯金 0.29 克，与 1936 年瑞士法郎贬值前的含金量相同。

（2）借款

国际清算银行向各成员国中央银行借款，以补充自有资金不足。

（3）吸收存款

国际清算银行同一些国家的大商业银行有往来，并吸收客户存款。存款是该行的主要资金来源。

4. 国际清算银行的业务活动

（1）推动国际货币合作

国际清算银行坚持每月第 1 个周末在巴塞尔举行西方主要国家中央银行行长的例会，讨论有关货币金融及国际借款安排问题。1988 年，在国际清算银行协调下，西方 12 国中央银行行长签署了《巴塞尔协议》，规定国际银行资本充足率（资本与风险加权资产之间的比率）在 1992 年年底以前应不低于 8%。《巴塞尔协议》是主要西方国家的货币管理当局在国际银行监管领域进行合作所取得的重大成果，对国际银行业发展产生了重大而深远的影响。此外，国际清算银行编写的货币金融调研资料，在西方金融和学术界具有权威性，声誉较高。因此，某种意义上，国际清算银行履行着“中央银行的银行”的职能。

（2）办理国际清算业务

作为“中央银行的银行”，国际清算银行的一个重要职能是为各国中央银行之间的往来办理清算业务。为此，国际清算银行与各国政府或中央银行签订了特别协议。目前全世界有八十多家中央银行在国际清算银行保有存款账户，各国约 10%的外汇储备和 3 000 多吨黄金存于该行，作为清算的保证金。

（3）其他银行业务

国际清算银行的银行业务包括存款、贷款、黄金与外汇买卖，以及各国政府国库券和其他债券的贴现、买卖。国际清算银行资金力量雄厚，积极参与国际金融市场活动，尤其是国际黄金市场和欧洲货币市场的重要参加者。

（4）代理业务

在欧洲中央银行成立前，国际清算银行一直代理欧洲货币体系有关的账户及清算工作。国际清算银行也是万国邮政联盟、国际红十字会等国际组织的金融代理机构。

▶▶ 8.3.2 亚洲开发银行

亚洲开发银行（Asian Development Bank，ADB）是亚洲和太平洋地区政府间多边开发银行机构，成立于 1966 年，总部设在菲律宾首都马尼拉。根据规定，凡属于联合国亚太经济与社会委员会的会员或准会员，以及参加联合国或联合国专门机构的非本地区经济发达国家，均可申请加入。因此，亚洲开发银行的会员国除亚洲和太平洋地区的国家及地区外，还有英国、美国、德国等。中国于 1986 年加入亚洲开发银行。截至 2015 年 7 月，共有 67 个国家和地区加入了 ADB，其中 48 个位于亚太地区。日本是 ADB 的创始成员国之一，也长期身居最大出资国之位。

1．亚洲开发银行的宗旨

亚洲开发银行的宗旨是通过向会员国（或地区）发放贷款、进行投资、提供技术援助等，加快本地区发展中会员国的经济增长与合作及亚太地区的经济增长与合作，并协助本地区的发展中国家加速经济发展的进程。

2．亚洲开发银行的组织机构

亚洲开发银行的最高权力机构是理事会，由各会员国（或地区）各派 1 名理事和副理事组成，主要职能是负责接纳新成员、增加或削减股本、取消会员资格、修改银行章程、选举董事和行长，以及其他重大事项的决策。理事会对重大事项以投票表决方式做出决定，并需 2/3 以上多数票才能通过。理事会通常每年举行一次会议（年会）。

理事会下设董事会，负责该行的日常经营管理，批准该行预算等。董事会由 12 个董事和 12 个副董事组成。亚洲开发银行的 67 个成员分成 12 个选区各派出 1 名董事和 1 名副董事，其中日本、美国和中国三大股东国是单独选取区，各自派出自己的董事和副董事。其他成员组成 9 个多国选区，根据股份大小分别派出或轮流排出董事和副董事。亚洲开发银行的 8 名董事由亚太地区的成员体选举产生，另外 4 名由亚太地区以外的成员体选举产生。

亚洲开发银行行长即董事会主席，由理事会选举产生，任期五年，可连任。行长负责主持董事会，并在董事会的领导下管理亚洲开发银行的日常工作，根据董事会制定的规章制度组织、任命和解雇官员和职员，行长同时行长还是亚洲开发银行的法定代理人。以行长为首的管理层包括 6 名副行长和 1 名管理总干事负责监督管理亚洲开发银行业务部门、行政部门和知识部门的工作。自从亚洲开发银行成立以来，行长职位长期由日本人担任，如表 8-3 所示。

表 8-3　历任亚洲开发银行行长

届　别	姓　名	任　期	曾担任要职和退任后要职
九	中尾武彦	2013 年 4 月—	财务官、日本驻美大使馆公使等
八	黑田东彦	2005 年 2 月 1 日—2013 年 3 月 18 日	财务官等，退任后担任日本银行总裁
七	千野忠男	1999 年 1 月 16 日—2005 年 1 月 31 日	财务官、野村综合研究所理事长等
六	佐藤光夫	1993 年 11 月 24 日—1999 年 1 月 15 日	关税局局长、东京证券交易所副理事长等
五	垂水公正	1989 年 11 月 24 日—1993 年 11 月 23 日	关税局局长等
四	藤冈真佐夫	1981 年 11 月 24 日—1989 年 11 月 23 日	国际货币基金组织经济学家、国际金融局长、日本进出口银行理事等
三	吉田太郎一	1976 年 11 月 24 日—1981 年 11 月 23 日	财务官等，退任后担任东京金融交易所理事长
二	井上四郎	1972 年 11 月 25 日—1976 年 11 月 23 日	日本银行理事等
一	渡边武	1966 年 11 月 24 日—1972 年 11 月 24 日	财务官、日本驻美国大使馆公使、国际货币基金组织及世界银行理事等

资料来源：贺平．日本主导下的亚洲开发银行:历史、现状与未来[J].复旦国际关系，2015（1）.

3．亚洲开发银行的资金来源

（1）普通资金（Ordinary Capital）

这是亚洲开发银行开展业务的主要资金来源，亚洲开发银行提供的 75%的贷款来自这部分资金。它由会员国认缴的股本、储备资金、国际金融市场融资、累积的保留收益几个部分组成，其中股本和国际金融市场融资是最主要的两个部分。亚洲开发银行年度报告数据显示。截至 2014 年年底，亚洲开发银行普通资本股本为 169 亿美元，日本和美国认缴股本分别占亚洲开发银行总股本的 15.68%和 15.57%；中国居第三位，占总股本的 8.11%。2014 年亚洲开发银行主要成员股权与投票权份额如表 8-4 所示。

表 8-4　2014 年亚洲开发银行主要成员股权与投票权份额

	认缴资本金份额（%）	投票权份额（%）
地区内成员	63.48	65.11
日本	15.68	12.84
中国大陆	6.47	5.48
印度	6.36	5.39
澳大利亚	5.81	4.89
印度尼西亚	5.13	4.4
韩国	5.06	4.35
马来西亚	2.74	2.49
菲律宾	2.39	2.21
区域外成员	36.52	34.89
美国	15.57	12.75
加拿大	5.25	4.5
德国	4.35	3.78
法国	2.34	2.17
英国	2.05	1.94
意大利	1.82	1.75
荷兰	1.03	1.12

资料来源：徐秀军．亚洲开发银行的治理结构与战略调整[J]．当代金融家，2015（11）．

（2）特殊资金（Special Funds）

1）亚洲开发基金（Asian Development Fund）。该基金建于 1973 年，是亚洲开发银行历史最久、规模最大的特殊基金。资金的主要来源是发达会员国的定期捐赠，最大捐赠国是日本，其次是美国。该基金专门用于向亚太地区最贫困会员国提供低息贷款，目的是消除这些国家的贫困和改善人民生活质量。

2）技术援助特别基金（Technical Assistance Special Fund）。该基金设立于 1967 年，资金主要来自会员国的捐赠。它是亚洲开发银行提供技术援助重要的资金来源。

3）日本特别基金（Japan Special Fund）。日本特别基金于 1988 年设立，由日本政府出资，亚洲开发银行负责管理，目的就是帮助发展中会员国调整经济结构，扩大投资范围，在工业化、自然资源的开发和技术转移等方面提供支持。该基金的使用方式是赠款和股本投资。

2014 年，亚洲开发银行批准融资超过 229 亿美元，其中约 137 亿美元来自普通资金和特别基金、约 92 亿美元通过联合融资筹集。

4．亚洲开发银行的业务活动

亚洲开发银行的业务包括向本地区会员国提供贷款、股本投资和技术援助。这些业务涉及农业、能源、工业、交通运输、环境卫生、教育、城市发展及人口控制等。

（1）提供贷款

贷款分为两类：一类是普通基金发放的贷款（普通贷款）；另一类是特殊基金发放的贷款（特别贷款）。普通贷款属于硬贷款，贷款对象是较高收入的发展中国家，这类贷款既可以以外汇提供，特殊情况下也可以以当地货币提供。普通贷款期限最长为 30 年，通常有 2～8 年的宽限期，贷款利率低于市场利率并随国际金融市场进行调整。特别贷款是软贷款（如亚洲开发基金提供的贷款）主要贷给较贫困的发展中会员国，期限一般为 35～40 年，有 10 年的宽限期，不收利息，宽限期内每年仅收 1%的手续费，偿还期每年收取 1.5%的手续费，具有经济援助的性质。

（2）股本投资

1983 年起，亚洲开发银行开发了股本投资的业务。该业务就是通过购买私人企业股票或私人开发金融机构股票等形式，向发展中国家的私人企业提供融资便利。

（3）技术援助

亚洲开发银行在向发展中国家提供贷款和投资的同时，积极开展了广泛的技术援助。它提供给发展中会员国的技术援助分为很多种：项目准备阶段的技术援助，如项目的可行性研究；项目实施阶段的技术援助，如项目有关人员的培训；咨询性技术援助，如帮助会员国（或地区）进行专业人员培训和区域性技术援助。这些技术援助可以帮助发展中会员国正确地制定国家总体和部门发展规划及政策，提高有关机构的技术水平和组织管理能力等。

▶▶ 8.3.3 非洲开发银行

非洲开发银行（African Development Bank）是在联合国非洲经济委员会资助下设立的面向非洲的区域性国际金融机构，创立于 1964 年 9 月，总部设立在科特迪瓦的首都阿比让。起初成员国只限于非洲国家，后来该组织放宽了限制，美国、日本等国先后加入该组织，中国也于 1985 年加入并成为正式会员国。

1．非洲开发银行的宗旨

非洲开发银行的宗旨是向非洲成员国提供贷款、投资及技术援助，充分利用非洲大陆的人力和自然资源，促进各国经济的协调发展和社会进步，尽快改变非洲大陆贫穷落后的面貌。

2．非洲开发银行的组织机构

非洲开发银行的最高权力机构是理事会，由各成员国指派 1 名理事和副理事组成。每个理事的表决权按各成员国的股份多少计算。理事会的执行机构为董事会，董事会由 8 名成员组成，总管银行的各项业务。行长由董事会选举产生。

3．非洲开发银行的业务活动

非洲开发银行经营的业务分普通贷款和特别贷款。普通贷款是非洲开发银行用普通股本资金提供的贷款。特别贷款是用该行规定专门用途的特别基金提供的贷款。为扩大该行的贷款能力，促进非洲国家的经济独立和加强区域性合作，非洲开发银行先后建立了以下4个下属机构：

1）非洲开发基金。该机构设立于1972年7月，由非洲开发银行和非洲以外的22个工业发达国家出资。该基金主要向非洲最贫困的成员国提供期限长达50年的无息贷款，其中包括10年的宽限期，只收取少量手续费。

2）非洲投资与开发国际金融公司。该机构设立于1970年11月，总公司在日内瓦，是以动员国际私人资本促进非洲生产力发展为目的的多边合作机构。股东除国际金融公司外，还包括美洲、欧洲和亚洲的120多家金融工商机构。

3）尼日利亚信托基金。该机构建立于1976年4月，是由尼日利亚出资、非洲开发银行管理的一个机构。基金主要用于援助成员国中较穷的国家。贷款期限为25年，收取较低利息。

4）非洲再保险公司。该机构成立于1977年3月，宗旨是加速非洲国家保险和再保险事业的发展，通过投资和提供保险与再保险的技术援助，促进非洲国家的经济独立和加强区域合作。

综上所述，国际清算银行、亚洲开发银行、非洲开发银行的宗旨、组织机构、资金来源、业务活动比较，如表8-5所示。

表8-5　国际清算银行、亚洲开发银行、非洲开发银行比较

组织名称	宗　旨	组织机构	资金来源	业务活动
国际清算银行	促进各国中央银行的合作，在国际金融清算中充当受托人或代理人	是股份制企业性质的金融机构，最高权力机构是股东大会，董事会由13人组成	成员国缴纳的股款、借款、吸收的存款	推动国际货币合作，办理国际清算业务、其他银行业务，代理业务
亚洲开发银行	通过向会员国（或地区）发放贷款、进行投资、提供技术援助等，加快本地区发展中会员国经济增长与合作及亚太地区经济增长与合作	最高权力机构是理事会，理事会下设董事会，有12名董事	普通资金和特殊资金	提供贷款、股本投资、技术援助
非洲开发银行	向非洲成员国提供贷款、投资及技术援助，充分利用非洲大陆的人力和自然资源，以改变其贫穷落后的面貌	最高权力机构是理事会，理事会的执行机构为董事会，董事会由8名成员组成	普通股本基金和特别基金	普通贷款和特别贷款

8.3.4　亚洲基础设施投资银行

亚洲基础设施投资银行（Asian Infrastructure Investment Bank，AIIB）简称亚投行，是一个政府间性质的亚洲区域多边开发机构，重点支持基础设施建设。亚投行总部设在北京。亚投行法定资本为1 000亿美元，成员初始认缴股本及其所占比例如表8-6所示。

表 8-6 亚投行域内外成员初始认缴股本及其所占比例 单位：100 万美元

域内成员	股份数量（股）	认缴股本	所占比例	域内成员	股份数量（股）	认缴股本	所占比例
澳大利亚	36 912.00	3 691.20	3.761%	蒙古	411	41.1	0.042%
阿塞拜疆	2 541.00	254.10	0.259%	缅甸	2 645	264.5	0.269%
孟加拉国	6 605.00	660.50	0.673%	尼泊尔	809	80.9	0.082%
文莱	524.00	52.40	0.053%	新西兰	4 615	461.5	0.470%
柬埔寨	623.00	62.30	0.063%	阿曼	2 592	259.2	0.264%
中国	297 804.00	29 780.40	30.341%	巴基斯坦	10 341	1 034.1	1.054%
格鲁吉亚	539.00	53.90	0.055%	菲律宾	9 791	979.1	0.998%
印度	83 673.00	8 367.30	8.525%	卡塔尔	6 044	604.4	0.616%
印度尼西亚	33 607.00	3 360.70	3.424%	俄罗斯	65 362	6 536.2	6.659%
伊朗	15 808.00	1 580.80	1.611%	沙特阿拉伯	25 446	2 544.6	2.593%
以色列	7 499.00	749.90	0.764%	新加坡	2 500	250	0.255%
约旦	1 192.00	119.20	0.121%	斯里兰卡	2 690	269	0.274%
哈萨克斯坦	7 293.00	729.30	0.743%	塔吉克斯坦	309	30.9	0.031%
韩国	37 388.00	3 738.80	3.809%	泰国	14 275	1 427.5	1.454%
科威特	5 360.00	536.00	0.546%	土耳其	26 099	2 609.9	2.659%
吉尔吉斯斯坦	268.00	26.80	0.027%	阿联酋	11 857	1 185.7	1.208%
老挝	430.00	43.00	0.044%	乌兹别克斯坦	2 198	219.8	0.224%
马来西亚	1 095.00	109.50	0.112%	越南	6 633	663.3	0.676%
马尔代夫	72.00	7.20	0.007%	未分配股份	16 150	1 615	1.645%
				域内成员合计	750 000	75 000	74.767%
域外成员	**股份数量（股）**	**认缴股本**	**所占比例**	**域外成员**	**股份数量（股）**	**认缴股本**	**所占比例**
奥地利	5 008	500.8	0.510%	荷兰	10 313	1 031.3	1.051%
巴西	31 810	3 181	3.241%	挪威	5 506	550.6	0.561%
丹麦	3 695	369.5	0.376%	波兰	8 318	831.8	0.847%
埃及	6 505	650.5	0.663%	葡萄牙	650	65	0.066%
芬兰	3 103	310.3	0.316%	南非	5 905	590.5	0.602%
法国	33 756	3 375.6	3.439%	西班牙	17 615	1 761.5	1.795%
德国	44 842	4 484.2	4.569%	瑞典	6 300	630	0.642%
冰岛	176	17.6	0.018%	瑞士	7 064	706.4	0.720%
意大利	25 718	2 571.8	2.620%	英国	30 547	3 054.7	3.112%
卢森堡	697	69.7	0.071%	未分配股份	2 336	233.6	0.238%
马耳他	136	13.6	0.014%	域外成员合计	250 000	25 000	25.233%
				总计	1 000 000	100 000	100.000%
				总计*		98 151.4	

资料来源：沈铭辉，张中元. 亚投行：利益共同体导向的全球经济治理探索 [J]. 亚太经济，2016（2）.

1. 亚投行的宗旨

亚投行的宗旨是通过在基础设施及其他生产性领域的投资，促进亚洲经济可持续发展、创造财富并改善基础设施互联互通，与其他多边和双边开发机构紧密合作，推进区域合作和伙伴关系，应对发展挑战。

2. 亚投行的组织机构

亚投行的组织结构主要包括3部分：理事会（Board of Governors）、董事会（Board of Directors）和高级管理层（Senior Management）。理事会为银行的最高权力机构，并可根据亚投行章程授权董事会和管理层一定的权力。2016年1月16日，亚投行理事会成立大会选举中国财政部部长楼继伟为理事会主席，印度尼西亚理事、财长班邦和德国理事托马斯·史蒂夫为理事会副主席，并正式选举候任行长金立群为首任行长。董事会是最高行政机关，由各成员选举或委派的董事组成。运行初期，亚投行设非常驻董事会，每年定期召开会议就重大政策进行决策。亚投行还设立行之有效的监督机制以落实管理层的责任，并根据公开、包容、透明和择优的程序选聘行长和高层管理人员。

3. 亚投行的业务活动

2016年6月25日，亚洲基础设施投资银行（亚投行）首届理事会年会在北京举行。同期宣布了经理事会审议通过的首批4个项目，涉及电力、交通和居住改善多个基础设施领域，覆盖南亚和东南亚和中亚国家，分别落地孟加拉国、印度尼西亚、巴基斯坦和塔吉克斯坦，贷款总额达到5亿美元。

4个项目分别为：

1）孟加拉国电力输送升级和扩容贷款项目。项目总额1.65亿美元。

2）印度尼西亚国家贫民窟升级项目。此项目为亚投行与世界银行联合融资的项目，其中亚投行提供贷款2.165亿美元。

3）巴基斯坦 M4国家高速公路（绍尔果德与哈内瓦尔段）贷款项目。此项目是亚投行与亚开行联合融资的项目，亚投行、亚开行分别提供1亿美元的贷款，英国国际发展部为该项目提供了3 400万美元的援助。

4）塔吉克斯坦首都杜尚别到与乌兹别克斯坦边境的公路改善项目。此项目是亚投行与欧洲复兴开发银行联合融资的项目。两个银行分别为项目提供了2 750万美元的贷款，项目总额5 500万美元。

Case 应用案例

世界银行的贷款管理机制及其对亚投行提供的借鉴

1. 世界银行在贷款层面的成功管理经验

（1）世界银行对贷款的严格管理

世界银行对成员国的贷款有严格的管理程序，从立项、评估批准项目、采购内容、采购方式、编制标书、发布信息、评标结论、签中标合同到执行合同、竣工、验收总结等各个环节，都须经严格的审批。世界银行规定，成员国所申请的贷款资金在本国投资，必须以平等的机会向全社会招标，以保证最终的贷款能获得最大的社会效益和经济效益。世界银行为借款国开设了专门的“贷款账户”，对贷款资金的投放实行严格的监督，以保证其资金的专款专用。如果借款国在贷款资金的投放项目中有欺诈活动和腐败现象，世界银行将会把借款国列入“黑名单”，日后该借款国将不会有资格获得世界银行的贷款资金。

（2）世界银行对贷款项目招标采购的公平合理性

世界银行贷款项目的招标采购对所有的成员国都一视同仁，以体现公平合理。世界银行在竞标过程中不容歧视任何成员国，各个借款国的投标商均有平等的竞争机会。世界银行作为一个国际性的合作机构，愿意对一切来自发达国家和发展中国家的合格投标人，给予用银行贷款供应物资和劳务的同等机会。世界银行的贷款项目在招标过程中有严格的时间限制，这样就节约了大量的成本，提高了招标的效率，避免了项目工程建设过程中的拖延。同时，世界银行在贷款投资招标的过程中会优先考虑借款国本国的承包商和制造商，以此来促进该国经济发展。

（3）世界银行贷款项目的绩效管理理念

世界银行对各成员国的贷款投资项目以绩效管理理念为指导，重点关注投资项目实施后产生的社会效益和经济效益。首先，世界银行定期监测成员国贷款投资项目实施进展和关键的绩效指标，以保证成员国投资项目进展顺利，最终能够获得良好的绩效；其次，世界银行依据《国别援助战略》准确把握借款国的发展状况，按照借款国的实际需求提供相应的贷款；再次，世界银行通过开展自评价和绩效评价对成员国的贷款投资项目的绩效指标进行量化处理，以明确成员国或成员国担保的企业的项目责任；最后，绩效评价结果和有关分析资料须提交给世界银行总部，以此作为世界银行将来开发和设计项目的重要参考样本。

（4）世界银行的信贷政策以促进发展中国家经济发展为原则

世界银行主要通过提供中长期贷款来促进发展中国家经济和社会的发展。长期以来，世界银行一直通过贷款和股本投资的方式向发展中国家提供优惠资金，以帮助其提高生产能力。一般来说，世界银行的大部分贷款主要投资于有明显经济效益和社会效益的战略性行业，如借款国的交通、公用工程、农业建设和教育建设等基础设施项目。除此之外，世界银行还通过贷款投资担保、国际联合融资等方式，使发达国家的资金流转移到发展中国家，间接促进发展中国家的经济发展。

（5）世界银行注重“知识银行”的发展

“知识银行”是指世界银行通过经验的分析、总结、分享来创造知识，以帮助受援国改进运作质量与效果。世界银行在“知识银行”的发展方面主要采取了如下措施来加强知识的分享与交流。一是建立市场化、网络化的知识资本运营机制，推动知识资本和物质资本、金融资本的有机结合；二是借鉴对成员国贷款投资项目成功的经验，尤其是对部门投资的经验；三是加强对借款国投资能力的培训，以保证投资项目的经济效益；四是整理成员国或相应企业的统计数据，形成面向全球的共享知识网络，以供各受援国之间相互交流与借鉴。

2. 对亚投行的借鉴意义

（1）掌握亚投行规则制定的主导权

美欧等发达国家一直在世界银行、国际货币基金组织等国际金融领域主导规则的制定权，而中国由于投票份额的限制，在国际规则的制定方面一直没有话语权，因而在金融领域一直受制于美欧等发达国家。这严重损害了包括中国在内的广大发展中国家和地区的经济利益。对于亚投行来说，中国只有掌握了亚投行规则制定的主导权，才能更好地实现中国在亚洲区域的经济利益。因此，中国在亚投行成立之初就应该拥有最大的出资额，掌控最高的股本份额，同时保持区域内国家占总股本的 60% 以上，为日后中国及发展中国家在亚投行贷款管理层面发挥决定性的作用打下坚实的基础。

（2）加强对外贷款的严格管理

在贷款管理层面，亚投行要积极借鉴世界银行对外贷款管理的成功经验，实行贷款的定向定额管理。亚投行对成员国的贷款应根据投资项目的用途分类，严格评估各项目投资的额度，要求贷款支出只能用于合同中约定的用途。对于大型项目的投资建设，为减少资金周转时间过长而造成工程项目的耽搁，亚投行可以采取直接支付的方式将资金贷给借款人。亚投行还应借鉴世界银行的"专用账户"制度，以使借款人能够灵活使用"专用账户"限额内一定额度的贷款资金，保证借款国投资项目能及时、快捷用款。

（3）加强能力建设，向"知识银行"转变

为了提高贷款的投资效率和项目质量，亚投行在一开始就应倡导向"知识银行"发展的理念，强调对借款国提供知识分享、信息服务、政策建议，通过政策性贷款引导借款国的投资政策。同时，亚投行也应提升自身的能力建设，借鉴世界银行对成员国成功的贷款投资经验，建立符合自身的知识网络，对成员国提供贷款项目实施中的培训。除了加强和政府组织的合作外，亚投行也应强调与非政府组织的合作，广泛听取借款国担保企业和公众的意见，提高本身业务活动的公开性和透明度。

（4）加强投资贷款的风险管理

随着不同发展水平国家的广泛加入，亚投行将会从一个区域性的多边金融机构发展成为一个全球性的多边金融机构。鉴于参与对象的多样性，亚投行应积极借鉴和学习世界银行的管理运营经验，明确对外投资和对外经济援助的边界风险，在对成员国贷款投资前须对相关项目做出严格的评估。在运营过程中，亚投行应加强对资金风险的管控，借鉴世界银行严格的贷款评估和监管机制，对为成员国提供的所有贷款项目都应加强严格审慎的评估和监管。同时，亚投行还应提供更加灵活的投资贷款工具来加强风险管理，针对不同国家投资项目的风险级别制订不同的投资贷款方案。

（5）建立贷款投资项目的评价反馈机制

亚投行的创建是一次新的尝试，可以借鉴世界银行贷款投资项目的评价反馈机制，收集相关国家投资项目的相关资料，针对不同的成员国建立相应的评价信息管理系统和成果评价反馈机制，建立广泛的交流平台，增加反馈成果的汇报形式，总结成员国在项目投资运行过程中的经验，为日后对其他国家的贷款投资提供借鉴。同时，亚投行还应借鉴世界银行的记分卡制度，详尽记录其业务开展状况，规避银行运行中出现的问题，以便日后更好地开展业务。

资料来源：敦志刚.世界银行的贷款管理机制及其对亚投行的借鉴[J]. 国际金融,2015（8）.

本章小结

国际金融组织是指从事国际货币关系的协调、管理或国际金融业务的经营，以促进世界经济发展的具有超国家性质的各类金融机构。

国际金融组织按业务范围分为全球性国际金融组织和区域性国际金融组织。国际货币基金组织和世界银行是两个最重要的全球性国际金融组织，国际清算银行、亚洲开发银行、非洲开发银行等则是区域性国际金融组织。

国际货币基金组织是目前世界上最重要的全球性国际金融机构，其资金来源分为份额（IMF 的主要资金来源）、借款和信托基金。业务内容主要包括汇率监督与政策协调、储备资产创造与管理，以及对国际收支逆差国提供短期资金融通 3 个方面。IMF 的一个主要业务就是向会员国提供贷款，帮助其解决国际收支的困难。IMF 提供的贷款主要有普通贷款、扩展贷款、出口波动补偿贷款、结构调整贷款、削减贫困贷款和紧急援助。

世界银行集团由国际复兴开发银行、国际开发协会、国际金融公司、多边投资担保机构和解决投资争端国际中心 5 个相互密切联系的机构组成。国际复兴开发银行简称世界银行。

国际清算银行是世界上第一家国际金融机构。

亚洲开发银行是亚洲和太平洋地区政府间多边开发银行的机构。

非洲开发银行是在联合国非洲经济委员会资助下设立的面向非洲的区域性国际金融机构。

练习题

1．名词解释

国际金融组织　国际货币基金组织　世界银行集团　亚洲开发银行　非洲开发银行

2．不定项选择题

（1）国际货币基金组织的贷款用途是（　　）。

A．解决会员国的资金短缺

B．弥补会员国因经常项目而发生的国际收支不平衡

C．弥补会员国因资本项目而发生的国际收支不平衡

D．用于特定的建设项目

（2）世界银行最主要的贷款是（　　）。

A．部门贷款　　B．项目贷款　　C．结构调整贷款　　D．联合贷款

（3）国际货币基金组织最主要的业务活动是（　　）。

A．汇率磋商与协商　　B．汇率监督

C．向成员国提供资金融通　　D．督促成员国实现货币可兑换

（4）被称为“二战”后国际经济秩序的三大支柱的是（　　）。

A．世界银行集团　　B．国际货币基金组织 C．联合国　　D. 世界贸易组织

3．简答题

（1）简述国际金融组织的含义及类型。

（2）试述国际货币基金组织的宗旨及贷款特点。

（3）试述世界银行的宗旨及贷款条件。

（4）试述国际清算银行的业务活动。

附录A 外汇交易业务实训

一、外汇交易基本面分析

基本面分析是指对影响一国经济及货币汇率变化的核心要素进行研究，旨在通过分析一系列经济指标、政府政策及事件，预测某一经济周期中的汇率变化和市场趋势。基本面数据不仅能够告诉我们现在的市场情况，更重要的是它能帮助我们预测未来市场的发展。对于外汇交易而言，基本面因素是影响一个国家运转的所有因素。从利率、中央银行政策到自然灾害，基本面因素是一个巨大的动态集合，其中包含各种独特的计划、无规律的行为及不可预见的事件等。

根据对汇价影响力的大小，最重要的经济数据包括以下几个。

1. 美国非农就业数据

美国非农就业数据是美国失业率数据中的一项，反映出农业就业人口以外的新增就业人数。它和失业率同时发布，由美国劳工部统计局在每月第一个星期五美国东部时间 8:30 即北京时间星期五 20 点 30 分发布前一个月的数据。目前为止，该数据是美国经济指标中最重要的其一，是影响汇市波动最大的经济数据。强劲的非农就业情况表明了一个健康的经济状况，并可能预示着更高的利率，而潜在的高利率促使外汇市场更多地推动该国货币价值；反之亦然。

2. 外贸平衡数字

外贸平衡数字（Trade Balance Figure）简称 TB，反映了国与国之间的商品贸易状况，是判断宏观经济运行状况的重要指标。如果一个国家的进口总额大于出口总额，便会出现“贸易逆差”的情形；如果出口总额大于进口总额，便称为“贸易顺差”；如果出口总额等于进口总额，则称为“贸易平衡”。如果一个国家经常出现“贸易逆差”现象，国民收入便会流出国外，使国家经济表现转弱。政府若要改善这种状况，就必须要把国家的货币贬值，即变相把出口商品价格降低，以提高出口产品的竞争能力。因此，当该国外贸易赤字扩大时，就会不利于该国货币汇率的上升，令该国货币下跌；反之，当出现外贸盈余时，则对该国货币形成利好消息。

3. 国内生产总值（GDP）

GDP 是指在一定时期内（如 1 年），一个国家或地区的经济中所生产出的全部最终产品和劳务的价值。它不但可反映一个国家的经济表现，更可以反映一国的国力与财富。它是宏观反映国民经济运行状况的“晴雨表”，是政府和社会各界使用频率最高、影响最大的综合指标。一个国家或地区的经济究竟处于增长抑或衰退阶段，从这个数字的变化便可以观察到。GDP 公布的形式会以总额或百分比率为计算单位。当 GDP 的增长数字处于正数时，即显示该地区经济处于扩张阶段，国家经济表现良好及利率的上升将会增加该国货币的吸引力；反之，如果 GDP 的增长数字为负数，即表示该地区的经济进入衰退时期，利率下降加上经济表现不振，该国货币的吸引力也就随之减低。

4．消费者价格指数（CPI）

CPI 是对一个固定的消费品篮子价格的衡量，主要反映消费者支付商品和劳务的价格变化情况，也是一种度量通货膨胀水平的工具，以百分比变化为表达形式。在 CPI 中，物价指数指标十分重要，而且具有启示性。该指标有时上升，货币汇率看涨，有时则相反。消费者价格指数表明了消费者的购买能力，也反映经济的景气状况。如果该指数下跌，反映经济衰退，必然对货币汇率走势不利；但如果消费者价格指数上升，则要看消费者价格指数的升幅状况。倘若该指数升幅温和，则表示经济稳定向上，对该国货币有利；但如果该指数升幅过大，则有不良影响，因为物价指数与购买能力成反比，物价越贵，货币的购买能力越低，必然对该国货币不利。如果考虑对利率的影响，则该指标对外汇汇率的影响作用更加复杂。

5．通货膨胀率（Inflation rate）

通货膨胀率是货币超发部分与实际需要的货币量之比，用以反映通货膨胀、货币贬值的程度。通货膨胀率=（现期物价水平-基期物价水平）/基期物价水平。其中，基期就是选定某年的物价水平作为一个参照，这样就可以把其他各期的物价水平通过与基期水平做对比，从而衡量现今的通货膨胀水平。当一个经济中的大多数商品和劳务的价格连续在一段时间内普遍上涨时，就称这个经济经历着通货膨胀。由于物价是一国商品价值的货币表现，通货膨胀也就意味着该国货币代表的价值量下降。在国内外商品市场相互紧密联系的情况下，一般地，通货膨胀和国内物价上涨会引起出口商品的减少和进口商品的增加，从而对外汇市场上的供求关系发生影响，导致该国汇率波动。同时，一国货币对内价值的下降必定影响其对外价值，削弱该国货币在国际市场上的信用地位，人们会因通货膨胀而预期该国货币的汇率将趋于疲软，把手中持有该国货币转化为其他货币，从而导致汇价下跌。

6．利率（Interest）

利率，就其表现形式来说，是指一定时期内利息额同借贷资本总额的比率。利率通常由国家的中央银行控制。所有国家都把利率作为宏观经济调控的重要工具之一。当经济过热、通货膨胀上升时，中央银行便提高利率、收紧信贷；当过热的经济和通货膨胀得到控制后，中央银行又会把利率适当地调低。利率和汇率是紧密联系的。如果一个国家的利率过低，那么有可能造成货币从一个低利率的国家流出，流向一个高利率的国家，大家就可以获取息差。“套利交易”就是根据这个原理操作的。一般情况下，利率下跌，货币的走势就会疲软；利率上升，货币的走势就会强劲。

二、外汇交易技术分析

外汇交易的技术分析是根据三大假设而形成的，这也是任何技术分析的基础。它们分别是市场行为包容消化一切、价格以趋势方式演变、历史会重演。技术分析的方法有很多，各有不同的优点和缺陷，没有一种是保赢不赔的，需要视不同的市场和投资要求而定。常用的技术分析方法有 K 线形态分析、移动平均线分析、随机指标分析和相对强弱指标，以及艾略特波浪理论分析。在具体用哪一种或哪几种方法之前，有必要追踪一段时间，了解一下每种方法的适应性。

1．K线形态分析

K线是由每天外汇汇率的开盘价，以及最高最低价和收盘价构成的。连续多天的K线就组成了K线形态。这些形态会有很强的趋势预测能力，给投资者较为明确的投资方向。K线组合按价格趋势分成反转形态、持续形态与盘整形态3种。反转形态主要包括圆顶(底、双顶（底）、头肩顶（底）、V形等。持续形态主要有三角形、旗形、楔形等。盘整形态主要有箱形整理等。

2．移动平均线分析

移动平均线以收盘价为基础，并将每天的收盘价进行一定的平滑处理而得到新的收盘价，将这些收盘价连成线，就会呈现上涨或下跌的趋势，给投资者信息。若将移动平均线按不同的时间段进行平滑处理，得到不同的移动平均线，则这些移动平均线会形成交叉，给出更明确的信号。通常短的平均线向上穿越长的平均线形成黄金交叉，是买入的好时机。反之，短的平均线向下穿越长的平均线形成死亡交叉，是卖出的好时机。

3．随机指标和相对强弱指标分析

随机指标（KD）和相对强弱指标（RSI）是两种极为相似的技术分析方法。与移动平均线和K线在一起不同，它们均单独列在下方，而且均在0到100之间，50以上为买入的强市，50以下为卖出的弱市，80以上又成超买，20以下则为超卖。数值或曲线的上升为买入信号，反之数值或曲线的下降为卖出信号。具有极强买卖信号的是随机指标（KD）和相对强弱指标（RSI）与外汇汇率的背离，包括顶背离和底背离。当外汇汇率创出新高或新低，但随机指标（KD）和相对强弱指标（RSI）却无法创出新高或新低，这时就是顶背离和底背离，极有可能成为转势信号。

4．艾略特波浪理论分析

艾略特波浪理论分析是比较复杂的一种分析方法，特别是对浪形的确认存有仁者见仁、智者见智的争论。但有一点是可以确定的，即5浪形态为主浪，3浪形态为调整浪。在5浪结构中，第3浪永远不可以最短。艾略特波浪分析在时间上和幅度上有较强的预测能力。

三、个人实盘外汇交易

（一）个人实盘外汇交易的含义

个人实盘外汇交易，俗称“外汇宝”，是指个人客户在银行通过柜面服务人员或其他电子金融服务方式进行的不可透支的可自由兑换外汇（或外币）间的交易。

个人实盘外汇交易是一种买卖性业务，以赚取汇率差额为主要目的，同时客户可以通过该业务把自己持有的外币转为更有升值潜力或利息较高的外币，以赚取汇率波动的差价或更高的利息收入。实盘交易只能买涨，不能买跌，优点是收入稳定。

（二）主要开办银行及相关业务

1．中国银行“外汇宝”

“外汇宝”是中国银行个人实盘外汇买卖业务的简称，是指在中国银行开立本外币活期一本通存折且持有外币现钞（汇）的客户，可以按照中行报出的买入/卖出价格，将某种外币（汇）的存款换成另一种外币（汇）的存款。外汇宝支持即时买卖和挂单委托。

交易币种：美元、欧元、英镑、澳元、港币、瑞士法郎、日元、加拿大元、新加坡元，可做直接盘交易与交叉盘交易。

交易方式：柜台、电话、自助终端和网上银行等多种交易方式。

交易时间：星期一早 7 点至星期六凌晨 5 点（除周六、日、休市和其他非交易日外）。

2. 工商银行“汇市通”

“汇市通”是中国工商银行面向个人客户推出的外汇买卖业务，是指客户在规定的交易时间内，通过该行个人外汇买卖交易系统（包括柜台、电话银行、网上银行、手机银行、自助终端等），进行不同币种之间的即期外汇交易。

交易币种：美元、日元、港币、英镑、欧元、加拿大元、瑞士法郎、澳大利亚元、新加坡元 9 个币种，共 36 个货币对。

交易方式：客户既可进行即时交易，也可进行获利、止损及双向委托交易，事先锁定收益或损失，适宜不同客户的不同投资策略。

交易时间：周一早上 7 点至周六凌晨 4 点，每日 24 小时外汇交易服务，报价与国际外汇市场即时汇率同步。

3. 招商银行“外汇通”

招商银行“外汇通”业务是指个人客户委托招商银行把一种可自由兑换的外币兑换成另一种可自由兑换的外币的业务。招商银行在接受客户委托后，即参照国际金融市场行情制定相应汇率予以办理。

交易货币：港币、新西兰元、澳大利亚元、美元、欧元、加拿大元、英镑、日元、新加坡元、瑞士法郎。

交易方式：招商银行的交易系统提供网上银行、自助终端、电话银行、手机银行、Pad 银行交易方式。

交易时间：星期一早晨 8 点至星期六凌晨 5 点。

4. 建设银行个人外汇买卖业务

个人外汇买卖业务是指建设银行接受个人客户委托，为其办理两种可自由兑换货币之间的买卖，以规避汇率风险，达到个人外汇资产保值增值目的的一种业务。

交易货币：美元、日元、港币、英镑、欧元、瑞士法郎、加拿大元、澳大利亚元、新加坡元、瑞典克朗、丹麦克朗和挪威克朗等。

交易方式：个人外汇买卖业务有 5 种交易方式可供选择，即柜台交易、自助终端交易、电话交易、网上交易和手机交易。

交易时间：柜台、自助终端交易时间为周一至周五 9 点～18 点。电话交易、网上交易、手机交易时间为周一早 7 点至周六凌晨 4 点。

5. 交通银行“外汇宝”

“外汇宝”业务是指个人客户在交通银行规定的交易时间内，通过银行柜面、电话、自助机和网上银行等交易方式，进行不同外汇币种之间的兑换，并同时完成资金的交割的一种业务。

交易货币：美元、日元、港元、英镑、欧元、瑞士法郎、加拿大元、澳大利亚元。

交易方式：交通银行继第一批推出电话银行交易方式后，又推出准24小时交易服务、一卡通服务，组织汇市分析讲座、外汇交易沙龙等，为客户提供交易便利和优质服务。

（三）交易流程

1．选择外汇银行

投资者首先要选择一家银行开户。在选择开户银行时，以下几点是投资者通常需要考虑的。

（1）比价格高低

各开办个人外汇买卖业务的银行机构均是以国际金融市场价作为中间价的，以此为参考进行“贱买贵卖”赚差价。即银行在买入时，在中间价基础上减去一定费用，在卖出时再加上一定费用。这个费用被业内人士称为“点差”。“点差”越低，对炒汇者而言就越实惠。

一般来说，银行为不同客户提供的报价也不相同，资金量大的客户通常可以得到较优惠的报价。因此，个人外汇交易者可以根据自己的资金量大小，比较不同银行的点差，以此选择开户银行。

（2）比服务功能

在可供选择的币种方面，银行所提供的可炒的外汇币种越多，投资者选择的余地就越大，盈利和减少风险的机会也就自然增多。

虽然全球外汇市场24小时运转，但是我国与国际主要外汇市场存在时差，不同银行在交易时间上可能会有差异，特别是周一的开市时间和周末的闭市时间有先后。银行的营业时间越长，客户把握的机会也就越多。

（3）比科技水平

汇市行情瞬息万变，开户银行是否能与国际大通讯社的信息系统联网、自动显示即时更新的外汇牌价则显得十分重要。比如交通银行的“外汇宝”报价是与路透社的报价同步变化的，而且覆盖东京、伦敦、纽约等全球主要外汇市场，对于喜欢捕捉机遇的投资者而言是个不错的选择。由于大多数客户是采用电话委托交易方式，电话线路是否及时、畅通，通讯故障是否能及时排除，有关银行卡、存折是否能方便交易，也是选择银行时必须考虑的。

（4）比便利程度

一些银行开办了“外汇买卖预留订单”业务，客户不必时刻盯着汇率变化，只要通知银行一个期望成交的“心理价位”，待汇率变化到此位置时，银行就会自动交易兑现。有的银行还能通过电话授权转账业务，将买卖收入及时转到投资者的外币储蓄存折上或者银行卡上，从而使投资者的买卖收入及时生息。

2．开户并交易

选择好交易银行后，接下来要做的就是去该银行开立网上银行或手机银行账户。下面以中国银行手机银行为例，说明外汇宝开通的步骤。

第一步，下载中国银行手机银行软件并登录手机银行。

第二步，找到投资理财界面的外汇并开通外汇业务。

第三步，设定交易账户。

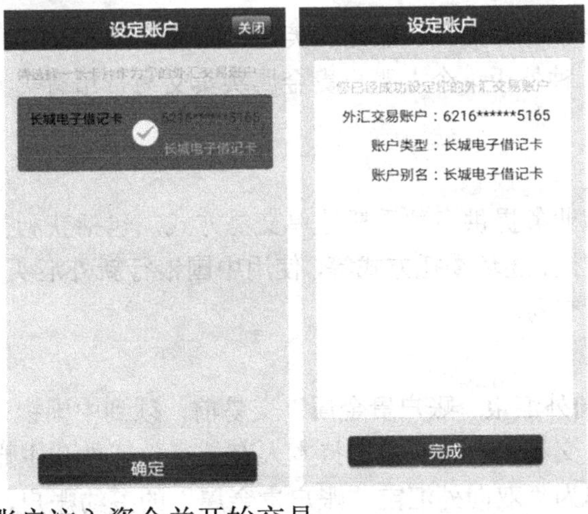

第四步，为新开账户注入资金并开始交易。

（四）个人实盘外汇买卖应注意的问题

由于外汇汇率变幻莫测，个人实盘外汇买卖有可能获得利润，也有可能遭受损失，这取决于对市场行的判断是否准确，所以外汇买卖需要自行决策、自担风险。外汇汇率一经成交，不得要求撤销。

（五）个人实盘外汇业务模拟

登录一家商业银行，实际体验个人实盘外汇买卖业务。

四、个人外汇保证金交易

（一）中国银行“双向宝”

中国银行“双向宝”业务也称 Long/Short Forex 个人保证金外汇买卖业务。“双向宝”业务是指个人客户通过中国银行所提供的报价和交易平台，在事前存入与建仓货币名义金额相等的交易保证金后，实现做多与做空双向选择的外汇交易工具。“双向宝”包括“双向外汇宝”和“双向账户贵金属”。

1．货币种类

个人外汇买卖交易币种有美元、欧元、英镑、日元、瑞士法郎、澳大利亚元、加拿大元、新加坡元和港币 9 种外币；个人账户贵金属买卖交易货币有美元金、银、铂、钯和人民币金、银、铂、钯。

2．交易方式

除即时交易外，该业务提供多种委托挂单交易方式，包括获利委托、止损委托，以及“二选一”委托、追加委托、连环委托方式等，使用中国银行新外汇买卖客户端、手机银行、网上银行即可在线进行交易。

3．办理流程

1）在做个人“双向外汇宝、账户贵金属”交易前，须到中国银行柜台开立个人“双向外汇宝、账户贵金属”交易专户。开户需持本人有效身份证件和主账户为活期一本通的长城电子借记卡，以此作为“双向外汇宝、账户贵金属”的签约账户，即资金结算账户（一个有效身份证件号码下只能开立一个交易专户，一张长城电子借记卡下只能开立一个交易专户），并办妥以下手续：

a．完成《中国银行股份有限公司客户风险偏好测试》，确认本人的风险承受度。

b. 完整如实填写《中国银行股份有限公司“双向外汇宝、账户贵金属”业务申请表》。

c. 与中国银行签订《交易协议》。

d. 待银行柜员对客户资料审核无误后，通过系统为客户办理开户手续。

2）完成保证金账户开户手续后须注册签约中国银行新外汇买卖客户端，绑定动态口令牌 E-TOKEN（若已经办理开通中国银行网上银行业务，可使用网银动态口令牌，否则可在开通保证金账户时申领）。

3）在中国银行门户网站下载客户端“中国银行新外汇买卖系统客户端软件”，并参照《中国银行新外汇买卖系统客户端安装手册》安装成功后即可登录交易界面进行“双向宝”交易。

同样以中国银行手机银行为例，说明“双向宝”开通的步骤。

第一步，下载中国银行手机银行软件并登录手机银行。

第二步，找到投资理财界面的“双向宝”并开通“双向宝”业务。

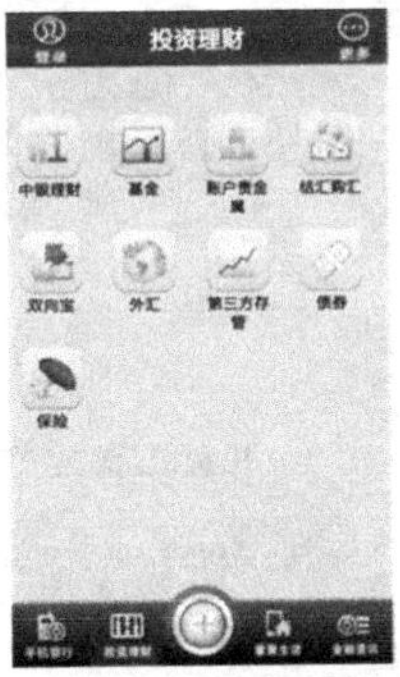

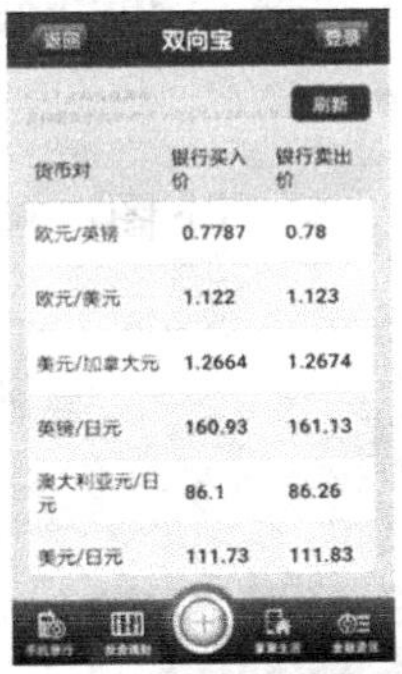

第三步，为新开账户注入资金并开始交易。

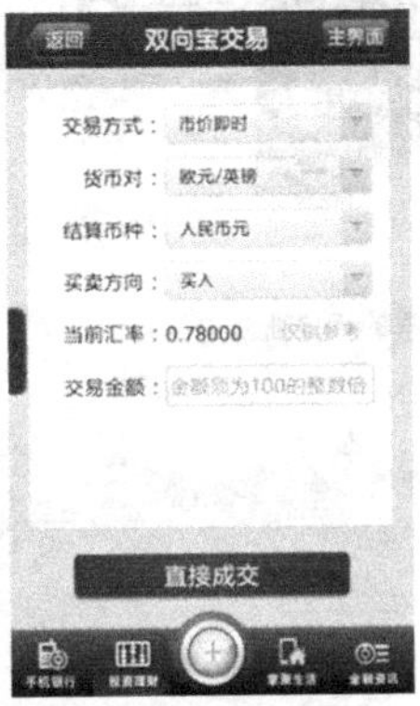

（二）福汇交易平台

福汇集团（Forex Capital Markets，FXCM）是全球最大外汇交易商成员之一（根据美国商品期货交易委员会（CFTC）公布的成员财务报告），为零售客户提供网上外汇交易服务。FXCM（福汇）集团专门提供网上外汇交易及其他金融产品服务于全世界的私人客户。

FXCM（福汇集团）集团成员包括 Forex Capital Markets LLC（福汇美国）、Forex Capital Markets Limited（福汇英国）、FXCM Australia Limited（福汇澳洲）等。除了 FXCM Markets 外，福汇旗下还有 FXCM JINHUI GROUP（FXCM 环球金汇）和 Forex Capital Markets Japan（FXCM 日本）。其中，外汇交易商福汇（FXCM）旗下 Markets 在 2015 年宣布成为衍生品交叉资产提供商，并开始在 MT4 平台提供单一股票差价合约（CFDs）交易。

1．注册

首先，下载福汇应用，如下图所示：

点开后，得到下图:

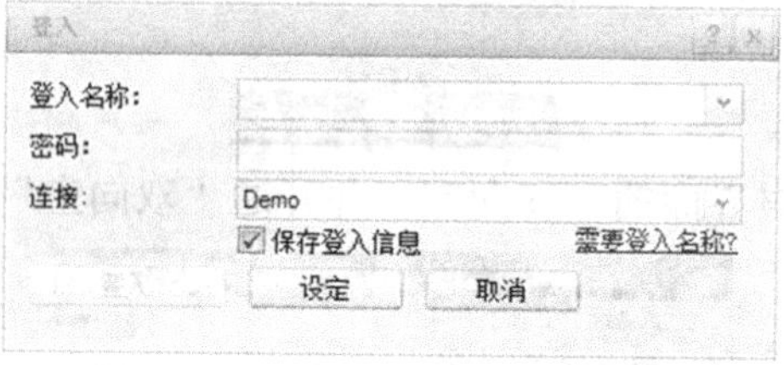

点击“需要登入名称？”，得到下图：

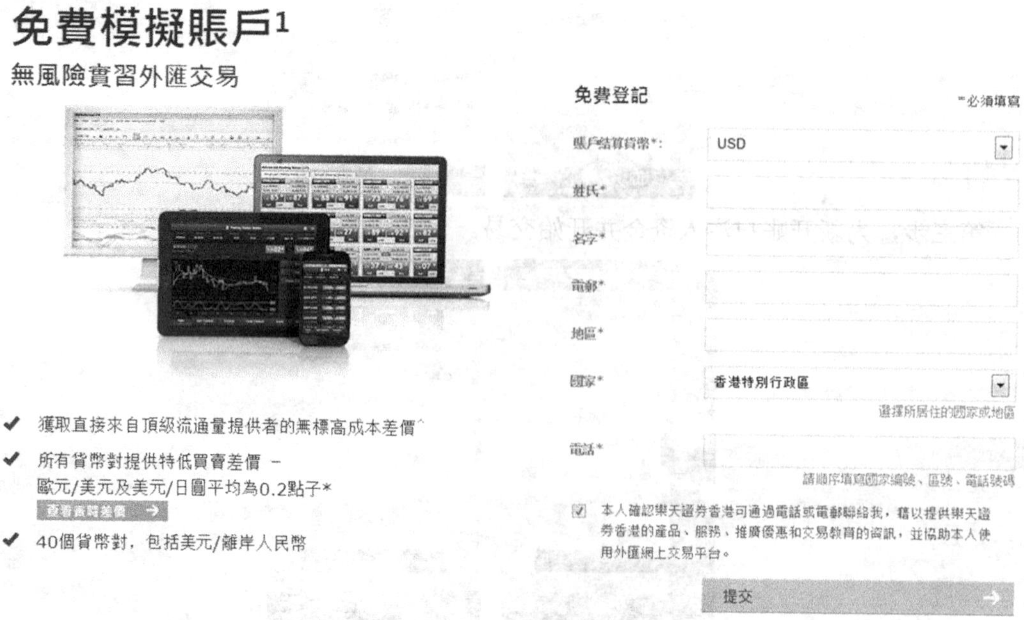

填好提交后就会出现一个模拟交易账户和密码，回到原来的应用登录即可。

2. 交易流程

1）进入登录后的主界面，将看到“福汇交易平台”和“汇图宝”两个界面，如下图所示。

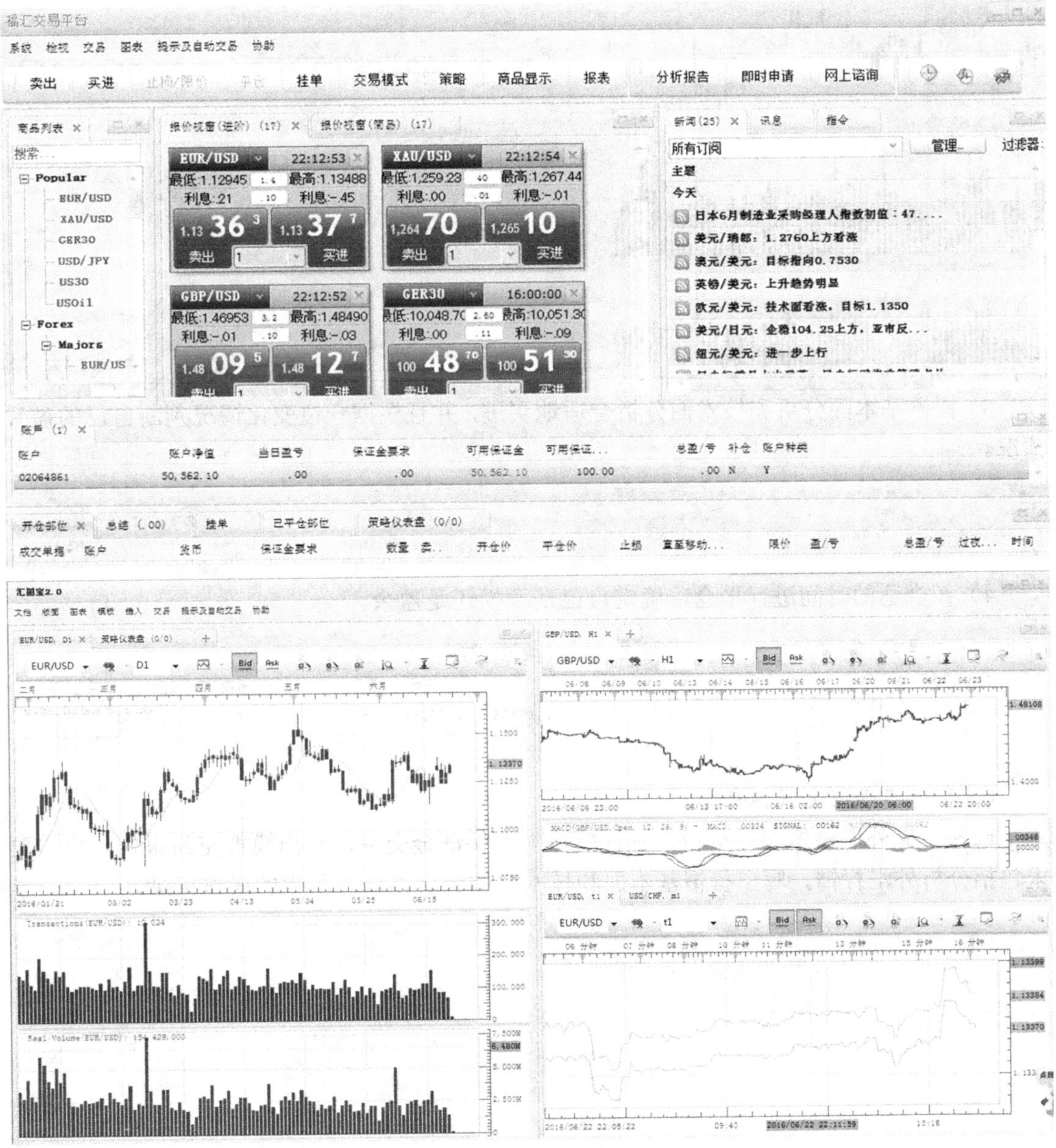

2）在“汇图宝”中比较各个币种之间的走势情况并进行分析。

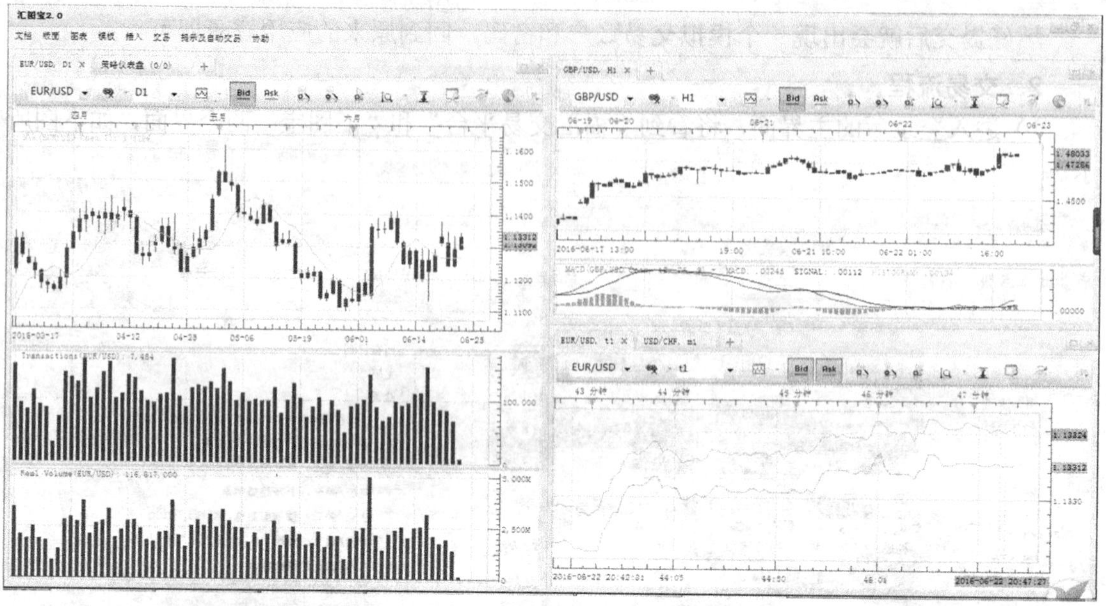

3）根据基本面分析和技术面分析合适地买进，并且根据仓位变化情况判断自己的盈亏情况。

开仓部位 (1) × 总结 (-130.00) 挂单 已平仓部位 策略仪表盘 (0/0)

成交单据	账户	货币	保证金要求	数量	类..	开仓价	平仓价	止损	直至移动...	限价	盈/亏	总盈/亏	过夜...	时间
65018733	02064858	GBP/USD	4,000.00	1,000	B	1.48138	1.48125				-1.3	-130.00	.00	2016-6-22 21:03
总额				1,000							-1.3	-130.00	.00	

4）在合适的时间进行平仓，确定自己是亏损还是盈余。

开仓部位 总结 (.00) 挂单 已平仓部位 (1) × 策略仪表盘 (0/0)

成交单据	账户	货币	数量	类..	开仓价	平仓	盈/亏	总盈/亏	过夜...	净盈/亏
65018733	02064858	GBP/USD	1,000	B	1.48138	1.48093	-4.5	-450.00	.00	-450.00
总额			1,000				-4.5	-450.00	.00	-450.00

（三）外汇保证金模拟交易

选择一家外汇模拟交易平台，进行模拟外汇保证金交易，写出模拟交易报告。报告要求包括分析外汇行情，写出行情基本面和技术面的分析，以及买卖的操作记录。

参考文献

[1] 陈雨露. 国际金融（第五版）[M]. 北京：中国人民大学出版社，2015.
[2] 陈雨露，王芳. 国际金融（第 5 版）学习指导书[M]. 北京：中国人民大学出版社，2015.
[3] 陈信华. 国际金融（第 2 版）[M]. 上海：格致出版社，上海人民出版社，2015.
[4] 杨秋菊，邓小华. 欧元诞生、欧债危机及纾困博弈路径[J]. 财经科学，2015(9).
[5] 张健. 从希腊危机看欧洲一体化前景[J]. 现代国际关系，2015(9).
[6] 谢世清，王赟. 国际货币基金组织（IMF）对欧债危机的援助[J]. 国际贸易，2016(5).
[7] 贺平. 日本主导下的亚洲开发银行：历史、现状与未来[J]. 复旦国际关系，2015(1).
[8] 徐秀军. 亚洲开发银行的治理结构与战略调整[J]. 当代金融家，2015(11).
[9] 沈铭辉，张中元. 亚投行：利益共同体导向的全球经济治理探索[J]. 亚太经济，2016(2).
[10] 敦志刚. 世界银行的贷款管理机制及其对亚投行的借鉴[J]. 国际金融，2015(8).
[11] 李健. 金融学（第 2 版）[M]. 北京：高等教育出版社，2014.
[12] 贺瑛. 国际金融[M]. 北京：高等教育出版社，2014.
[13] 陈雨露. 国际金融（第 3 版）[M]. 北京：中国人民大学出版社，2008.
[14] 杨长江，姜波克. 国际金融学（第 3 版）[M]. 北京：高等教育出版社，2008.
[15] 姜波克. 国际金融新编（第 3 版）[M]. 上海：复旦大学出版社，2001.
[16] 裴平，等. 国际金融学（第 3 版）[M]. 南京：南京大学出版社，2006.
[17] 王中华，等. 国际金融（第 3 版）[M]. 北京：首都经济贸易大学出版社，2005.
[18] 刘舒年，等. 国际金融（第 3 版）[M]. 北京：对外经济贸易大学出版社，2005.
[19] 刘欣，等. 国际金融基础新编[M]. 北京：清华大学出版社，2004.
[20] 许少强. 外汇理论与政策[M]. 北京：中国财经出版社，1999.
[21] 张晓朴. 人民币均衡汇率研究[M]. 北京：中国金融出版社，2001.
[22] 吴晓灵. 中国外汇管理[M]. 北京：中国金融出版社，2001.
[23] 陈观烈. 货币，金融，世界经济——陈观烈选集[M]. 上海：复旦大学出版社，2000.
[24] 刘正操. 国际金融实务[M]. 沈阳：东北财经大学出版社，2001.
[25] 国际货币基金组织. 全球金融稳定报告（市场发展与问题）[R]. 北京：中国金融出版社，2007.
[26] J. 奥林戈·戈莱比. 国际金融市场（第 3 版）[M]. 刘曼红，陈雨露，赵锡军，等，译. 北京：中国人民大学出版社，2001.
[27] 米什金. 货币金融学（第七版）[M]. 郑艳文，译. 北京：中国人民大学出版社，2006.
[28] 保罗·克鲁格曼. 国际经济学（第五版）[M]. 海闻，等，译. 北京：中国人民大学出版社，2002.

[29] 迈克尔・梅尔文. 国际货币与金融[M]. 欧阳向军，等，译. 上海：上海人民出版社，1994.
[30] 保罗・克鲁格曼. 汇率的不稳定性[M]. 张兆杰，译. 北京：北京大学出版社，2000.
[31] 多米尼克・萨尔瓦多. 欧元、美元和国际货币体系[M]. 贺瑛，等，译. 上海：复旦大学出版社，2007.
[32] 马红霞. 欧元区东扩的进程、问题及其影响[J]. 世界经济研究，2007(3)：79-84.
[33] 赵锡军，等. 亚洲货币合作：理论与可行性研究[J]. 中国人民大学学报，2007(5)：69-76.
[34] 李晓，李俊久，丁一兵. 论人民币的亚洲化[J]. 世界经济，2004(2)：21-34.
[35] 曹勇. 国际货币基金组织贷款条件研究：以阿根廷为例[J]. 国际金融研究，2005(11) 35-41.
[36] 袁冬梅，等. 世界金融一体化背景下的 IMF：挑战与对策[J]. 湘潭大学学报，2006(6)：74-79.
[37] 李莉. 世界银行贷款项目对中国的影响[J]. 价值工程，2006（12）：159-160.
[38] 孟健，徐启龙. 小浪底移民项目利用世界银行贷款的实践[J]. 人民黄河，2006(8)：15-51.
[39] 谢世清. 国际货币基金组织份额与投票权改革[J]. 国际经济评论，2011(2)：119-128.
[40] 国家外汇管理局国际收支司. 国际收支和国际投资头寸手册（第 6 版）对中国国际收支统计和外汇管理的影响及对策研究[C]. 纪念中国统计学会成立三十周年暨第十五次全国统计科学讨论会文集. 北京：中国统计学会，2009：538-544.
[41] 汪洋. 跨境贸易以人民币结算：路径选择与风险[J]. 国际经济评论，2011(2)：108-118.
[42] 张肃. 日元模式对人民币国际化风险控制的启示[J]. 现代日本经济，2011(4)：39-45.
[43] Dominick Salvatore. International Economics（the eighth edition）[M]. 北京：清华大学出版社，2004.
[44] Keith Pilbean. International Finance（the third edition）[M]. New York：Palgrave Macmillan. Press，2006.
[45] 国家外汇管理局网站，http://www. safe. gov. cn/model_safe/index. html.
[46] 中国人民银行网站，http://www. pbc. gov. cn/.
[47] 国家统计局网站，http://www. stats. gov. cn/.
[48] 国际货币基金组织中文网站，http://www. imf. org/external/chinese/index. htm.
[49] 世界银行中文网站，http://www. worldbank. org. cn/chinese/mainpage. htm.
[50] 国际货币基金组织，http://www. imf. org/external/about. htm.
[51] 亚洲投资银行，http://www. aiib. org/.

反侵权盗版声明

举报电话：（010）88254396；（010）88258888

传　　真：（010）88254397

E-mail：　dbqq@phei.com.cn

通信地址：北京市万寿路 173 信箱

　　　　　电子工业出版社总编办公室

邮　　编：100036